거시경제와
부동산

MACROECONOMICS AND REAL ESTATE

PREFACE

　국제사이버대학교 부동산학과 교수로 부임한 지가 엊그제 같은데 벌써 10년이 넘은 지도 오래되었다. 옛날 어른들이 "세월은 유수와 같다"고 하였는데 요즘 들어 이 말이 점점 실감이 드는 것을 보니 이제 인생의 정점을 지나고 있는 모양이다. 10년 넘어 부동산학이라는 학문을 접하고 학생들을 가르치다 보니 어느 정도 이 학문에 대한 체계의 윤곽이 떠오른다. 부동산학이란 학문은 초기에 법학, 경제학 그리고 건축학의 융합학문으로 출발하였으나 현재 우리나라에서는 거의 사회과학의 한 분야로 인식되고 있다.

　사회과학은 사회의 여러 분야를 연구하는 것으로 그 이론적 기반은 경제학에 두고 있는 경우가 많다. 그리고 사회과학은 자연과학과는 달리 절대불변의 진리를 탐구하기가 곤란하다. 그 이유는 인간이 만들어내는 사회현상은 자연현상과 달리 규칙적이지 못하고 항상 변하기 때문이다.

　부동산학이 한국뿐 아니라 다른 나라에서도 사회과학의 한 분야로 연구된 것은 토지를 중심으로 한 부동산에 인간의 활동이 가미된 '부동산활동' 분야에 연구가 집중되기 때문이다. 사회과학의 학문 분야는 여러 가지로 나눌 수 있으나 대개의 경우 이론적 접근은 경제학에 따른다. 그러므로 부동산학의 이론적 기반도 경제학에 그 뿌리를 둘 수밖에 없다.

　부동산학을 체계적으로 공부하고자 하는 학생들은 선행학습으로 기초적인 경제지식의 함양이 필요하다. 그런데 경제학이라는 학문이 어렵다는 인식이 학생들에게 심어져 있고 부동산학과 교과과정에 이를 체계적으로 반영하기는 곤란한 실정이다. 그러나 경제학의 기본인 미시와 거시분야만은 학생들에게 학습시켜야 향후 학생들이 상위단계의 연구를 할 때 곤란을 겪지 않을 것 같다.

　필자는 국제사이버대학교 부동산학과에서 경제학원론 과목을 강의하였다. 그런데 경제학원론을 한 학기로만 편성하다 보니 강의 시간은 모자라고 강의 내용은 방대하다 보니 항상 아쉬움이 남았다. 그러다 최근에 경제학원론은 미시경제 분야에 집중하고 거시경제 분야는 별도의 교과목으로 편성해야겠다는 생각이 강하게 들었다.

"거시경제와 부동산"은 이런 필요성에서 구상된 과목이다. 본 과목을 집필하다 보니 한국을 비롯한 여러 나라의 부동산 연구에서 거시경제와 관련된 논문들이 상당 분량으로 발표된 것을 알았다. 가급적 이를 반영하려고 하였으나 시간과 필자의 자질 부족으로 상당히 미흡하게 마무리되었다. 향후 본 교재를 개정할 때 이를 충분히 반영할 것을 독자들에게 약속드린다.

본 교재의 미진한 부분과 오류들은 앞으로 계속 수정하고 보완할 예정임을 다시 한 번 약속드리며, 독자 여러분들의 건강과 행복이 함께하기를 기원한다. 마지막으로 책이 출간되기까지 많은 수고를 하여준 배움출판사의 이용중 사장과 한상훈 과장을 비롯한 임직원 여러분들에게 감사의 말을 전하고자 한다.

2019. 8. 21.

권호근

CONTENTS

제 I 편 거시경제학과 국민소득

제1장 국민소득이론 08

제1절 / 미시경제학과 거시경제학의 비교 08
제2절 / 국내총생산(GDP)과 국민소득 10
제3절 / 기타 국민소득지표 15
제4절 / 부동산 산업의 경제적 파급효과 18

제2장 거시경제학의 두 조류 22

제1절 / 개요 22
제2절 / 고전학파와 케인즈 25
제3절 / 케인즈학파와 통화주의학파 28
제4절 / 새고전학파와 새케인즈학파 30
제5절 / 공급중시경제학파 37

제3장 거시경제의 총수요와 총공급 40

제1절 / 거시경제의 총수요 40
제2절 / 소비함수이론 45
제3절 / 투자함수이론 56
제4절 / 거시경제의 총공급과 시장의 균형 65

제4장 거시경제와 부동산 산업 69

제1절 / 개요 69
제2절 / 주택투자가 거시경제에 미치는 영향 69
제3절 / 거시경제의 총수요와 부동산 산업 71
제4절 / 거시경제의 총공급과 부동산 산업 73

제 II 편 화폐 금융론

제5장 화폐와 금융 76

제1절 / 화폐의 기원과 발달 과정 76
제2절 / 금융과 금융기관 80
제3절 / 금융시장의 개요 85
제4절 / 간접금융시장과 금융 상품 88
제5절 / 직접금융시장과 금융 상품 94
제6절 / 파생금융상품과 파생금융시장 98

제6장 화폐공급이론 99

제1절 / 화폐의 의의와 기능 99
제2절 / 화폐공급의 흐름 103

제7장 화폐수요이론과 이자율 결정이론 111

제1절 / 화폐수요이론의 개요 111
제2절 / 고전학파의 화폐수요이론 113
제3절 / 케인즈학파의 화폐수요이론 117
제4절 / 이자율 결정 이론 121

제8장 국제통화제도와 환율의 결정 125

제1절 / 환율의 의의와 환율제도 125
제2절 / 외환의 수요와 공급 133

제9장 부동산금융 137

제1절 / 부동산금융의 의의와 유형 137
제2절 / 부동산금융시장과 중개 기관 142

제 III 편 정태적 거시경제 분석이론과 경제안정화 정책

제10장 케인즈의 정태적 거시경제 분석이론 150

제1절 / 개요와 기본가정 150
제2절 / 총수요(AD)에 의한 국민소득 결정이론 152
제3절 / 주입과 누출에 의한 국민소득 결정이론 155

제11장 케인즈 정태적 거시경제 분석이론의 확장 157

제1절 / 절약의 역설 157
제2절 / 인플레이션갭과 디플레이션갭 159
제3절 / 승수의 개념 161
제4절 / 승수값의 도출 164
제5절 / 승수의 결정요인과 승수이론의 한계 169

제12장 케인즈학파의 정태적 거시경제 분석이론 (IS-LM 모형) 170

제1절 / 개요 170
제2절 / IS곡선 172
제3절 / LM곡선 178
제4절 / 생산물시장과 화폐시장의 균형 184

제13장 경제안정화 정책 186

제1절 / 경제안정화정책의 개념과 효과 186
제2절 / 재정의 의의 188
제3절 / 재정정책의 의의 192
제4절 / 재정정책에 대한 학파별 견해 194
제5절 / 금융정책의 개요 203
제6절 / 금융정책에 대한 학파별 견해 205

제14장 총수요와 총공급에 의한 정태적 거시경제 분석이론(AD-AS 모형) 207

제1절 / 개요 207
제2절 / 총수요(AD : Aggregate Demand)곡선 209
제3절 / 총공급(AS : Aggregate Supply)곡선 215
제4절 / 총수요-총공급곡선에 의한 균형국민소득과 물가의 결정 225

제 IV 편 실업과 인플레이션

제15장 실업이론 230

제1절 / 실업의 의의와 실업률 230
제2절 / 학파별 실업이론과 대책 233

제16장 물가와 인플레이션이론 237

제1절 / 물가와 물가지수 237
제2절 / 인플레이션의 개요 240
제3절 / 인플레이션의 원인과 대책(학파별 견해) 246

제17장 필립스곡선이론 250

제1절 / 필립스곡선의 의의 250
제2절 / 통화주의학파의 자연실업률가설 253
제3절 / 새고전학파의 필립스곡선 256
제4절 / 스태그플레이션(Stagflation) 258

제 V 편 동태적 거시경제 분석이론

제18장 경기변동이론 262

제1절 / 경기변동의 개요 262
제2절 / 경기변동의 지표 265
제3절 / 경기변동이론 267

제19장 부동산 경기변동이론 275

제1절 / 개요와 특징 275
제2절 / 국면별 특징 276
제3절 / 측정지표와 측정기준의 분류 278
제4절 / 부동산경기와 일반경기의 시차관계 281
제5절 / 기타 부동산경기변동 282

제20장 경제성장이론 283

제1절 / 경제성장의 개요 283
제2절 / 경제성장이론 285

제21장 경제발전이론 298

제1절 / 경제발전의 개요 298
제2절 / 이중구조론 300
제3절 / 경제발전단계설 303
제4절 / 종속이론 304
제5절 / 경제발전전략 305
제6절 / 외자도입과 경제발전 307

거 시 경 제 와 부 동 산

PART I

거시경제학과 국민소득

제1장 국민소득이론
제2장 거시경제학의 두 조류
제3장 거시경제의 총수요와 총공급
제4장 거시경제와 부동산 산업

제1장 / 국민소득이론

제1절 미시경제학과 거시경제학의 비교

경제학의 학문체계는 크게 미시경제학과 거시경제학으로 구분된다. 대개 경제학원론이라 하면 미시경제학을 의미하나 우리나라에서는 거시경제학까지 포함해서 학생들에게 가르치고 있다. 본 교재의 제목이 "거시경제와 부동산"이므로 여기에서는 미시경제학 이론을 제외하고 있다.

미시경제학을 제외하고 거시경제학 위주로 내용이 구성되어 있으므로 내용을 전개하기에 앞서 학생들은 미시경제학에 대한 선행학습이 요구된다. 본격적인 내용을 서술하기 전에 먼저 학습자의 편의를 도모하기 위해 미시경제학과 거시경제학의 차이점을 다음과 같이 설명하고자 한다.

❶ 사용하는 경제변수의 차이

1) 가격(Price)

미시경제학에서 가격이란 개별재화의 가격수준을 나타낸다. 즉, 사과 한 개의 가격이 500원, 배 한개의 가격이 1,000원이라는 의미이다.

거시경제학에서 가격이란 개별재화의 가격수준이 아니라 경제전체의 물가수준을 나타낸다. 즉, 소비자물가지수나 생산자물가지수와 같은 전체적 물가수준을 의미한다.

2) 생산량(Quantity)

미시경제학에서 생산량이 의미하는 것은 개별재화의 생산량을 나타낸다. 즉, 생산함수 $Q=f(L,K)$에서 Q는 사과나 배의 생산량을 나타내는 것이다.

거시경제학에서는 개별재화의 생산량이 아니라 모든 재화나 용역의 생산량을 화폐단위로 집계한 국민소득을 의미한다. 즉, $Y=\Sigma Q=\Sigma f(L,K)$의 의미이다.

❷ 숲과 나무의 차이

미시경제학은 개별 경제주체의 최적화행위를 분석하여 균형점을 찾고자 하는 경제학이다. 이는 개별 나무의 종류, 수령, 직경 등을 관찰하는 분석체계와 동일하여 미시경제학을 마치 '나무'를 관찰하는 경제학에 비유한다.

거시경제학은 개별 경제주체의 최적화행위가 아니라 시장전체의 균형점을 찾고자 하는 경제학이다. 이는 개별나무들이 모여 이루어지는 숲 전체의 면적과 크기, 숲에서 차지하는 나무들의 분포도 등을 관할하는 분석체계와 동일하여 거시경제학을 마치 '숲'을 관찰하는 경제학에 비유한다.

❸ 이론체계상의 차이

1) 미시경제학

　　미시경제학은 단일화된 이론체계를 가지고 있다. 미시경제학의 이론적 골간을 형성한 주류 경제학파는 고전학파 경제학으로서 어떤 경제현상에 대해 이론적 견해의 차이가 거의 없다고 볼 수 있다.

　　예를 들어 소비자균형은 주어진 소득하에서 개별 소비자의 효용을 극대화하는 상태를 말하며, 생산자균형은 주어진 요소투입량하에서 개별 재화나 용역의 생산량을 극대화하는 상태를 말한다. 위의 사례에서 보듯이 미시경제학에서는 단일화된 이론체계를 가지고 있다.

2) 거시경제학

　　거시경제학은 1929년 발생한 대공황을 해석하는 과정에서 비롯된 경제학이다. 기존의 고전학파 경제학 체계로는 대규모의 실업이 장기간 지속되는 현상을 설명할 수 없다. 왜냐하면 대공황과 같은 상황에서는 노동시장의 가격변수인 임금이 하락하고 따라서, 실업이 즉시 해소되어 완전고용이 달성되는 과정이 나타나게 된다. 이는 고전학파 경제학의 기본가정인 합리적 경제인과 가격의 신축성 때문이다. 이에 대해 케인즈(J. M. Keynes)는 고전학파 경제학이 지금의 대공항과 같은 경제현상을 제대로 설명할 수 없다는 인식을 하게 되었고, 제한된 합리성과 가격의 경직성을 가지고 경제현상을 재해석하게 되었다. 여기서부터 거시경제학이 태동되었고, 따라서 거시경제학은 고전학파 경제학과 케인즈 경제학의 이분화된 이론체계를 가지게 된다.

　　고전학파와 케인즈의 관점 차이를 2가지 정도 서술하면 다음과 같다.

　　첫째, 고전학파는 투자는 이자율에 민감하게 반응한다고 보고 있으나, 케인즈는 투자는 이자율보다는 투자자의 미래에 대한 예측, 투자자의 동물적 본능(animal spirits)에 민감하게 반응한다고 보고 있다.

　　둘째, 고전학파는 생산된 것은 모두 판매된다고 보고 있으나, 케인즈는 불경기에서는 생산된 재화나 용역이 모두 판매된다고 볼 수 없다고 판단한다.

　　위의 사례에서 보듯이 거시경제학은 미시경제학과는 달리 이분화된 이론체계를 가지고 있다. 고전학파와 케인즈학파의 상이한 견해는 다음 장에서 상술하기로 한다.

제2절 국내총생산(GDP)과 국민소득

❶ 국내총생산(GDP)의 정의

국내총생산(Gross Domestic Products)이란 일정기간 동안에 한 국가 안에서 생산된 모든 최종생산물의 시장가치의 합계를 말한다.
① ② ③ ④
⑤

❷ 국내총생산(GDP)의 개념

1) 일정기간 : 유량 경제변수

'일정기간'이라는 의미는 생산과 소득의 흐름을 일정한 기간에 걸쳐 측정함을 의미한다. 국민소득은 대개 1년 단위로 측정된다.

경제학에서는 일정시점에서 측정되는 경제변수를 저량변수(stock variable)라 하고, 일정 기간에 걸쳐 측정되는 경제변수를 유량변수(flow variable)라 한다. GDP는 일정기간에 걸쳐 측정되므로 유량변수이다.

2) 한 국가 : 속지주의의 개념

(1) GNP와 GDP의 비교

국민총생산(GNP : Gross Nation Products)이란 일정기간 동안에 한 나라의 국민에 의해 서 생산된 모든 최종생산물의 시장가치의 합계로서 '속인주의'의 개념을 가지고 있다. 반면에 국내총생산(GDP : Gross Domestic Products)는 한 국가안에서 생산된 모든 최종생산물의 시장가치의 합계이므로 '속지주의'의 개념을 가지고 있다.

(2) GDP와 GNP의 관계

GDP는 영토를 기준으로 내국인에 의하여 생산된 것이든 외국인에 의하여 생산된 것이든 간에 한 국가안에서 생산된 것은 모두 포함된다. 반면에 GNP는 국민을 기준으로 우리나라 국민이 국내에서 생산한 것이든, 외국에서 생산한 것이든 간에 모두 포함되나 외국인이 국내에서 생산한 것은 포함하지 않는다.

GDP와 GNP의 관계를 수식으로 나타내면 다음과 같다.

$$GNP = GDP + 해외수취요소소득 - 해외지불요소소득$$
$$= GDP + 해외순수취요소소득$$

(3) 최근 GNP보다 GDP를 중요시하는 이유

경제의 글로벌화와 다국적 기업의 출현으로 개인과 기업의 경제활동이 한 국가내의 영토를 벗어나 다른 국가로 그 영역이 넓어지고 있다. 그러므로 '속인주의' 관점으로 측정하는 GNP는 한 국가의 경제규모를 제대로 측정하는 데 한계를 드러내고 있다. 그러나 한 국가 내에 부존되어 있는 토

지는 사람과는 달리 움직이지 않으므로 '속지주의' 관점으로 측정하는 GDP가 한 국가의 경제규모를 제대로 나타낸다고 볼 수 있다.

한편 내국인의 입장에서는 국내기업이든 외국기업이든 간에 국내에서 생산활동을 하는 기업에 취업이 용이하고 정부에서도 기업의 국적보다는 자국 영토에서 생산활동을 하는 기업의 중요성이 더욱 크기 때문에 GNP보다 GDP를 국민소득의 지표로 사용한다.

유엔(UN : United Nations)은 1993년 개정한 신국민계정체계(SNA : System of National Accounting)에 따라 각 국가의 국내생산활동지표로 GDP의 사용을 권장한 바 있다. 한국은행은 1995년부터 경제성장의 중심지표를 GNP에서 GDP로 변경하여 발표하고 있다. 미국은 1991년, 독일은 1992년 그리고 일본은 1993년부터 GDP를 중심지표로 사용하고 있다.

3) 생산된 : GDP는 생산측면의 국민소득

(1) 국민경제의 순환과정과 GDP

가계와 기업으로만 구성된 2부문 경제의 순환과정을 그림으로 나타내면 다음과 같다. GDP는 국민경제의 순환과정에서 생산측면에서 측정한 국민소득이다.

〈그림 1-1〉 국민경제의 순환과정과 GDP

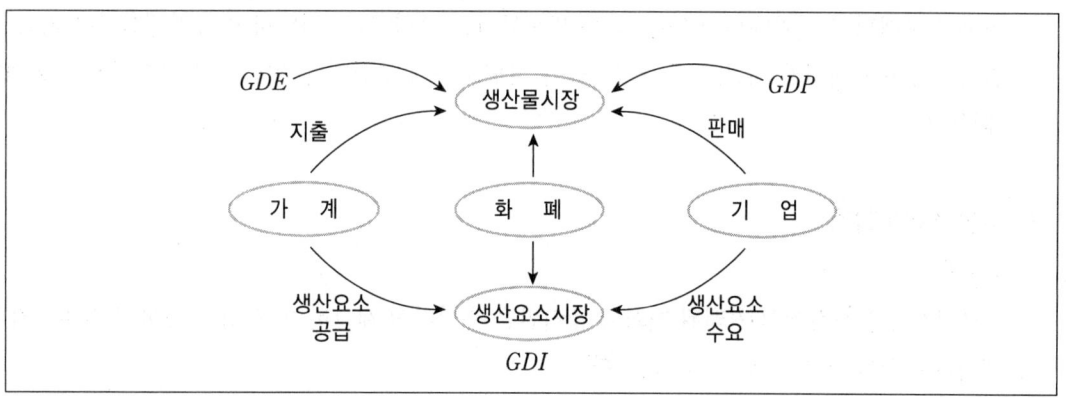

(2) GDP, GDE, GDI의 비교

GDP는 기업이 생산하여 생산물시장에서 판매한 총합계로서 측정된다. GDI는 분배국민소득이라고 하며 이는 GDP를 생산요소 공급자에게 분배되는 합계로 측정된다. 생산요소공급자가 GDI를 가지고 생산물시장에서 재화와 용역을 구입하기 위해 지출한 총합계는 GDE로 측정된다. GDE는 지출국민소득이라고 한다.

GDP, GDE, GDI 나타내는 수식은 다음과 같다.

> 국내총생산(GDP) = 총생산물 − 중간생산물
> = 최종생산물의 시장가치의 합계
> 국내총지출(GDE) = 소비지출 + 투자지출 + 정부지출 + 수출 − 수입
> 국내총소득(GDI) = 임금 + 이자 + 지대 + 이윤 + 감가상각비
> = 부가가치 + 감가상각비

(3) 삼면등가의 법칙

삼면등가의 법칙이란 측정 시점이 동일할 경우 생산측면, 분배측면, 지출측면에서 측정한 국민소득이 일치한다는 것이다.

> 국내총생산(GDP) = 국내총소득(GDI) = 국내총지출(GDE)

삼면등가의 법칙은 완전분배의 정리와 시장에서 총수요와 총공급이 일치할 때 성립된다.

4) 최종생산물 : 중간투입물은 GDP측정에서 제외

국민소득에는 기업 간에 거래되는 중간생산물은 포함하지 않고 가계나 기업 등 최종 사용자에 의하여 구매되어 재판매되지 않는 최종 생산물만을 포함한다. 왜냐하면 중간생산물은 가공 또는 변형되어 재판매되기 때문에 중간생산물을 국민소득에 포함하여 계산하면 이중계산을 초래하기 때문이다.

5) 시장가치의 합계

(1) 개념

국민소득은 시장에서 거래된 재화나 용역만을 추계하여 계산하며, 시장을 통하여 거래되지 않는 재화나 용역의 흐름은 계산되지 않는다.

(2) 측정상의 문제점

국민소득의 측정상 문제점을 서술하면 다음과 같다.

첫째, 국민소득을 정확하게 측정하기 위해서는 매일 시장에서 이루어지고 있는 무수한 재화나 용역의 거래를 통계당국이 정확하게 파악하고 있어야 한다. 그러나 현실은 그러한 거래를 정확하게 파악하기가 곤란하다. 국민소득을 추계하는 데 있어 통계자료가 비교적 잘 갖추어져 있는 선진국들도 정확한 계산이 곤란한 실정이므로 통계자료가 미비한 후진국의 경우는 사정이 더욱 어렵다고 할 수 있다.

둘째, 두 나라가 동일한 양을 생산한다 할지라도 시장에서 거래되는 품목이 많은 나라는 시장에서 거래되지 않는 품목이 많은 나라보다 GDP가 크다. 대부분의 경우 후진국은 선진국에 비해 GDP가 과소 계상되는 경향이 있는데, 그 이유는 후진국이 선진국에 비해 국민소득을 추계하는 데 있어 소요되는 통계자료가 미흡하거나 잘 갖추어져 있지 않기 때문이다.

(3) GDP에 포함되는 항목과 포함되지 않는 항목

국민소득에는 시장에서 거래된 재화나 용역만 포함되나 시장에서 거래되지 않은 항목 중에 국민소득에 포함하는 것들이 있다. 자가소비농산물, 주택소유자가 소유하는 주택의 임대료(귀속임대료)와 국방과 치안서비스와 같은 국가의 생산물 등이 있다.

시장에서 거래된 재화나 용역 중에서 국민소득에 포함되지 않는 항목이 있다.

첫째, 사채 이자액과 같이 통계자료 미비로 누락되는 항목이 있다.

둘째, 불법적 경제 행위로 인한 가치의 증감은 포함되지 않는다. 밀수품이나 마약을 거래한 금액이나 매춘 등 각종 범죄행위로 발생한 거래액은 국민소득에 포함되지 않는다.

셋째, 상속이나 증여 그리고 기존 주택의 거래와 같은 실질적으로 부가가치가 발생하지 않는 이전 거래 항목도 국민소득에 계상되지 않는다. 그리고 주식가격의 상승이나 부동산 거래에서 발생하는 양도차익과 같은 자본이득도 국민소득 계산에 포함되지 않는다. 이러한 사항을 종합하여 "표"로 나타내면 다음과 같다.

〈표 1-1〉 GDP에 포함되는 항목과 포함되지 않는 항목

구 분	포함되는 항목	포함되지 않는 항목
시장에서 미거래	• 자가소비 농산물 • 귀속임대료 • 국가의 생산물	• 원칙적으로 모두 포함되지 않음 • 외부경제효과(주부의 가사노동, 여가 등) • 외부불경제 효과(공해 등)
시장에서 거래	• 원칙적으로 모두 포함	• 불법거래 : 밀수, 마약 등 • 이전거래 : 상속, 증여 등 • 자본이득 : 주식가격변동, 부동산 투기 • 통계누락 : 사채 이자액 등

(4) 후생지표로서의 문제점

국민소득이 높다고 해서 반드시 사람들의 행복수준이 높지는 않는데, 이는 국민소득이 후생지표로서의 문제점을 가지고 있기 때문이다. 이러한 문제점을 서술하면 다음과 같다.

첫째, 국내총생산(GDP)은 당해 기간 동안에 생산된 모든 재화나 용역 중에서 주부의 가사노동이나 여가와 같이 시장에서 거래되지 못한 것은 GDP에서 제외된다. 즉, 외부경제나 외부불경제 효과는 GDP 계상에서 누락된다.

둘째, 여가는 후생의 주요지표인데도 불구하고 국내총생산(GDP)에서 제외된다.

셋째, 국방, 경찰, 외교비용은 필요악적 지출(수단적 지출)로서 후생과 직접관련이 없으나 GDP에 포함됨으로써 이러한 비용만큼 후생을 과대평가한다.

넷째, GDP는 생산과정에서 공해 등 환경오염이 발생해도 이를 고려하지 못한다. 예를 들면 연탄 공장에서 생산되는 연탄은 GDP에 포함되지만 연탄공장에서 발생한 여러 가지 공해로 인한 피해는 반영되지 않는다. 또 골프장의 수입은 GDP에 포함되지만 골프장건설로 인한 환경 파괴 및 맹독성농약으로 인한 공해비용은 반영되지 못한다.

다섯째, 국내총생산(GDP)에는 공평한 소득분배개념이 포함되어 있지 않다.

(5) 새로운 후생지표

국민소득이 한 국가의 후생지표를 제대로 측정할 수 없어 이를 개선하고자 다음과 같은 새로운 후생지표가 개발되었으나 현재 널리 활용되지는 못하고 있다.

첫째, MEW(Measure of Economid Welfare : 경제후생지표)

노드하우스(W. Nordhaus)와 토빈(J. Tobin)은 국민소득이 가지는 후생지표로서의 문제점을 보완하기 위해 'MEW'라는 새로운 지표를 제시하였다.

$$MEW = GDP + \text{사회적 후생을 증가시키는 요인} - \text{사회적 후생을 감소시키는 요인}$$

둘째, NEW(Net Economic Welfare : 순경제후생)

NEW는 GDP가 고려하지 않고 있는 여가와 가정주부의 가사노동을 더하고 외부불경제(공해)로 인해 사회후생이 감소하는 것만큼 차감하여 구한다.

$$NEW = GDP + \text{여가} + \text{가정주부의 가사노동} - \text{외부불경제(공해)}$$

❸ GDP의 종류

1) 실제 GDP와 잠재 GDP

실제 GDP는 한 나라 국민이 실제로 생산한 모든 최종생산물의 시장가치를 말하며, 잠재 GDP는 한 나라에 존재하는 모든 생산요소가 완전고용되었을 경우 생산하게 되는 모든 최종생산물의 시장가치를 말한다.

잠재 GDP와 실제 GDP의 차이를 오쿤(Okun)은 국민소득 갭(GDP Gap)이라고 하였는데, 오쿤의 법칙(Okun's Law)은 GDP변화율과 실업률 사이의 관계를 나타내는 법칙으로 잠재 GDP에 비해 실제 GDP가 2% ~ 2.5% 감소하면 실업률은 1% 증가한다는 것을 말한다.

2) 명목(경상)GDP와 실질(불변)GDP

명목 GDP는 현재년도의 GDP를 현재년도의 시장가격으로 나타낸 것으로 현재년도 물가로 측정한 GDP이며, 실질 GDP는 현재년도의 GDP를 기준년도의 시장가격으로 나타낸 것으로 기준년도 물가로 측정한 GDP이다.

3) GDP디플레이터(deflator)

GDP디플레이터는 명목 GDP를 실질 GDP로 나누어 구한 값이며, 물가지수의 하나로 사용된다.

$$GDP\text{디플레이터} = \frac{\text{명목}\,GDP}{\text{실질}\,GDP} \times 100$$

GDP 디플레이터가 100보다 크면 물가상승, 100보다 작으면 물가하락을 나타낸다.

제3절 · 기타 국민소득지표

❶ 국민총소득(GNI)

1) 정의

GNI(Gross National Income)는 국민들이 생산활동을 통해 획득한 소득의 구매력을 나타내는 지표이며, 일정기간 동안 한 나라 국민이 소유하고 있는 생산요소를 국내외에 제공한 댓가로 벌어들인 소득의 합계이다.

유엔은 1993년 개정한 신국민계정체계에 따라서 각 나라에 소득지표로서 실질GNP대신 실질GNI개념을 사용할 것을 권장했다. 한국은 1999년부터 GNP대신 실질GNI개념을 사용하고 있다.

GDP가 한 나라의 생산활동을 나타내는 생산지표임에 비하여, GNI는 국민들의 생활수준을 측정하기 위한 소득지표이다.

2) GNI와 여타 국민소득지표와의 관계

(1) GNI와 GDI의 관계

GNI는 속인주의, GDI는 속지주의 개념을 따르고 있으므로 그 관계는 다음과 같다.

$$GNI = GDI + 국외순수취요소소득(국외수취요소소득 - 국외지급요소소득)$$

국외수취요소소득은 우리나라 국민이 외국에서 벌어들인 소득을, 국외지급요소소득은 외국인이 우리나라에서 벌어들인 소득을 의미한다.

(2) GNI와 GDP의 관계

GNI와 GDP의 관계는 다음과 같다.

$$GDI = GDP + 교역조건변화에 따른 실질무역손익$$
$$GNI = GDP + 교역조건변화에 따른 실질무역손익 + 국외순수취요소소득$$

❷ 압숍션(Absorption : 국민총지출)

압숍션은 일정기간 동안 자국민이 사용한 재화와 서비스의 총량으로 국민총지출이라고도 한다. 한 나라 국민은 자국민이 금년에 생산한 것(GDP)과 작년에 생산된 것(재고), 외국에서 수입한 것은 소비(지출)할 수 있지만, 외국에 수출한 것은 소비할 수 없으므로 압숍션에 포함되지 않는다.

$$\text{Absorption(압숍션)} = GDP + 재고감소 + 수입 - 수출$$

❸ 기타 국민소득지표

1) 국내순생산(NDP)

생산하는 과정(GDP)에서 기계의 가치가 줄어든 만큼(감각상각비)을 차감해야 국내에서 순수하게 생산된 것(NDP)이라고 할 수 있다.

$$\text{국내순생산} = GDP - \text{감가삼각비}$$

2) 국민소득(NI)

기업이 벌어들인 소득은 국민에게 분배되므로 기업의 소득은 국민소득이라 할 수 있다. 따라서 국내순생산에서 간접세를 낸 것 만큼은 국민소득이 될 수 없으므로 차감하고 정부보조금만큼 국민소득(기업소득)은 증가하므로 더해준다.

$$\text{국민소득} = \text{국내순생산}(NDP) - \text{간접세} + \text{정부보조금}$$
$$\text{국민소득} = \text{임금} + \text{이자} + \text{지대} + \text{법인이윤} + \text{비법인 기업소득}$$

3) 개인소득(PI)

국가에 낼 법인세, 사내에 유보한 이윤, 사회보장부담금은 개인소득(PI)이 될 수 없으므로 기업이 벌어들인 소득(NI)에서 차감하고 국가로부터 이전지출받은 것 만큼 개인소득이 증가하므로 더해준다.

$$\text{개인소득} = \text{국민소득} - \text{법인세} - \text{사내유보이윤} - \text{사회보장부담금} + \text{이전지출}$$

4) 가처분소득(DI)

가처분소득(disposable income)이란 개인소득 가운데 개인이 납부하는 직접세를 공제하고 남은 금액을 말하며, 개인이 실질적으로 자유로이 처분할 수 있는 소득을 말한다.

$$\text{가처분소득} = \text{개인소득} - \text{개인소득세(직접세)}$$
$$\text{가처분소득} = \text{민간소비지출} + \text{개인저축}$$

5) 국민총처분 가능소득(GNDI)

국민총처분 가능소득은 모든 개인의 가처분 소득을 모두 합하여 구하는 금액을 말한다. $GNDI$는 경제전체의 총저축률과 총소비를 계산할 때 사용한다.

$$GNDI = GNI + \text{국외순수취 경상이전}$$
$$= \text{총소비} + \text{총저축}$$

❹ 국부(國富)와 신국민계정

1) 국부(國富)

국부란 일정시점(저량개념)에 있어서 모든 가계와 기업이 소유하는 실물자산(토지+자본재)의 총가치(자산, 재산)를 말하며, 사회간접자본(도로, 철도, 항만, 관계시설, 상하수도, 전력시설, 통신시설)은 국부의 중요 구성요소이다.

현금, 주식, 회사사채, 은행예금 등 금융자산은 개인의 부로 계산되지만 국부에는 포함되지 않는다.

〈그림 1-2〉 국부와 국민소득

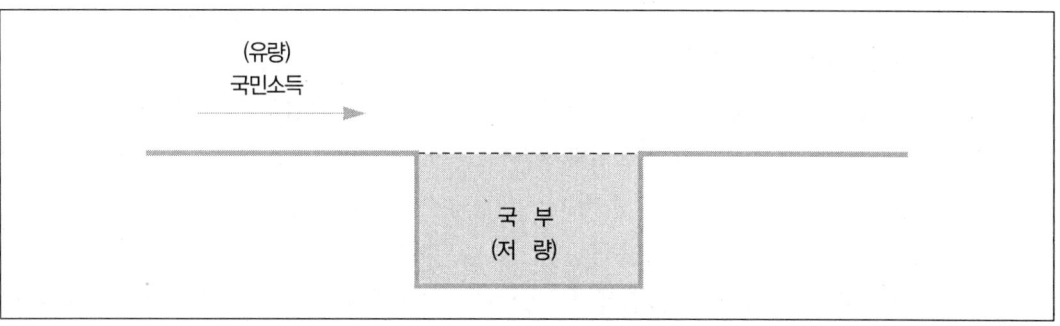

2) 신국민계정 (SNA : System of National Accounting)

신국민계정은 일정기간 동안의 국민경제의 활동결과와 일정시점에서의 국민경제의 자산과 부채 상황을 나타내는 것을 말하며, 신국민계정의 종류는 다음과 같다.

〈표 1-2〉 신국민계정

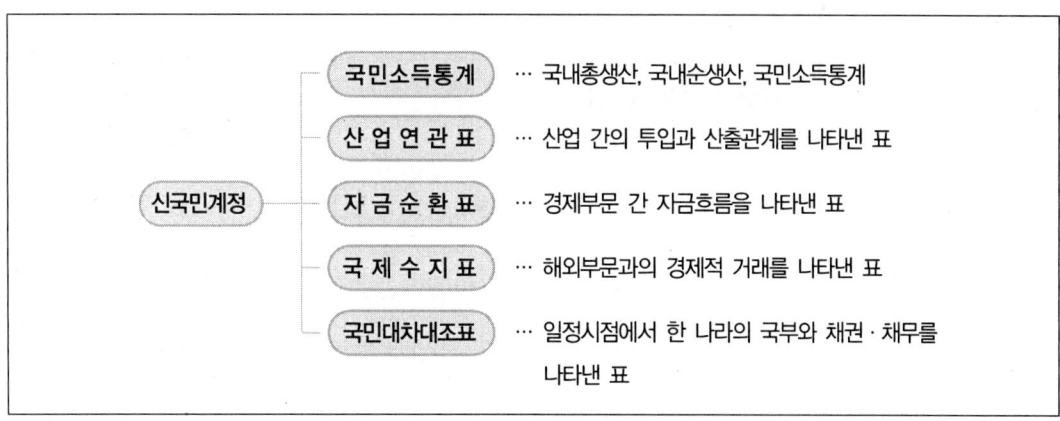

3) 특징

국민소득통계, 산업연관표, 자금순환표, 국제수지표는 일정기간 동안의 변화(흐름)를 나타내므로 유량개념이며, 국민대차대조표는 일정시점의 채권과 채무를 나타내므로 저량개념이다.

우리나라는 현재 국민소득통계, 산업연관표, 국제수지표 등 신국민계정과 관련된 모든 통계 자료를 작성하여 발표하고 있다.

제4절 부동산 산업의 경제적 파급효과

❶ 부동산 산업의 정의와 현황

1) 정의와 분류

　　부동산 산업이란 부동산이라는 재화를 생산하고 이를 소비하는 데 관련된 모든 부동산활동을 운영하여 제공하는 사업체 단위의 집합이라고 할 수 있다. 부동산활동은 개별 생산단위가 노동, 자본, 원료 등의 자원을 투입하여 부동산이라는 재화를 생산하는 일련의 과정을 의미한다. 그리고 이러한 생산단위들은 부동산의 개발과 운영 그리고 매각 및 유통에 필요한 서비스를 제공하는 일련의 활동 과정을 하고 있으며, 이러한 과정들도 부동산활동에 포함된다.

　　1992년부터 시행하는 통계성 고시 표준산업분류에는 부동산 산업을 크게 부동산 임대 및 공급업, 부동산 관련 서비스업으로 분류하고 있다. 한국표준산업분류는 1992년 이후 산업의 발전속도에 맞추어 여러 차례 개정되었는데 2017년 제10차 개정이 이루어졌다. 이에 의하면 부동산 임대 및 공급업은 부동산 임대업, 부동산 개발 및 공급업으로 나누어진다. 그리고 부동산 관련 서비스업은 부동산 관리업과 부동산 중개, 자문 및 감정평가업으로 나누어지며, 이를 정리하면 다음 표와 같다.

〈표 1-3〉 한국표준산업분류상 부동산 산업의 분류

대분류	중분류	소분류	세분류
68 부동산업	681 부동산 임대 및 공급업	6811 부동산 임대업	68111 주거용 건물 임대업
			68112 비주거용 건물 임대업
			68119 기타 부동산 임대업
		6812 부동산 개발 및 공급업	68121 주거용 건물 개발 및 공급업
			68122 비주거용 건물 개발 및 공급업
			68129 기타 부동산 개발 및 공급업
	682 부동산 관련 서비스업	6821 부동산 관리업	68211 주거용 부동산 관리업
			68212 비주거용 부동산 관리업
		6822 부동산 중개, 자문 및 감정평가업	68221 부동산 중개 및 대리업
			68222 부동산 투자자문업
			68223 부동산 감정평가업

자료: 통계청

2) 부동산 산업의 현황

2007년 통계청 자료에 의하면 한국의 부동산업 사업체는 총 104,672개로 전체 산업에서 3.3%를 점유하고 있으며, 종사자는 372,491명으로 전체 산업에서 2.4%를 차지하고 있다. 부동산 산업 중에서 부동산 임대 및 공급업이 부동산 관련 서비스업에 비해 규모가 크다. 매출액 규모는 부동산 임대 및 공급업이 전체 부동산 산업에서 차지하는 비율이 64.6%이고 1인당 매출액이 4억 5천만 원인데 비해, 부동산 관련 서비스업은 매출액 비중이 35.4%, 1인당 매출액이 4천 7백만 원으로 그 규모가 상대적으로 영세함을 알 수 있다.

한편 부동산 관련 서비스업이 그 규모는 영세하나 전체 부동산 산업에서 사업체의 숫자는 90.7%, 종업원 수는 84%를 점유하고 있어 부동산 임대 및 공급업에 비해 큰 비중을 차지하고 있다.

❷ 부동산 산업의 경제적 파급효과

1) 개요

산업연관분석 또는 투입산출분석을 통하여 부동산 산업이 국민경제에 미치는 파급효과를 분석하면 다음과 같다. 산업연관분석이란 생산활동을 통하여 이루어지는 산업 간의 상호연관관계를 수량적으로 파악하는 분석방법이다. 산업연관분석은 국민경제 전체를 포괄하면서 전체와 부분을 유기적으로 결합하기 때문에 구체적인 경제구조를 분석하는 데 널리 이용된다.

산업연관분석을 통해 부동산 산업이 국민경제에 미치는 파급효과를 분석하기 위해 몇 가지 모형을 사용한다. 첫째, 수요유도형 모형에서 생산유발효과, 부가가치유발효과, 취업유발효과를 알 수 있다. 둘째, 공급유도형 모형에서 공급지장효과, 기타 레온티에프(leontief) 가격모형에서 물가파급효과를 알 수 있고, 산업 간 연쇄 모형에서 산업 간 연쇄효과를 파악할 수 있다.

2) 수요유도모형을 통한 부동산 산업의 경제적 파급효과

수요유도모형을 통한 경제적 파급효과는 생산유발효과, 부가가치유발효과, 취업유발효과 등 3가지가 있다.

첫째, 생산유발효과란 부동산 산업에서 생산이 1원 만큼 증가하였을 때, 부동산 산업을 제외한 여타 산업에서 증가하는 생산액을 의미한다. 2008년 한국은행이 발표한 2005년도 산업연관표를 사용하여 부동산 산업이 타 산업에 미치는 생산유발효과는 전체적으로 0.4467원으로 나타났다. 즉 부동산 산업에서 1원의 생산증가가 다른 산업 전체에 0.4467원의 생산을 유발시키는 것을 알 수 있다. 한편 자기 산업에 미치는 생산유발효과가 1원임을 감안하면 부동산 산업의 1원 생산증가로 인한 총 생산유발효과는 1.4467원이다.[1]

둘째, 부가가치유발효과란 부동산 산업에서 1원의 생산이 증가하였을 경우, 부동산 산업을 제외한 타 산업의 부가가치가 얼마나 증가하는가를 측정하는 것이다. 부동산 산업의 타 산업 부가가

---

[1] 이승철 외(2009), "산업연관 분석을 이용한 부동산 산업의 경제적 파급효과 분석", 부동산 연구 제19집 제1호, p.18

치유발효과를 살펴보면, 부동산 산업에서의 1원 생산증가는 타 산업에서 0.1887원의 부가가치를 유발시키는 것으로 분석되었다. 그리고 부동산 산업의 총투입에서 부가가치가 차지하는 비중이 0.7445원이어서 총 부가가치유발효과는 0.9342원이라 할 수 있다.[2]

셋째, 취업유발효과란 부동산 산업에서 1원의 생산이 증가하였을 경우, 부동산 산업을 제외한 기타 산업에서 취업자가 얼마나 증가하는지를 측정하는 것이다. 부동산 산업에서 생산이 10억 원 만큼 증가하였을 때, 타 산업에 미치는 취업유발효과는 3.0001명으로 나타났다. 여기에다가 부동산 산업 자체에서 10억 원 생산증가로 인한 취업자 수는 3.1905명이므로 부동산 산업에서 10억 원 생산증대로 인한 취업유발인원은 국민경제 전체적으로 6.1906명이다.[3]

3) 공급유도모형과 기타 모형을 통한 부동산 산업의 경제적 파급효과

공급유도모형과 기타 모형을 통한 경제적 파급효과는 공급지장효과, 물가파급효과, 산업 간 연쇄효과 등 3가지가 있다.

첫째, 공급지장효과란 부동산 산업의 생산액이 1원 감소하였을 경우, 타 산업에서 발생하는 산출액의 감소분을 측정하는 것이다. 부동산 산업에서 공급이 1원 만큼 감소하면, 기타 산업 전체의 생산은 0.4781원 만큼 감소하는 것으로 나타났다. 이는 부동산 산업의 생산물이 여타 산업의 중간재로 투입되므로 원활한 공급이 이루어지지 않으면 타 산업에 미치는 영향이 작지 않음을 의미한다. 즉 부동산 산업에서 공급이 10억 원 만큼 차질이 발생하면 국가경제 전체에 미치는 손실이 약 4억 8천만 원에 달한다는 의미이다.[4]

둘째, 물가파급효과란 부동산 산업의 산출물 가격변동이 부동산 산업을 제외한 기타 산업의 생산물 가격에 미치는 영향을 측정하는 것이다. 부동산 산업에서 10% 정도 가격이 상승하면 물가파급효과는 0.0224%로 나타났다. 이는 부동산 산업의 산출물 가격이 10% 인상되었을 경우 국가경제 전체적으로 0.0224%의 물가상승효과가 나타난다는 것을 의미한다.[5]

셋째, 산업 간 연쇄효과란 전방 연쇄효과 및 후방 연쇄효과를 나타내는 것으로 각 산업 간의 상호 의존 정도를 의미한다. 전방 연쇄효과는 부동산 산업의 생산물을 타 산업부문의 생산을 위한 원료 또는 중간재로 간주하는 것으로 감응도 계수로 측정한다. 모든 부문의 생산물에 대한 수요가 각각 한 단위씩 발생할 경우, 중간재로 사용되는 부동산 산업의 산출물도 증가하는데, 중간재 산업으로서 부동산 산업이 받는 영향의 정도를 감응도 계수라고 한다.

후방 연쇄효과는 부동산 산업의 생산물을 최종재로 간주하고 타 산업부문의 산출물을 부동산 산업에서 물건을 생산하는 데 필요한 원료나 중간재로 보는 것으로 영향력 계수로 측정한다. 영향력 계수란 부동산 산업에서 최종수요가 한 단위 발생할 경우, 기타 산업에서의 산출물 공급도 증가해

---

2) 전게서, p.18
3) 전게서, p.18
4) 전게서, p.18
5) 전게서, p.20

야 하는데, 최종재 산업으로서 부동산 산업이 타 산업부문에 미치는 영향의 정도를 말한다. 감응도 계수와 영향력 계수의 평균은 "1"이므로 "1"보다 작으면 평균보다 낮고 "1"보다 크면 평균보다 높은 것이다.

부동산 산업의 감응도 계수는 0.8111로 나타나 평균보다 낮다. 부동산 산업의 감응도 계수가 1보다 작다는 것은 부동산 산업이 전반적인 산업성장에 의해 자극되는 정도가 낮다는 것을 의미하는데, 이는 부동산 산업이 경기변동에 크게 영향을 받지 않으며, 중간 수요적 성격보다는 최종 수요적 성격을 가진다는 것을 알 수 있다. 부동산 산업의 영향력 계수는 0.8143으로 감응도 계수와 마찬가지로 평균보다 낮다. 영향력 계수가 1보다 작다는 것은 부동산 산업의 투자지출에 따른 경제적 파급효과가 다른 부문에 비해 상대적으로 작다는 것을 의미한다.

한국은행은 전후방 연쇄효과의 크기에 따라 산업을 4가지 유형으로 구분한다. 첫째, 전후방 연쇄효과가 모두 높은 산업은 중간수요적 제조업형, 둘째, 전방 연쇄효과가 높고 후방 연쇄효과가 낮은 산업은 중간수요적 원시산업형, 셋째, 후방 연쇄효과가 높고 전방 연쇄효과가 낮은 산업은 최종수요적 제조업형, 마지막으로 전후방 연쇄효과가 모두 낮은 산업은 최종수요적 원시산업형으로 구분된다.

중간수요적 제조업형 산업으로는 철강산업을 들 수 있다. 철강산업이 성장하면 철강을 원료로 사용하는 자동차산업 등에 전방 연쇄효과를 주며 또한 철강의 원료를 생산하는 광산업의 성장을 견인하는 후방 연쇄효과가 있다. 최종수요적 제조업형 산업으로는 자동차 산업을 들 수 있다. 자동차 산업의 매출이 증대하면 앞서 이야기한 광산업과 철강산업의 성장을 견인하는 후방 연쇄효과는 크게 나타난다. 그런데 자동차 산업이 성장하더라도 자동차 관련 유통 산업에 영향을 주기는 하나 그 크기는 후방 연쇄효과에 비해 미약하므로 전방 연쇄효과는 높지 않다. 결론적으로 부동산 산업은 전방 연쇄효과와 후방 연쇄효과가 크지 않은 최종수요적 원시산업형이라고 할 수 있다.[6]

---

6) 전게서, p.22

제2장 거시경제학의 두 조류

제1절 개요

❶ 시대적 배경

1) 고전학파

고전학파의 시대적 배경은 산업혁명 이후부터 대공황까지의 기간으로 제조업의 생산량이 분업의 원리에 의해 획기적으로 증대되던 시기이다. 그리고 획기적으로 증대된 생산량은 모두 소비되던 시기로서 불황없이 호황이 지속된 기간이다.

정치적으로는 절대왕정이 붕괴되고 시민계급이 사회의 새로운 지배세력으로 대두되었고, 생산요소를 소유한 자본가 계층과 소유하지 못한 노동자 계급으로 계급의 분화현상이 나타났다. 그리고 한국의 경우는 1960년대 이후 1997년 IMF체제에 돌입하기까지의 기간으로 간주하면 된다.

2) 케인즈학파

1929년 대공황의 발생으로 안정적으로 여겨지던 자본주의 경제체계가 사실은 그렇지 못하다는 사실이 드러났다. 케인즈 경제학이 등장하는 1930년대는 세계적인 대공황이 지속되던 시기로서 미국과 유럽의 선진국은 대규모 실업과 유휴설비에 직면한 불황의 시기였다.

정치적으로는 절대왕정체제를 대신하는 근대국가가 성립되어 정부의 역할이 새로운 관점으로 나타났다. 그리고 한국의 경우는 IMF체제 이후로 생각하면 된다.

❷ 경제를 보는 시각(가정)

1) 고전학파

(1) 합리적 경제인

고전학파는 시장에서 경제행위를 하는 경제주체를 합리적 경제인으로 간주한다. 합리적 경제인이란 '완전한 정보'와 동의어로서 정보를 획득하는 데 따르는 비용과 시간이 전혀 발생되지 않는다는 의미이다.

(2) 가격의 신축성

경제내의 실물시장과 화폐시장에서 불균형이 발생하면, 각 가격변수가 변동하여 이의 균형을 유도한다. 가격변수의 신축성이란 이러한 변동이 즉각적으로 신속하게 진행된다는 의미이다. 따라서 시장에서의 불균형은 일시적이고 예외적인 경우에 속한다.

2) 케인즈학파

(1) 제한된 합리성

케인즈는 경제주체들이 시장에서 경제행위를 할 때, 완전한 정보를 보유하는 경우는 없는, 즉 정보의 불완전성이 나타난다고 보았다. 그리고 경제주체들 간에 보유하고 있는 정보의 양과 질에서도 차이가 발생하는 경우가 대부분이다. 일반적으로 기업은 가계보다 많은 정보를 보유하는 '정보의 비대칭성'이 일반적이다.

(2) 가격의 경직성

시장에서의 불균형이 발생할 경우 각 가격변수가 신속하게 즉각적으로 대응하는 것은 사회 제도상의 문제나 기타 요인으로 볼 때 비현실적이다. 그러므로 가격의 경직성으로 인하여 시장에서의 불균형이 일반적이고 균형은 극히 예외적인 경우에 속한다고 할 수 있다.

❸ 경제부문별 관점

1) 고전학파

(1) 공급측면(생산측면)을 중시

고전학파 경제학자들은 일반적으로 세이의 법칙(Say's Law)이 성립한다고 가정한다. 세이의 법칙이란 호황시기에 기업이 생산한 제품은 재고없이 판매된다는 것을 말하며, 물물교환경제에서는 세이의 법칙이 성립될 수밖에 없다.

경제전체의 균형국민소득(Y_e)은 생산측면의 GDP가 되며, 이는 완전고용국민소득(Y_f)과 일치한다. 즉, $\boxed{GDP = Y_e = Y_f}$ 이다.

(2) 실물시장과 화폐시장의 관계

화폐는 실물시장의 교환을 보조해 주는 '교환의 매개수단' 기능으로만 간주한다. 그리고 화폐시장의 교란요인은 실물시장에 영향을 주지 못하며, 이를 '화폐의 중립성'으로 설명한다. 따라서 이자율은 실물시장에서 결정된다고 보는 '실물적 이자율' 개념으로 간주한다.

(3) 경기변동을 보는 시각

자본주의체계가 안정적이므로 경기변동도 자연의 계절변동과 같이 극히 자연스러운 현상이라고 본다. 겨울이 가면 봄이 오듯이 불황도 시간이 지나면 자연히 극복된다고 본다.

불황을 극복하기 위한 정부의 인위적인 경기부양 정책을 반대하며, 이는 시장의 가격기능으로 해결된다고 한다. 정부의 인위적인 시장개입은 경제내에 부작용만 발생시키고, 그 대표적인 경우가 인플레이션이라고 본다.

(4) 정부의 역할에 대한 시각

정부의 인위적 시장개입은 불필요하며, 시장의 가격기능이 원활하게 작동되도록 제도적 장치만 갖추도록 노력하면 된다.

정부의 기능을 최소화 하는 '야경국가'의 개념을 제시하고 '자유방임주의' 사상을 주장하였다.

2) 케인즈학파

(1) 수요측면(지출측면)을 중시

케인즈는 일반적으로 유효수요의 원리가 지배하며, 불황시기에는 기업이 생산한 제품이 모두 판매되지 않는다고 보았다.

경제전체의 균형국민소득(Y_e)은 지출측면의 GDE가 되며, 이는 완전고용국민소득(Y_f)에 미달한다. 즉, $\boxed{GDE = Y_e = Y_f}$ 이다.

(2) 실물시장과 화폐시장의 관계

화폐는 '교환의 매개수단' 이외에 '가치저장의 수단' 기능도 가지고 있다. 화폐시장의 가격변수인 이자율(r)은 실물시장의 투자(I)에 영향을 미치기 때문에 '화폐의 중립성'은 성립되지 않는다. 이자율은 실물시장에서 결정되는 것이 아니라 화폐시장에서 결정된다고 본다.

(3) 경기변동을 보는 시각

경기변동은 자본주의체제가 불안정적이기 때문에 발생된다고 본다. 시장의 가격은 고전학파가 보는 것과는 달리 신축적이지 못하며 대부분의 경우 경직성을 나타내는 것이 일반적이다.

경기가 불황에 처하게 될 경우 이를 시장의 가격기구에 의해 해결하려면 시간이 오래 소요되고 그 동안 사회적 비용이 과다하게 발생된다. 따라서, 불황기에는 정부가 적자재정을 통한 확대재정정책을 시행하여야 한다고 주장한다.

(4) 정부의 역할에 대한 시각

시장의 가격기능이 원활하지 못하므로 경기변동주기에 맞추어 정부가 시장에 개입해야 하며, 특히 불황기에 정부의 역할은 매우 중요하다.

정부의 시장 개입을 정당화한 케인즈학파의 견해를 '수정자본주의'라고 한다.

제2절 고전학파와 케인즈

1. 고전학파

❶ 개요

1) 주요 경제학자

스미스(A.Smith), 리카도(D.Ricardo), 밀(J.S.Mill), 왈라스(L.Walras), 마샬(A.Marshall), 피구(A.C.Pigou) 등이 있다.

2) 시대배경과 자본주의 경제관

산업혁명 이후 영국 경제가 호황을 지속하고 있는 상황에서 고전학파 경제학이 태동하였으며, '보이지 않는 손'(invisible hands)의 기능을 중시하며 자본주의체제는 안정적이며 그 미래에 대해 낙관적 견해를 유지하였다.

❷ 기본가정과 주요내용

1) 기본가정

고전학파의 기본가정은 다음과 같다.

첫째, 모든 경제주체는 완전한 정보를 보유하고 있는 '합리적 경제인'이다.

둘째, 모든 가격변수는 신축적이다. 즉, 물가, 명목임금, 명목이자율이 신축적으로 변동하기 때문에 시장균형은 항상 달성된다.

2) 주요내용

고전학파가 주장하는 주요내용은 다음과 같다.

첫째, 공급중시의 경제관념을 가졌으며, "공급은 그 스스로의 수요를 창출한다."는 세이의 법칙을 주장한다.

둘째, 공급과 수요가 일치하는 시장균형은 일반적이며, 시장에서 불균형이 발생하더라도 가격의 신축성에 의해 불균형은 즉각 해소된다.

셋째, 미래상황에 대한 확실성, 합리적 경제인에 대한 신뢰, 그리고 경제에 내재하는 자기치유능력을 믿었으며, 이로 인해 실업 등 경기순환과정에서 발생하는 문제에 대해 정부의 개입은 불필요하다고 하였다.

❸ 고전학파의 계통

고전학파는 20세기 들어 통화주의학파와 새고전학파로 이어지며, 이를 그림으로 나타내면 다음과 같다.

〈그림 2-1〉 고전학파의 계통

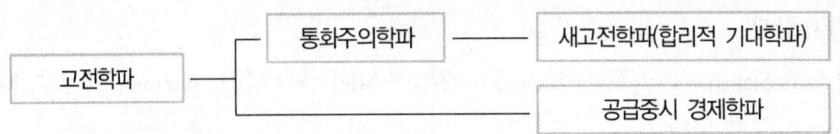

2. 케인즈

❶ 개요

1) 등장배경

케인즈가 활동하였던 1920년대와 1930년대는 자본주의경제가 광범위하고 장기적인 실업을 겪고 있던 시기였다. 이에 직면하여 당시의 고전학파 경제학자들의 처방을 비판하면서 정부의 확장정책을 통한 직접적 개입을 주장하였다.

케인즈는 고전학파의 기본 가정들이 비현실적이며 또한 그러한 가정에 근거한 낙관론이 현실성이 없는 경제이론을 낳았기 때문에 이를 타파하고 보다 현실성있는 이론과 정책을 개발하여 자본주의를 쇠퇴의 위기에서 구하였다. 이러한 케인즈의 사상은 1936년에 발간된 「고용, 이자 및 화폐의 일반이론」에 잘 나타나 있다.

2) 자본주의 경제관

자본주의경제는 시간이 진행됨에 따라 그 체제내의 모순으로 인해 대량실업이 발생할 수 밖에 없으며, 시장의 가격기능은 완전한 신축성을 가지고 있지 못하다. 그리고 경제주체의 심리적 작용이 금융시장을 통해 심각한 경기변동을 야기시킨다고 보았다.

❷ 기본가정과 주요내용

1) 기본가정

케인즈이론의 기본가정은 다음과 같다.
첫째, 경제주체는 완전한 정보가 아닌 불완전한 정보하에서 행동한다.
둘째, 가격변수는 경직적이다. 물가, 명목임금, 명목이자율이 경직적이기 때문에 시장의 불균형이 일반적이며, 또한 시장의 불균형은 지속된다.

2) 주요내용

케인즈이론의 주요내용은 다음과 같다.

첫째, 수요중시의 경제관념을 가졌다.

둘째, 케인즈의 3대 기본심리법칙(한계소비성향, 투자의 한계효율, 유동성 선호)을 통하여 불확실성과 기대를 중요시하였다.

셋째, 경제주체들이 불확실성하에서 나름대로의 심리적 요인에 좌우되어 경제활동을 영위하므로 그 결과가 반드시 완전고용을 가져다주지 못한다. 이와 같이 경제의 민간부문이 불안정하여 완전고용이 보장되지 못하므로 정부가 경제에 개입하는 것은 당연하다고 하였다.

❸ 케인즈학파의 계통

케인즈이론은 고전학파와 더불어 경제학의 주류경제학으로 자리잡았다. 앞서 논의한 케인즈이론은 이후 케인즈학파와 새케인즈학파로 이어지며, 이를 그림으로 나타내면 다음과 같다.

〈그림 2-2〉 케인즈학파의 계통

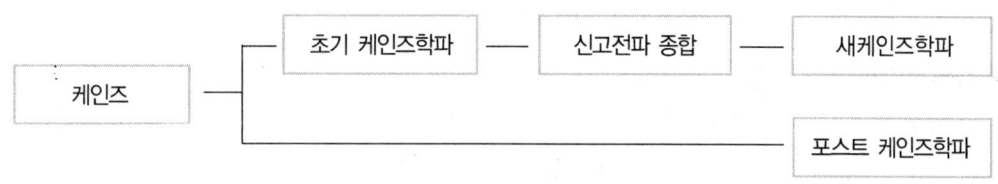

제3절 케인즈학파와 통화주의학파

1. 케인즈학파

❶ 개요

1) 주요 경제학자

새뮤얼슨(P.A.Samuelson), 힉스(J.R.Hicks), 토빈(J.Tobin) 등이 있다.

2) 케인즈이론의 발전

케인즈의「고용, 이자 및 화폐의 일반이론」이 발표된 이후 케인즈이론은 케인즈의 후예라고 자처하는 케인즈 경제학파에 의해 더욱 발전하였다.

케인즈학파는 케인즈이론의 단순성을 보완하여 이론적 기반을 튼튼히 다졌으며, 이를 기반으로 경제정책수립에도 적극 참여함으로써 2차대전 후의 유례없는 경제호황을 누리는 데 지대한 공헌을 하였다.

❷ 기본가정과 주요내용

1) 기본가정

케인즈학파의 기본가정은 다음과 같다.

첫째, 케인즈와 같이 가격변수의 경직성을 가정하였다. 즉, 노동시장에서의 명목임금은 하방경직성을 보인다고 하였다.

둘째, 경제주체들은 불완전정보하에서 경제행위를 한다. 즉, 노동시장에서 노동자들에게 화폐환상이 존재한다.

2) 주요 내용

케인즈학파의 주요 내용은 다음과 같다.

첫째, 수요중심의 비자발적 실업을 설명하는 불균형이론이다.

둘째, 새뮤얼슨은 케인즈이론을 계승하면서 여기에다 기존의 고전학파 이론을 접목시킨 새뮤얼슨의 신고전학파 종합(neoclassical synthesis) 이론을 제시하였다. 즉, "케인즈적 재정과 금융회복을 통해 경제가 일단 완전고용상태가 되면, 고전학파의 가격분석이 정당성을 되찾게 된다."는 것이다.

2. 통화주의학파

❶ 개요

1) 주요 경제학자

프리드만(M.Friedman), 멜쩌(A.Meltzer), 브루너(K.Brunner) 등이 있다.

2) 등장배경

1960년대 후반으로 접어들면서 케인즈적 재정정책은 경제성장과 완전고용은 달성하였으나 결국 고율의 인플레이션을 초래하였고 이를 해결하지 못하였다.

스태그플레이션으로 인하여 경제안정화문제가 보다 중요한 관심사가 되면서, 종래의 케인즈적 처방으로는 당면한 경제문제를 해결하기 힘들다는 인식이 널리 퍼지게 되었으며, 이로 인해 통화주의학파(monetarism)가 등장하였다. 통화주의는 석유파동 이후로 케인즈학파의 지배적 위치가 흔들리게 되자 그 영향력을 크게 확대하였다.

❷ 사상적 배경과 기본명제

1) 사상적 배경

통화주의학파의 사상적 배경은 다음과 같다.

첫째, 시장기구는 잠재적으로 거시경제적 안정을 보장할 수 있는 신뢰할만한 제도이다.

둘째, 정부의 정책적 개입은 불가피하게 개인의 자유를 침해할 뿐만 아니라 개입자체가 비효율적이며 또한 정책과오가 빈번하게 발생한다고 믿는다.

2) 기본명제

통화주의학파의 기본명제는 다음과 같다.

첫째, 화폐는 매우 중요하다. 명목국민소득에 가장 큰 영향을 주는 것은 통화량이며, 통화량의 변화를 수반하지 않는 재정정책은 국민소득의 결정에 거의 영향을 미치지 못한다.

둘째, 화폐수요함수는 안정적이다. 따라서 경제적 불안정은 대부분 통화공급의 갑작스런 변동에 기인한다.

셋째, 경제분석에서 실물변수와 명목변수를 명확히 구별하여야 한다. 예를 들면 통화량은 단기적으로는 실물변수에 영향을 줄 수도 있지만 장기적으로는 물가를 변동시켜 단지 명목국민소득만을 변동시킬 따름이다.

넷째, 금융정책의 지표로서 이자율은 적합하지 않다.

다섯째, 통화당국은 엄격한 준칙에 따라 금융정책을 실시해야 한다.

제4절 새고전학파와 새케인즈학파

1. 새고전학파(New Classical Economists)

❶ 개요

1) 주요 경제학자

뮤스(J. Muth), 루카스(R. E. Lucas), 사전트(T. Sargent), 월리스(N. Wallace), 배로(R. J. Barro) 등이 있다.

2) 등장배경

1970년대 중반 이후 인플레이션을 진정시키기 위한 노력들이 실패로 돌아가고 실업도 사라지지 않자, 거시경제이론에 대한 재고가 이루어지면서 급진적 통화주의라 할 수 있는 합리적 기대이론이 등장하여 케인즈주의와 통화주의를 동시에 비판하고 나섰다.

합리적 기대론자들은 경제정책의 변화를 사람들이 충분히 인지할 경우 이러한 예상을 그들의 행동에 충분히 반영하기 때문에 단기에서조차 거시경제정책은 경제의 실물변수에 아무런 영향을 미치지 못한다고 주장하였다. 이를 '정책무력성의 명제' 또는 '정책중립성의 정리'라고 한다. 이러한 주장을 중심으로 한 일단의 합리적 기대론자들을 '새고전학파 경제학자'(New classical economists)라 지칭한다.

❷ 기본특징과 정책무력성의 명제

1) 기본특징

새고전학파의 기본특징은 다음과 같다.

첫째, 경제주체는 합리적 기대를 한다. 합리적 기대란 경제주체들의 기대를 형성할 때 현재 이용가능하면서 관련된 모든 정보를 이용하고, 그 다음 기대의 형성은 경제를 기술하는 모형의 구조에 의존한다는 것이다. 합리적 기대가 주장하는 것은 기대형성 시에 경제주체들이 체계적인 오차를 범하지 않는다는 것이다.

둘째, 새고전학파는 방법론적인 측면에서 볼 때 미시적인 가격이론에 기초하여 거시경제학적인 집계변수의 분석을 수행하려는 경제학파라 할 수 있다. 이들은 우리가 미시경제학을 공부할때처럼 예산제약하에서 개별경제주체의 최적화 행위를 논의의 출발점으로 삼는데 이를 거시경제학의 미시적 기초(micro-foundations)라고 부른다.

셋째, 새고전학파는 완전경쟁적 시장구조에서 신축적인 가격체계에 의해 즉각적인 시장청산(market-clearing)이 이루어짐을 가정한다.

넷째, 새고전학파는 자본주의 경제운행 및 거시경제정책에 대한 견해에서 고전학파와 유사하다. 즉, 새고전학파는 자유경제와 시장경제에 대한 믿음과 정부개입에 대한 불신을 그 철학적 배경으로 하고 있는 것이다.

2) 정책무력성의 명제

(1) 개념
통화당국이 통화공급을 체계적으로 변화시키면 사람들은 이러한 정책을 충분히 인지하여 물가나 임금수준의 결정에 반영하므로 장기는 물론 단기에 아무런 효과가 없는 것을 말한다.

(2) 예상된 정책의 경우
예상된 확대재정이나 금융정책으로 물가가 상승하면 기업가의 노동수요는 증가하나 노동자도 물가가 상승하여 실질임금이 감소하리라는 것을 정확히 예상하므로 노동공급을 줄인다. 따라서, 확대재정이나 금융정책이 실시되도 고용량은 불변이 되고, 총공급곡선은 수직선이 된다.

(3) 예상하지 못한 정책
예상하지 못한 확대재정이나 금융정책으로 물가가 상승하면 기업가의 노동수요는 증가하고, 노동자는 물가가 상승폭을 정확히 예상하지 못하므로 노동공급이 감소되긴 하나 많이 감소하지 않는다. 따라서, 확대재정이나 금융정책 실시로 고용량이 증가하므로 총공급곡선은 우상향한다.

(4) 총수요–총공급곡선 모형을 통한 설명
예상된 정책의 경우 총공급곡선이 수직선이므로, 총수요확대정책으로 총수요곡선이 AD_0에서 AD_1으로 우측이동하더라도 국민소득은 Y_f수준에서 변함이 없고, 다만 물가만 P_0에서 P_1으로 상승한다.

〈그림 2-3〉 총수요–총공급곡선 모형을 통한 설명

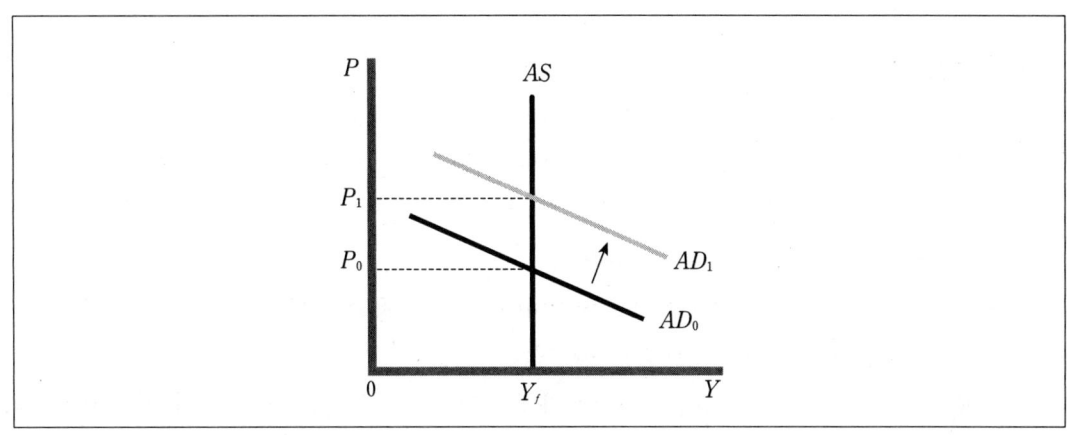

(5) 시사점
예상하지 못한 정부의 총수요관리정책은 단기적으로는 효과가 있으나(실물부문에 영향을 미칠 수 있으나) 정책신뢰성의 상실로 국민경제를 오히려 불안정하게 하므로 준칙에 입각한 통화정책을 실시해 나가야 한다.

❸ 새고전학파의 공헌과 비판

1) 공헌

거시적인 성격이 짙은 통화주의에 미시적인 분석방법을 제공하여 통화주의의 이론적 기초를 공고하게 해주었다. 그리고 바람직한 통화정책의 방향을 제시하였으며 일관성과 신뢰성이 있는 정책을 강조하였다.

사람들의 기대형성이 평균적으로 정확하다고 가정하여 균형이론으로서의 성격을 가지고 있다. 그리고 정보와 기대(예상)의 개념을 경제이론에 명시적으로 도입하여 이론적인 면과 정부의 정책형성이나 그 효과를 평가하는 측면에서 여러 가지 시사점을 제공해 주었다.

2) 비판

각 경제주체들은 모든 정보를 동일하게 공유할 수는 없다. 그리고 현실에 있어서 정부가 개인보다 많은 양의 정보를 가지고 있으며, 체계적인 정책으로 단기적 안정화정책의 효과가 나타난다.

정보를 얻기 위해서는 비용이 들어가며, 대량실업이 발생해도 무관심정책이 최상의 정책이 될 수 있는가 하는 점이다.

2. 새케인즈학파(New Keynesian)

❶ 개요

1) 주요 경제학자

테일러(J.Taylor), 아커로프(G.Ackerlof), 고든(R.Gordon) 등이 있다.

2) 기본특징

새케인즈학파의 기본특징은 다음과 같다.

첫째, 합리적 기대의 주장을 받아들이면서도 물가와 임금의 부분적인 경직성을 가정함으로써, 예상된 정책이라도 산출량 및 고용 등과 같은 실질변수에 단기적인 영향을 미칠 수 있음을 주장하고, 경제안정화정책의 효과가 있다고 하였다.

둘째, 케인즈는 가격이 경직적이라는 가정하에 경제이론을 설명하였으나, 새케인즈학파는 가격변수가 왜 경직적인가를 이론적으로 설명하였다.

셋째, 임금과 물가가 경직적이기 때문에(가격조정이 신속히 이루어지지 않기 때문에) 시장의 불균형은 즉각 청산되지 않는다.

❷ **주요 내용**

새케인즈학파는 가격변수가 왜 경직적인가를 이론적으로 설명하여, 시장의 불균형은 즉각 청산되지 않으며 단기적인 경제안정화 정책이 효과가 있음을 주장하였다.

1) 생산물시장에서 가격이 경직적인 이유를 설명하는 이론

(1) 메뉴비용(Menu Cost)이론

기업이 제품가격을 변경하는 데 따르는 비용을 메뉴비용(Menu Cost)이라 한다. 그리고 메뉴비용이 가격변경에 따른 이익(Menu Benefit)보다 클 때 가격을 변경시키지 않는 것이 유리하기 때문에 가격의 경직성이 나타난다.

(2) 조정실패이론

과점 기업들간에 가격을 인상하려는 협상이 실패하면 현행가격이 유지될 수 밖에 없으므로 가격의 경직성이 나타난다.

(3) 재고조정

수요가 크게 변동했을 때 기업은 재화가격을 예전대로 유지하면서 재고조정을 통해 수요변화에 대처하는 것이 유리하다. 왜냐하면 수요가 증가하면 가격을 올리고 수요가 감소하면 가격을 내리는 것보다 가격을 일정수준으로 유지할 때의 이익이 더 크다면 가격을 고정시키는 것이 유리하기 때문이다.

2) 노동시장에서 임금이 경직적인 이유를 설명하는 이론

(1) 장기임금계약이론

노동자와 고용주간에 장기임금계약을 체결함으로써 물가수준이 변할 때마다 임금을 다시 계약하는 번거로움(정보수집비용, 임금협상비용)을 줄일 수 있다. 그리고 장기임금계약은 노동자와 고용주간의 신뢰를 통해 미래시장의 불확실성에서 야기될 위험을 감소시키는 수단이다.

(2) 암묵적 고용계약이론

노동자들은 기업보다 더 위험기피적이라는 가정하에 경제상황이 좋을 때 높은 임금(500만 원)을 받고, 나쁠 때 낮은 임금(0원)을 받는 것보다 계속 일정한 250만 원을 받는 것이 노동자의 효용을 높일 수 있다. 그리고 기업도 경기변동에 따른 위험을 떠 맡게 되나 고용변동에 수반되는 이직비용(새로운 노동자에 대한 훈련비용)의 감소로 더 큰 이익을 얻는다.

〈그림 2-4〉 암묵적 고용계약이론

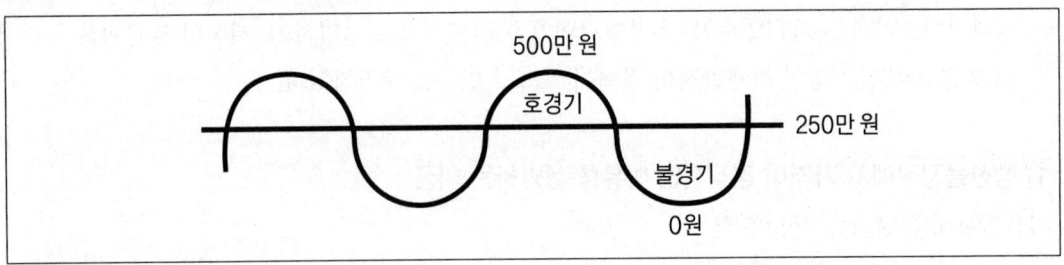

(3) 효율성 임금이론

효율성 임금이란 시장의 평균임금보다 더 높은 임금수준을 말한다. 기업이 시장의 평균임금보다 더 높은 임금을 지급하는 이유로는 근로자의 태만방지, 직장이동에 따른 기업의 추가비용 발생 방지, 생산성이 높지 않은(바람직하지 못한) 근로자를 채용하게 될 역선택현상을 방지하기 위한 것이다.

기업이 효율성 임금을 계속 지급하면 불경기에도 임금수준이 하락하지 않고 불완전고용이 지속될 수 있다.

(4) 내부자 – 외부자이론

노동자는 취업자인 내부자와 외부자로 구분된다. 내부자는 임금협상과정에서 외부자를 고려하지 않고 자신들만 고용될 수 있도록 높은 임금수준을 얻어내려고 한다. 그리고 기업은 고용변동에 수반되는 이직비용 때문에 내부자(취업자)를 외부자(실업자)로 쉽게 대체하지 못하고 노조의 요구를 수용한다.

내부자(취업자)들은 임금협상 시 외부자를 고려하지 않고 자신들의 이해만을 고려해서 임금 수준을 결정하고, 그 결과 외부자(실업자)까지 고려한 경우보다 임금수준이 높아지고 이로 인해 비자발적 실업이 발생한다. 그리고 실업이 심각한 상황임에도 불구하고 내부자의 반대로 임금이 하락하지 못하고 실업이 장기화된다.

〈그림 2-5〉 내부자 – 외부자이론

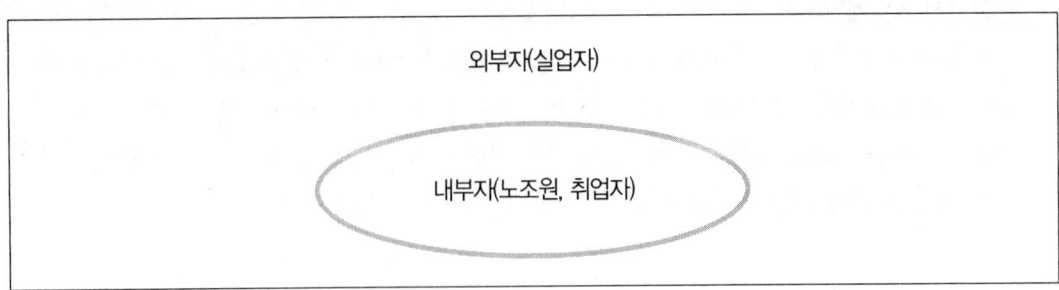

3) 금융시장에서 이자율인 경직적인 이유를 설명하는 이론

(1) 역선택

차입자와 대부자 간의 정보가 비대칭적일 때 대부자(은행)가 대출마진을 높이기 위해 이자율을 상승시키면 신용상태가 양호한 사람은 이자율이 높아 대출받기를 꺼려하지만 신용이 불량한 사람은 높은 이자를 지불하고서라도 대출받고자 하는 역선택현상이 발생한다. 따라서, 은행은 이윤극대화를 위해 이자율을 올리기보다는 현행 이자율을 유지한다.

(2) 도덕적 해이

은행이 이자율을 상승시킬 경우 높은 이자율로 대출받은 기업(차입자)은 고수익-고위험 사업에 투자하여 도산할 가능성이 높아지므로(도덕적 해이가 발생하므로) 은행의 예상수익이 감소한다. 따라서, 은행은 자금의 초과수요가 있더라도 대출이자율을 올리기보다는 현행이자율을 고수한다.

(3) 신용할당

은행은 역선택, 도덕적 해이 현상이 발생하기 때문에 자금의 초과수요가 존재하더라도 대출 이자율을 올리기보다는 시장이자율보다 낮은 이자율 수준을 유지하여 만성적인 자금의 초과수요가 발생한다.

〈그림 2-6〉 신용할당

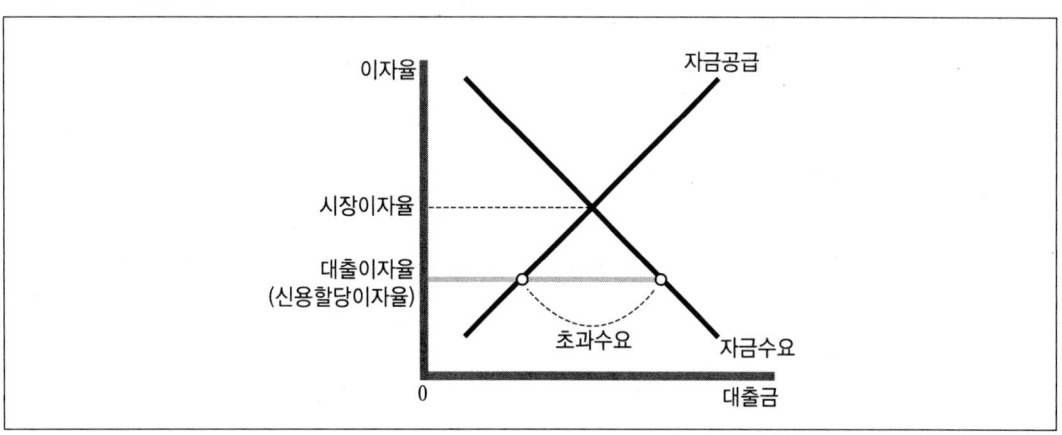

❸ 새케인즈경제학의 의의

1) 케인즈의 방법론적 한계의 극복

새케인즈학파는 기본적으로 케인즈의 아이디어에 찬동하지만 케인즈의 실업분석이 주로 직관에 의존한 점을 반성한다. 그리고 가격과 임금의 경직성에 대한 케인즈의 설명력 부족을 극복하려고 하였다.

2) 새고전학파의 비판

새케인즈학파는 새고전학파의 완전경쟁적 시장구조와 신축적인 가격에 대한 가정을 비판하였다. 그리고 새고전학파가 이야기하는 마찰이 없는 경제를 상정하고 불균형을 이에 대한 편차로 파악하기보다는 다소의 논리적 엄밀성은 떨어진다 하더라도 보다 궁극적인 목표인 현실성을 얻기 위해 적극적으로 불균형을 고찰해야 한다고 주장한다.

3) 정부정책의 효과에 대한 견해

시장기능은 일반적으로 시장 그 자체에 대한 불완전성과 불확실성으로 말미암아 완벽할 수 없으므로 정부의 정책을 통하여 더 나은 상태로의 이동이 가능하며 또한 이는 정당화된다. 인플레이션이나 실업 등의 경제문제가 발생하면 자본주의는 자기조정능력을 갖지 못하므로 이의 해결을 위해서는 정부가 나서야 한다.

제5절 공급중시경제학파

1. 등장배경과 내용

❶ 등장배경

1970년대 이후 미국경제는 스태그플레이션이 진행되는 과정에서 총수요관리정책은 현실경제문제를 해결하는 데 별로 도움을 주지 못했다. 이에 따라 총수요정책보다 장기적으로 경제의 공급능력을 강화시키려는 정책적 제안을 하는 공급중시경제학(Supply-side Economics)이 나타났다.

공급중시경제학을 다른 말로 미국의 레이건 행정부가 이를 채택하였다고 하여 레이거노믹스(Reaganomics)라고도 한다.

❷ 내용

1) 공급중시경제학의 기본입장

첫째, 국민소득수준, 물가수준을 결정하는 데 있어서 수요측면보다는 공급측면이 더 중요하다.
둘째, 공급능력에 영향을 미치는 중요한 변수로 조세체계를 들었다.
셋째, 작은 정부 주장, 정부의 시장개입을 반대하였다.
넷째, 사회보장제도의 축소나 폐지를 주장하였다.

2) 래퍼(Laffer)곡선

(1) 개념

래퍼곡선이란 세율과 정부의 조세수입과의 관계를 나타내주는 곡선으로서 세율변화가 경제주체들에게 주는 영향(근로의욕, 저축의욕, 투자의욕)을 통해 조세수입에 미치는 효과를 분석하였으며, 래퍼가 조세감면에 대한 이론적 근거로 제시하였다.

세율이 낮을수록 근로의욕, 저축의욕 및 투자의욕이 제고된다는 사실을 전제로 하고 있으며, 처음에는 세율이 t_1수준까지 인상됨에 따라 조세수입도 증대되나, 세율이 t_1수준 이상으로 올라가면 조세수입은 오히려 감소한다.

(2) 래퍼의 주장과 한계

미국의 세율이 t_1보다 높은 t_2수준에 있다. 따라서, 세율을 인하시킴으로써 생산과 고용, 소득을 증대시킬 수 있고, 이에 따라 정부의 조세수입도 증가한다고 주장하였다. 그러나 생산성과 소득을 극대화시켜주는 최적조세율(t_1)을 찾기가 쉽지 않다는 것이 문제이다.

〈그림 2-7〉 래퍼곡선

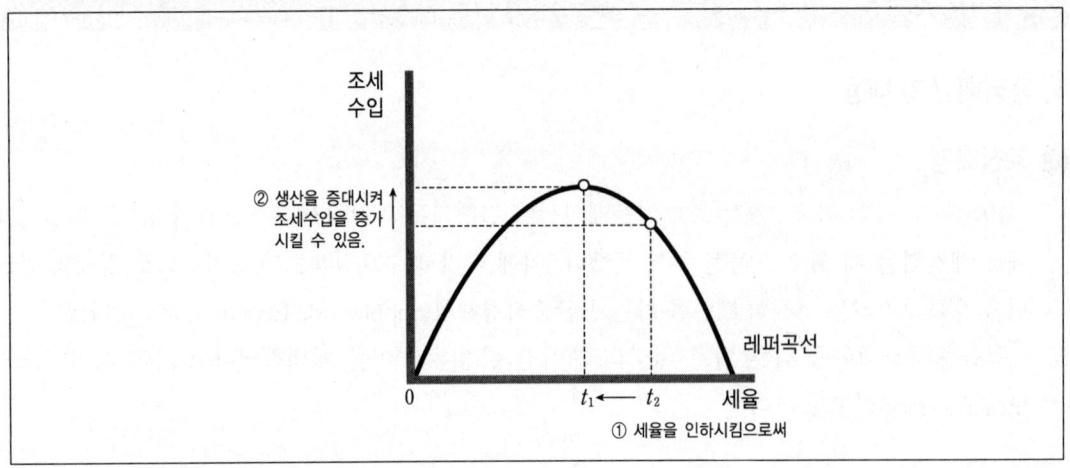

(3) 세율인하가 총생산에 미치는 효과

공급경제학에서는 소득세율의 인하는 노동공급을 증가시키고, 법인세율의 인하는 노동수요를 증가시키므로 총공급이 증가된다고 분석한다. 그러므로 총수요-총공급모형에서 세율이 인하되면 총공급곡선이 AS_0에서 AS_1으로 우측이동하여 물가가 P_0에서 P_1으로 하락할 뿐만 아니라 국민소득도 Y_0에서 Y_1으로 증가한다고 하였다.

〈그림 2-8〉 세율인하가 총생산에 미치는 효과

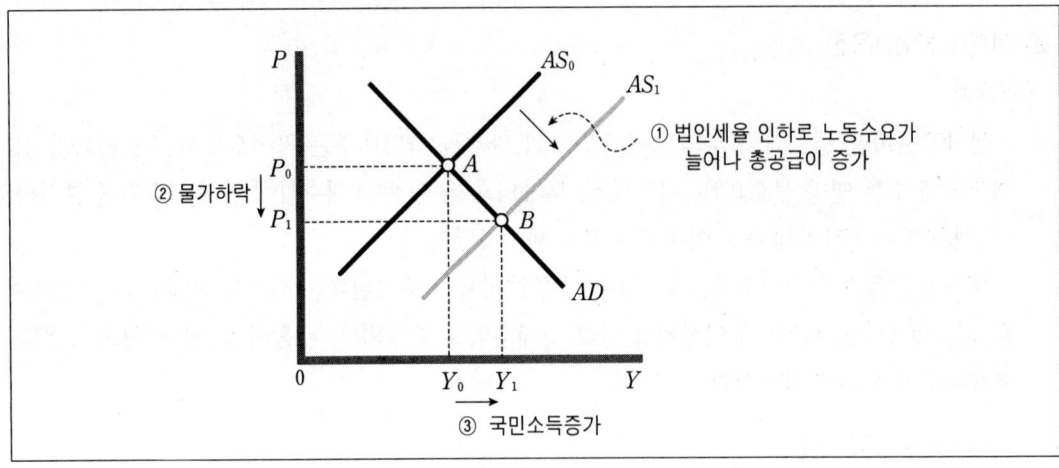

3) 주요정책

첫째, 세율인하를 주장하였다. 세율인하는 근로자의 근로의욕과 기업가의 투자의욕을 증가시켜 생산과 고용을 증가시킨다.

둘째, 소득재분배정책 등 사회보장제도가 근로의욕을 저해하므로 반대하였다.

셋째, 정부개입을 반대하였다. 공급경제학은 근본적으로 소득의 재분배보다는 자원배분의 효율성과 경제성장을, 형평보다는 시장기능과 경제적 자유를 더 중요시한다.

2. 공급중시경제학의 특징과 비판

❶ 특징

첫째, 수요측면보다 공급측면을 강조하였다.
둘째, 공급능력에 영향을 미치는 변수로 조세체계를 중시하였다.
셋째, 공급경제학의 근본정신은 고전학파에서부터 출발한다.
넷째, 세금인하는 국제수지를 개선시킨다. 왜냐하면 세금인하로 인한 총공급의 증가는 물가를 하락시키므로 수출을 증가시킨다.

❷ 비판

세율인하가 조세수입을 증가시킬 수 있다는 래퍼의 주장은 검증되지 않았으며, 세율인하가 생산성 향상, 근로의욕 증대, 투자의욕을 증가시킨다는 실제적인 보장이 없다. 그리고 사회보장제도의 축소는 소득분배를 악화시킬 가능성이 크다.

제3장 거시경제의 총수요와 총공급

제1절 거시경제의 총수요

❶ 개요와 기본가정

1) 개요

케인즈(J. M Keynes)는 고전학파와는 달리 수요측면의 국민소득이 경제전체의 균형국민소득(Y_e)이 되나 완전고용 국민소득(Y_f)에는 미달한다고 보고 있다. 1930년대의 대공황을 겪으면서 실업문제가 장기화되자 완전고용을 전제로 하는 고전학파이론으로서는 효과적인 실업대책을 제시할 수 없었다. 이런 상황에서 케인즈는 고전학파의 이론을 비판하고 대공황을 타개하기 위한 새로운 이론을 제시하였다.

케인즈는 1936년 그의 저서 「고용, 이자 및 화폐의 일반이론(The general theory of employment, interest rate and money)」에서 기존의 '세이의 법칙(Say's law)'을 비판하고 '유효수요의 이론(theory of effective demand)'을 제시하였다. 유효수요의 이론은 불황의 경제상황에서는 총공급(AS : aggregate demand)보다는 총수요(AD : aggregate demand)가 균형국민소득을 결정한다는 이론이다.

케인즈는 총수요(AD)를 총지출(AE : aggregate expenditure)로 표현하였다. 그런데 1970년대 후반 '총수요-총공급모형($AD-AS$ model)'이 구축되면서, 이 모형에서 표현되는 총수요(AD)가 케인즈가 이야기한 총지출(AE)과 동일한 개념이 된다. 그러므로 이 책에서는 앞으로 총지출(AE)을 총수요(AD)로 바꿔 나타내기로 한다.

❷ 총수요 국민소득

한나라 전체의 총수요는 가계의 소비수요(C), 기업의 투자수요(I), 정부의 정부지출수요(G)와 순수출($X-M$)로 이루어진다.

$$총수요(AD) = 소비수요(C) + 투자수요(I) + 정부지출수요(G) + 순수출(X-M)$$

거시경제학에서는 가계와 기업으로만 구성되는 경제를 2부문 경제 또는 케인즈 단순모형이라 하고, 2부문 경제에서 정부 부문을 추가하면 3부문 경제 또는 폐쇄경제모형이라 한다. 3부문 경제에서 해외 부문을 포함하면 4부문 경제 또는 개방경제모형이라 한다.

1) 소비수요

소비수요는 총수요 중에서 가장 큰 비중을 차지하는 부분으로 가계가 생산물시장에서 재화나 용역을 구입하기 위해 지출하는 것으로 정의된다. 일반적으로 어떤 사람의 소비수준을 결정하는데 가장 중요하게 작용하는 것은 소득이라고 할 수 있다. 소득과 소비의 관계에 대한 이론을 소비함수이론이라고 하는데 여기에는 절대소득가설, 상대소득가설, 항상소득가설, 평생소득가설 등이 있다.

절대소득가설 이론은 케인즈가 제시한 이론으로 한 개인의 소비는 그 사람이 현재 취득하고 있는 절대소득의 크기에 의해 결정된다고 본다. 절대소득가설은 "소비의 독립성"과 "소비의 가역성"을 가정하고 있다. 소비의 독립성이란 한 개인의 소비는 현재 본인자신의 가처분 소득에만 의존하고 다른 사람의 소비행위에는 영향을 받지 않는다는 것이다. 그리고 소비의 가역성이란 소득이 증가할 경우 소비의 증가경로와 소득이 감소할 경우 소비의 감소경로가 동일하다는 것을 말한다.

상대소득가설은 듀젠베리(J. Duesenberry)가 주장한 것으로 한 개인의 소비는 절대소득 외에도 타인의 소비 수준과 과거의 최고 소득수준에도 영향을 받는다고 본다. 상대소득가설은 "소비의상호의존성"과 "소비의 비가역성"을 가정하고 있다. 소비의 상호의존성은 소비가 자신의 절대소득뿐만 아니라 타인의 소비수준에도 영향을 받는다는 것을 말하며, 이를 전시효과(demonstration effect)라 한다. 소비의 비가역성은 현재소비가 과거의 최고 소득수준에 영향을 받기 때문에 소득이 증가함에 따라 일단 높아진 소비수준은 소득이 감소해도 다시 감소시키기가 어렵다는 것을 말하며, 이를 톱니효과(ratchet effect)라 한다.

항상소득가설은 프리드만(M. Frideman)이 주장한 것으로 한 개인의 소비가 절대소득의 크기에 의하여 결정되지 않고, 정상적인 소득의 흐름으로 확실하게 기대할 수 있는 미래의 평균소득인 항상소득의 크기에 의하여 결정된다고 본다. 프리드만은 소득을 항상소득과 임시소득으로 구분하였다. 항상소득이란 미래에 인적자산, 물적자산, 금융자산으로부터 얻을 것으로 기대되는 장기적 평균소득을 의미하는데, 예를 들면 대리에서 과장으로 승진할 경우 증가되는 소득을 말한다. 임시소득이란 예측이 불가능한 일시적 소득, 불로소득, 횡재소득을 의미하는데, 예를 들면 경기호황으로 연말 보너스가 증가하거나, 일시적 세율인하로 인한 가처분소득의 증가와 같은 것을 말한다.

평생소득가설은 한 개인의 현재소비는 남은 생애를 통하여 획득할 것으로 예상되는 평생소득에 의존한다는 이론이다. 평생소득은 남은 생애 동안 한 개인이 기대할수 있는 자산소득과 근로소득의 현재가치에 의해 결정된다. 그러므로 사람은 일생동안 본인이 기대하는 평생소득의 범위 내에서 소비가 이루어 진다고 보는 것이다.

2) 투자수요

(1) 투자의 개념

일정 기간 동안 증가된 자본축적량을 투자라 하며, 일정기간 동안 측정되므로 유량변수이다.

경제학에서는 직접적인 생산활동을 위한 지출, 즉 자본재의 증가나 유지를 위한 지출을 투자라 한다.

직접적으로 생산활동이 수반되지 않는 소유권의 이전이나 이전지출 등은 투자라고 부르지 않는다.

(2) 투자의 성격

투자는 총수요에서 차지하는 비중이 20% 정도이나 그 변동성이 크기 때문에 경기변동을 일으키는 가장 중요한 요인이다.

투자는 유효수요의 구성요인으로 투자의 증가는 승수효과를 통해 총수요 측면의 국민소득을 증가시킬 뿐만 아니라, 자본형성을 통하여 총공급측면의 국민소득을 증가시킨다. 이를 투자의 이중성이라한다.

(3) 투자와 자본량

투자는 일정기간 동안(유량개념)의 실물자본증가를 말하며 자본량은 일정시점(저량개념)에서 축적된 자본량을 의미한다.

$$I = K_t - K_{t-1} = \Delta K$$

(4) 투자함수

투자함수란 투자에 영향을 주는 독립변수와 투자(I:Investment)의 관계를 나타내며 일정기간에 걸쳐 측정되며, 다음과 같다.

$$I = f(이자율(r), 국민소득(Y))$$

이자율이 상승하면 투자는 감소하며, 국민소득이 증가하면 투자는 증가한다.

(5) 총투자와 신투자

총투자는 신투자와 재투자의 합으로 구성된다. 즉, 총투자= 신투자+ 재투자이다. 신투자는 실물자본을 증가시키기 위한 투자로 공장설비를 신규로 증설하거나 기계투입량을 증가시키는 것을 말하며, 총자본량을 증가시킨다.

재투자는 기존의 생산시설을 유지(대체)하기 위하여 지출하는 투자(대체투자)를 말하며, 감가 상각된 것을 보충하는 투자이므로 총자본량을 증가시키지 못한다.

(6) 사전적 투자와 사후적 투자

사전적 투자는 사전적으로 의도된 투자이며 사후적 투자는 사후적으로 실현된 투자이다.

사후적 투자는 사전적 투자와 재고투자의 합으로 구성된다. 즉, 사후적투자=사전적투자+재고(투자)이다. 재고는 소비가 아닌 투자로 분류되며, 따라서 재고투자라고 한다.

〈그림 3-1〉 사전적 투자와 사후적 투자

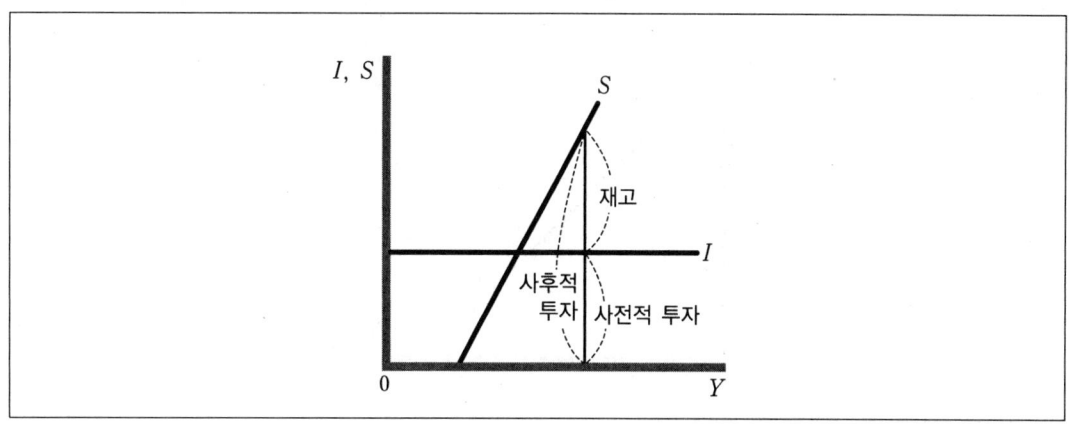

(7) 고정투자와 재고투자

고정투자는 주택투자, 비주택 건설물 투자 그리고 생산자의 내구재 투자로 구분된다.

첫째, 주택투자는 주택건설을 말한다.

둘째, 비주택 건설물 투자는 빌딩, 철도, 도로, 항만건설 등을 말한다.

셋째, 생산자 내구재 투자는 기계설비, 운수설비 구입 등을 말하며, 재고투자는 사후적 투자와 사전적 투자의 차이이다.

(8) 독립투자와 유발투자

독립투자는 소득과 무관하게 이루어지는 투자를 말하며, 유발투자는 소득이 증가함에 따라 증가하는 투자를 말한다. 즉, 경기가 활성화되면 증가하고 불황이 되면 감소하는 투자를 말한다.

3) 기타 총수요

기타 총수요 구성항목으로는 정부지출수요와 순수출 수요가 있다.

정부지출수요는 정부가 행하는 지출을 말하며 경제적 분류와 기능적 분류로 구분된다. 경제적인 분류는 경상지출, 자본지출과 순대출로 나누어지며, 기능적 분류는 일반행정, 방위비, 교육비, 사회개발비 등으로 구분된다. 순수출수요는 수출에서 수입을 차감한 값이며 국제수지표에서 구해진다.

❸ 총수요와 물가

1) 총수요(AD)곡선

총수요곡선은 물가수준이 변함에 따라 수요부문의 균형을 이루는 물가와 국민소득의 조합을 연결한 곡선이다. 일반적으로 총수요곡선은 우하향한다. 즉, 물가가 상승하면 총수요는 감소하고 물가가 하락하면총수요는 증가한다.

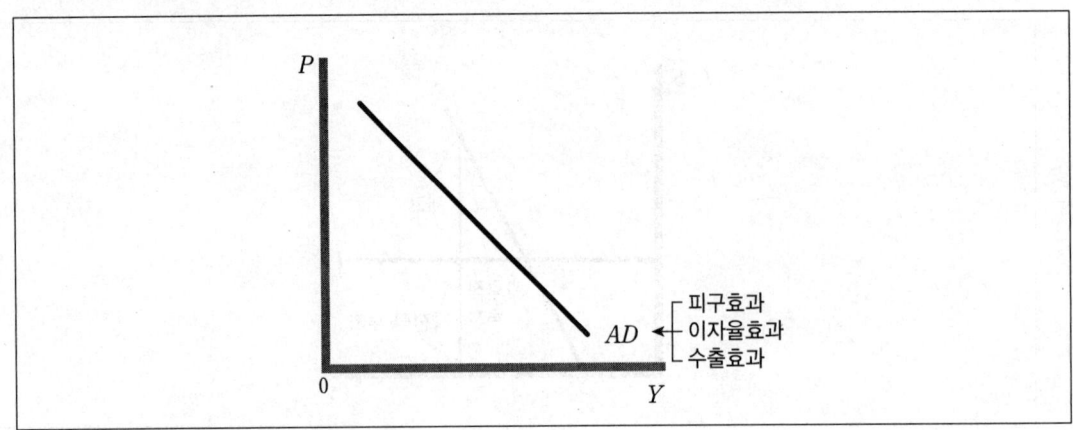

〈그림 3-2〉 총수요곡선

2) 총수요와 물가의 관계

총수요곡선이 우하향한다는 것은 물가가 하락하면 총수요측면의 국민소득이 증가한다는 것인데, 그 이유는 피구효과, 이자율효과, 수출효과가 반영되기 때문이다.

첫째, 가계의 소비수요는 물가가 상승하면 감소하고, 반대로 물가가 하락하면 소비수요는 증가한다. 물가가 하락하면 가계의 실질소득이 증가하게 되어 소비가 늘어나게 된다. 이를 피구효과(Pigou effect)라고 한다.

둘째, 기업의 투자수요와 물가의 관계를 고려하자. 물가가 하락하면 이자율이 하락하고, 그러면 투자수익률이 증가하여 기업의 투자가 증가한다. 즉 물가와 투자는 반대로 움직인다. 시장이자율이 하락하면 투자수익률이 증가하는 이유는 다음과 같다.

기업은 투자를 하기 위하여 충당되는 자금을 은행에서 차입하거나 자기자본으로 조달 할 수 있다. 이 경우 시장이자율은 자금조달에 따른 비용이 된다. 따라서 시장이자율이 하락하면 투자 자금 조달에 따른 비용이 감소하므로 투자수익률이 높아지게 된다.

셋째, 정부지출수요는 정부의 정책목표에 따라 그 규모가 결정되기 때문에 물가수준에 직접적으로 영향을 받지 않지만, 순수출은 물가에 영향을 받는다. 국내 물가수준이 하락하면 수출상품의 상대가격을 상승시키므로 수입을 감소시킨다. 따라서 물가하락은 수출을 증가시키고 수입을 감소시키므로 순수출을 증가시킨다.

제2절 소비함수이론

1. 소비함수의 개요

❶ 개념

소비는 총수요 중에서 가장 큰 비중을 차지하는 부분으로 가계가 생산물시장에서 재화나 용역을 구입하기 위해 지출하는 것으로 정의되며, 소비함수는 소비와 그 수준을 결정하는 변수 간에 존재하는 관계를 나타낸다.

❷ 소비함수에 관한 고전학파의 견해

고전학파의 소비에 대한 견해는 가처분소득 중에서 저축하고 남은 부분으로 간주한다.
저축은 이자율의 증가함수이다. 즉, 이자율(r)이 상승하면 저축(S)이 증가하고 소비(C)는 감소하므로 소비는 이자율의 함수로 보았다.

$$C=f(r),\ f'<0$$

❸ 일반적 소비함수

일반적으로 소비는 저축의 나머지 부분으로 파악해서는 아니되고 독자적으로 결정되며, 주로 소득크기에 의해 결정된다.

$$C=f(Y),\ f'>0$$

2. 절대소득가설 : 케인즈(J. M. Keynes)

❶ 개념과 가정

1) 개념

한 개인의 소비는 이자율에 의해 영향을 받는 것이 아니라 개인이 현재 취득하고 있는 절대 소득(현재소득)에 의해 결정된다.

2) 가정

첫째, 개인의 소비는 현재의 가처분소득에만 의존하고 다른 사람의 소비행위와는 독립적이라는 "소비의 독립성"을 가정한다.
둘째, 소비의 가역성(可逆性)을 주장한다. 소비의 가역성이란 소득이 증가하면 소비가 증가하고,

소득이 감소하면 소비도 감소한다는 것이며, 소득이 증가할 경우 소비의 증가경로와 소득이 감소할 경우 소비의 감소경로가 동일하다는 의미이다.

❷ 한계소비성향과 평균소비성향

1) 개념

한계소비성향(MPC)이란 소득이 한 단위씩 증가할 경우 소비의 증가분$\left(\dfrac{\Delta C}{\Delta Y}\right)$을 말하는 것으로 대개 0보다는 크고 1보다는 작다. 평균소비성향(APC)이란 소득 중에서 소비가 차지하는 비중$\left(\dfrac{C}{Y}\right)$을 의미하며, MPC와 마찬가지로 0보다는 크고 1보다는 작다.

2) 평균소비성향(APC)과 평균저축성향(APS)의 관계

가처분소득 Y는 소비와 저축으로 구성된다. 즉, $Y=C+S$이다. 이 식의 양변을 Y로 나누면 $APC+APS=1$이 된다.

3) 한계소비성향(MPC)과 한계저축성향(MPS)의 관계

가처분소득의 방정식 $Y=C+S$를 소득(Y)에 대하여 미분하면 $MPC+MPS=1$이 된다.

❸ 내용

1) 소비함수

케인즈의 소비함수는 $C=C_0+cY$로 나타낸다. 여기에서 C_0는 기초소비를 의미하며, c는 한계소비성향을 나타낸다.

2) 한계소비성향과 평균소비성향의 관계

(1) 한계소비성향이 소득이 증가함에 따라 일정한 경우

소비는 소득의 함수인데 소득이 증가하면 소비도 증가하나, 소득의 일부만 소비된다. 즉, 한계소비성향(MPC)이 0보다 크고 1보다 작다. 아래 그림에서 MPC는 소득이 증가함에 따라 일정한 값을 가지고 있다고 전제하여 소비곡선을 우상향하는 직선으로 나타내었다.

소득이 증가함에 따라 소득 중에서 차지하는 소비의 비중, 즉 평균소비성향(APC)은 감소한다. 그림에서 소득이 100만원일 경우 $APC=0.7$이고, 200만원일 경우는 0.6이 되어 소득이 증가할수록 APC가 감소함을 보여준다. 여기서 증가된 소득 ΔY는 100만원이고 증가된 소비 ΔC는 50만원이므로 MPC는 0.5이다.

평균소비성향(APC)은 한계소비성향(MPC)보다 크다. 소득이 증가함에 따라 APC가 0.7에서 0.6으로 작아지고 MPC는 0.5이므로 $APC>MPC$이다.(평균과 한계의 관계 : 평균이 감소하면 평균이 한계보다 크다.)

〈그림 3-3〉 한계소비성향이 일정한 경우의 소비곡선

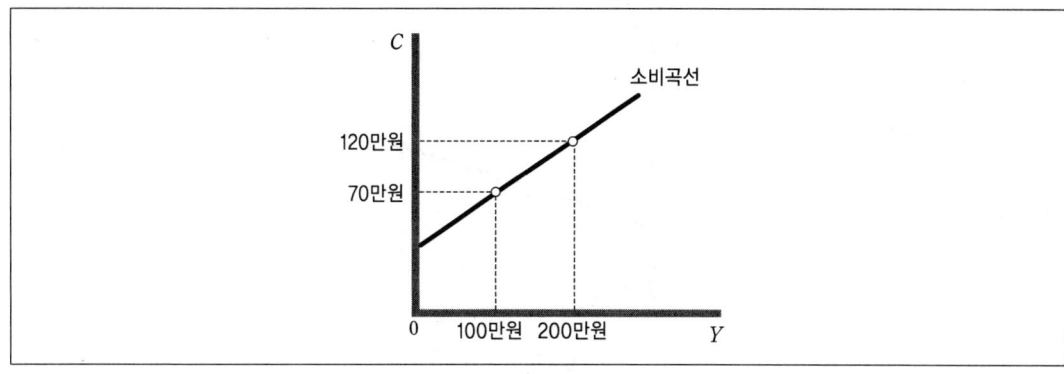

(2) 한계소비성향이 소득이 증가함에 따라 감소하는 경우

앞에서는 소득이 증가하더라도 MPC가 일정하다는 것을 전제로 소비곡선의 그림을 그렸으나, 아래에서는 MPC가 소득이 증가함에 따라 감소하는 경우의 소비곡선을 나타내었다. 이런 경우에도 소득이 증가함에 따라 APC가 작아지므로 $APC > MPC$이다.

〈그림 3-4〉 한계소비성향이 감소하는 경우의 소비곡선

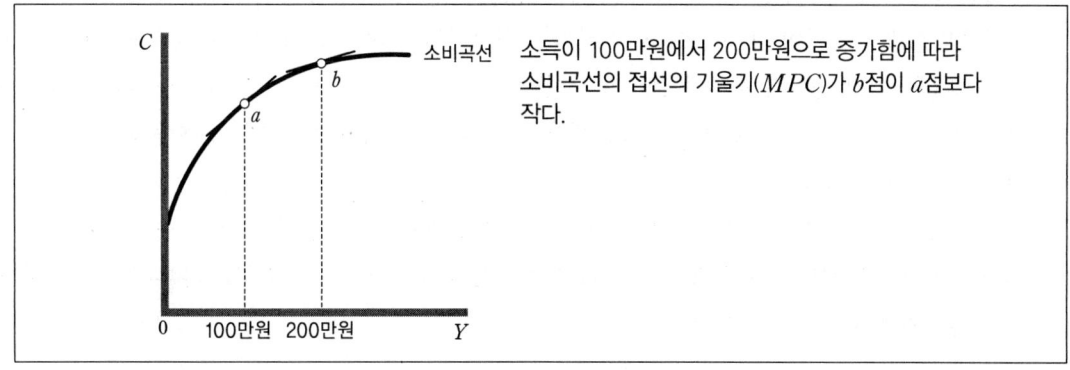

소득이 100만원에서 200만원으로 증가함에 따라 소비곡선의 접선의 기울기(MPC)가 b점이 a점보다 작다.

(3) 기타 사항

고소득층의 평균소비성향(β)은 저소득층의 평균소비성향(α)보다 작다. 고소득층의 소득을 저소득층에 이전시키면(소득재분배가 이루어지면) 사회전체의 평균소비 성향이 상승한다.

호경기의 평균소비성향(β)은 불경기의 평균소비성향(α)보다 작다.

〈그림 3-5〉 평균소비성향과 소득

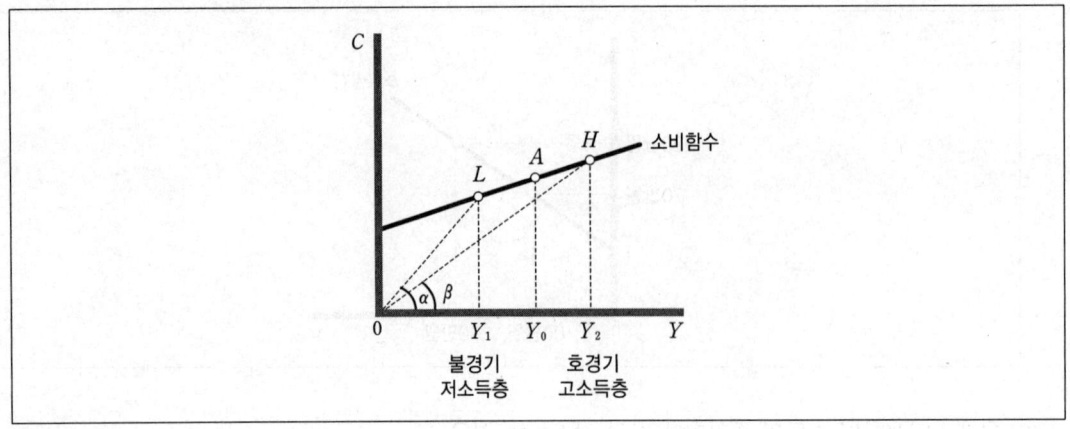

3. 쿠즈네츠(S. Kuznets)의 소비함수 논쟁

❶ 배경

케인즈는 국민소득이 증가할수록 추가적으로 늘어나는 소비가 줄어들어 유효수요가 감소하므로 자본주의경제에 불황이 닥쳐올 수 밖에 없다고 전망하였다. 이러한 전망을 바탕으로 제2차 세계대전 중에 이루어진 군사비 지출이 전쟁이 끝난 1945년 후에 대폭 감소하면 극심한 경기침체가 발생할지 모른다는 우려가 평배하였다. 그러나 1945년 이후의 세계경제는 호황이 계속되어 케인즈의 소비이론은 비판을 받게 되었다.

쿠즈네츠는 1945년 이후 세계경제가 호황이 지속됨에 따라 미국인들의 소비자료를 이용해 케인즈의 소비이론을 실증분석하였다. 그 결과 실증분석의 내용이 케인즈이론과 부분적으로 차이가 있다는 사실을 밝혔다.

❷ 쿠즈네츠(S. Kuznets)의 실증분석과 함축적 의미

1) 실증분석의 내용

(1) 단기분석(횡단면분석)

단기간의 가계소비를 분석한 결과 소득이 높을수록 평균소비성향은 감소하였으며, 고소득층의 APC가 저소득층의 APC보다 작아 케인즈의 이론을 지지하였다.

(2) 장기분석(시계열분석)

장기간의 가계소비를 분석한 결과, 소득이 증가하면 소비도 비례해서 증가하고 APC는 일정하였다. APC가 일정하므로 $APC=MPC$가 되어 장기에서는 케인즈의 소비이론이 현실과 부합되지 않았다.

2) 단기소비함수와 장기소비함수의 그래프

쿠즈네츠의 실증분석 결과를 바탕으로 단기소비함수와 장기소비함수의 그래프를 그리면 다음과 같다.

〈그림 3-6〉 단기와 장기의 소비함수

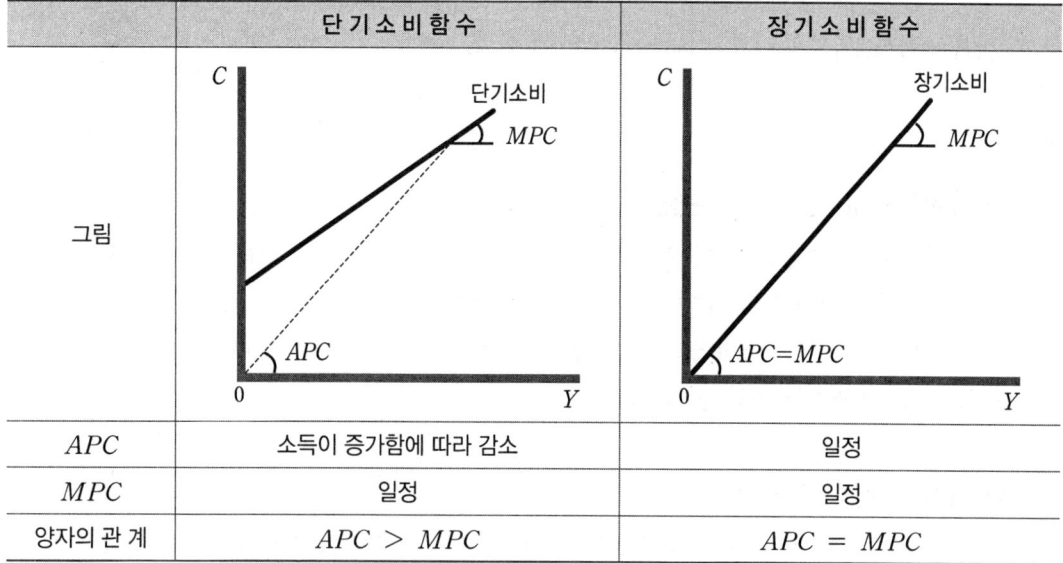

	단기소비함수	장기소비함수
APC	소득이 증가함에 따라 감소	일정
MPC	일정	일정
양자의 관계	$APC > MPC$	$APC = MPC$

※ APC(평균소비성향) : 소비곡선상의 한 점과 원점을 연결한 직선의 기울기
MPC(한계소비성향) : 소비곡선상의 한 점에서의 접선의 기울기

3) 함축적 의미

케인즈는 처음으로 체계적인 소비함수를 제시했다는 점에서 높이 평가되었지만, 쿠즈네츠의 실증분석에 따르면 그의 이론은 단기에 있어서는 타당성을 가지나 장기에 있어서는 모순이 발견된다. 이런 모순을 설명하는 과정에서 소비함수논쟁이 일어났다.

케인즈의 소비이론을 비판하고 쿠즈네츠의 실증분석결과를 설명하기 위해 상대소득가설, 항상소득가설, 평생소득가설 이론이 제시되었다.

4. 상대소득가설 : 듀젠베리(J. Duesenberry)

❶ 개념

소비는 현재의 절대소득에 의해서 결정되는 것이 아니라 상대소득에 의존된다고 하였다.

상대소득이란 과거부터 지금까지의 최고소득과 동류집단인 다른 사람과 비교한 소득의 두 가지 개념으로 정의된다. 상기의 상대소득개념으로부터 유추된 상대소득가설의 소비함수는 다음과 같다.

> 소비 = f(현재 자신의 소득, 타인의 소비수준, 과거의 최고소득수준)

❷ 가정

첫째, 소비의 상호의존성(소비의 외부성)을 가정하였다. 이는 소비는 자신의 소득뿐만 아니라 타인의 소비수준에도 영향을 받는다는 것을 말하며, 이를 전시효과(demostration effect)라 한다.

둘째, 소비의 비가역성(非可逆性)을 가정하였다. 이는 현재소비가 과거 최고소득수준에 영향을 받기 때문에 소득이 증가함에 따라 일단 높아진 소비수준은 소득이 감소해도 다시 줄이기가 어렵다는 것을 말하며, 이를 톱니효과(ratchet effect)라 한다.

❸ 내용

1) 전시효과(Demonstration Effect)

소비가 자기 자신의 소득수준에 의해서만이 아니라, 자기가 속해 있는 동류집단과 주위 사람들의 소비수준에도 영향을 받기 때문에 나타나는 현상을 말한다.

단기적으로 소득이 감소하더라도 체면을 유지하기 위해 주위 사람과 비슷한 정도로 소비를 하려고 하기 때문에 소비는 조금만 감소한다.

2) 톱니효과(Ratchet Effect)

소비의 비가역성으로 인해 나타나는 현상이며, 일단 소득증가로 소비가 늘어난 사람은 소득이 감소하더라도 과거 소비수준의 영향으로 소득이 감소한 만큼 소비를 줄이지 못하는 현상을 말한다.

소득이 Y_0에서 Y_1으로 감소하면 사람들은 과거에 소비하던 습관으로 인해 갑자기 소비를 A에서 C로 줄이지 못하고, A에서 B로 조금 감소시킨다. 그러나 장기적으로는 B의 소비수준을 유지할 수 없으므로 소비가 A에서 C로 감소한다.

〈그림 3-7〉 톱니효과

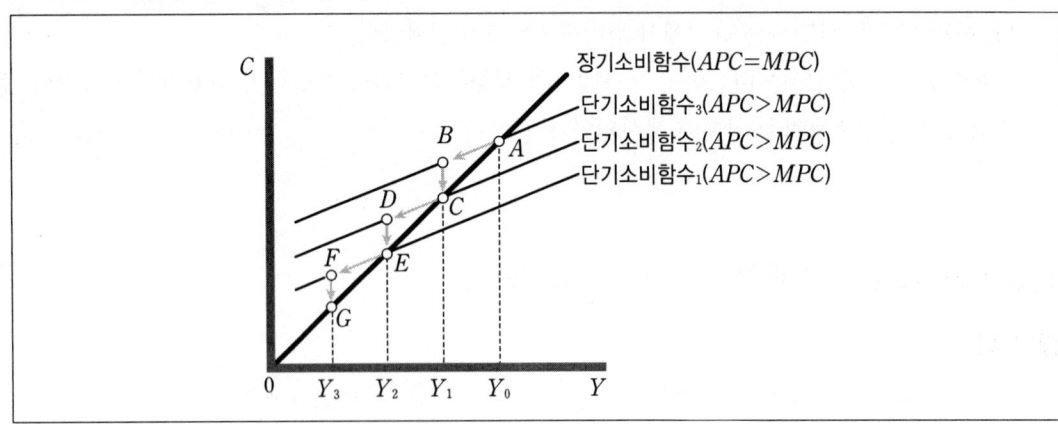

3) 소비의 비대칭성

소득이 $Y_3 \rightarrow Y_2 \rightarrow Y_1 \rightarrow Y_0$로 증가 시 소비는 $G \rightarrow E \rightarrow C \rightarrow A$로 증가하는 경로를 따른다. 소득이 $Y_0 \rightarrow Y_1 \rightarrow Y_2 \rightarrow Y_3$로 감소하면 소비는 장기소비함수 경로를 따라 감소하지 않고 $A \rightarrow B \rightarrow$

5. 항상(영구)소득가설 : 프리드만(M. Frideman)

❶ 개념

소비는 현재의 절대소득의 크기에 의하여 결정되지 않고, 정상적인 소득의 흐름으로 확실하게 기대할 수 있는 미래의 평균소득의 크기에 의하여 결정된다는 것이다. 이러한 미래의 평균 소득을 프리드만은 항상소득이라고 하였다.

❷ 소득과 소비의 종류

1) 소득의 종류

소득은 항상소득과 임시소득으로 구성되며, 그 의미는 다음과 같다.

첫째, 항상소득(Y_P)이란 미래에 인적자산, 물적자산, 금융자산으로부터 얻을 것으로 기대되는 장기적 평균소득을 의미한다. 예를 들면 대리에서 과장으로 승진 시 증가되는 소득을 말한다.

둘째, 임시소득(Y_T)이란 예측이 불가능한 일시적 소득, 불로소득, 횡재소득, 변동소득, 임시소득을 의미한다. 예를 들면 경기호황 시 연말 보너스가 증가하거나, 일시적 세율인하로 인한 가처분소득의 증가와 같은 것을 말한다.

2) 소비의 종류

소비는 항상소비와 임시소비로 구성되며, 그 의미는 다음과 같다.

첫째, 항상소비(C_P)란 장기적으로 예측이 가능한 규칙적인 소비를 말한다. 예를 들면 우리는 매일 식사를 하고 교통비를 지출하는데, 이런 소비를 항상소비라고 한다.

둘째, 임시소비(C_T)란 예측할 수 없는 일시적 소비를 말한다. 예를 들면 갑작스러운 화재발생으로 인한 피해지출이나 교통사고발생으로 인한 의료비지출 등을 말한다.

❸ 가정

첫째, 항상소득(Y_P)과 항상소비(C_P)는 (상관)관계가 있다. 즉, $C_P = \beta \cdot Y_P$이다. 즉, 항상소득을 변화시키는 영구적 세율인하만 국민소득증대효과가 있고 일시적 세율인하는 항상소득을 변화시키지 못하고 임시소득만 변화시키므로 국민소득증대효과가 크지 않다.

둘째, 임시소득(Y_T)은 대부분 소비되지 않고 저축된다.

셋째, 항상소득(Y_P)과 임시소비(C_T), 임시소득(Y_T)과 임시소비(C_T) 간에는 직접적 상관관계가 없다.

④ 내용

1) 단기소비함수

(1) 개념

단기란 임시소득만 변동하고 항상소득은 변하지 않는 기간으로 볼 수 있다. 따라서, 단기소비함수란 임시소득이 변동할 경우 소득과 소비와의 관계를 나타낸 것이다.

(2) 내용

단기적으로 임시소득(Y_T)이 증가(호황)할 수도 있고 감소(불황)할 수도 있다.

경기호황으로 임시소득이 증가하지만 합리적인 소비자는 임시소득의 대부분을 저축하므로 소비가 A에서 C로 조금만 증가한다. 그림에서 임시소득이 아니라 항상소득이 동일액 만큼 증가하였으면 소비는 A에서 B로 대폭 증가한다. 따라서 소득이 증가할수록 평균소비성향(APC)는 감소한다. 그 이유는 임시소득의 증가로는 항상소득의 증가에 비해 소비가 적게 증가하기 때문이다. 즉 $\boxed{APC > MPC}$ 이다.

〈그림 3-8〉 단기소비함수

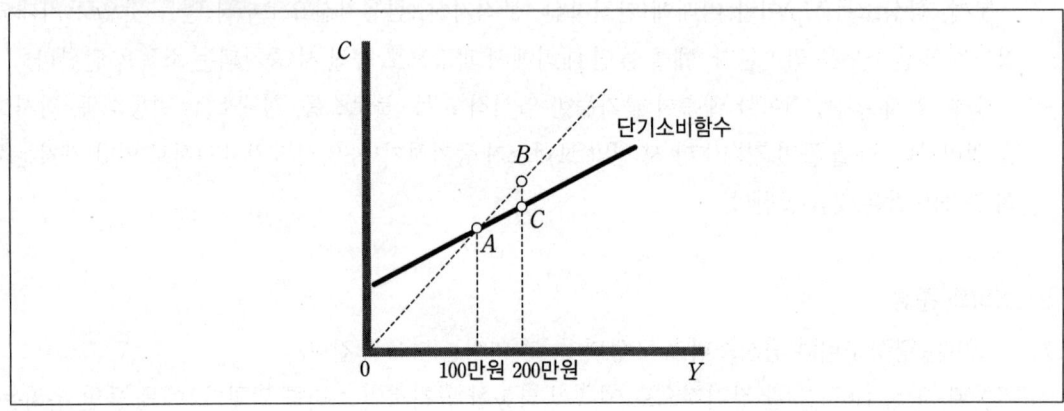

2) 장기소비함수

(1) 개념

장기란 항상소득이 변하는 기간을 의미한다. 따라서 장기소비함수란 항상소득이 변동할 경우 소득과 소비와의 관계를 나타낸 것이다.

(2) 내용

$Y=Y_P+Y_T$에서 장기적으로 임시소득의 평균은 0이다. 장기적으로 임시소득의 평균은 0이므로 모든 소득이 항상소득이다. 따라서, 소득이 증가하면 모두 소비에 영향을 주게 된다. 그리고 장기소비함수는 원점을 통과한다. 즉 $\boxed{APC = MPC}$ 이다.

〈그림 3-9〉 장기소비함수

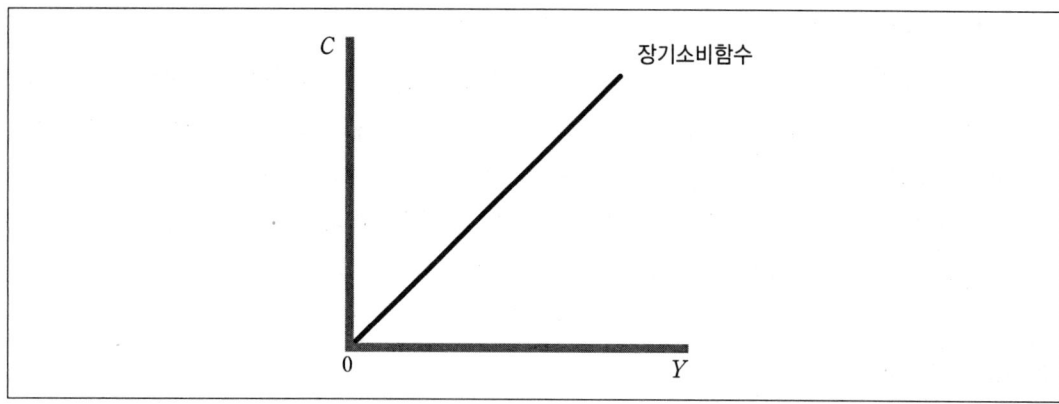

6. 평생소득가설(Life cycle Hypothesis)

❶ 개념

모딜리아니(F. Modigliani), 브람버그(R. Brumberg), 안도(A. Ando)에 의해서 제기된 이론이다.

현재소비는 남은 생애를 통하여 획득할 것으로 예상되는 평생소득에 의존한다. 즉, 평생소득이 증가하면 소비도 증대되고 평생소득이 감소하면 소비가 줄어든다. 평생소득은 남은 생애동안 기대할 수 있는 자산소득과 근로소득의 현재 가치에 의해 결정된다.

❷ 소득과 소비의 흐름

소비는 전생애를 걸쳐서 일정하거나 안정적인 추세를 보이는 데 비해, 소득은 유년기와 노년기에는 매우 낮고, 장년기에는 높다. 따라서, 유년기와 노년기에는 돈을 빌려서 쓰고, 장년기에는 저축을 한다.

사람은 일생동안의 본인이 기대하는 평생소득의 범위내에서 소비가 이루어 진다.

〈그림 3-10〉 소득과 소비의 흐름

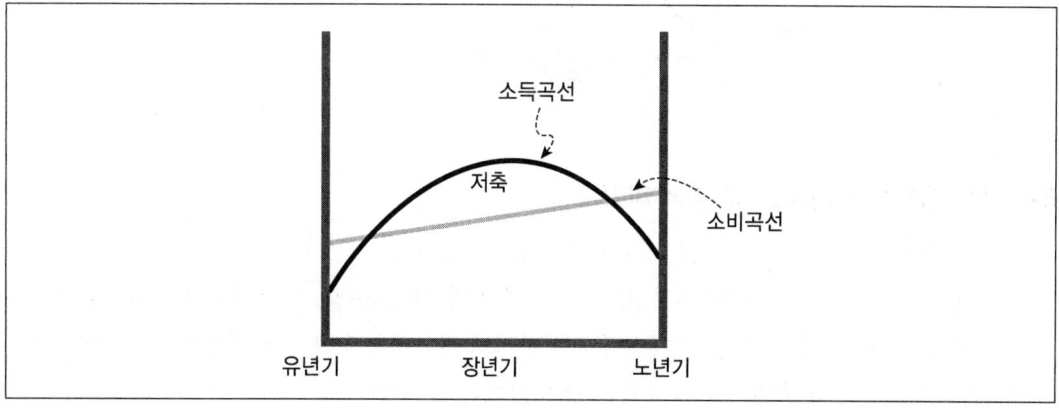

❸ 내용

1) 단기소비함수

단기소비함수란 근로소득만 변동하는 기간에서의 소비함수를 말한다. 단기에는 근로소득(월급)이 없어도 자산소득만큼 소비가 이루어진다. 즉, 근로소득이 없더라도 이자소득(자산소득)으로 소비할 수 있다는 의미이다.

근로소득이 100만원에서 200만원으로 증가하면 소비가 A에서 C로 증가하지 않고, A에서 B로 조금만 증가하므로 $\boxed{APC > MPC}$ 가 성립한다.

2) 장기소비함수

장기소비함수란 근로소득뿐 아니라 자산소득도 변동하는 기간에서의 소비함수를 말한다. 장기적으로는 근로소득뿐만 아니라 자산소득도 증가하므로 단기소비함수가 $SC_1 \to SC_2 \to SC_3$로 이동한다.

그림에서 SC_1은 단기에 자산소득이 A_1으로 고정되어 있다는 전제하에서 도출된 소비함수식이다. SC_2와 SC_3도 마찬가지로 단기에서 자산소득이 A_2와 A_3로 고정되어 있을 경우의 소비함수식이다. 장기에서 근로소득이 100만원에서 200만원으로 증가하고 동시에 자산소득이 A_1에서 A_2로 증가하면 소비의 균형점은 A에서 B가 아니라 A에서 C로 이동한다.

장기에서의 소비균형점인 A, C, D점을 연결하면 원점을 통과하는 장기소비함수를 도출할 수 있어 장기적으로 $\boxed{APC = MPC}$ 가 성립한다.

〈그림 3-11〉 단기와 장기소비함수

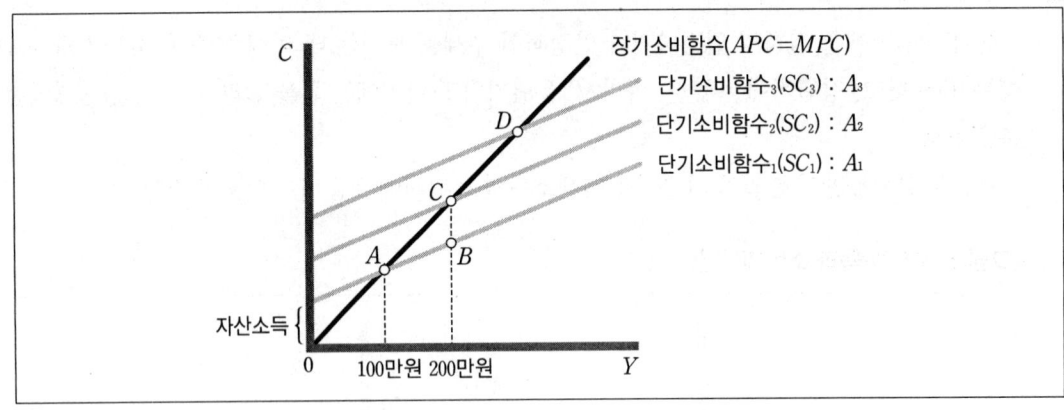

❹ 항상소득가설과 평생소득가설의 비교

항상소득가설과 평생소득가설을 비교하면 다음과 같다.

첫째, 평생소득가설은 소비의 결정요인으로 장기의 기대소득개념을 사용하고 있다는 점에서 항상 소득가설과 유사한 시사점을 가진다. 즉, 단기의 경기부양정책이나 일시적인 세율의 인하는 소비에 큰 영향을 주지 못하므로 그 효과가 크지 않다는 것이다.

둘째, 평생소득가설에서는 항상소득개념의 기간개념이 불명확한 결점을 보완하기 위해 항상소득을 평생소득으로 바꾸어서 소비이론을 전개하였다.

셋째, 항상소득의 개념을 근로소득과 자산소득으로 구체화시켰다.

7. 기타 소비함수이론

❶ 유동자산가설 : 토빈(J. Tobin)

1) 개념

토빈은 케인즈의 절대소득가설이 단기에서는 현실과 부합하나 장기에서 현실과 부합되지 않아, 이를 보완하기 위해 유동자산가설을 주장하였다. 유동자산가설은 개인의 소비지출은 개인의 소득에만 의존하는 것이 아니라 그가 보유하고 있는 유동자산의 크기에도 영향을 받는다는 이론이다.

유동자산가설은 미국의 백인가계와 흑인가계의 소비성향의 차이를 설명해 준다. 즉, 백인의 유동자산이 흑인의 유동자산보다 많기 때문에 동일한 소득수준하에서도 백인의 소비성향이 흑인의 소비성향보다 크다.

2) 내용

(1) 소비함수

소비는 현재 획득하는 소득과 사람이 보유하고 있는 유동자산의 크기에 의해 결정된다. 즉 함수식으로 $C = C_0 + cY + mM$와 같이 표현된다. 여기에서, C_0는 기초소비, c는 MPC 그리고 m은 유동자산에 대한 한계소비성향, M은 유동자산, C는 소비를 나타낸다.

(2) 내용

단기적으로 유동자산이 일정하므로 소득이 증가할 때 평균소비성향(APC)은 감소하므로 $APC > MPC$이다. 장기적으로 유동자산은 소득의 증가와 같은 비율로 증가하므로 평균소비성향(APC)은 일정하며 $APC = MPC$이다.

❷ 불규칙 행보가설 : 홀(P. Hall)

1) 개념

미래는 불확실하기 때문에 우리가 합리적으로 기대를 형성한다고 할지라도 미래의 소득수준을 정확하게 알 수 없다. 따라서, 현재소비는 전기의 소비수준에 의하여 결정된다.

2) 내용

현재소비는 전기의 소비수준에 의해서만 결정된다. 그리고 소비자에게 이미 예상된 정책은 소비에 영향을 주지 못하며 예상치 못한 정책만이 소비에 영향을 준다.

제3절 · 투자함수이론

1. 개요

❶ 투자의 개념과 성격

1) 개념

일정기간 동안 증가된 자본축적량을 투자라 하며, 일정기간 동안 측정되므로 유량변수이다.

경제학에서는 직접적인 생산활동을 위한 지출, 즉 자본재의 증가나 유지를 위한 지출을 투자라 한다. 직접적으로 생산활동이 수반되지 않는 소유권의 이전이나 이전지출 등은 투자라고 부르지 않는다.

2) 투자의 성격

투자는 총수요에서 차지하는 비중이 20% 정도이나 그 변동성이 크기 때문에 경기변동을 일으키는 가장 중요한 요인이다.

투자는 유효수요의 구성요인으로 투자의 증가는 승수효과를 통해 총수요 측면의 국민소득을 증가시킬 뿐만 아니라, 자본형성을 통하여 총공급측면의 국민소득을 증가시킨다. 이를 투자의 이중성이라 한다. 투자는 일정기간 동안(유량개념)의 실물자본증가를 말하며 자본량은 일정시점(저량개념)에서 축적된 자본량을 의미한다.

$$I = K_t - K_{t-1} = \Delta K$$

❷ 투자함수

투자함수란 투자에 영향을 주는 독립변수와 투자(I:Investment)의 관계를 나타내며 일정 기간에 걸쳐 측정되며, $I=f$(이자율(r), 국민소득(Y))로 나타낸다.

이자율이 상승하면 투자는 감소하며, 국민소득이 증가하면 투자는 증가한다. 이에 대해서는 투자이론에서 상세하게 살펴본다.

2. 투자의 현재가치법 : 고전학파

❶ 개념

현재가치법이란 현재의 투자금액과 투자로부터 기대되는 미래수익의 현재가치를 비교하여 투자의 실시여부를 결정한다는 이론이다.

완전한 정보를 가정하므로 미래의 예상수익과 미래의 실현수익이 완전히 일치한다고 본다. 따라서, 투자하여 얻을 수 있는 미래수익의 현재가치와 투자비용을 비교하여 투자여부를 결정한다는 이론이다. 이자율의 변동이 투자에 크게 영향을 미치기 때문에 투자의 이자율 탄력도가 매우 탄력적이다.

❷ 투자의 결정원리

1) 기대수익(예상수익)의 현재가치

투자할 때 자본재로부터 발생할 것으로 예상되는 미래수익의 흐름(R_1, R_2, $\cdots R_n$)을 이자율(r)로 할인하여 현재의 가치로 나타난 금액을 기대수익의 현재가치라 한다.

기대수익의 현재가치를 구하는 이유는 투자는 현재 발생하지만 수익은 미래의 일정기간에 걸쳐 발생하므로 평가시점을 일치시키기 위해서이다.

$$PV = \frac{R_1}{(1+r)} + \frac{R_2}{(1+r)^2} + \frac{R_3}{(1+r)^3} + \cdots + \frac{R_n}{(1+r)^2}$$

(PV : 현재가치, r : 이자율, R : 기대수익, n : 년도)

2) 순현재가치(NPV : Net Present Value)

순현재가치(NPV)는 기대수익의 현재가치에서 투자비용(C : Cost)을 차감한 값으로 구해진다. 즉, $NPV = PV - C$로 계산된다.

투자를 할 때 수익성이 높은 사업부터 투자하기 때문에 투자가 증가함에 따라 순현재가치는 감소한다. 이에 따라 순현재가치(NPV)곡선은 우하향한다.

〈그림 3-12〉 순현재가치 곡선

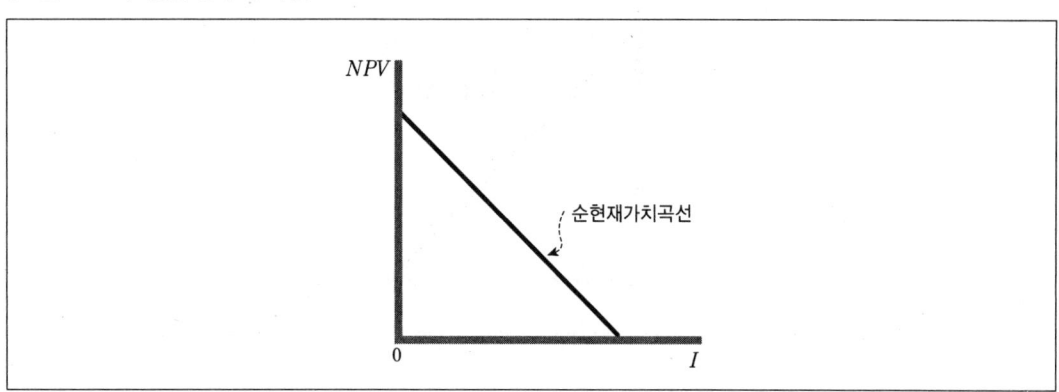

3) 투자의 결정원리

투자는 현재가치와 투자비용의 크기에 비해 결정되며, 결정원리는 다음과 같다.

① 현재가치>투자비용 $(PV>C)$: 투자 증가
　현재가치<투자비용 $(PV<C)$: 투자 감소
　현재가치=투자비용 $(PV=C)$: 균형투자 결정
② 순현재가치>0 $(NPV>0)$: 투자 증가
　순현재가치<0 $(NPV<0)$: 투자 감소
　순현재가치=0 $(NPV=0)$: 균형투자 결정

❸ 이자율과 투자

1) 이자율(r)과 투자(I)와의 관계 : 역관계

이자율(r)이 하락하면 현재가치(PV)가 증가하여 투자(I)가 증가한다. 그리고 이자율(r)이 상승하면 현재가치(PV)가 감소하여 투자(I)가 감소한다.

2) 그림에 의한 설명

이자율이 상승하면 예상수입의 순현재가치(NPV)가 감소하므로 NPV곡선이 좌측으로 이동한다. 따라서 이자율이 상승하면 투자가 I_0에서 I_1으로 감소하므로 투자는 이자율의 감소함수이다. 현재가치법에 따르면 투자는 이자율에 크게 영향을 받는다. 따라서, 투자는 이자율에 탄력적이다.

〈그림 3-13〉 이자율과 투자

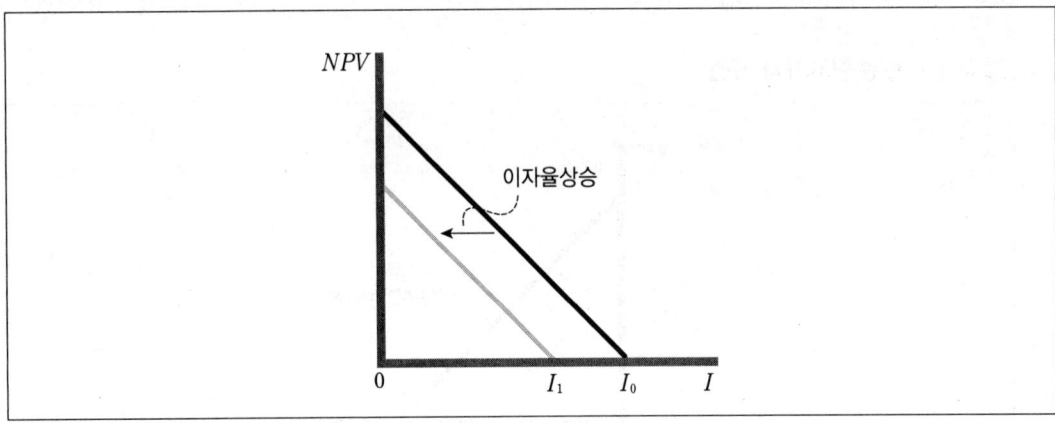

3. 투자의 한계효율법 : 케인즈

❶ 개요

케인즈는 고전학파가 가정하는 '완전한 정보'의 가정이 현실성을 결여한 것이라고 보아 '불완전 정보'의 가정을 채택하였다. 불완전 정보하에서는 투자자가 예상하는 미래의 예상수익과 투자로부터 발생하는 미래의 실현수익이 반드시 일치하지 않는다. 따라서, 미래의 예상수익에서 얻어지는 투자의 한계효율과 시장이자율을 비교함으로써 투자를 결정한다고 하였다.

❷ 투자의 한계효율(MEI : marginal efficiency of investment)

1) 개념

투자의 한계효율이란 투자의 조달비용과 투자를 함으로써 얻을 것으로 기대되는 예상수익의 현재가치를 동일하도록 하는 할인율을 말하며, 순현재가치(NPV)를 0으로 만드는 할인율을 말한다.

$$C = \frac{R_1}{(1+m)} + \frac{R_2}{(1+m)^2} + \frac{R_3}{(1+m)^3} + \cdots + \frac{R_n}{(1+m)^2}$$

(R : 매년예상되는 수익, m : 투자의 한계효율, C : 투자의 조달비용)

투자의 한계효율은 사전적 할인율이며 투자로부터 기대되는 투자수익율을 말한다. 그리고 내부수익률이라고 하며, 이는 회사내부에서 계산된 할인율을 말한다. 시장이자율 r은 외부 수익율이라고 한다. 그리고 기대수익은 기업가의 주관적 평가(기대심리)가 크게 좌우되므로 투자의 한계효율을 주관적인 수익률이라고 한다.

2) 투자의 한계효율(MEI)곡선

(1) 형태

일반적으로 투자자는 수익성이 높은 사업부터 투자하기 때문에 투자가 증가함에 따라 투자 수익률이 떨어진다. 이에 따라 투자의 한계효율(투자수익률)곡선은 우하향한다. 투자의 한계효율곡선은 투자의 수요곡선이기도 하다.

〈그림 3-14〉 투자의 한계효율곡선과 이동

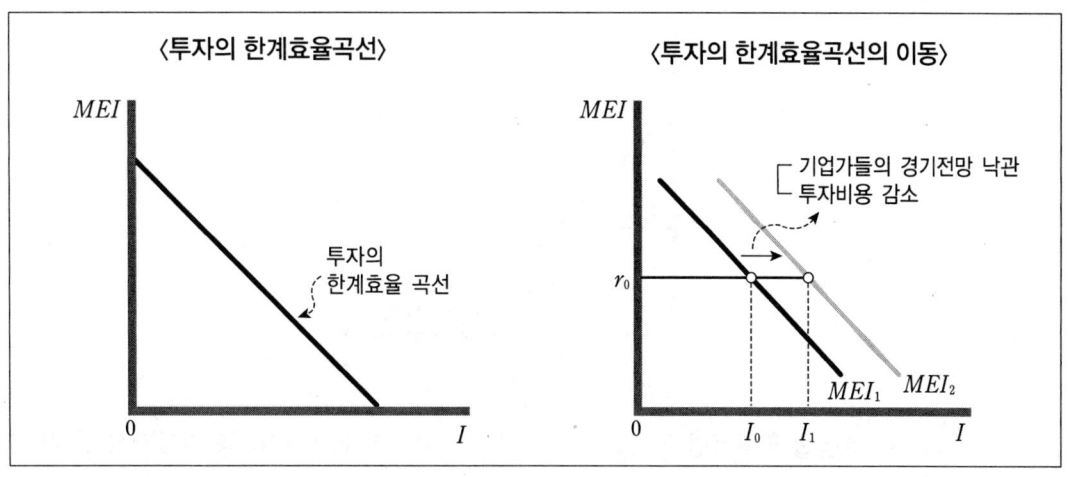

(2) 투자의 한계효율(MEI)곡선의 이동

투자자의 예상수익률이 증가한다면 투자의 한계효율곡선은 MEI_1에서 MEI_2로 오른쪽으로 이동한다. 따라서, 동일한 이자율 r_0에서도 투자는 I_0에서 I_1로 증가한다. 투자의 한계효율곡선은 경기에 대한 전망이 낙관적일 때, 자본재 가격의 하락, 생산비 감소, 법인세 인하, 기술수준 향상 등 기업에 유리한 상황이 조성되는 경우에 우측이동한다.

❸ 투자의 결정원리

1) 투자의 결정

투자규모는 자본의 한계효율(m)과 이자율(r)의 크기에 의해 결정되며, 결정원리는 다음과 같다.

> 투자의 한계효율 > 이자율($m > r$) : 투자 증가
> 투자의 한계효율 < 이자율($m < r$) : 투자 감소
> 투자의 한계효율 = 이자율($m = r$) : 균형투자 결정

2) 투자의 한계효율과 투자

투자의 한계효율과 투자와의 관계는 투자자가 장래에 대해 비관적인 전망을 하면 투자의 한계효율(m)이 감소하여 투자(I)가 감소한다. 그러나 투자자가 장래에 대해 낙관적인 전망을 하면 투자의 한계효율(m)이 증가하여 투자(I)가 증가한다.

그림에서 기업가가 장래에 대해 낙관적으로 기대하면 투자의 한계효율(m)이 증가하므로 MEI 곡선이 우측으로 이동한다. 따라서, 기업가가 장래에 대해 낙관적으로 기대하면 동일한 이자율 r_0 수준에서도 투자가 I_0에서 I_1으로 증가한다.

〈그림 3-15〉 투자의 한계효율과 투자

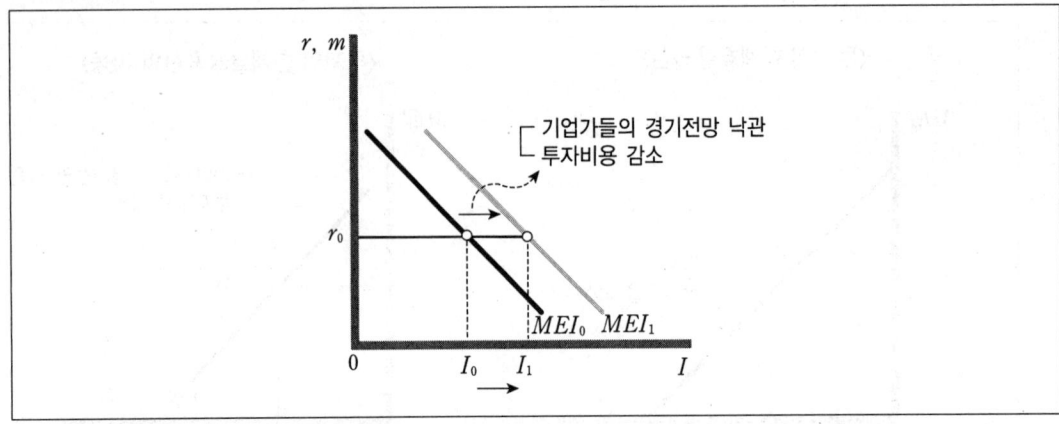

투자의 한계효율법에 따르면 투자는 이자율보다는 투자의 한계효율, 즉 기업가의 장래에 대한 전망에 크게 영향을 받는다. 따라서 투자는 이자율에 비탄력적이다. 케인즈는 기업가의 장래에 대한 전망을 야성적 충동(animal spirits)이라고 하였다.

❹ 고전학파와 케인즈의 차이점

고전학파와 케인즈의 투자이론에 관한 차이점은 다음과 같다.

첫째, 케인즈는 투자의 한계효율은 시장이자율이 아니라 투자비용과 예상수익에 의해서 결정된다고 하였다. 즉, 투자는 주관적인 예상수익율에 의해 결정된다고 하여 이자율이 떨어져도 투자가 줄어들 수 있다고 하였다. 즉, 투자는 투자자의 주관적 예상에 크게 좌우된다.

둘째, 고전학파는 객관적인 시장이자율을 중심으로 투자가 결정된다고 하였다.

셋째, 투자가 객관적인 시장이자율에 의해 결정되는 것이 주관적인 예상수익률에 의해 결정되는 것보다 정확하므로 고전학파의 현재가치법이 케인즈의 투자의 한계효율법보다 우수하다고 할 수 있다.

넷째, 고전학파의 경우 완전한 정보의 가정하에서 미래의 예상수익과 미래의 실현수익이 일치된다고 보고 이론을 전개한다. 반면 케인즈는 불완전한 정보의 가정하에서 미래의 예상수익과 실현수익이 일치하지 않는다고 보고 이론을 전개한다. 따라서, 현실적 측면에서는 케인즈의 현실설명력이 고전학파보다 더 뛰어나다.

4. 가속도원리

❶ 개념 및 가정

1) 개념

소득 내지 소비의 변화가 투자의 변화로 연결되는 투자결정이론을 말하며, 투자를 독립투자가 아니라 유발투자를 가정하여 소득내지 소비의 변화가 발생할 때 투자가 훨씬 큰 폭으로 변화하는 경우를 설명하는 데 유용하다.

2) 가정

첫째, 유휴생산시설이 존재하지 않는다.

둘째, 기업들은 일정한 자본계수를 유지한다. 자본계수는 생산물 한 단위를 생산할 때 필요한 자본량을 말하며 $\frac{K}{Y}$로 나타낸다.

셋째, 자본계수는 생산량극대화상태에서 측정되며, 이것이 일정하려면 레온티에프 생산함수가 전제되어야 한다.

3) 가속도원리와 승수효과

가속도원리란 국민소득의 변화(ΔY)가 순투자를 변화(ΔI)시키는 것을 말하며, 승수효과란 순투자의 변화(ΔI)가 국민소득을 변화(ΔY)시키는 효과를 말한다.

〈그림 3-16〉 가속도원리와 승수효과

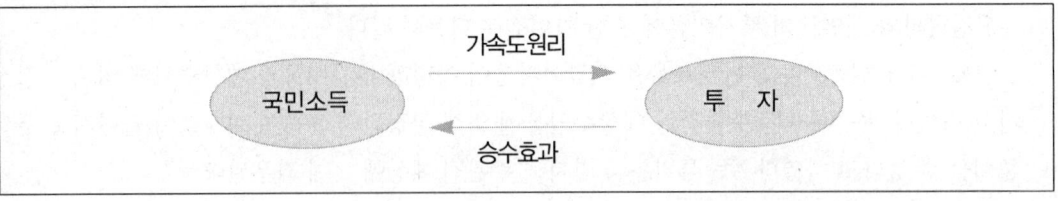

❷ 종류와 내용

1) 고전적 가속도원리

고전적 가속도원리는 소비의 변화가 유발투자의 변동을 가져온다는 이론이다.

$$I_t = \alpha \cdot \Delta C_t = \alpha \cdot (C_t - C_{t-1}), \ \alpha > 1$$

수식에서 I_t : t기의 유발투자
ΔC_t : t기의 소비증가분
α : 고전적 가속도 계수

2) 근대적 가속도원리

고전적 가속도원리를 발전시킨 근대적 가속도원리는 소득의 변동이 소비의 변동을 통하여 유발투자를 가져온다는 이론이다. 여기에서 현재소비는 전기의 소득에 의존한다고 가정한다.

$$\begin{aligned} It &= \alpha(C_t - C_{t-1}) \\ &= \alpha(\beta Y_{t-1} - \beta Y_{t-2}) \qquad \beta : \text{한계소비성향} \\ &= \alpha\beta(Y_{t-1} - Y_{t-2}) = \alpha\beta\Delta Y \qquad \alpha\beta : \text{근대적 가속도 계수} \end{aligned}$$

근대적 가속도계수($\alpha\beta$)는 고전적 가속도계수(α)보다 작은 값을 가진다. 그 이유는 한계소비성향(β)이 0과 1사이의 값이기 때문이다. 그리고 소득의 증가분(ΔY)이나 한계소비성향(β)이 클수록 투자는 크게 증가한다.

❸ 가속도원리의 한계

첫째, 과잉투자설비가 존재하면 가속도원리는 성립되지 않는다. 왜냐하면 소득이나 소비가 증가하더라도 신규투자를 증가하지 않고 유휴설비를 이용하기 때문이다.

둘째, 가속도원리에서 가속도계수는 일정하다고 하였으나 실제로는 이자율, 자본재가격 등에 의해서 변할 수 있으므로 가속도원리에 의한 투자증가효과는 불투명하다.

5. 기타 투자이론

❶ 이윤원리

기업이윤의 크기에 따라 투자가 결정된다는 이론을 말한다. 현재의 이윤이 많으면 그 만큼 기업능력을 높게 평가받아 자금조달이 용이해지고 또한 현재의 이윤에서 투자할 수 있는 곳이 많아지기 때문에 투자가 증가한다.

❷ 자본스톡 조정모형(신축적 가속도원리)

1) 개념

자본스톡 조정모형은 바람직한 자본량(이윤극대화 자본량)과 전기 자본량과의 차이를 줄여가는 과정에서 투자가 이루어진다는 이론을 말한다.

2) 내용

기업은 매기에 바람직한 자본량(K^*)을 달성하고자 하지만 현실적으로 불가능하다. 그 이유는 투자프로젝트를 계획하고 완성하는 데 시간이 소요되고, 이 기간을 단축시키려고 하면 조정비용이 많이 들기 때문이다. 그러므로 K^*와 전기자본량의 차이를 신투자의 증가를 통해 점차적으로 줄여 나가야 한다.

$$I_t = K_t - K_{t-1} = \lambda(K^* - K_{t-1})$$

(K_{t-1} : 전기자본량, K^* : 바람직한 자본량, λ : 조정계수)

K^*와 K_{t-1}의 차이가 작아지면 t기의 신투자는 작아진다. 이런 점에서 자본스톡 조정모형을 신축적 가속도원리라고 한다.

❸ 토빈(Tobin)의 q투자이론

1) 개요

전통적인 이론은 이자율, 소득 등 특정 변수로 투자를 설명한 반면, q투자이론은 기업에 대한 전체적 평가(주가 : 주식회사의 가치)에 의해 투자가 결정된다고 하였다. 그리고 q는 다음의 수식으로 정의된다.

$$q = \frac{\text{기업의 주식에 대한 시장가치(주식시장에서의 평가)}}{\text{기업의 자산에 대한 실물가치(설립비용)}}$$

2) 투자결정원리

(1) 기업의 신규사업 진출방안과 투자

기업이 신규사업에 진출하는 방안에는 기존기업의 $M\&A$, 신규법인 설립 등이 있다. 그런데 기존기업을 $M\&A$하는 방안은 단순한 이전거래에 불과하므로 투자가 발생하지 않는다. 그러나 신규법인설립을 추진하면 경제전체의 자본량을 증가시키므로 투자가 발생한다.

(2) 투자결정원리

첫째, q의 값이 "1"보다 크면 ($q>1$) 투자가 증가한다. q가 1보다 크면 신규설립방안이 유리하기 때문이다.

둘째, q의 값이 "1"보다 작으면 ($q<1$) 투자가 감소한다. q가 1보다 작으면 기존기업을 $M\&A$하는 방안이 유리하기 때문이다.

3) 문제점

주가의 등락이 심해 투자결정에 어려움이 따르며, 주식시장이 비효율적이면 q이론에 따른 투자효과가 잘 맞지 않는다.

제4절 거시경제의 총공급과 시장의 균형

❶ 개요와 기본가정

1) 개요

고전학파는 앞에서 살펴본 바와 같이 공급측면의 국민소득이 경제전체의 균형국민소득(Ye)이 되며, 이는 완전 고용국민소득(Y_f)과 일치한다고 보고 있다. 따라서 고전학파 입장에서는 한 국가의 균형국민소득 수준을 알기위해서는 공급측면의 국민 소득수준만 파악하면 되는 것이다. 공급측면의 국민소득은 생산측면의 국민소득 GDP를 의미하며, GDP는 경제내에 생산되는 모든 재화나 용역의 시장가치를 합계한 것이다.

$$GDP = \Sigma f(L, K) = Ye = Y_f$$

상기 식에서 노동투입량(L), 자본투입량(K) 그리고 함수관계를 나타내는 기술진보가 GDP수준을 결정한다. 생산함수는 단기와 장기로 구분되며, 단기에서 GDP는 한 국가전체의 노동량 투입에 의해 그 값이 결정된다. 장기에서는 자본투입량과 기술진보에 의해 GDP가 변동한다.

2) 기본가정

고전학파의 국민소득 결정이론의 기본가정은 다음과 같다.

첫째, 공급측면의 국민소득이 균형국민소득수준을 결정한다.

둘째, 물가, 명목임금, 명목이자율 등 가격변수가 완전신축적이다. 가격변수의 완전신축성은 생산물시장과 노동시장에서 불균형이 발생하면, 가격변수의 신축성으로 불균형이 즉시 해소되고 시장의 수요와 공급이 일치하는 균형이 달성된다는 의미이다. 따라서, 노동시장에서 노동의 초과공급과 같은 불균형이 발생하면 명목임금이 즉시 하락하여 불균형이 해소되고 노동시장에서는 항상 균형이 달성된다.

셋째, 경제주체들은 완전한 정보를 가지고 있다. 기업이나 가계부문이 완전한 정보를 가지고 있으므로 향후 물가의 변화를 완전히 예측할 수 있다. 완전한 정보의 가정은 생산물 시장과 노동 시장이 완전경쟁시장의 형태이고, 각 경제주체들은 노동시장에서 명목임금이 아닌 실질임금에 의해 노동의수요와 공급을 결정한다는 의미를 부여해 준다.

❷ 노동시장과 총생산함수

고전학파는 노동시장에서 결정된 고용량이 한 나라 전체의 생산함수와 결합되어 총공급을 결정하며 이것에 의해 국민소득이 결정된다고 본다.

1) 노동시장

(1) 노동수요(L_D)

노동수요에 대한 가정은 다음과 같다. 첫째, 기업가는 이윤극대화원칙에 입각하여 노동을 수요한다.

둘째, 기업가는 실질임금($\frac{w}{P}$)을 기준으로 노동을 수요한다.

셋째, 경제전체의 노동수요곡선은 개별기업의 노동수요곡선을 수평적으로 합하여 도출한다.

$$\text{노동수요} = f(\text{실질임금}), \text{즉 } L_D = f\left(\frac{w}{P}\right), f' < 0$$

(2) 노동공급(L_S)

노동공급에 대한 가정은 다음과 같다. 첫째, 노동자는 효용극대화원칙에 입각하여 노동을 공급한다.

둘째, 노동자는 실질임금($\frac{w}{P}$)을 기준으로 노동을 공급한다.

$$\text{노동공급} = f(\text{실질임금}), \text{즉 } L_S = f\left(\frac{w}{P}\right), f' > 0$$

(3) 노동시장의 균형

노동시장의 균형은 다음과 같이 결정된다. 첫째, 노동의 수요와 공급이 일치($L_D = LS$)하는 수준에서 균형노동량이 결정된다.

둘째, 노동의 수요와 공급이 불일치하면 명목임금이 신축적으로 변동하여 신속히 균형으로 회복된다.

셋째, 균형노동량은 완전고용수준이다.

$$\text{균형노동량} = \text{완전고용노동량}$$

2) 총생산함수

총생산은 다음과 같이 결정된다. 첫째, 한 나라 전체의 총생산함수는 개별기업의 생산함수를 합하여 구한다.

$$Y = \Sigma f(L, K) \quad Y : \text{총생산량}, L : \text{총노동량}, K : \text{총자본량}$$

둘째, 단기적으로는 총자본량이 고정되어 있으므로 총생산함수는 노동투입량이 증가하면 증가한다. 즉, 총생산량은 노동투입량에 비례한다.

셋째, 단기에서는 수확체감의 법칙으로 인해 노동투입량이 증가할 경우 총생산량은 체감적으로 증가하게 된다.

❸ 균형국민소득의 결정

1) 단기

생산요소 중에서 자본의 투입량이나 기술수준이 일정하고 노동투입량만 변동가능한 경우를 단기라 하며, 단기에 있어서 국민소득의 크기는 노동투입량에 의존한다.

2) 장기

노동투입량뿐만 아니라 자본투입량과 기술수준도 변하는 기간을 장기라 하며, 장기에 있어서 국민소득의 크기는 생산요소의 투입량과 기술진보에 의존한다.

❹ 총공급과 물가

1) 총공급(AS) 곡선

총공급곡선이란 다른 여건이 불변인 상태에서 물가수준이 변함에 따라 공급부문의 균형을 나타내는 물가와 국민소득의 조합을 연결한 곡선이다.

일반적으로 총공급곡선은 우상향한다. 즉, 물가가 상승하면 총공급은 증가하고, 물가가 하락하면 총공급은 감소한다.

〈그림 3-17〉 총공급과 물가

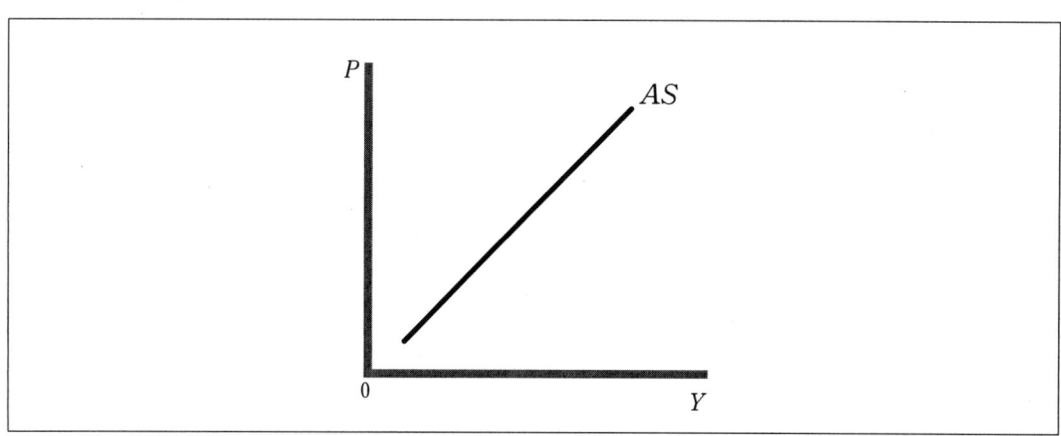

2) 총공급과 물가의 관계

총공급곡선이 우상향한다는 것은 물가가 상승하면 총공급량도 증가한다는 의미이다. 그 이유는 물가가 상승하면 각 기업들이 생산하는 상품의 가격이 올라가므로 기업은 공급자의 입장에서 공급을 증대시키기 때문이다. 또한 물가가 상승하는데 임금상승률이 이에 미치지 못하면 기업의 입장에서는 실질임금이 하락한 것과 같으므로 고용을 늘리고 따라서 생산이 증가한다.

❺ 균형국민소득과 균형물가수준의 결정

균형국민소득과 균형물가수준은 궁극적으로 총수요곡선과 총공급곡선이 만나는 점에서 결정된다.

그림에서 우하향하는 총수요곡선과 우상향하는 총공급곡선이 만나는 e점에서 균형이 결정되며, 이때 균형물가수준은 P_0이고, 균형국민소득은 Y_0이다.

〈그림 3-18〉 균형국민소득과 균형물가의 결정

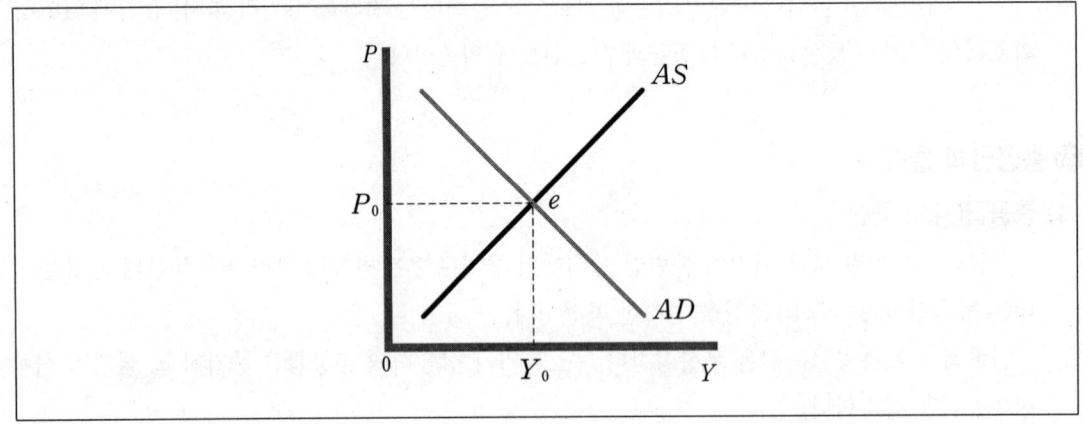

제4장 / 거시경제와 부동산 산업

제1절 / 개요

　부동산이라는 재화를 생산하고 이를 소비하는데 관련된 모든 사업체 단위의 집합인 부동산 산업이 국가 경제에서 차지하는 비중은 매우 크다. 특히 우리나라에서는 소비와 투자로 구성되는 내수 산업에서 차지하는 비중이 매우 크다고 볼 수 있는데, 이는 가계부문에서 보유하는 자산 중 주택이 가장 큰 자산이며, 주택구입 마련이 가계저축의 가장 중요한 동기 중의 하나인 것만 봐도 알 수 있다. 그리고 주택투자와 자가주택으로부터 창출되는 귀속임대료가 GDP에서 적지 않은 비중을 차지한다.

　산업연관분석이나 투입산출분석을 통하여 부동산 산업이 국민경제에 미치는 파급효과는 수요유도모형에서 생산유발효과, 부가가치유발효과, 취업유발효과를 알 수 있다. 그리고 공급유도모형에서는 공급지장효과를 알 수 있고, 레온티에프 가격모형에서 물가파급효과 및 산업 간 연쇄모형에서 산업 간 연쇄효과를 알 수 있다.

제2절 / 주택투자가 거시경제에 미치는 영향

　주택투자는 주거용 건물의 신축비용에서 토지가액을 제외하고, 여기에다가 기존주택의 증축이나 개축하는 부분의 금액을 더한 것으로 볼 수 있다. 1993년 세계은행(World Bank) 자료에 의하면, 여러 국가의 주택투자는 GDP의 2~8%, 총고정자본 형성의 10~30%를 점하고 있다. 우리나라의 경우는 1970년에서 2009년 기간 중 GDP 대비 주택투자의 비율인 주택투자율은 평균 5.4%이고 총고정자본 형성 대비 주택투자의 비중은 17.9%였다.[1]

　다음에는 주택투자가 거시경제에 미치는 영향을 살펴보기로 하자.

　첫째, 우리나라 주택투자율의 장기적 추세는 1970년대에는 3% 정도로 낮은 편이었으며, 1988년까지 4~5% 수준이었다. 이는 1960년대와 1970년대 고도경제성장 시기에 우리나라는 주택투자와 같은 소비성 부문보다는 공단 건설 및 고속도로를 비롯한 사회간접자본(SOC, Social Overhead Capital) 시설 구축이 시급하여 이 부문에 집중적으로 투자한 사실에 기인한다. 1980년대에 들어 앞

---

[1] 김경환 외(2010), 「부동산 경제학」, 건국대학교 출판부, p.342

서와 같은 이유로 주택투자율이 높지는 않았으나, 1970년대보다는 정부가 국민의 주거생활 개선을 위해 노력한 결과로 그 비율이 다소 증가하였다.

1970년대 서울과 수도권 그리고 광역시의 주택보급율은 50%에도 미치지 못해 국민들의 주거수준이 매우 열악하였고, 늘어나는 소득수준에 맞추어 주거에 대한 국민들의 욕구가 증가하자 정부는 이 부문에 대한 투자비율을 증대시키는 정책으로 인해 1980년대 주택투자율이 소폭 증가되었다. 그러나 1980년대의 "3저 호황"[2]과 1988년 국민의 직접선거로 선출된 노태우 정부가 출범하자 그동안 억눌려왔던 노동운동으로 노동자들의 실질임금이 급상승하였다. 이로 인해 노태우 정부는 향상된 경제여건에 부응하기 위해 1989년부터 "주택 200만호 건설계획"을 추진하였다. 이 여파로 주택투자율은 1991년 8.5%로 대폭 늘어났으며, 1997년 6.5%, 2000년에는 4.3%로 하락하였으며 이후 4~5%를 유지하고 있다.[3]

둘째, 주택투자가 거시경제 변수에 미치는 영향을 살펴보면 다음과 같다. 외국의 연구에 따르면 주택투자의 승수는 "2" 정도이고 다른 산업에 비해 노동집약산업인 관계로 고용인구의 3~6%를 차지하는 것으로 알려져 있다.[4] 2004년 주택산업 연구원은 2000년 산업연관표 자료를 바탕으로 주택투자가 1조 원 증가할 경우 총생산이 2.08조 원, 부가가치는 8,300억 원 그리고 고용인구는 23,000명이 증가하는 것으로 분석하였다. 생산유발계수 2.08은 자동차 산업의 2.53에 이어 두 번째로 높고, 고용유발계수 23.6은 전체 산업에서 가장 높은 것으로 나타났다.[5]

---

2) 3저 호황이란 1980년대 진행된 저유가, 저금리, 원화의 약세 등으로 한국 경제에 유리한 대외경제 여건으로 우리나라의 경제가 비약적으로 성장한 사실을 말한다.
3) 전게서, p.342
4) 전게서, p.343
5) 전게서, p.343

제3절 거시경제의 총수요와 부동산 산업

한 국가 전체의 총수요(AD)는 가계의 소비수요(C), 기업의 투자수요(I), 정부의 정부지출수요(G)와 순수출(X-M)로 이루어진다.

$$AD = C+I+G+X-M$$

거시경제학에서는 가계와 기업으로만 구성되는 경제를 2부문 경제라 하고, 2부문 경제에서 정부부문을 추가하면 3부문 경제 또는 폐쇄경제모형이라 한다. 3부문 경제에서 해외부문을 포함하면 4부문 경제 또는 개방체제모형이라 한다. 부동산 산업과 거시경제의 총수요와의 관계는 부동산 가격의 변동으로 소비 및 저축에 영향을 미쳐 이러한 영향이 거시경제의 총수요 변동을 초래한다. 이에 대해 자세히 설명하면 다음과 같다.

일반적으로 경제주체들이 소비를 결정할 때에는 단일 시점만을 고려하는 것이 아니라 여러 시점을 생각한다. 즉 현재소비가 지금의 소득에만 의존하는 것이 아니라, 소비자의 전 생애에 걸쳐 자원을 효율적으로 배분하는 과정에서 소비가 결정된다. 어떤 사람이 저축을 하려는 기본적인 동기는 미래의 소비를 대비한 부를 축적하기 위함이다. 거시경제학의 소비함수 이론 중 하나인 평생소득가설에 의하면 가구는 소득 및 자산의 제약조건하에서 저축을 통해 현재와 미래의 소비를 조절하여 생애효용을 극대화한다.

사람들은 저축을 통하여 생성된 자금을 실물자산과 금융자산을 구입하여 축적한다. 이렇게 축적된 자산들의 가격변화는 가구의 총자산 규모에 영향을 주고, 이는 가구의 소비에 영향을 주는데 이를 자산효과(wealth effect)라고 한다. 다음에서는 자산효과를 구체적으로 살펴보기로 하자.

❶ 자산효과

자산효과는 브루너(K. brunner)와 멜츠(A. Meltzer)가 주장하는 이론으로 자산을 보유하는 제약조건은 소득이 아니라 부(wealth)이며, 자산이 증가하면 소비가 증대된다는 것이다. 이러한 자산효과는 프리드만(M. Friedman)의 항상소득가설과 모디글리아니(Modigliani) 등의 평생소득가설에 따른 소비이론에 의해 뒷받침된다.

자산의 가치변화가 개인의 소비에 영향을 미치는 경로는 다음과 같다. 첫째, 가계는 자신이 보유하고 있는 자산을 매각하여 현재소비를 하거나, 둘째, 자신이 보유하고 있는 자산을 담보로 하여 금융권으로부터 차입을 통해 현재소비를 한다. 가구의 자산은 크게 부동산과 같은 실물자산과 금융자산으로 나누어진다. 금융자산은 실물자산에 비해 유동성과 가격변동성이 크기 때문에 자산을 매각하여 현재소비를 하는 경우는 금융자산에 주로 의존한다. 반면 자산을 담보로 하여 차입을 통해 현재소비를 하는 경우는 실물자산에 의존하는 비율이 크다.

금융자산과 실물자산이 가구의 소비에 미치는 영향에 대해 거시경제변수를 포함한 시계열자료를 이용한 연구들을 살펴보면 다음과 같다. 쉴러(R. Shiller) 등에 따르면 일반적으로 주택가격의 변화가 가구의 소비지출에 미치는 영향이 금융자산보다 더 크다는 결론을 제시하고 있다.[6] 반면 엥겔하트(Engelhardt)는 자산효과가 주택가격의 상승과 하락에 따라 달리 나타나는 비대칭성을 발견하였다.[7] 그의 연구에 의하면 자산효과는 주택가격이 하락하는 경우에만 나타나는데, 이는 주택가격의 상승추세에서 예상하지 못한 가격하락이 나타나면 그 영향력이 크기 때문으로 설명된다. 그리고 향후 주택규모를 늘리거나 현재보다 가격이 비싼 주택의 구입을 계획하고 있는 가구의 경우 미래 주택구입을 위한 저축의 부담이 소비를 제약할 수 있으며, 보유주택의 가격이 상승하더라도 구입하고자 하는 주택가격이 더 많이 오르면 소비가 감소하는 결과를 초래할 수 있다. 그리고 그 반대의 경우도 생각할 수 있다.

❷ 부동산가격의 변화가 가구의 저축 및 소비에 미치는 영향

2012년 통계청에서 발간한 "2011 가계금융조사"에 의하면 우리나라 가구의 총자산에서 부동산자산이 차지하는 비중은 80.2%이며, 이는 주택자산 57.4%와 토지 등의 기타 부동산 22.8%로 구성되는데, 이는 부동산자산의 비중이 25%인 미국이나 35%인 영국에 비하면 높게 나타나는 수치이다. 2003년부터 2008년까지 5년간의 자료를 바탕으로, 이 시기의 부동산가격의 변화가 가구의 저축 및 소비에 미치는 현황을 분석해 본 결과는 다음과 같다.[8]

부동산가격의 상승은 가구의 저축은 감소시키지만, 가구의 금융자산과 부채 모두를 증가시키며, 금융자산에 비해 부채에 더 큰 영향을 주는 것으로 나타났다. 이는 부동산가격의 상승이 가구의 저축은 감소시키지만, 가구가 부채를 통한 자본조달로 금융자산을 증가시키는 투자행위를 취하고 있는 것으로 해석된다. 반면, 부동산가격의 하락은 가구의 금융자산은 증가시키나 부채와 저축에는 별다른 영향을 미치지 않는 것으로 나타났다. 이는 가구가 부동산가격의 하락으로 인한 충격으로 자산축적을 위해 금융자산에 투자하지만, 그 축적규모는 자금조달의 한계로 인해 크지 않기 때문이다.

부동산가격의 상승은 가구의 소비를 증가시키며, 부동산가격의 하락은 가구의 소비를 감소시키는 것으로 나타나 자산효과가 우리나라에서도 발생한 것으로 판단된다. 부동산을 소유하고 있는 가구의 경우 부동산가격이 상승하면, 가구는 자산의 증가로 발생한 대출한도 여력을 이용하여 자금조달을 하고 금융자산에 투자하며 소비를 증가시킨다. 반면, 부동산가격이 하락하면, 감소한 자산가치를 회복하기 위해 금융자산을 늘리고 소비를 감소시키나 저축에는 큰 영향을 미치지 않는다고 볼 수 있다.

---

6) Case, Karl E., and Robert Shiller(2005), "Comparing Wealth Effects: The Stock Market vs the Housing Market", Advances in Macroeconomics, Vol. 5 No. 1, pp.1~32.
7) Engelhardt, G.V.(1996), "House Prices and home owner saving behavior", Regional Science & Urban Economics, Vol. 26, pp.313~336.
8) 정병수(2013), "부동산가격의 변화가 가구의 저축 및 소비에 미치는 영향에 관한 연구", 부동산도시연구 제5권 제2호, p.67

제4절 거시경제의 총공급과 부동산 산업

거시경제의 총공급(AS)은 생산측면의 국민소득인 용역의 시장가치를 합계한 것이다.

$$GDP = \Sigma f(L, K)$$

상기식에서 "L"은 노동투입량, "K"는 자본투입량 그리고 함수관계를 나타내는 기술진보가 GDP 수준을 결정한다. 생산함수는 단기와 장기로 구분되며, 단기에서 GDP는 한 국가 전체의 노동량 투입에 의해 그 수준이 결정된다. 장기에서는 자본투입량과 기술진보에 의해 GDP가 변동한다.

주택가격을 비롯한 부동산가격의 변동이 거시경제의 총공급에 미치는 영향은 다음과 같다.

첫째, 주택가격의 상승이 노동생산성의 증가 없이 임금상승에 반영되면 제품의 생산비가 상승한다. 생산비의 상승은 총공급에 좋지 않은 영향을 미쳐 경기침체를 초래할 수 있다. 그리고 주택가격의 상승은 부동산을 소유하지 못한 근로자들의 근로의욕을 저하시켜 전반적인 노동생산성 하락을 초래한다.

상업용 건물이나 공업용지의 가격 또는 임대료가 토지의 생산성 증가보다 큰 폭으로 오르면 생산비용이 상승한다. 그리고 토지가격의 상승은 일정 규모 이상의 건물을 필요로 하는 업종에 대한 진입장벽으로 시장구조를 독점이나 과점시장으로 변화시켜 자원배분의 왜곡을 초래한다.[9]

주택가격의 상승은 노동의 지역 간 이동을 어렵게 할 수 있다. 노동의 수요가 많은 지역에서 주택가격과 임대료가 대폭 오르면 타 지역으로부터 근로자들이 이주하기 어렵게 된다. 이에 따라 특정 지역에는 노동의 초과수요가 발생하고, 다른 지역에서는 노동의 초과공급이 나타나 인력의 수급에 차질이 생겨 자원의 배분이 왜곡되고 노동시장의 효율성이 떨어질 수 있다.[10]

---

9) 김경환 외(2016), 「부동산 경제학」, 건국대학교 출판부, p.348
10) 전게서, p.348

거 시 경 제 와 부 동 산

PART II

화폐 금융론

제5장 화폐와 금융
제6장 화폐공급이론
제7장 화폐수요이론과 이자율 결정이론
제8장 국제통화제도와 환율의 결정
제9장 부동산금융

제5장 / 화폐와 금융

제1절 | 화폐의 기원과 발달 과정

❶ 화폐의 기원과 물물교환 제도

1) 화폐의 기원

(1) 직접교환과 간접교환

인간은 자기가 소유하고 있는 재화보다 자기에게 사용가치가 높은 재화를 보면 자기 소유의 재화를 포기하고 그 사용가치가 높은 재화를 얻고자 하는 충동을 느낀다. 이러한 충동이 바로 교환의 동기가 된다. 이와 같이 교환 당사자들이 상대방으로부터 자기가 사용하고자 하는 재화를 교환하는 것을 '직접교환'이라고 한다. 그런데 직접교환의 방법으로는 교환이 널리 이루어질 수가 없다. 왜냐하면 교환 당사자들이 상호 간에 의견의 일치가 있어야 하기 때문이다. 예를 들어 쌀을 가지고 있는 사람이 옷과 교환하려고 하는 경우, 거래 상대방은 옷과 쌀을 교환하려고 해야 하며, 또한 교환 비율에도 합의가 있어야 한다. 이외에도 두 사람은 서로 만나야 하는데 이것은 매우 어려운 일이다.

직접교환의 방법으로는 교환이 잘 되지 않으므로 사람들은 우선 자기 소유의 재화 A를 그것보다 교환성이 높은 B재와 교환하여 놓고, 그 다음에 B재를 최종적으로 원하는 재화 X와 교환하는 것이 훨씬 능률적이라는 것을 알게 되었다. 이를 '간접교환'이라 한다. 간접교환을 통하여 교환의 당사자들은 직접교환을 할 때보다 훨씬 더 경제적이고 확실하게 교환의 목적을 달성하게 되었다.

(2) 화폐의 기원

간접교환의 방법이 널리 사용되게 됨에 따라, 사람들은 금과 같은 어떤 재화를 갖고 있으면 언제나 본인이 원하는 재화를 입수하는 데 편리하다는 것을 알게 되었다. 다시 말해서 간접교환의 교환 방식이 발달되는 과정에서 모든 사람이 교환의 매개물로 가장 선호하는 재화(B재)가 자연 발생적으로 나타났다.

사람들은 평상시에 자기가 가지고 있는 재화를 간접교환을 하는 데 있어 가장 적합한 금과 같은 재화와 교환해 놓고, 그것을 축적해 두었다가 필요할 때에 그것으로 원하는 최종재와 교환하는 관습이 인간의 생활에 정착하게 되었다. 즉, 간접교환 과정에서 간접교환의 매개물로 가장 보편적으로 사용된 금과 같은 것이 바로 화폐의 기원이다.

2) 물물교환 제도와 상품화폐

물물교환 제도는 앞에서 이야기한 '직접교환'을 의미한다. 물물교환은 교환하고자 하는 당사자들이 교환되는 재화의 양과 질, 교환 방법과 비율 등에 있어 상호 만족하여야 거래가 이루어진다.

물물교환 제도에서는 거래가 이루어지기 위해 상당한 거래 비용과 거래 당사자를 탐색하는 탐색 비용이 막대하여 원활한 거래가 이루어지기 힘들었다. 이런 단점을 해소하기 위해 거래를 희망하는 사람들이 일정한 장소에서 정기적으로 만나 교환을 하는 거래소, 즉 시장이 상설화되기 시작했다. 시장 상설화는 거래 당사자를 탐색하는 비용을 어느 정도 절감시켜 주었으나 기타 거래를 방해하는 여러 요인들, 즉 교환되는 재화들의 정확한 가치 측정과 교환 비율의 결정 등의 문제들을 해결해 주지는 못하였다.

이러한 문제들을 해결하기 위하여 일반적으로 널리 받아들여지는 다수의 재화들이 교환의 중개물로서 이용되기 시작하였다. 예를 들어 곡물, 가축, 조개껍데기, 귀금속 등이 교환을 매개하는 중개물이 되었는데, 이를 상품화폐라 한다.

문명이 발달하고 분업이 확대됨에 따라, 상품화폐 중에서도 금과 은 같은 귀금속의 교환성이 증가하게 되었다. 은본위가 채택된 국가도 있고 금본위가 채택된 국가도 있다. 19세기에 접어들어 영국이 금본위를 채택한 이후로 세계의 주요 국가에서 이를 따라하여 1차 세계대전까지 금본위제도가 지속되었다.

❷ 화폐제도의 발달

1) 금속화폐 제도

상품화폐들은 화폐로서 갖추어야 할 여러 요건 등을 충족하는 데 있어서 차이가 발생한다. 물품이 화폐로 사용되기 위해서는 모든 사람에게 잘 알려져 있어야 하는 주지성, 품질의 동질성, 분할과 운반이 편리한 분할성과 이동성 그리고 일정 기간 이상 저장할 수 있는 내구성 등을 구비해야 한다. 그런데 이들 상품화폐들은 화폐적 요건들을 충족하는 정도가 각각 상이하고 불완전하였다. 그러므로 이들 중 화폐적 요건을 보다 잘 충족시킬 수 있는 금, 은, 동 같은 귀금속이 화폐로 주로 이용되기 시작하였다.

금속화폐는 초기에 교환을 할 때마다 일일이 금속의 무게와 순도를 확인해야 하는 불편을 덜기 위하여 국가가 일정량의 금속에 일정한 화폐 단위를 고시하고 이에 따른 주화를 제조하여 발행하였다.

국가가 주조화폐를 발행하던 초기에는 주화의 액면 가치와 소재 가치가 일치하는 경화(hard money)를 발행하였다. 즉, 주화의 액면 가치가 1달러이고 소재 가치가 금 1g이면 1달러 주화 하나에 금 1g이 반드시 함유되어 있었다. 그런데 이후 국가는 화폐로 사용되는 금속을 절약하기 위해 명목 가치에 못 미치는 소재 가치의 주화인 연화(soft money)를 발행하기 시작하였다. 이 경우 화폐를 주조하는 국가는 명목 가치와 소재 가치 차이만큼의 주조차익을 얻게 되는데, 이를 '세뇨리지 효과(seigniorage effect)'라고 한다.

이와 같이 명목 가치와 소재 가치가 각각 다른 주화들이 동시에 유통되자, 귀금속의 함유량이 많은, 즉 소재 가치가 높은 양화(good money)는 퇴장하고 귀금속의 함유량이 적은 악화(bad money)만이 유통되는 현상이 나타났는데, 이를 '그레셤의 법칙(Gresham's law)'이라 한다. 모든 나라에서 금속화폐는 시간이 경과할수록 악화 발행이 늘어나는 '그레셤의 법칙(Gresham's law)'이 어김없이 나타났다. 이것이 지폐 제도가 등장한 여러 가지 이유 중의 하나가 되었다.

2) 지폐제도

금속화폐 제도를 '금본위제도'라고 하는데, 이 제도의 장점은 화폐의 가치가 안정된다는 점이다. 반면에 화폐 발행의 비용이 크고 보관과 운반하는 데 불편이 많다는 단점이 있다. 금속화폐의 이러한 불편을 해소하기 위해, 사람들은 금속화폐를 은행에 보관하고 은행으로부터 보관증을 받아 사용하기 시작했다. 이 보관증은 그 소지자가 은행에 요구할 때는 언제든지 액면가격에 해당하는 금속화폐와 교환할 수 있었는데, 이것을 '태환지폐'라 한다.

태환지폐 제도하에서 은행은 보관된 금속화폐의 가치 이상으로 은행권을 발행하여 기업에 대출하는 사례가 나타났다. 사람들이 대부분의 금속화폐를 은행에 보관하고 특수한 경우 이외에는 은행에 태환을 요구하지 않고 은행권을 사용했기 때문이다. 개인은행들이 은행권 남발이 화폐가치의 불안정과 빈번한 금융 파동을 야기시키자, 국가는 개인은행의 은행권 발행을 금지하고 국가기관인 중앙은행에서 발행 독점권을 소유하게 하여 정부지폐가 등장하였다.

경제 규모의 성장과 발달로 생산 규모가 확대되고 거래가 빈번해지면서 거래에 필요한 화폐량의 발행을 위한 귀금속의 조달이 힘들어지자, 다수의 국가들은 귀금속과 정부지폐의 태환을 중단시켰다. 귀금속과 태환이 불가능한 지폐를 불환지폐라고 한다. 현재 국가가 발행하는 정부지폐, 즉 중앙은행권은 대부분 불환지폐이다. 그리고 이 지폐는 법으로 강제통용력을 부여하였다 하여 '법화(legal tender)'라고도 한다.

금본위제도하에서는 금의 보유량이 화폐 발행과 화폐가치의 근거가 되었으나, 현재는 정부가 임의로 발행하여 관리하는 관리통화제도가 되었다. 관리통화제도하에서는 과거와 같이 엄청난 양의 금을 반드시 보유할 필요가 없어 화폐제도 유지를 위한 비용이 대폭 절감되는 장점이 있으나, 화폐 발행이 정부의 인위적인 판단에 의해 결정되므로 화폐 발행이 남발되어 화폐가치가 불안정해지는 단점이 있다. 지폐, 즉 현금 화폐는 그 생산비가 적고 관리가 적절히 이루어질 경우에 효율적인 면이 많다. 하지만 현금 화폐만이 사용되는 제도에는 그 나름대로의 많은 불편이 있어 이를 극복하기 위하여 예금화폐가 나타났다.

3) 예금화폐 제도

예금화폐(deposit money)란 예금은행에 예치된 예금, 특히 요구불예금이 화폐의 기능을 발휘하는 것을 말한다. 은행에 요구불예금을 예치한 고객은 언제든지 예금을 인출하여 지급수단으로 사용할 수 있기 때문에 현금을 보유한 것과 동일한 상황이다. 그러므로 요구불예금을 현금과 동일한 화폐로 간주할 수 있는 것이다.

예금은행들은 예금으로 수취한 현금을 고객에게 대출하는데, 이 경우 예금으로 수취한 현금 전액을 대출하지 않고, 고객의 예금 인출 요구에 대비하여 일정한 비율의 현금을 보관한다. 이렇게 보관된 현금을 지급준비금이라 한다. 지급준비금은 법정 지급준비금과 초과 지급준비금으로 구성된다. 법정 지급준비금은 법으로 강제된 반드시 은행이 지켜야 할 지급준비금을 말하며, 초과 지급준비금은 법정 지급준비금을 초과하여 은행의 자율적 판단에 의해 보유하는 지급준비금을 말한다.

은행이 예금과 대출을 하는 이유는 예금이자와 대출이자의 차이가 있어 이 차액만큼 은행의 수입이 창출되기 때문이다. 예를 들어 예금이자가 연 5%, 대출이자가 연 10%인 경우, 은행이 1억 원을 예금받고 대출하면 1억 원×5%=500만 원의 수입이 발생한다. 이를 '예대 마진'이라 한다. 은행들이 일정 비율의 지급준비금을 남겨놓고 대출하는 과정에서, 본원적 예금을 기초로 하여 몇 배의 예금통화를 창출하게 되는데, 이를 '신용창조'라 한다.

4) 전자화폐 제도

최근 컴퓨터와 통신 기술의 발달로 전자화폐(electronic money) 제도가 탄생되었다. 신용카드(credit card), 직불카드(debit card), 선불카드, 후불카드 등을 통틀어 전자화폐라 부른다. 이러한 전자화폐는 현금과 함께 널리 사용되고 있으며, 현금자동출납기인 ATM(Automated Teller Machine)을 통하여 예금, 인출, 이체 등을 하고 있다.

전자화폐 제도는 이용 시간의 제약이 없고 자금결제 시 수수료가 절약되는 등 예금화폐 제도보다 효율적이다. 그러나 전자거래가 국경을 초월하여 이루어지므로 전자화폐는 탈세, 돈세탁 등에 이용될 수 있고 이러한 대규모 투기성 자금의 이동으로 말미암아 한 국가 또는 여러 국가에서 금융시장의 불안정성이 증대될 수 있다. 이에 대비하여 결제망의 안전장치, 조세 징수 방법, 범죄 방지 등을 규제할 입법의 필요성이 증대되고 있다.

제2절 금융과 금융기관

❶ 금융의 의의와 종류

1) 금융의 개념

각 경제주체들은 화폐경제 시대에 경제적 거래를 함에 있어 화폐를 필요로 한다. 그런데 경제적 교환 과정에서 어떤 경제주체들은 여유 자금이 발생할 수 있고 다른 경제주체는 자금의 부족이 나타날 수 있다. 그러므로 경제주체 상호 간에 차입과 대여라는 현금 거래가 자연스럽게 발생하는데 이를 금융(finance)이라 한다. 그리고 금융 행위는 실물을 매개로 하지 않고 금융 상품이나 금융 증권 등을 수요하거나 공급함으로써 이루어진다.[1]

화폐 자체가 거래된다는 것은 화폐의 소유권이 이전된다는 의미로 이를 표시하는 증서가 필요하다. 이러한 증서를 금융 상품이나 금융 증권이라 한다. 금융은 거래하는 방식에 따라 '직접금융'과 '간접금융'으로 구분한다.[2]

2) 직접금융과 간접금융

(1) 직접금융

자금의 최종 수요자가 최종 공급자로부터 은행과 같은 금융기관을 매개로 하지 않고 자본시장(capital martket)[3]에서 직접적으로 은행과 같이 자금을 조달하는 금융 방식을 말한다.

자금의 최종 수요자가 발행하는 주식이나 채권과 같은 본원적 증권이 자금의 최종 공급자에게 직접 매각되는 금융 방식을 말한다. 직접금융은 보통 주식이나 채권 등이 매매되는 자본시장에서 이루어진다.

자본시장에서 증권회사나 증권 거래자들은 은행과는 달리 단순히 거래를 위한 장소와 이에 수반되는 서비스만을 제공한다. 따라서 자본시장에 있어서의 거래 당사자는 어디까지나 자금의 최종 수요자와 최종 공급자가 된다.

---

1) 전용수·이창석, 「부동산자산관리론」, (서울: 형설출판사, 2004), p.12
2) 이말남, 「화폐금융론」, (서울: 형설출판사, 2006), p.73
3) 금융시장에서 거래되는 채권과 주식 중 1년 이상의 만기일을 갖는 채권과 주식이 거래되는 시장을 말한다.

〈그림 5-1〉 금융의 방식

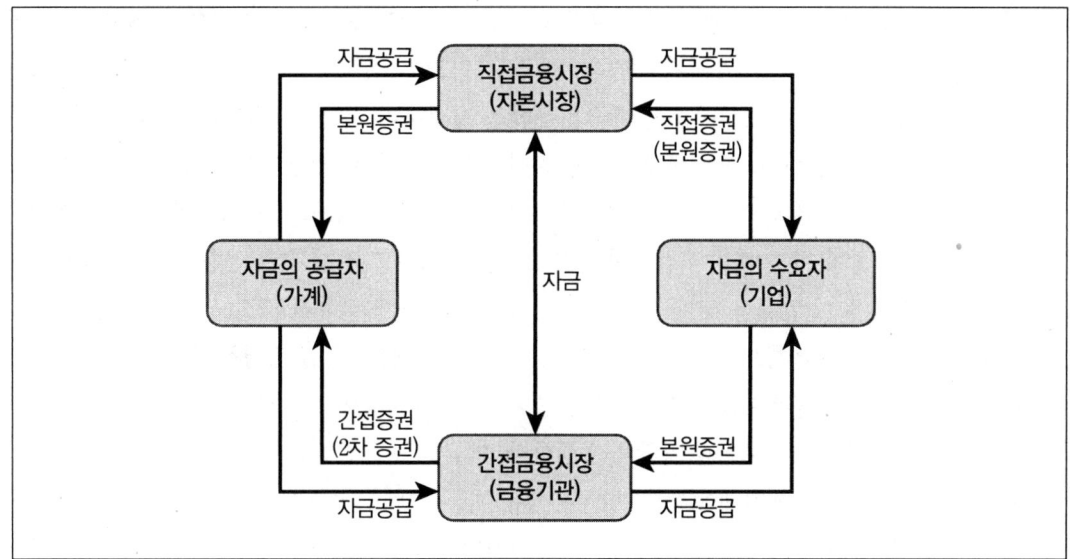

(2) 간접금융

자금의 수요자가 공급자로부터 은행과 같은 금융기관을 매개로 하여 간접적으로 자금을 조달하는 금융 방식을 말한다. 간접금융 방식에서는 자금의 최종 대여자와 금융기관과의 제1차 거래와 금융기관과 자금의 최종 차용자와의 제2차 거래로 구분된다.

제1차 거래에서 자금의 최종 대여자는 은행과 같은 금융기관에 자금을 예탁하고, 금융기관은 자금의 최종 대여자에게 자기의 채무 증권을 교부한다. 금융기관이 발행하는 증권에는 은행예금 증서, 신탁증서 등이 있는데, 이를 제2차 증권이라 부른다. 이는 직접금융에서 자금의 최종 수요자, 즉 최종 차용자가 발행하는 제1차 증권(본원적 증권)과 구별하기 위함이다. 그리고 제2차 거래에서 금융기관이 그 자금을 최종 차용자에게 본원적 증권을 받고 공급한다.

❷ 우리나라의 금융기관

1) 서설

금융시장에서 금융 상품의 수요와 공급을 매개하는 회사를 금융기관이라 한다. 금융기관은 취급하는 금융 서비스의 성격에 따라 현금통화를 공급하는 중앙은행과 대출을 통해 예금통화를 창조하는 예금은행, 은행예금과 유사한 금융 상품을 취급하는 비은행 예금 취급 기관, 보험회사, 증권회사 그리고 기타 금융기관으로 분류할 수 있다.

2) 중앙은행

중앙은행이란 어떤 나라의 화폐를 독점적으로 발행하는 발권력을 가진 은행이며, 통화량을 조절함으로써 통화 신용 정책을 수립하고 집행하는 은행을 말한다. 우리나라의 중앙은행은 한국은행이다.

중앙은행은 영국에서 1694년 역사상 가장 먼저 설립되었으며, 이를 영란은행(Bank of England) 이라 한다. 당시에는 영란은행 이외에 다른 은행들도 발권력을 가지고 있었으나 1844년에 영국정부가 영란은행만 발권력을 가지게 하였다. 미국은 1913년에 연방준비제도(Federal Reserve System)를 설립하였고, 우리나라는 1950년 한국은행법을 제정하여 한국은행을 설립하였다. 중앙은행의 기능을 살펴보면, 첫째, 화폐를 발행하는 발권력을 독점한다. 예전에는 영국이나 미국에서 일반은행들도 은행권과 같은 화폐를 발행하였으나 현재 대부분의 국가들은 중앙은행만이 화폐를 발행하게 하고 있다. 둘째, 통화량을 조절하여 금융정책을 수립하고 집행한다. 금융정책이란 국민경제의 건전한 성장과 물가 안정을 위해 통화량과 자금의 흐름을 적절하게 조절하는 것을 말한다. 셋째, 중앙은행은 정부의 은행으로서 국고금의 수납, 정부에 대한 여신을 담당하며 정부 재정을 대행한다. 정부는 조세 등 정부자금을 중앙은행에 예금하고, 또 자금이 필요하면 인출한다. 넷째, 중앙은행은 예금은행의 은행으로서의 역할을 수행한다. 예금은행은 중앙은행에 예금의 일부분을 지급준비금으로 한국은행에 예치해야 한다. 한국은행은 예금은행에 대하여 재할인 또는 담보대출의 형태로 자금을 공급하는 역할을 하며, 은행들이 일시적인 자금 부족 사태가 발생하면 긴급 자금을 제공하기도 한다. 이를 최종 대부자 기능이라고 한다. 기타 중앙은행은 외화를 관리하고, 외국 금융기관의 예금을 받으며 외국 금융기관에 대출도 하며, 일반은행의 경영 상태도 점검한다. 마지막으로 중앙은행은 경제 조사 연구 및 통계 업무를 수행한다.

3) 은행과 비(非)은행 예금 취급 기관

(1) 일반은행

은행에는 은행법에 의해 설립된 일반은행과 각자의 법률에 의해 설립된 특수은행이 있다. 일반은행은 시중은행과 지방은행 그리고 외국은행 국내 지점으로 구성되어 있다. 일반은행은 주로 요구불예금으로 조달된 자금을 단기대출로 운용하는 상업금융 업무와 함께 장기금융 업무를 취급하고 있다.

(2) 특수은행

특수은행에는 기업에게 장기 시설 자금을 공급하는 한국산업은행이 있다. 한국산업은행은 1954년 '한국산업은행법'에 의해 설립되었다. 초기에 한국산업은행은 전력, 석탄, 조선, 기계 등 국가 기간산업에 주로 대출하였으나 1997년 '한국산업은행법' 개정으로 업종 구분은 폐지되었다.

한국산업은행은 2008년 민영화가 추진되면서 2009년에 산업금융지주회사와 한국정책금융회사로 분할되었고, 지주회사인 산은금융그룹의 자회사로 편입되었다. 민영화 이후 기존의 정책금융 업무는 한국정책금융회사로 이관되었다.

특수은행에는 한국산업은행 이외에도 수출입 금융을 전문적으로 공급하는 한국수출입은행, 중소기업 금융 전문 은행인 중소기업은행이 있다. 그리고 농업협동조합, 수산업협동조합, 축산업협동조합의 신용 사업 부문도 특수은행에 포함된다. 한편, 일반은행과 특수은행은 별도의 인가를 받아 신탁 업무도 취급한다.

<표 5-1> 은행과 비은행 예금 취급 기관

은행	일반은행	시중은행 지방은행 외국은행 국내 지점
	특수은행	한국산업은행 한국수출입은행 중소기업은행 농업, 수산업, 축산업협동조합
	은행신탁 계정	
비은행 예금 취급 기관	종합금융회사	
	투자신탁회사	
	상호저축은행	
	신용협동기구	상호협동조합 새마을금고 상호 금융
	우체국 예금	

(3) 비은행 예금 취급 기관

비은행 예금 취급 기관에는 종합금융회사, 투자신탁회사, 상호저축은행, 신용협동기구 및 우체국 예금이 있다. 종합금융회사는 장단기금융, 투자신탁, 시설대여 업무 등 국내 금융기관이 영위하는 거의 모든 금융업을 영위한다.

투자신탁회사는 일반 투자자로부터 자금을 조달하여 일정 기간 각종 자산에 투자하여 발생한 수익을 투자자에게 배당하는 것을 주요 업무로 하고 있다. 상호저축은행은 지역의 시민, 소규모 기업을 대상으로 하는 여수신 업무를 주로 하고 있다. 신용협동기구는 신용협동조합, 새마을금고, 상호 금융으로 구분되는데 조합원 상호 간 상호부조를 목적으로 운영된다. 우체국 예금은 우체국에서 취급하는 공영 금융기관이다.

4) 보험회사와 증권회사 등

(1) 보험회사와 증권회사

보험회사는 다수의 보험계약자를 상대로 보험료를 받아 이를 대출, 유가증권, 부동산에 투자하여 보험계약자에게 보험사고가 발생하면 지급하는 업무를 영위한다. 보험회사에는 생명보험회사와 손해보험회사 및 우체국보험이 있다.

증권회사는 주식, 채권 등 유가증권의 발생을 주선하고 발행된 유가증권의 매매를 중개하는 것을 주요업무로 하고 있다.

보험회사와 증권회사의 종류를 나타내면 다음과 같다.

〈표 5-2〉 보험회사와 증권회사

보험회사	생명보험회사	
	손해보험회사	손해보험회사 재보험회사 보증보험회사
	우체국보험	
증권회사	증권회사	

(2) 기타 금융기관과 금융 중개 보조기관

기타 금융기관으로는 수신업무 없이 대출을 전문으로 하는 여신 전문 금융회사가 있고 그 밖에 증권금융회사, 증권투자회사, 선물회사, 투자자문회사, 유동화 전문 기관 등이 있다.

금융기관과 금융거래에 관련된 서비스를 제공하는 금융 중개 보조기관으로는 신용보증기관, 신용평가회사, 예금보험공사, 한국자산관리공사, 한국수출보험공사, 금융결제원, 한국증권거래소, 선물거래소가 있다.

제3절 금융시장의 개요

❶ 금융시장의 의의

금융시장이란 자금의 수요와 공급이 발생하여 자금의 거래가 계속해서 이루어지는 시장을 말한다. 즉, 금융시장이란 금융이 이루어지는 추상적인 장소를 의미한다. 금융시장의 구성 요인에는 금융 행위의 객체인 금융 증권과 금융 행위를 매개하는 금융기관이 있다.

첫째, 금융의 주체는 가계, 기업 등 모든 경제주체로서 상황에 따라 자금을 공급할 수도 있고 수요할 수도 있다. 자금 공급자를 투자 지출 단위라 하고 자금 수요자를 적자 지출 단위라 한다. 일반적으로 가계 부문은 자금 공급자가 되고 기업과 정부 부문은 자금 수요자가 된다.

둘째, 화폐의 소유권을 표시하는 증서를 금융 증권 또는 금융 상품이라 하는데 대표적인 것으로 채권과 주식이 있다. 채권은 미래에 일정한 금액을 인도할 것을 약속한 채무 증서로서 채권자, 채무자, 약정된 이자, 상환금액 및 기간 등이 명시되어 있다. 그리고 채권은 발행 주체에 따라 국공채, 금융채, 회사채 등으로 구분된다. 주식은 회사와 법인의 자산 가치에 대한 소유권을 표시한 증서이다. 주식에는 상환금액, 약정이자 등이 명시되어 있지 않은 대신에 경영에의 참여나 기업의 이윤 등에 대한 청구 등을 포함하는 증서이다.

셋째, 자금의 공급자와 수요자 간에 거래를 중개하는 회사를 금융기관이라 하는데, 금융시장에서 금융기관의 역할은 매우 중요하다. 금융기관은 자금 공급자에게는 수익성, 안정성, 유동성을 보장하는 다양한 금융 상품을 개발, 공급하여 광범위하고 지속적으로 재원을 확보하고, 이를 바탕으로 자금 수요자에게는 안정적이고 저렴한 자금을 공급한다. 이 과정에서 금융기관은 차입자에 대한 신용평가를 통하여 채무불이행의 위험을 감소시키고, 또 여러 종류의 증권에 분산투자함으로써 시장위험을 경감시킬 수 있다.[4]

❷ 금융시장의 구분

1) 자금의 조달 방식에 따른 구분

자금의 조달 방식에 의한 금융시장의 구분에는 직접금융시장과 간접금융시장이 있다. 직접금융시장이란 직접금융 방식으로 자금을 조달하는 시장을 말한다. 직접금융시장에는 주식시장과 채권시장이 있다. 간접금융시장은 간접금융 방식으로 자금의 수요와 공급이 이루어지는 시장을 말한다. 간접금융시장에는 단기대부 시장과 장기대부 시장이 있다.

2) 기간에 따른 구분

자금의 대여 기간에 의한 금융시장의 구분에는 단기금융시장과 장기금융시장이 있다. 단기금융시장이란 1년 미만의 만기일을 가지고 있는 자금이 거래되는 시장을 말하며, 화폐시장이라고도 한

---

[4] 상게서, pp.73~76

다. 단기금융시장에는 콜시장과 어음할인시장이 있다.

　경제적 기능에 있어 단기금융시장은 자본 손실 및 유동성 위험이 작아 경제주체들에게 금융자산의 위험을 관리하는 기회로 활용된다. 그리고 경제주체의 유휴 현금 보유에 따른 기회비용을 최소화하여 자금 조달 및 운용의 효율성을 제고할 수 있는 기회를 제공한다.

　장기금융시장이란 기업의 시설 자금과 같은 장기자금과 1년 이상의 만기일을 가지고 있는 채권과 주식이 거래되는 시장을 말하며 자본시장이라고도 한다. 장기금융시장에는 장기대부 시장과 주식시장 등이 있다.

　경제적 기능에 있어 장기금융시장은 투자자에게 높은 수익률의 금융자산을 제공함으로써 자산 운용상의 효율성을 높여 준다. 그리고 가계 부문의 여유 자금을 투자 수익이 높은 기업 등에 장기 투자 재원으로 공급함으로써 국민 경제의 자금 부족과 자금 잉여 부문 간에 자금에 대한 수급 불균형을 조절해 준다.

3) 기타 금융시장의 구분

　그밖에 금융시장은 새로운 금융 상품이 발행되는 발행시장(primary market)과 기존의 금융 상품이 거래되는 유통시장(secondary market)으로 구분할 수 있다. 그리고 국내의 금융 상품이 거래되는 국내금융시장과 해외의 금융 상품이 거래되는 국제금융시장으로 구분하기도 하며, 제도권 금융시장과 비제도권 금융시장으로 구분할 수 있다.

❸ 금융시장의 기능

1) 자금의 중개 기능

　금융시장은 자금을 필요로 하는 수요자에게 자금 공급자의 여유 자금을 공급하게 하는 자금의 중개 기능을 수행한다. 자금의 중개 기능으로 자금의 공급자와 수요자들 모두 경제적 이득이 발생한다.

　자금의 공급자는 금융기관을 통하거나 아니면 직접 자금의 수요자에게 자금을 빌려줌으로써 이자소득을 획득할 수 있다. 그리고 자금의 수요자가 기업인 경우, 투자 활동을 뒷받침할 자금을 적기에 조달함으로써 투자 기회를 상실하지 않게 될 것이다. 자금의 수요자가 가계 부문인 경우, 필요하기는 하나 자금 부족으로 구입하지 못한 주택이나 고가의 내구 소비재 구입을 가능하게 함으로써 경제적 후생을 증대시킨다.

2) 거래 비용의 절감

　금융시장에서는 다수의 자금 수요자와 자금 공급자 간의 거래가 이루어지기 때문에 금융거래에 수반되는 제반 비용이 절감된다. 이러한 거래 비용의 절감으로 자원이 효율적으로 배분된다.

　금융거래에 수반되는 제반 비용에는 거래 상대방을 탐색하는 비용, 거래되는 금융 상품의 가격을 결정하는 데 소요되는 비용 등이 있다. 금융시장에서는 수많은 자금의 수요자와 공급자가 참여하므로 거래 상대방을 탐색하는 비용을 절감시킨다. 그리고 제도권 금융시장에서는 공식적인 균형 이자율이 모든 사람에게 알려져 있어 금융 상품의 시장가격을 결정하는 데 소요되는 비용을 대폭 경감시킨다.

3) 기타

금융시장에서는 다양한 금융 상품이 거래되므로 자금의 공급자에게는 다양한 투자 기회를 제공한다. 자금의 공급자는 위험과 수익이 다양한 금융 상품들을 구입함에 있어 분산투자를 할 수 있고, 분산투자를 통하여 투자에 수반되는 위험을 경감시킬 수 있다. 자금의 수요자는 다양한 금융 상품 중에서 자기에게 가장 적합한 금융 상품을 선택하여 금융거래를 할 수 있다.

금융시장은 실물자산에 투자하는 투자자가 직면하는 유동성 위험을 경감시켜 준다. 예를 들어 부동산과 같은 실물자산에 투자하는 투자자는 일반적으로 이를 현금화시키기가 용이하지 않다. 그런데 최근에 부동산과 같은 실물자산을 유동화시키는 금융 상품이 개발됨으로써 부동산투자에 수반되는 유동성 위험이 많이 제거되었다.

중앙은행은 통화량과 이자율을 조절하여 경제성장과 물가 안정을 도모하는 금융정책을 시행하는데, 금융시장은 중앙은행이 금융정책을 원활하게 집행하는 데 필요한 역할을 수행하기도 한다.

제4절 간접금융시장과 금융 상품

❶ 간접금융시장의 개요

간접금융시장은 자금의 거래가 금융기관의 중개를 통해 이루어지는 시장을 말한다. 대개의 경우 자금의 거래를 중개하는 금융기관은 일반은행이 담당하며, 이러한 은행을 상업은행(commercial bank)이라 한다. 자금의 공급자는 개인이나 기업 등에 자금을 빌려줄 경우 원금과 이자를 확실히 회수하기가 쉽지 않은 신용 위험(credit risk)에 직면한다. 이러한 신용 위험을 제거시켜주는 것이 간접금융시장이 먼저 발달된 이유이기도 하다.

간접금융시장에서 은행은 다수의 자금 공급자로부터 예금을 받아 자금이 필요한 수요자에게 대출한다. 자금 공급자는 은행이 대출한 자금 수요자가 원금과 이자를 약속한 기일에 갚지 못하더라도 은행이 대신 원금과 이자를 변제하므로 안심하고 은행에 예금을 하게 된다. 그런데 은행이 대출하는 자금은 은행의 자산이 아니라 예금자의 자산이므로 은행은 장기간 대출하는 것에 부담을 느낀다. 이런 이유로 간접금융시장에서는 대여 기간이 대개 1년 미만인 단기금융 상품이 주로 거래된다. 이러한 단기금융시장을 화폐시장(money market)이라고도 한다.[5]

❷ 간접금융 상품

간접금융 상품은 간접금융을 수행하는 금융기관인 은행과 비(非)은행 예금 취급 기관, 즉 종합금융회사, 투자신탁회사, 상호저축은행, 신용협동기구 등이 취급하는 금융 상품을 말한다.

(1) 은행의 금융 상품

은행의 금융 상품은 예금과 기타 금융 상품으로 구분되며, 예금은 요구불예금과 저축성 예금으로 나누어진다.

① 요구불예금

요구불예금이란 예금과 인출이 자유롭기 때문에 이자가 없거나 아니면 아주 낮은 이자를 받는 예금을 말한다. 요구불예금에는 보통예금, 당좌예금 등이 있다.

보통예금은 가입 대상, 예치 금액, 예치 기간 등에 아무런 제한 없이 자유롭게 거래할 수 있는 예금을 말한다. 당좌예금은 은행과 당좌 거래 계약을 체결한 자가 일반 상거래로 취득한 현금, 수표 등을 은행에 예금하고 그 금액 범위 내 또는 당좌 대출 한도 범위 내에서 현금의 지급 사무를 은행에 위임하고자 개설한 예금을 말한다. 이외에도 요구불예금에는 가계 당좌예금, 별단예금, 공공예금 등이 있다.

② 저축성 예금

저축성 예금이란 일정 기간 동안 예금을 은행에 예치해 둠으로써 보다 높은 이자를 받는 예금

---

5) 상게서, pp.86~99

을 말한다. 저축성 예금에는 정기예금, 저축예금, 정기적금 등이 있다.

정기예금은 일정한 예치 기간을 미리 정하여 일정 금액을 예치하고 기간 만료 전에는 원칙적으로 자금을 청구할 수 없는 기한부 예금으로 가장 저축성이 강하다. 정기예금은 은행 이외에 농협, 수협, 상호저축은행 그리고 우체국에서도 취급하고 있다.

저축예금은 은행을 이용하는 인구의 저변 확대를 도모하고 가계 예금의 획기적 증대를 하기 위해 도입된 예금 제도의 하나로 입금과 출금이 자유로운 예금이다.

정기적금은 일정한 기간 후에 일정한 금액을 지급할 것을 약정하고 매월 특정일에 일정액을 적립하는 예금 제도를 말한다. 저축성 예금에는 이외에도 부동산금융 상품으로 주택청약부금, 장기주택마련저축, 주택청약저축 등이 있다.

③ 양도성 예금 증서

양도성 예금 증서(CD: negotiable Certificate of Deposit)는 정기예금에 양도성을 부여한 것으로 무기명 할인 방식으로 발행된다. 이자 지급은 할인 방식에 따라 미리 지급되면 만기 시에 액면 금액을 상환한다.

④ 환매조건부채권 등

환매조건부채권(RP: Repurchase Agreement)은 일정 기간이 경과한 후에 일정한 가격으로 동일한 채권을 다시 매수하거나 매도할 것을 조건으로 발행되는 금융 상품이다. 이를 이용할 경우 자금의 수요자는 채권 매각에 따른 자본손실 없이 필요한 자금을 용이하게 조달할 수 있고, 투자자도 원금 손실의 위험 없이 자금을 운용할 수 있다.

기타 표지어음과 금융채 등의 금융 상품이 있다. 금융기관이 기업으로부터 매입해 보유하고 있는 상업어음이나 외상 매출 채권을 다시 여러 장으로 분할하거나 아니면 합하여 액면 금액과 이자율을 새로이 설정해 발행하는 어음을 표지어음이라 한다. 그리고 한국산업은행이나 중소기업은행 등이 장기자금을 조달하기 위하여 발행하는 산업금융채권, 중소기업금융채권 등을 금융채라 한다.

(2) 종합금융회사의 금융 상품

종합금융회사의 금융 상품에는 자체 발행 어음, 어음 관리 계좌, 기업 어음 등이 있다. 이 중에 기업 어음은 직접금융 상품의 성격이 강하므로 이를 제외하고 나머지 상품에 대해 살펴본다.

① 자체 발행 어음

자체 발행 어음은 종합금융회사가 영업 자금 조달을 위하여 자기자본의 일정 비율 내에서 발행하는 융통어음을 고객에게 판매하는 방식의 금융 상품이다.

② 어음 관리 계좌

어음 관리 계좌(CMA: Cash Management Account)는 화폐시장에 직접 참여하기가 어려운 일반 투자 고객을 위하여 금융기관이 다수의 고객으로부터 자금을 조달하여 이 자금을 주로 기업 어음이나 통화 조달용 채권 등 단기금융자산에 운용하고, 그 운용 수익을 예탁 기관에 따라 투자자에게 차등 지급하는 상품으로 현재 종합금융회사에서 취급하고 있다.

우리나라의 어음 관리 계좌의 기본 모형은 미국의 CMA에서 유래된 것이지만 이보다는 오히려 단기형 수익증권 상품을 취급하는 투자신탁의 수익증권이 자산 운용 방법 및 수익률 결정면에서 유사하다. 그러나 운용 대상 자산에서 차이를 보인다. 종합금융회사의 어음 관리 계좌의 경우 각종 어음, 채권, CD 그리고 정기예금, 단기 국·공채 등 지급 준비 자산이 주종을 이루고 있는 데 비해 투자신탁회사의 단기 수익증권의 경우 국·공채, 사채, 주식, 콜론(call loan), 금융 기관이 발행 보증 또는 매출하는 어음 및 채무 증서가 주종을 이루고 있다.

(3) 투자신탁회사의 금융 상품

증권투자신탁은 투자신탁회사 등 전문적인 투자 기관이 증권투자에 대한 전문적인 지식이 없거나 자금 규모가 영세한 다수의 투자자로부터 자금 운용에 대한 신탁을 받고 이를 유가증권에 투자하여 그 운용 수익을 분배하여 주는 증권투자 대행 제도를 말한다.

일반적으로 증권투자신탁제도는 투자 대행 기관의 법률적 조직 형태에 따라 계약형과 회사형으로, 수익권익 환매 가능 여부에 따라 개방형과 폐쇄형으로, 신탁재산의 운용 관리 권한의 위임 여부에 따라 고정형과 관리형 등으로 구분하고 있다.

계약형(contractual type)은 위탁자, 수탁자 및 수익자 간의 신탁계약에 의거하여 이루어지는 형태로 우리나라와 일본, 독일이 이 형태를 취하고 있으며 최근 영국에서 증가하고 있는 단위형(unit trust)도 이에 속한다.

계약형 투자신탁은 신탁재산을 설정·운용하는 위탁자와 그 재산을 보관·관리하는 수탁자 간에 체결된 계약인 신탁약관에 따라 균등하게 분할된 지분증서인 수익증권을 수익자인 투자자가 취득하는 형태로 이들 3자 간의 법률 관계는 모두 신탁약관이 법적 기초가 된다. 즉 위탁자는 투자신탁을 설정하여 수익증권을 발행, 이를 수익자에게 판매하여 자금을 조성하고 이 자금으로 증권에 투자·운용하는 바, 이에 따른 관리 사무인 신탁 재무의 보관 및 출납, 증권의 배당 및 이자 지급에 관련된 업무 등을 수탁자가 대행하게 된다.

계약형 투자신탁은 다시 투자신탁 원금의 추가 설정 여부에 따라 단위형과 기금형 또는 추가형으로 나누어진다. 단위형은 동일한 계약에 의거, 1회의 설정으로 끝나는 형태로 일단 설정된 펀드는 원본의 추가 설정이 불가능하나 해약에 의해 원본의 감소는 가능하며 기금형은 동일한 신탁계약으로 언제든지 수익증권을 추가 발행하거나 환매함으로써 펀드의 추가 설정 및 해약이 가능하다.

회사형은 증권의 대행 투자를 목적으로 설립된 회사(mutual fund)가 일반 대중에게 주식을 발행하고 그 운용 수익을 배당하는 제도로 미국의 경우 대부분 이 형태를 취하고 있으며 영국의 투자신탁도 회사형이다. 또한 설정 초기에 신탁재산에 편입된 유가증권의 종목과 수량을 신탁 기간 종료일까지 변경할 수 없는 것을 고정형 투자신탁이라 하고, 신탁약관에 의해 위탁회사에 재량으로 편입, 유가증권을 자유로이 변경할 수 있는 것을 융통형(관리형) 투자신탁이라고 한다. 우리나라에서는 융통형 투자신탁이 대부분으로 이는 신축성 있는 자산 운용으로 수익의 극대화를 도모하기가 쉽다는 장점이 있다.

한편 환매 허용 여부에 따라 신탁 기간 중 자유로이 환매가 인정되는 것을 개방형 신탁투자, 수자의 사망이나 천재지변 등 소정의 사유 발생 시에만 환매가 인정되는 것을 폐쇄형 투자신탁이라 분류하며, 투자 대상 유가증권에 따라 공사채형 투자신탁과 주식형 투자신탁으로 구분하기도 한다.

① 공사채형 수익증권

공사채형 수익증권은 신탁재산의 대부분을 이자율이 확정되어 있는 회사채, 국공채 등 안정적인 수익을 얻을 수 있는 채권에 주로 투자하여 운용하는 금융 상품이다. 이익 분배금은 별도의 특약이 없는 한 전액 재투자되어 복리 효과를 얻을 수 있으며 대부분의 투자신탁이 추가형의 형태로 운용되고 있다.

공사채형 투자신탁은 저축 기간, 운용 방법, 가입 조건에 따라 단기형, 장기형으로 나눌 수 있다. 단기 공사채형 수익증권은 고객의 투자 금액을 전문 펀드 매니저가 국공채 및 회사채 등에 투자한 후 그 수익금을 고객에게 돌려주는 단기 실적 배당형 상품이다. 주로 위험도가 낮은 공사채에 투자 운용되므로 6개월 미만의 일시 여유 자금을 안정적으로 운용하는 데 적합한 상품이다. 3개월 이상 예치 시에는 환매수수료 없이 수시 출금이 가능하다.

② 신탁형 증권저축

신탁형 증권저축은 금전을 납입받아 유가증권에 투자 운용하고 약정된 이율을 지급하는 신탁예금의 형식으로 운용되며 투자신탁 상품 중 유일하게 실적 배당이 아닌 확정 금리 상품으로 2주 미만의 단기 저축에 유리하다. 투자 신탁 운용 회사는 취급할 수 없다.

③ 신종 MMF(Money Market Fund)

투자신탁회사가 여러 고객이 투자한 자금을 모아 이를 주로 양도성 예금 증서(CD), 기업 어음(CP), 만기 5년 이하의 국채 및 만기 2년 이하의 통화 안정 채권 등 금융자산에 투자하여 얻은 수익을 고객에게 돌려주는 단기 실적 배당 상품이다. 최저 가입 금액의 제한이 없고 환금성이 높은 데다 실세 금리 수준의 수익을 올릴 수 있어 소액 투자는 물론 언제 사용할지 모르는 단기자금을 운용하는 데 유리한 저축 수단이다.

1999년 3월 22일부터 신규 판매된 수익증권의 일종으로 종전의 MMF와 달리 환매수수료가 부과되지 않는다. 은행의 MMDA, 종합금융회사의 CMA 및 단기 공사채형 수익증권과 경쟁 상품이다. 증권 계좌와 연결하여 대기 자금을 예치 시 상대적으로 높은 수익을 얻을 수 있다.

(4) 상호저축은행의 금융 상품

상호저축은행은 서민과 영세 상공인에 대한 금융 편의 제공과 저축의 증대를 통한 재산 형성과 지원을 목적으로 하고 있기 때문에 다른 금융기관보다 비교적 높은 이자를 취급한다.

상호저축은행에서 취급하는 금융 상품으로는 여유 자금 운용 상품으로 정기예금과 표지어음이 있으며, 목돈 마련 상품으로 정기적금, 가계 우대 정기적금, 신용부금, 자유 적립예금, 상호 신용 예금 등이 있다. 근로자를 위한 상품으로는 근로자 우대 저축과 근로자 장기 저축이 있으며, 주택 마련을 위한 상품으로 장기 주택 마련 저축이 있다. 학자금 마련 상품으로 학자금 적금이 있으며, 입출금이 자유로운 상품으로는 보통예금, 저축예금, 기업자 유예금 등이 있다.

① 정기예금

여유 자금을 5년 이내에 일정 기간 동안 확정 금리로 예치하면 높은 수익을 얻을 수 있는 가장 보편적인 장기 저축성 예금으로 매월 이자 지급식과 만기 지급식 중에서 선택할 수 있으며, 세금 우대 종합 저축 한도 내에서 1년 이상 가입 시에는 세금 우대 혜택을 받을 수 있다. 가입 대상에는 제한이 없으며, 가입 기간은 1개월에서 60개월까지 월 단위로 가능하다. 계약 금액은 10만 원 이상이면 된다.

② 정기적금

일정 금액을 정기적으로 납입하여 만기일이 원리금을 지급받는 목돈 마련을 위한 가장 보편적인 장기 저축 상품으로 세금 우대 가입도 가능하다. 예치 기간은 월 적금의 6개월 이상 5년 이내에서 월 단위로 가능하며 일 적금은 100일 이상 3년 이내에서 10일 단위로 가능하다. 계약 금액은 월 1만 원 이상으로 제한은 없다.

한편 가계 우대 정기적금은 매월 일정 금액을 정기적으로 납입하여 만기일에 원리금을 지급하는 예금인데, 대출 또는 담보로 제공되지 않는 경우에는 만기 시 특별 이자를 지급하여 세금 우대 가입도 가능하다. 가입 대상은 기관별로 1인당 1계좌만 허용되며 예치 기간은 6개월 이상 5년 이내에서 1개월 단위로 예치가 가능하다. 계약 금액은 월 1만 원 이상으로 제한은 없다.

③ 신용부금

신용부금은 가입 즉시 계약 금액 범위 내에서 대출을 받을 수 있는 적금식 상품으로 1개월 이상 선납하였을 경우 선납 이자를 지급하며, 세금 우대 가입이 가능하다. 예치 기간은 월부금식의 경우에는 6개월 이상 5년까지 1개월 단위로 가능하며, 일일부금은 매일 적립하여 3년 이내 가입이 가능하다.

④ 자유 적금 예금

일정 기간 동안 금액 및 횟수가 제한 없이 자유로이 예금을 납입하고 만기일에 원금과 이자를 지급받는 것으로 이자는 월 복리로 계산된다. 가입 대상에는 제한이 없으며, 납입 금액도 1,000원 이상이며 제한이 없다. 계약 기간은 3개월 이상 5년 이내에서 월 단위로 가능하다.

⑤ 보통예금

거래 대상, 예치 한도의 제한 없이 언제든지 입금과 출금이 가능한 예금으로 각종 공과금 등의 자동이체 계좌로 사용하거나 타 금융기관의 송금 계좌로 활용할 수 있다. 이자는 매월 계산되며, 원금에 가산된다.

(5) 신용협동기구의 금융 상품

신용협동기구의 금융 상품은 농협과 수협 단위조합의 상호 금융과 신용협동조합 및 새마을금고 등 신용협동기구가 취급하는 저축을 총칭한다. 신용협동기구는 상호 유대를 가진 영세 소득자들이 푼돈을 저축하여 자금을 필요로 하는 조합원들에게 융통하여 줌으로써 회원들의 자금 과부족을 스스로의 힘으로 해결하려는 금융 조직이기 때문에 금리 및 세제 면에서 은행의 예금과 적금보다 유리한 특징을 가지고 있다.

① 예금 상품

신용협동기구의 예금 상품에는 보통 예탁금, 자유 예탁금 등이 있다.

첫째, 보통 예탁금은 입출금이 자유로운 요구불예금으로 은행에서 취급하는 보통예금과 유사하며 가입 대상 및 예치 한도에 제한이 없다. 금리는 연 1.5% 이내이며 이자는 연 2회 원금에 가산된다. 한편 2,000만 원 이하 예탁금의 이자소득에 대해서는 비과세이며 농특세를 1.5%만 부과하는 혜택을 주고 있다.

둘째, 자유 예탁금은 언제나 입출금이 가능하며 개인의 가계 자금을 우대하기 위한 예탁금으로 예치 일수에 비해 높은 금리를 받을 수 있는 예금이다. 은행에서 취급하는 저축예금과 유사하며 예치 한도에 제한이 없다. 금리는 자유화되어 있으며 이자는 3개월마다 원금에 가산한다. 보통 예탁금과 같이 2,000만 원 이하 예탁금의 이자소득에 대해서 농특세 1.5%만을 부과하고 있다.

셋째, 자유 저축 예탁금은 은행의 자유 저축예금과 상품 내용이 동일하며 2,000만 원 이하 예탁금의 이자소득에 대해서는 비과세한다(농특세 1.5% 부과). 금액의 규모 및 시기에 제한 없이 입출금이 자유로우나 선입선출법에 의거, 예치 기간에 따라 이자가 계산된다.

넷째, 정기 예탁금은 은행에서 취급하는 정기예금과 유사하며 가입 대상 및 예치 한도에 제한이 없다. 예탁 기간은 5년 이내로 월 또는 연 단위로 정하며, 특별한 사정이 있어 고객이 요청하는 경우에는 일 단위로 정할 수도 있다. 정기 예탁금의 이자는 매월 지급 또는 만기 일시 지급하며 금리는 자유화되어 있다. 상호 금융권을 통틀어 1인당 2,000만 원 이하 예탁금의 예금자 보호법에 의한 보호 대상 상품인 반면 새마을금고 및 농·수협 단위조합의 경우는 자체적인 안전기금에 의해 예금자 보호 제도를 운용하고 있다.

다섯째, 정기적금은 은행에서 취급하는 정기적금과 유사하며 가입 대상에 제한이 없고 월부금 및 계약 금액도 자유로이 정할 수 있다. 만기에 이자를 지급하며 이자율은 자유화되어 있다.

여섯째, 자유 적립 적금은 저축 금액과 납일 일자가 자유롭고 고수익이 보장되는 저축 상품으로 특히 소득 시기, 소득 금액이 불규칙한 농민이나 상인에게 적합한 상품이다. 계약기간은 5년 이내에 월 단위로 할 수 있다.

② 신용협동조합 및 새마을금고 출자금

신용협동조합 및 새마을금고에서는 상호 금융의 저축 수단을 동일하게 취급하고 있을 뿐만 아니라 조합의 자본금을 형성하는 출자금도 취급하고 있다.

③ 상호 금융(농·수협 단위조합)의 농어가 목돈 마련 저축

농어민의 생활 안정과 재산 형성을 지원하기 위해 도입된 특별 우대 비과세 저축으로 목돈 마련에 유리한 3년 이상의 장기 저축 상품이다. 가입자에게는 기본 금리 이외에 법정 장려 금리를 가산하여 원리금을 지급한다. 농어촌의 계절적인 자금 사정을 고려하여 분기 또는 반기 납부도 가능하며 납입 한도를 가구 단위로 계산하되 한도 내에서는 여러 구좌로 나누어 가입할 수 있다.

제5절 직접금융시장과 금융 상품

❶ 직접금융시장의 개요

1) 서설

　직접금융시장은 자금의 거래가 금융기관의 중개를 통하지 않고 자금의 공급자와 수요자 간에 직접 이루어지는 시장을 말한다. 제도권 금융시장으로서 간접금융시장이 먼저 발달된 이유는 앞에서 말한 바와 같이 자금의 공급자가 직면하는 신용 위험 때문이었다. 그런데 20세기에 접어들면서 정부는 자금의 수요자가 출현하면서 직접금융시장이 발달하게 되었다.

　직접금융시장에서는 은행과 달리 자금의 공급자가 자기자본을 직접 자금 수요자에서 대출하므로 대출 기간이 장기간이어도 별 상관없다. 이런 이유로 직접금융시장은 대여 기간이 1년 이상인 장기금융 상품이 주로 거래된다. 장기금융시장을 자본시장(capital market)이라고 한다.

　오늘날 우리나라에서는 직접금융시장과 자본시장을 거의 동일한 의미로 사용하고 있다. 2007년 제정된 "자본시장과 금융 투자업에 관한 법률(이하에서는 '자본시장통합법'이라 함)"에서는 자본시장을 기업과 같은 자금 수요자들이 주식, 채권, 파생상품, 구조화 상품, 펀드 등의 유가증권을 발행하여 자금 공급자로부터 직접 자금을 조달하는 시장이라고 하고 있다. 이러한 개념적 정의에서 유추하더라도 직접금융시장을 자본시장이라고 보아도 무방할 듯하다.

2) 직접금융 상품

　'자본시장통합법'은 2007년 제정되어 2009년부터 시행되었으나, 2008년 미국에서 발행한 금융 위기로 그다지 법이 의도하는 바를 달성하지 못하고 있다.

　법의 취지는 우리나라의 자본시장이 선진국에 비해 규모와 발전 정도가 크게 뒤떨어진 실정을 극복하기 위해 자본시장의 역동적 발전과 선진국형 투자은행(investment bank)의 탄생을 목적으로 하고 있다. 정부가 기존의 증권업, 자산 운용업, 선물업, 종금업, 신탁업 등 5개 자본시장 관련 업종의 벽을 허물고 겸영을 허용하여 대형 투자은행을 육성하고자 하였으나, 아직까지 선진국형의 대규모 투자은행이 탄생하지 않고 있다.

　직접금융 상품은 직접금융을 수행하는 금융기관이 취급하는 금융 상품을 말한다. 자본시장에서 유가증권의 발행, 중개, 투자 등과 관련된 투자은행의 업무를 수행하는 증권회사가 대표적인 직접금융회사로 볼 수 있으며, '자본시장통합법'에서도 증권회사가 미국의 대형 투자은행과 비슷한 성격을 지닌 금융기관으로 육성되기를 기대하고 있다.

　자본시장, 즉 직접금융시장은 기업과 같은 자금 수요자들이 주식, 채권, 파생상품, 구조화 상품, 펀드 등의 유가증권을 발행하여 자금 공급자로부터 직접 자금을 조달하는 시장이라고 정의되는데, 여기서 자금 수요자들이 발행하는 채권, 주식, 파생상품 등이 가장 대표적인 직접금융 상품이 된다.

❷ 채권

1) 서설

채권은 기업, 금융기관, 국가, 지방자치단체 등이 자금 조달을 목적으로 발행하는 채무 증서로서 발행자 및 투자자 외에 발행 기관이 참여한다. 채권은 발행 주체를 기준으로 국채, 지방채, 특수채, 금융채 및 회사채로 구분된다.

국가가 발행하는 채권을 국채라고 하며, 지방자치단체가 발행하는 채권을 지방채라고 한다. 그리고 특별법에 의해 설립된 법인이 발행하는 채권을 특수채라 하며, 금융기관이 발행한 채권을 금융채라 한다. 회사가 자금 조달을 목적으로 발행하는 채권은 회사채이며, 회사채는 보증 및 담보 유무를 기준으로 보증사채, 담보부사채 및 무보증사채로 구분되고, 이자지급 방법에 따라 이표채, 할인채, 복리채로 나누어진다.

2) 채권시장의 구조

채권시장은 발행시장과 유통시장으로 나누어진다. 발행시장은 채권이 신규로 발행되는 시장을 말하며, 유통시장은 이미 발행된 채권이 유통되는 시장을 말한다.

(1) 발행시장

① 국채

국채는 국채법에 따라 주무장관이 발행 계획안을 작성한 후 국회의 동의를 받은 한도 내에서 발행한다. 발행 금리는 일부 채권을 제외하고는 시장 금리로 발행한다.

국채의 발행 방식은 은행, 증권회사 등이 인수단을 조직하여 공동으로 인수하는 인수 발행, 정부가 현금 대신 채권자에게 교부하는 교부 발행, 증권 회사 등을 통해 일반 투자자에게 판매하는 공모발행 등이 있다.

〈표 5-3〉 주요 국공채 및 금융채

종류	발행조건		발행방법	발행자
	이율	만기		
국고채권	시장 금리	1~10년	경쟁입찰	국채관리기금
외국환평형 기금채권	시장 금리	10년 이내	경쟁입찰	외국환평형기금
토지개발채권	시장 금리	2년	교부	한국토지주택공사
산업금융채권	시장 금리	1~10년	인수, 매출	한국산업은행
중소기업 금융채권	시장 금리	1~5년	인수, 매출	중소기업은행
예금보험 기금채권	시장 금리	7년 이내	경쟁입찰, 인수	예금보험기금
부실채권 정리기금채권	시장 금리	7년 이내	인수	부실채권정리기금

② 회사채

회사채는 회사채를 발행하는 주간사회사를 선정하고, 주간사회사는 회사채를 전액 인수한 후 투자자에게 판매하는 형태로 발행한다. 발행 금리는 발행 기업과 인수기관의 협의를 통해 자율적으로 결정된다.

회사채는 고정 금리부, 3년 만기, 보증사채가 많은데, 최근에는 주식과 연계된 전환사채(CB: Convertible Bond)나 신주인수권부사채(BW: Bond with Warrenty) 등의 발행이 증가하고 있다.

회사채는 주로 공모(public offering) 방식에 의해 발행되며, 대부분 총액인수 방식에 의해 발행 회사는 주간사화사와 총액인수 계약을 체결하고 주간사회사는 자기 책임하에 일반투자자에게 판매한다.

(2) 유통시장

이미 발행된 채권이 유통되는 시장은 거래 장소에 따라 증권거래소 내에서 거래되는 장내시장과 증권거래소 외부에서 자유롭게 거래되는 장외시장으로 구분된다.

첫째, 장내시장은 증권거래소에 상장된 채권이 증권거래소 내에서 거래되는 시장을 말한다. 채권 거래는 주식거래와 달리 주로 매매계약을 체결한 당일에 결제된다.

채권의 거래 절차는 채권의 매도나 매수 호가가 거래소의 전산 시스템을 통해 전달되고, 전달된 매도·매수 호가를 시간, 간격, 수량 우선을 원칙으로 의해 체결된다. 체결된 결과는 증권회사를 통해 투자자에게 실시간으로 통보된다.

둘째, 채권은 발행 종목이 많고 종류가 다양하여 전부 상장시켜 장내거래를 하는 것이 기술적으로 어렵기 때문에, 채권거래는 증권회사를 중개 기관으로 대부분 장외시장에서 이루어진다.

증권회사는 매도 또는 매수 기관의 호가를 받아 적정한 수익률로써 거래를 체결한다. 거래가 체결되면 매수 기관은 거래 은행에게 대금 지급을 지시하고 매도 기관은 증권회사를 통하여 증권 예탁원에 계좌 이체를 요청하는데, 결제는 대부분 당일에 이루어진다.

❸ 주식

주식이란 미래 이득의 획득 및 그 시가가 약정되지 않는 지분 증권(equity securities)을 말한다. 지분 증권이란, 다른 모든 확정 소득 증권에 지급이 되고 남은 잔여 소득 및 잔여재산에 대하여 청구권을 행사하는 증권을 말한다.

주식은 대개 회사가 주로 실물 투자를 위한 대규모의 자본 조달 수단으로 발행하며, 회사에 자본을 출자한 주주에게 그 증거로 발행하고 교부해 주는 증권이다.

1) 보통주와 우선주

보통주는 주주가 가지는 일반적 권리가 부여되어 있는 주식으로 이익배당이나 경영참가권 등에 있어서 기준이 되는 주식이다.

우선주는 이익배당이나 잔여재산의 분배 등에 있어서 우선적 지위가 인정이 되는 주식이다.

2) 의결권주와 무의결권주

의결권주는 주주총회에 상정되는 의결 사항에 대하여 결정권을 가지는 주식으로서 대개 보통주는 의결권주이다.

무의결권주는 주주총회에 상정되는 의결 사항에 대하여 결정권을 가지지 못하는 주식이다. 배당의 우선권이 있는 우선주는 대개 무의결권주이나 배당의 우선권이 실현되지 않을 경우에는 의결권이 부활된다.

3) 액면주와 무액면주

액면주는 주권에 액면가액이 기재되어 있는 주식이다. 상법에서는 액면주식의 금액은 균일하여야 하며 100원 이상이어야 한다고 규정되어 있다. 무액면주는 주권에 액면가액이 기재되어 있지 않는 주식이다.

4) 기명주와 무기명주

기명주는 주식을 소유하고 있는 사람의 이름이 주식에 명시되어 있는 주식이고, 무기명주는 주식에 주주의 이름이 명시되어 있지 않는 주식이다.

5) 유상주와 무상주

유상주는 주금의 납입에 의해 발행되는 주식이고, 무상주는 주금의 납입 없이 발행 회사가 무상으로 주주에게 할당하는 주식이다.

6) 상환주와 전환주

상환주는 주주권의 존속기간이 한정되어 있는 주식으로 우리나라 상법에서는 우선주에 한하여 상환주를 발행할 수 있도록 하고 있다.

전환주는 일정한 요건하에서 다른 종류의 주식으로 전환할 수 있는 주식을 말한다. 전환주는 우선주에서 보통주로 전화하는 것이 보통이다.

제6절 파생금융상품과 파생금융시장

❶ 파생금융상품

파생 금융 상품(financial derivatives)이란 채권, 주식 등 기초 금융자산의 가치 변동에 의해 그 가치가 결정되는 금융 상품을 말한다. 파생 금융 상품에는 계약 형태별로 선물(futures), 옵션(options), 스왑(swaps) 등이 있다.

선물거래(future tradings)란 향후 가격 변동이 예상될 때, 계약을 현재 체결하고 자산을 미래의 일정 시점에 인도나 인수하는 거래를 말한다. 거래 대상에 따라 상품 선물(commodity future)과 금융 선물(financial future)로 나누며, 현재 우리나라에서 거래되는 금융 선물 상품으로 주가지수 선물거래가 있다. 여기서 사용되는 주가지수는 상장 주식 200 종목으로 구성된 'KOSPI200'이 있다.

옵션거래(option tradings)는 특정 자산을 미래의 일정 시점에 일정 가격으로 매입하거나 매각할 수 있는 권리이다. 매입할 수 있는 권리를 콜옵션(call option), 매각할 수 있는 권리를 풋옵션(put option)이라 한다. 옵션거래란 이런 권리를 매매하는 것으로 계약 만료일에 옵션의 행사 여부를 자유롭게 선택할 수 있다.

스왑거래(swap tradings)는 거래 당사자들이 보유하고 있는 외화 자산 또는 외화 부채의 원리금을 일정 기간 동안 서로 교환하기로 약정하는 거래로서 금리 스왑(interest rate swap)과 통화 스왑(currency swap)으로 구분할 수 있다.

❷ 파생금융시장

파생 금융시장은 거래소 시장과 장외시장으로 구분한다. 거래소 시장은 장내시장으로 가격 이외의 모든 거래 요소가 표준화되어 있는 시장이며, 장외시장은 표준화되어 있지 않은 파생 금융 상품이 거래소를 통하지 않고 시장 참가자 간에 직접 거래되는 시장을 말한다.

파생 금융시장에는 자산 및 부채의 가치 변동에 따른 위험을 회피하고자 하는 위험 회피자(hedger), 자산 및 부채의 가격 변동을 예측함으로써 이익 획득을 목적으로 하는 투기자(speculator) 그리고 기초 자산과 파생상품 간의 가격 차이를 이용하여 차익을 실현하고자 하는 차익거래자(arbitrager) 등이 있다.

제6장 / 화폐공급이론

제1절 화폐의 의의와 기능

❶ 화폐의 의의와 통화지표

1) 화폐의 의의

화폐란 일상적 거래에서 교환의 매개물이 되어 통용되는 수단을 말한다. 화폐가 일상적인 거래에서 거래 비용을 절감시킬 수 있기 때문에 교환의 매개물이 된 것인데, 이는 화폐가 유동성(liquidity)을 가지고 있기 때문이다. 유동성이란 한 형태의 자산이 다른 형태의 자산과 얼마나 신속하고 편리하게 교환될 수 있는가를 판가름하는 기준이다.

화폐는 '회계의 단위' 및 '지불의 수단', '교환의 매개 수단', '가치 저장 수단'으로서의 기능을 가지고 있다. 화폐에 대한 개념은 화폐의 기능 중 어느 기능을 강조하느냐에 따라 달라질 수 있다. 화폐의 가장 본질적인 기능은 교환의 매개 수단 기능이다. 따라서 화폐에는 특정한 형태가 있는 것은 아니며 어떤 것이든 일반적인 지불수단으로 통용되는 것은 곧 화폐라 할 수 있다.

화폐의 기능 중 회계 단위로서의 기능은 어떤 재화나 자산 가치의 크기를 객관적으로 측정하여 표시하는 기능을 말하며, 화폐의 지불수단이란 그것이 지불됨으로써 채권과 채무 관계가 완전히 소멸됨을 말한다. 즉 지불이란 신용 관계에서 최종적인 것을 말한다.

교환의 매개 수단 기능은 화폐가 매개물이 되어 교환이 이루어지는 기능을 말한다. 그리고 가치 저장 수단의 기능은 화폐가 상품 거래의 목적으로 보유되는 것이 아니라 자산 보유의 목적으로 보유되는 기능을 말한다. 화폐의 기능에 대한 상세한 설명은 다음 편에 기술되어 있다.

2) 통화와 통화지표

(1) 통화와 통화량

경제에서 유통되는 화폐를 '통화'라고 하며, 통화에는 현금이나 수표 이외에 금융시장을 통해 거래되는 여러 가지 금융자산이 포함된다. 그런데 여러 금융자산 중에 무엇을 통화에 포함시켜야 화폐경제 부문의 문제점 파악과 그에 대한 정책을 수립하는 데 효과적인가에 대해서는 일치된 견해가 있는 것은 아니다.

통화량은 시중에 통용되고 있는 화폐를 일정 시점에서 측정한 총액을 말하며, 일정 시점에서 측정되므로 저량(stock)변수이다.[1]

---

[1] 1년 또는 분기별과 같이 일정한 시간을 주고 측정하는 변수를 유량변수라 하고, 1월 1일 현재와 같이 일정시점에서 측정하는 변수를 저량변수라고 한다.

(2) 통화지표의 개념

통화량의 크기와 변동을 파악할 수 있는 지표를 통화지표(measuring money)라고 하며, 통화지표는 유동성의 크기를 기준으로 구분한다.

모든 자산은 현금화할 수 있으므로 정도의 차이는 있지만 모두 유동성을 가지고 있다. 자산의 종류에 따라 수익성에 차이가 있는 것과 마찬가지로 유동성에도 차이가 있다. 예를 들어 현금은 유동성은 가장 높지만 수익은 전혀 발생하지 않는다. 정기예금은 유동성은 떨어지지만 정기예금 이자와 같은 수익이 발생한다. 각 종류의 자산을 유동성의 크기에 따라 열거하면, 현금과 요구불예금이 유동성이 가장 크고, 다음으로는 저축성 예금, 회사채, 주식, 부동산 등의 순서가 될 것이다. 한국은행은 유동성의 크기에 따라 통화지표를 분류하고, 이를 정기적으로 집계하고 관찰한다.

❷ 통화지표의 분류와 화폐의 기능

1) 통화지표의 분류

(1) 좁은 의미의 통화(M_1)

M_1은 유동성이 현금과 거의 유사한 정도의 자산만을 통화라고 보는 개념이다. 현금통화란 민간의 화폐보유액을 말하고, 요구불예금이란 고객이 언제든지 인출할 수 있는 당좌예금액을 말한다.

$$M_1 = 현금통화 + 요구불예금$$

(2) 총통화(M_2)

M_2는 화폐가 교환의 매개 수단 기능 이외에 신용경제의 발달로 가치 저장 수단을 지니게 됨에 따라 통화를 폭넓게 파악하는 개념이다. 준통화(near money 또는 quasi-money)란 통화에 준하는 금융자산을 말하며 저축성 예금과 거주자 외화예금으로 구성된다.

$$M_2 = M_1 + 준통화 = M_1 + 저축성 예금 + 거주자 외화예금$$

(3) 총유동성(M_3)

M_3는 총통화(M_2)보다 폭넓게 통화를 정의한 개념이다. 비통화 금융기관 예수금이란 비통화 금융기관이 보유하고 있는 어음, 출자금, 기금, 보험료 등을 말한다.

금융채권이란 산업은행, 수출입은행 등이 자금을 조달하기 위해 발행한 채권을 말한다. 그리고 양도성 예금 증서(CD: negotiable Certificate of Deposit)는 정기예금을 무기명으로 발행하여 다른 사람에게 양도가 가능하게 한 예금증서를 말한다. 환매조건부채권은 금융기관이 보유하고 있는 채권을 고객에게 판매한 후 고객이 원할 때 언제든지 일정한 수익을 가산하여 다시 구입하는 채권을 말한다.

$$M_3 = M_2 + \text{비통화 금융기관 예수금} + \text{금융채권} + \text{양도성 예금 증서} +$$
$$\text{상업어음 매출} + \text{환매조건부채권 매도} + \text{표지어음}$$

2) 중심 통화지표

(1) 개념과 조건

중심 통화지표란 통화정책을 실시할 경우 기준이 되는 통화지표를 말하며, 실물경제를 잘 반영하고 통화 당국에 의해 조정과 통제가 가능하여야 한다.

(2) 우리나라의 중심 통화지표

우리나라 중심 통화지표의 변천은 다음과 같다. 1978년까지 M_1을 중심 통화지표로 사용하였고 1979년 이후 M_2를 중심 통화지표로 사용하였다. 그리고 1999년 이후 M_3를 중심 통화지표로 사용해 오다가 2002년부터 중심 통화지표에 의한 금융정책 대신 이자율로 금융정책의 목표를 수정하였다.

3) 화폐의 기능

(1) 가치척도 및 회계 단위로서의 기능

화폐는 모든 재화나 용역, 자산의 경제적 가치를 객관적으로 표시한다. 이를 위하여 국가마다 고유한 화폐 단위(원, 달러, 엔 등)를 사용하고 있다. 화폐는 이처럼 경제적 가치의 척도가 되므로 수입과 지출, 이익과 손실 등을 계산하는 회계 단위이다.

케인스(J. M. Keynes)는 이러한 화폐의 기능을 '계산화폐'의 기능이라고 하였다.

(2) 지불수단의 기능

화폐가 지불수단이 된다는 것은 화폐가 교환의 매개 수단이 된다는 것을 전제로 한다. 화폐의 지불수단이란 그것이 지불됨으로써 채권과 채무 관계가 완전히 소멸됨을 말한다. 즉 지불이란 신용관계에서 최종적인 것을 말한다.

어음은 교환의 매개 수단은 되어도 지불수단은 될 수 없다. 왜냐하면 어음을 매개로 교환이 이루어졌다 하더라도 어음에서 약정한 금액을 약속한 일자에 지급하기 전까지는 채권과 채무 관계가 완전히 소멸되지 않기 때문이다. 따라서 화폐가 아닌 다른 것으로 지불이 된다면 당사자들 간에 이에 대한 새로운 합의가 이루어져야 한다.

(3) 교환의 매개 수단 기능

화폐가 매개물이 되어 경제적 교환을 이루어지게 하는 기능을 말한다. 경제적 교환에서 화폐가 매개 수단으로 이용되므로 물물교환 경제에서 발행하는 탐색 비용과 거래 비용을 절감시킬 수 있었다. 이러한 화폐의 매개 기능에 의하여 교환이 촉진되고 국민경제의 원활한 순환이 가능하게 되었다.

지불수단의 기능은 화폐만이 수행할 수 있으나, 교환의 매개 수단 기능은 화폐 이외의 다른 것도 수행할 수가 있다. 따라서 교환의 매개 수단 기능은 지불수단의 기능보다 훨씬 더 넓은 개념이다.

(4) 가치의 저장 수단 기능

화폐가 경제적 교환의 목적으로 보유되는 것이 아니라 자산 보유의 목적으로 보유되는 기능을 말한다. 가치의 저장 수단 기능은 원래 명목소득의 수취 시점과 일생생활의 지출 시점이 불일치하기 때문에 명목소득의 일부분은 화폐로, 나머지는 은행에 보관하던 기능을 의미하였다.

은행에 보관하면 예금이자가 발생하여 가치의 증식이 이루어졌고, 20세기에 접어들어 금융 기능이 활성화되면서 화폐를 주식이나 채권 등 금융자산에 투자하여 수익을 획득하기도 했는데, 이런 화폐의 기능을 가치의 저장 수단이라고 한다. 현대적 의미의 가치 저장 수단 기능은 화폐를 주식이나 채권 등 금융자산에 투자하여 수익을 획득하는 것을 의미하며, 요즘의 '재테크'[2]와 관련이 깊은 기능이다.

---

2) 재테크(財-, 영어: financial technology)는 기업 또는 개인이 금융수익을 얻기 위해 벌이는 재무활동이다. 기업 및 개인의 자금 조달 및 운용이 목적이다. 재무 테크놀러지의 준말로서, 잉여자금으로 증권시장·외환시장에 참여하여 이자·배당금·유기증권 매매수익·외환차익 등으로 기업 수익을 올리는 활동이다. 최근에는 개인이 재산 증식을 위해 은행이나 주식, 부동산 등에 전문가적 안목을 갖고 투자하는 행위도 재테크로 간주하고 있다.

제2절 · 화폐공급의 흐름

❶ 개요

1) 화폐제도와 화폐공급

금속화폐가 화폐로 통용되었을 때에는 화폐의 공급은 일차적으로 그 금속의 생산량에, 그리고 이차적으로는 그 금속의 다른 용도에 대한 사용량에 의존하였다.

금속화폐와 아울러 은행권과 예금화폐가 화폐로 사용되었을 때에는 금속화폐의 양 뿐만아니라 은행권과 예금화폐의 양도 화폐공급에 영향을 미쳤다. 그런데 은행권과 예금화폐의 양은 본위화폐인 금속의 양과 어느 정도의 비례관계에 있었다.

2) 화폐의 공급경로

(1) 개요

화폐의 공급량은 본원통화와 예금통화로 구성되어 있다. 예금통화는 본원통화와 비례관계에 있으므로 본원통화의 발행으로부터 화폐공급의 흐름을 살펴볼 수 있다.

(2) 화폐의 공급경로

화폐의 공급경로는 다음과 같다.

첫째, 중앙은행이 본원통화를 민간으로 방출하면 민간의 보유현금이 증가하고, 민간부분은 그 중 일부를 은행에 예금한다.

둘째, 은행은 민간이 예금한 금액 중의 일부를 민간에게 대출하고, 민간은 대출받은 금액 중 일부를 다시 은행으로 예금하는 신용창조과정을 거친다.

셋째, 이러한 신용창조과정으로 경제전체의 통화량은 중앙은행이 최초에 공급한 본원통화보다 더 큰 폭으로 증가한다.

〈그림 6-1〉 화폐의 공급경로

❷ 본원통화

1) 개념

본원통화란 중앙은행 창구로부터 시중에 흘러나온 현금(기초통화 : Reserve Base)을 말하며, 상기의 본위화폐에 해당된다.

본원통화가 공급되면 이 돈은 신용창조의 과정에서 여러 배 증가하기 때문에 고성능화폐(High-Powered Money)라고 하며, 본원통화는 중앙은행의 통화성부채이다.

2) 본원통화의 공급경로

(1) 정부부문을 통해 공급

재정적자가 되면 정부는 중앙은행으로부터 돈을 차입하므로 중앙은행에서 정부로 본원통화가 공급된다. 따라서, 본원통화의 공급이 증가된다. 재정흑자가 되면 본원통화의 공급이 감소한다.

(2) 은행부문을 통해 공급

시중은행은 영업자금이 필요하면 중앙은행으로부터 돈을 차입하므로 중앙은행에서 시중은행으로 본원통화가 공급된다. 그런데, 시중은행이 중앙은행에서 돈을 차입하게 되면 이자를 지급하게 되는데 이를 재할인율이라고 한다. 재할인율이 상승하면 은행의 對중앙은행 차입이 감소하므로 본원통화가 감소하고 반대로 하락하면 본원통화는 증가한다.

(3) 해외부문을 통해 공급

기업이 수출금액을 원화로 교환하는 과정에서 중앙은행에서 기업으로 본원통화가 공급된다.

(4) 중앙은행의 순자산변화를 통한 공급

중앙은행이 유가증권을 구입하거나 건물을 구입하게 되면 중앙은행에서 유가증권이나 건물 구입자에게로 본원통화가 공급된다.

〈그림 6-2〉 본원통화의 공급경로

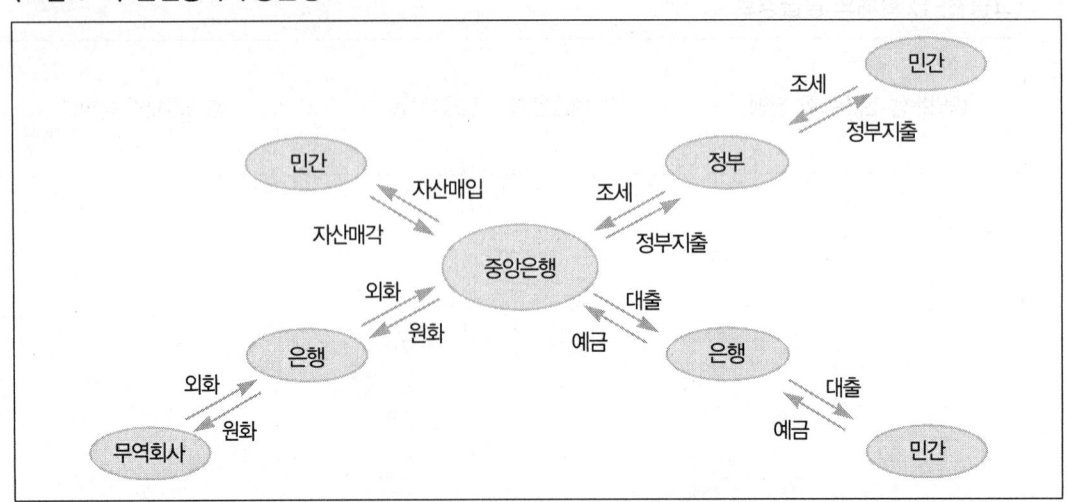

3) 본원통화의 증가요인

본원통화의 증가요인은 다음과 같다.

첫째, 정부의 재정적자가 증가하거나 정부가 중앙은행에 맡겨 놓은 예금을 인출하면 본원통화가 증가한다.

둘째, 중앙은행이 정부, 예금은행, 기타 금융기관 등에 대한 대출을 증가시키면 본원통화가 증가한다.

셋째, 민간이 소유하고 있는 유가증권을 중앙은행이 매입하면 중앙은행에서 민간으로 본원통화가 공급되므로 본원통화가 증가한다.

넷째, 국제수지흑자가 발생하면 달러(외환)가 외국으로부터 유입된다. 달러를 중앙은행(한국은행)에서 원화로 교환하면 중앙은행에서 시중으로 본원통화가 공급되므로 본원통화가 증가한다.

다섯째, 중앙은행이 민간으로부터 건물 등 자산을 구입하면 본원통화가 증가한다.

4) 본원통화의 구성

본원통화의 구성은 중앙은행의 창구로부터 흘러나온 본원통화는 민간보유현금과 은행의 지급준비금으로 나누어진다.

은행의 지급준비금은 초과지급준비금과 법정지급준비금으로 구분할 수 있다. 법정지급준비금은 예금은행이 반드시 보유해야 하는 준비금으로 중앙은행에 예치하는 지급준비금이다. 그리고 중앙은행의 창구로부터 흘러나온 본원통화 중 법정지급준비금은 중앙은행으로 다시 환수되었으므로 실제로 중앙은행 밖에서 유통되는 것은 현금통화와 초과지급준비금이다. 현금통화와 초과지급준비금을 합하여 화폐발행액이라 한다.

〈표 6-1〉 본원통화의 구성

본원 통화		
현금통화	예금은행 지급준비금	
현금통화	초과지급준비금(예금은행시재금)	법정지급준비금(중앙은행지준예치금)
화폐발행액		법정지급준비금(중앙은행지준예치금)

5) 중앙은행의 대차대조표

중앙은행의 대차대조표에서 본원통화는 대변의 부채항목으로 나타난다.

대차대조표는 기업이 일정시점에서 보유하고 있는 자산, 부채, 자본의 내용을 기록한 것이다. 자금조달의 원천인 자산과 부채항목은 대변에, 자금의 운용상태를 나타내는 자산은 차변에 기록한다. 대차대조표상에는 자산항목과 부채와 자본금을 합한 총액은 항상 일치하여야 한다.

한국은행은 무자본 특수법인이므로 자본금이 0이고, 따라서 한국은행의 자산합계는 부채항목과 일치한다. 대개 본원통화는 한국은행의 '통화성 부채'라고 한다.

<표 6-2> 중앙은행의 대차대조표

자산	부채

• 정부에 대한 여신
• 민간은행에 대한 여신
• 외환자산
• 기타 자산
	• 정부의 예금
	• 본원통화
	  ① 민간보유 현금
	  ② 예금은행시재금
	  ③ 중앙은행 지준예치금
	• 외환부채
	• 기타 부채

❸ 예금은행의 신용창조

1) 신용창조의 가정

신용창조의 가정은 다음과 같다.

첫째, 요구불예금만 있고 저축성예금은 없다.

둘째, 은행조직 밖으로의 현금누출은 없다. 즉, 대출받은 사람은 대출받은 금액을 은행으로 모두 재예금한다.

셋째, 초과지급준비금은 없다. 따라서, 지급준비율은 법정지급준비율과 일치한다. 예금은행은 대출의 형태로만 자금을 운용한다.

2) 신용창조의 과정

(1) 과정

예금은행은 고객이 예금하면 법정지불준비금을 제외한 예금을 대출하고, 이 대출액이 다른 은행에 예금되면 그 은행은 다시 법정지불준비금을 제외한 예금을 대출한다. 따라서, 예금 → 대출 → 예금 → 대출의 과정이 계속되어 통화량이 증가한다.

(2) 설명

예를 들어 내가 은행에 요구불예금(본원적 예금) 100만원을 예치할 경우 법정지불준비율이 10%라고 하자.

자산			부채	
A은행	100만	90만	10만	김씨
B은행	90만	81만	9만	이씨
C은행	81만	72.9만	8.1만	박씨
⋮	⋮	⋮	⋮	

최초의 은행예금 100만원 중 90만원을 김씨에게 대출할 경우 김씨가 대출받은 돈 90만원은 현금통화이다. 그런데 통화량 = 현금통화 + 예금통화 이므로 대출액만큼 통화량이 증가(신용창조)한다. 그리고 이런 과정이 반복되면 순예금창조액과 총예금창조액은 다음과 같다.

$$\text{순예금창조액} = 90+81+72.9+\cdots = \frac{90}{1-0.9} = \frac{90}{0.1} = 900 \quad \boxed{\frac{(1-r)D}{r}}$$

$$\text{총예금창조액} = \underset{\text{└ 최초의 예금}}{\underline{100}}+90+81+\cdots = \frac{100}{1-0.9} = \frac{100}{0.1} = 1,000 \quad \boxed{\frac{D}{r}}$$

3) 신용승수

신용승수란 본원적 예금 1단위를 가지고 예금통화를 몇 배 창출할 수 있는 가를 나타내는 것이다.

(1) 총예금창조액과 신용승수

(본원적)예금을 D, 지불준비율을 r이라 하면 총예금창조액은 다음과 같다.

$$\text{총예금창조액} = D+(1-r)\cdot D+(1-r)^2\cdot D+\cdots = \frac{D}{r}$$

예) 총예금창조액 $= \frac{D}{r} = \frac{100만}{0.1} = 1,000만$

총예금창조액은 본원적 예금액의 $\frac{1}{r}$배 증가하므로 신용승수는 $\frac{1}{r}$이다.

(2) 순예금창조액

은행에 의해 창조되는 순예금은 총예금창조액에서 처음의 예금(본원적 예금)을 뺀 금액이다.

$$\text{순예금창조액} = \frac{1}{r}\cdot D - D = \frac{1-r}{r}\cdot D$$

예) 순예금창조액 $= \frac{1-r}{r}\cdot D = \frac{1-0.1}{0.1} \times 100만 = 900만$

4) 신용창조의 한계

신용창조의 한계는 다음과 같다.

첫째, 본원적 예금이 법정지불준비금과 같아질 때 은행은 더 이상의 대출을 할 수 없기 때문에 신용창조가 더 이상 이루어지지 않는다.

둘째, 신용창조의 가정과 달리 현실에서는 예금은행조직 외부로 현금유출도 있고 초과지불준비금이 존재하기 때문에 예금과 대출을 통해 신용승수만큼 총예금창조액과 순예금창조액이 증가하지 않는다. 따라서, 여기서 산출한 신용승수는 이론적으로 가능한 신용창조의 최대한도인 것이다.

5) 신용창조 증가요인

첫째, 민간의 현금보유성향이 낮을수록(즉, 은행에 예금하는 정도가 높을수록) 증가한다.

둘째, 은행의 법정지불준비율이 하락할수록 신용창조액은 증가한다.

$$\text{총예금창조액} = \frac{1-0.1}{\text{법정지불준비율}} \times \text{예금}$$

❹ 통화승수와 통화공급방정식

1) 통화승수의 개념

통화승수란 본원통화 1단위가 공급되면 통화량이 몇 배로 증가되는지를 보여주는 지표이며, 통화량을 본원통화로 나누어 구한다.

$$\text{통화승수}(m) = \frac{\text{통화량}}{\text{본원통화}} \times \frac{M}{H}$$

2) 통화승수의 도출

(1) 본원통화와 통화량의 크기가 주어진 경우

통화승수를 구하기 위해서는 본원통화의 통화량의 크기를 파악해야 하며, 이들 값이 주어져 있으면 다음과 같이 구한다.

$$m = \frac{M}{H} \text{(통화량을 나타내는 통화지표가 } M_1 \text{이라 하면)}$$

$$m = \frac{M_1}{H} = \frac{\text{현금통화} + \text{요구불예금}}{\text{현금통화} + \text{지불준비금}} = \frac{C+D}{C+R}$$

(2) 현금통화비율과 지급준비율이 주어진 경우

통화승수를 구하는 과정은 다음과 같다.

본원통화(H)는 민간보유현금(C)과 실제지불준비금(R)의 합계이다. 즉, 본원통화(H) = 민간보유현금(C)+실제지불준비금(R)이다. 통화량(M)은 현금통화(C)와 예금통화(D)의 합계이다. 즉, 통화량(M)=현금통화(C)+예금통화(D)이다.

현금통화는 $C=cM$이고 실제지불준비금은 $R=rD$이다.

(m : 통화승수, M : 통화량, H : 본원통화, C : 민간보유화폐액, R : 실제지불준비금, D : 예금통화, r : 지급준비율, c : 현금통화비율)

$H = \boxed{C} + \boxed{R}$
→ 실제지불준비금 = 지불준비율 × 예금액
→ 민간보유현금 = 현금보유비율 × 통화량

$H = cM + rD$
$D = M - C = M - cM = (1-c)M$ 이므로
$H = cM + r(1-c)M$

$$H=[c+r(1-c)]M$$

$$\boxed{M = \frac{1}{c+r(1-c)} \cdot H}$$

(3) 현금예금비율과 지급준비율이 주어진 경우

통화승수를 구하는 과정은 다음과 같다.

현금예금비율($\frac{C}{D}$)을 c', 지급준비율($\frac{R}{D}$)을 r이라고 하자.

$m = \frac{M_1}{H} = \frac{C+D}{C+R}$에서 분모와 분자를 D로 나누면 $m = \frac{\frac{C}{D}+1}{\frac{C}{D}+\frac{R}{D}} = \frac{c'+1}{c'+r}$이 된다.

3) 통화공급 방정식

(1) 개념

통화공급방정식이란 본원통화와 통화량 사이의 관계를 표시하는 함수식이다. 일정시점에서 통화량(M)이 그 시점의 통화공급량(M^s)과 동일하다고 하면 다음과 같은 통화공급방정식이 도출된다.

$$M = mH = \frac{M}{c+r(1-c)} \cdot H$$

- 본원통화 : 중앙은행이 결정
- 법정지급준비율 : 중앙은행이 결정
- 초과지급준비율 : 예금은행이 결정
- 현금통화비율 : 민간부문이 결정

(2) 통화공급량의 결정

통화공급량은 법정지급준비율과 본원통화를 결정하는 중앙은행, 초과지급준비율을 결정하는 예금은행과 현금예금비율을 결정하는 민간부문에 의해 그 크기가 결정된다. 통화공급량 크기에 영향을 주는 요인을 표시하면 다음과 같다.

〈표 6-3〉 통화공급량의 변동요인

결정주체	변동요인	통화승수변동	통화량변동
중앙은행	법정지급준비율↓	$m↑$	$M↑$
예금은행	초과지급준비율↓	$m↑$	$M↑$
민간부문	현금통화(c)비율↓	$m↑$	$M↑$

4) 통화승수 구성요인의 특징과 사례

(1) 특징

첫째, 민간에 의해 결정되는 현금통화비율(c)은 사회관습에 따라 결정되므로 상당히 안정적이다.

둘째, 지급준비율(r)은 중앙은행이 결정하는 법정지급준비율과 시중은행이 결정하는 초과지급준 비율로 구분된다.

셋째, 현금보유비율(c), 지급준비율(r)이 안정적이므로 통화승수(m)도 안정적이다.

넷째, 통화량에 가장 큰 영향을 미치는 것은 중앙은행에 의한 본원통화의 공급량이다.

(2) 사례

첫째, 예금이자율의 상승은 민간의 저축증가로 현금통화비율(c)을 감소시키므로 통화승수의 크기를 증가시킨다.

둘째, 은행파산에 대한 예금자의 우려증가는 민간의 예금인출증가로 인한 현금보유증가를 가져온다. 이는 현금통화비율(c)을 증가시켜 통화승수의 크기를 감소시킨다.

셋째, 설이나 명절 때 현금보유증가는 현금통화비율(c)의 크기를 증가시켜 통화승수의 크기를 감소시키고, 전자화폐의 사용증가는 현금통화비율(c)의 크기를 감소시켜 통화승수의 크기를 증가시킨다.

5) 통화승수와 신용승수

통화승수와 신용승수의 관계는 다음과 같다.

첫째, 통화승수는 중앙은행의 본원통화와 경제전체의 통화량과의 관계를 나타내는 것이고, 신용승수는 예금은행과 민간사이의 신용창조의 관계를 나타낸 것이므로 신용승수는 통화승수의 부분집합에 해당한다고 볼 수 있다.

둘째, 통화승수는 신용승수와는 달리 예금은행조직 밖으로의 현금누출과 예금은행의 초과지급준비금이 존재한다고 가정하므로 그 값이 신용승수보다 작다. 통화승수에서 현금통화비율(c)이 0이고, 초과지급준비율(r_e)의 값을 0으로 대입하면 신용승수를 구할 수 있다. 따라서, 신용승수는 통화승수의 특수한 사례에 해당한다고 볼 수 있다.

제7장 / 화폐수요이론과 이자율 결정이론

제1절 / 화폐수요이론의 개요

❶ 개념

경제주체들의 화폐수요의 문제는 2가지가 있으며 다음과 같다.

첫째, 경제주체들이 일상생활의 지출에 대비하기 위해 화폐를 수요하는 문제를 살펴본다.

둘째, 경제주체들의 현금과 수익자산보유에 대한 선택문제로서 화폐수요를 살펴본다. 또한 현금보유는 이자소득이 발생하지 않는다. 그럼에도 불구하고 사람들은 수익자산보다 현금을 보유하려는 이유를 규명하는 이론이다.

❷ 화폐수요함수

화폐수요함수란 화폐수요와 화폐수요에 영향을 미치는 변수와의 관계를 나타낸 것이다. 화폐수요에 영향을 미치는 변수에는 소득과 이자율이 있다.

$$화폐수요 = f(소득, 이자율)$$

❸ 학파별 견해

1) 고전학파 계통

고전학파는 화폐수요의 동기가 일상생활의 지출에 대비하기 위해서라고 보며 화폐의 기능을 교환의 매개수단 기능으로 파악한다. 그리고 화폐수요가 주로 소득에 의해 결정되기 때문에 안정적이라고 본다.

2) 케인즈 계통

케인즈학파는 화폐수요의 동기가 일상생활의 지출뿐만 아니라 수익자산에 투자하려는 동기도 있다고 본다. 따라서, 화폐의 기능에는 교환의 매개수단 이외에 가치저장수단의 기능도 있다고 하였다.

화폐수요가 주로 이자율에 의해 결정되기 때문에 화폐수요가 불안정적이라고 보았다.

④ 화폐수요이론의 발전과정

화폐수요이론은 고전학파 계통의 화폐수요이론과 케인즈학파 계통의 화폐수요이론으로 나눌 수 있다.

고전학파 계통의 이론으로는 화폐수량설, 현금잔고수량설 그리고 신화폐수량설이 있으며, 케인즈학파 계통으로는 케인즈의 유동성선호이론, 보몰의 재고이론과 토빈의 자산선택이론이 있다. 보몰의 재고이론은 케인즈의 거래적 동기에 의한 화폐수요이론을 발전시킨 이론이고, 토빈의 자산선택이론은 케인즈의 투기적 동기에 의한 화폐수요이론을 발전시킨 이론이다.

화폐수요이론은 이론이 제기된 시대에 따라 전통적 화폐수요이론과 현대적 화폐수요이론으로도 구분한다. 이러한 구분개념을 그림으로 나타내면 다음과 같다.

〈그림 7-1〉 화폐수요이론의 발전과정

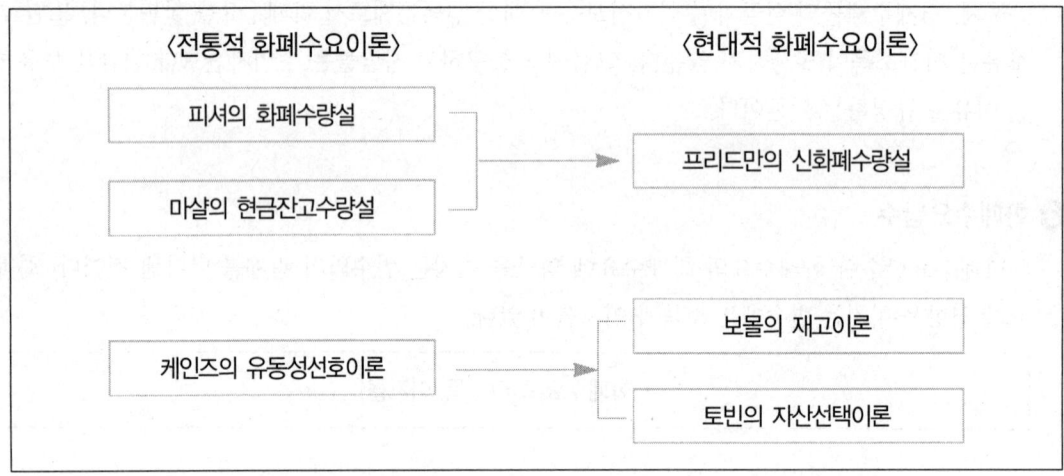

제2절 고전학파의 화폐수요이론

❶ 고전적 화폐수량설(거래수량설)

1) 개념

화폐수량설이란 화폐는 재화를 구입하기 위해 필요하므로 화폐수요가 재화의 총거래량과 국민소득수준에 의해 결정된다는 이론을 말한다. 화폐수량설은 처음에는 인플레이션의 원인을 규명하는 이론이었다가 나중에 화폐수요이론으로 발전된 이론이다.

2) 내용

고전적 화폐수량설의 내용은 피셔(I. Fisher)가 고안한 교환방정식에서 살펴볼 수 있다.

$$MV = PT : \text{피셔의 교환방정식}$$

교환방정식에서 M은 통화량, V는 유통속도, P는 물가수준, T는 거래량을 나타낸다. 따라서, MV는 일정기간동안 한 나라안에서 거래된 총지출액을, PT는 총거래액 또는 총판매액을 표시한다. 물물교환과 같은 거래형태가 없다고 가정하면 MV는 항상 PT와 같아진다.

교환방정식에서 거래량(T)은 국민소득(Y)에 비례하므로 거래량은 국민소득으로 대체 가능하다.

$$MV = PY$$

그런데 $M = \frac{1}{V}PY$에서 화폐시장이 균형이라면 $M^s = M^d$가 된다. 따라서 화폐수요함수는 다음과 같다.

$$M^d = \frac{1}{V}PY$$

상기 식에서 화폐수요는 명목국민소득의 일정비율이 되며, 소득의 증가함수가 된다. 따라서, 화폐수요는 이자율에 전혀 영향을 받지 않으므로 화폐수요의 이자율 탄력도가 0이 된다.

3) 화폐의 유통속도

화폐의 유통속도는 화폐가 상품거래에서 평균적으로 사용된 횟수를 말하며, 화폐의 유통속도는 일정한 상수값을 가진다. 그리고 화폐의 유통속도는 소득지불방법, 금융제도, 사회관습과 같은 제도와 관습에 의해 결정되므로 단기간에는 변하지 않는다.

4) EC방정식

$MV=PY$를 각각의 증분율로 나타내면 $\frac{dM}{M}+\frac{dV}{V}=\frac{dP}{P}+\frac{dY}{Y}$가 된다. $\frac{dV}{V}$와 $\frac{dY}{Y}$가 0이면 $\frac{dM}{M}=\frac{dP}{P}$가 된다. 국민소득의 증가가 수반되지 않는 화폐공급의 증가는 물가상승을 유발한다.

화폐수량설은 화폐수요이론이 아니라 앞의 EC방정식에서 보는 바와 같이 원래 물가상승이론이었다. 그런데, $M=\frac{1}{V}PY$에서 화폐시장이 균형이라면 $M^s=M^d$이므로 $M^d=\frac{1}{V}PY$가 된다. 즉, 화폐수요는 명목국민소득의 일정비율이 되며, 소득의 증가함수가 된다. 따라서, 화폐수량설은 화폐수요이론에서 출발하지 않았으나, 차후에 화폐수요에 미치는 요인이 소득임을 나타내었다.

❷ 현금잔고수량설

1) 개념

화폐수요는 명목소득의 수취시점과 일상에서 발생하는 지출시점이 일치하지 않기 때문에 발생한다.

현금잔고수량설은 개별경제주체가 명목개인소득의 일정비율만큼 화폐를 수요한다는 이론이다.

2) 현금잔고방정식

마샬(A. Marshall)이 제시한 현금잔고방정식은 다음과 같다.

$$M^d = kPY$$

여기서 M^d는 화폐수요, k는 현금보유비율, PY는 명목개인소득을 나타낸다.

3) 현금보유비율(k)

k는 명목개인소득 중에서 화폐(현금)로 보유하고자 하는 비율을 나타내며, 사회관습에 의해 결정되므로 일정한 값을 가진다.

현금보유비율(k)는 화폐수량설의 교환방정식에서 살펴본 유통속도(V)의 역수이다.

$$k = \frac{1}{V}\left(\text{현금보유비율} = \frac{1}{\text{유통속도}}\right)$$

4) 화폐수량설과 현금잔고수량설의 비교

화폐수량설과 현금잔고수량설을 비교하면 다음과 같다.

〈표 7-1〉 화폐수량설과 현금잔고수량설의 비교

	고전적 화폐수량설	현금잔고수량설
내용	① 유통속도(V)가 일정하고 국민소득(Y)도 완전고용국민소득(Y_f) 수준에서 일정하므로 통화량(M)이 증가하면 물가(P)만 비례하여 상승하므로 교환방정식은 물가이론 $$M^s \uparrow = P \uparrow$$ ② $MV = PY$로부터 $M = \frac{1}{V}PY$에서 화폐시장이 균형이라면 $M^s = M^d$이므로 $M^d = \frac{1}{V}PY$ ③ 화폐수요는 명목국민소득의 일정비율($\frac{1}{V}$)이다.	① $M^d = k \cdot PY$ 명목개인소득이 증가하면 화폐수요가 증가한다는 명시적 화폐수요이론 ② $M^d = k \cdot PY$ 개인의 화폐수요는 자신의 명목소득에 의해 결정 ③ 개인의 화폐수요는 자신의 명목소득의 일정비율(k)이다.
분석시각	거시적 관점	미시적 관점
강조점	화폐수요의 유량측면을 강조	저량측면 강조
화폐의 기능	교환 및 지불수단으로서의 기능	화폐의 가치저장기능
화폐수요	화폐수량설은 통화량이 증가하면 물가가 상승한다는 물가이론, 이런 물가이론을 이용해 묵시적으로 화폐수요이론을 도출	화폐수요를 명시적으로 설명
화폐수요의 안전성	유통속도(V)가 고정되어 있기 때문에 화폐수요는 안정적	마샬 k가 안정적이므로 화폐수요는 안정적

❸ 신화폐수량설 : 프리드만(M.Friedman)

1) 개요

신화폐수량설은 고전학파의 화폐수량설과 케인즈의 유동성 선호설을 종합한 이론이다.

통화주의자들은 사람들이 재화를 수요하는 것은 그 재화로부터 효용을 얻을 수 있는 것처럼 화폐를 수요하는 것도 그 화폐로부터 효용을 얻을 수 있기 때문이라고 보았으며, 화폐수요가 일반적인 재화의 최적소비의 선택행위와 유사하게 결정된다고 하였다.

2) 방정식

화폐수요는 항상소득과 총자산이 증가할수록 커지며, 총자산 가운데 비인적 자산이 차지하는 비율, 주식의 예상수익률, 채권의 예상수익률, 실물자산의 예상가격상승률, 이자율, 물가상승률이 커질수록 화폐수요는 감소한다.

비인적자산(부동산)이 많은 사람은 현금이 별로 없으므로 화폐수요량도 적다. 주식, 채권, 실물자산의 수익률이 높으면 돈이 주식, 채권, 실물자산으로 이동하기 때문에 화폐수요는 감소한다.

화폐수요함수에서 주식예상수익률, 채권예상수익률, 이자율 등을 포함시킨 것은 경험적 분석(실증분석결과)에 따른 것이다.

$$\frac{M^d}{P} = f(Y_p, W, r_e, r_b, P^e, r)$$

$$\frac{M^d}{P} = k(r_e, r_b) \cdot Y_p$$

(Y_p : 항상소득, W : 총자산, r_e : 주식의 예상수익률, r_b : 채권의 예상수익률, P^e : 실물자산의 예상가격상승률, r : 이자율)

3) 현금잔고수량설과 신화폐수량설의 비교

프리드만(M. Friedman)의 신화폐수량설은 고전학파의 현금잔고수량설과는 달리 주식의 수익률(r_e), 채권의 수익률(r_b)도 현금보유비율(k)에 영향을 준다고 보았다. 따라서 화폐수요의 이자율탄력도가 완전비탄력적이 아니다.

4) 내용

첫째, 화폐유통속도(V)는 이자율, 채권과 주식수익률에 영향을 받기 때문에 상수는 아니지만 매우 안정적이다.

둘째, 실질화폐수요는 항상소득의 증가함수이고, 실질화폐수요에 대한 실질소득(항상소득) 탄력성은 1에 가깝다.

셋째, 경험적 연구를 통해 화폐수요함수를 안정적으로 보았다.

넷째, 프리드만은 총자산 중 자신의 효용을 극대화시키는 수준에서 화폐를 수요한다고 하였다.

제3절 케인즈학파의 화폐수요이론

❶ 케인즈의 유동성 선호이론

1) 개념

고전학파는 화폐수요가 소득만의 함수라고 했지만 케인즈는 화폐수요가 소득뿐만 아니라 이자율에 의해서도 결정된다고 하였다.

케인즈는 사람들이 유동성을 확보하기 위해 유동성이 가장 높은 화폐(현금)를 수요한다고 주장하였으며, 따라서 유동성선호를 화폐수요와 동일한 개념으로 사용하였다.

2) 화폐수요의 동기

케인즈(J. M. Keynes)는 사람들이 화폐를 수요하는 동기를 3가지로 구분하였다. 즉, 거래적동기, 예비적동기, 투기적동기로 화폐수요의 동기를 구분하였다.

〈표 7-2〉 화폐수요의 동기

구 분	정 의	함 수
거래적 동기의 화폐수요	개인과 기업이 일상적인 지출을 위해 보유하는 화폐수요	소득의 증가함수
예비적 동기의 화폐수요	예상하지 못한 지출에 대비하기 위해 보유하는 화폐수요(비상금)	소득의 증가함수
투기적 동기의 화폐수요	채권과 같은 수익자산을 구입하기 위해 보유하는 화폐수요	이자율의 감소함수

3) 화폐수요방정식

앞에서 이야기 된 화폐수요의 동기를 바탕으로 화폐수요방정식을 나타내면 다음과 같다.

총화폐수요 = 거래적 화폐수요 + 예비적 화폐수요 + 투기적 화폐수요

$$\frac{M^d}{P} = L_T(Y) + L_P(Y) + L_S(r)$$

$$\frac{M^d}{P} = L_T(Y) + L_S(r)$$

$$\frac{M^d}{P} = k \cdot Y - h \cdot r$$

$L_T(Y)$: 거래적 화폐수요
$L_P(Y)$: 예비적 화폐수요
$L_S(r)$: 투기적 화폐수요
Y : 실질국민소득
r : 이자율

4) 투기적 동기의 화폐수요

(1) 의의

투기적 동기의 화폐수요란 일상생활에 필요한 물건을 구입하기 위해 화폐를 필요로 하는 것이 아니라 채권과 같은 수익성 있는 금융상품을 구입하기 위해 화폐를 수요하는 것을 말한다.

사람들이 채권이나 주식과 같은 금융상품을 구입하는 이유는 이들 금융자산을 취득함으로써 미래의 수익을 기대하기 때문이다. 예를 들어 1억 원을 가지고 주식을 구입하여 일정기간 지나 1억 5천만 원에 이들 주식을 매도하면 5천만 원의 수익이 발생한다.

(2) 가정

투기적 동기의 화폐수요이론의 가정은 다음과 같다.

첫째, 각 개인이 보유가능한 금융자산은 화폐와 채권 2가지이다. 화폐는 그 명목가격이 변동하지 않으므로 안전자산이라 하고, 채권이나 주식은 그 명목가격이 변동하므로 위험자산이라 한다.

둘째, 각 개인은 위험중립자로서 본인이 생각하는 기준이자율(정상이자율)과 실제이자율(시장이자율)을 비교하여 화폐 또는 채권 중 하나에만 투자한다. 즉, 분산투자(portfolio)를 하지 않는다.

(3) 개인의 투기적 화폐수요곡선

시장이자율(r)이 높을수록 채권의 시장가격이 하락하므로 투자자들의 채권수요는 증가한다.

시장이자율(r)이 기준이자율(r_c)보다 낮으면 모두 화폐를 수요하고, r이 r_c보다 높으면 모두 채권을 구입한다.

〈그림 7-2〉 개인의 투기적 화폐수요곡선

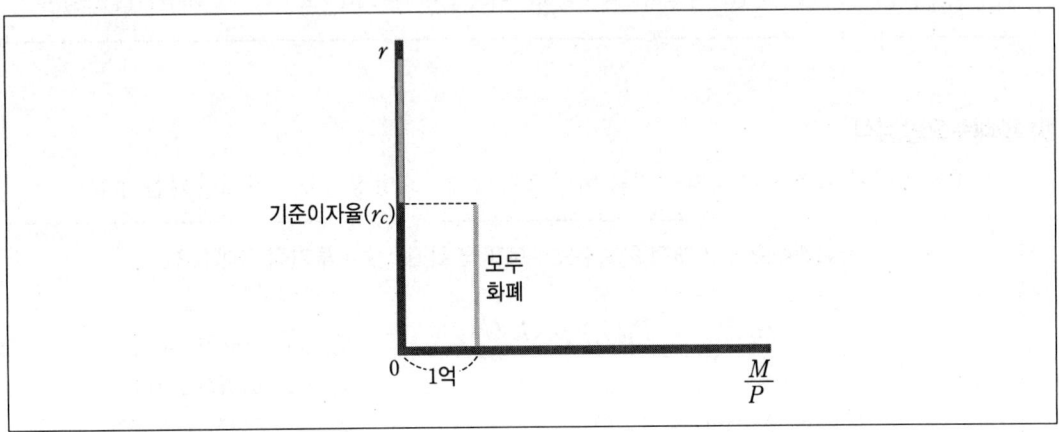

(4) 사회전체의 투기적 화폐수요곡선(시장의 투기적 화폐수요곡선)

개인마다 생각하는 r_c가 전부 다르므로 개인들의 화폐수요곡선을 수평적으로 합계한 시장의 화폐수요곡선은 우하향하는 곡선모양이 된다.

<그림 7-3> 시장의 투기적 화폐수요곡선

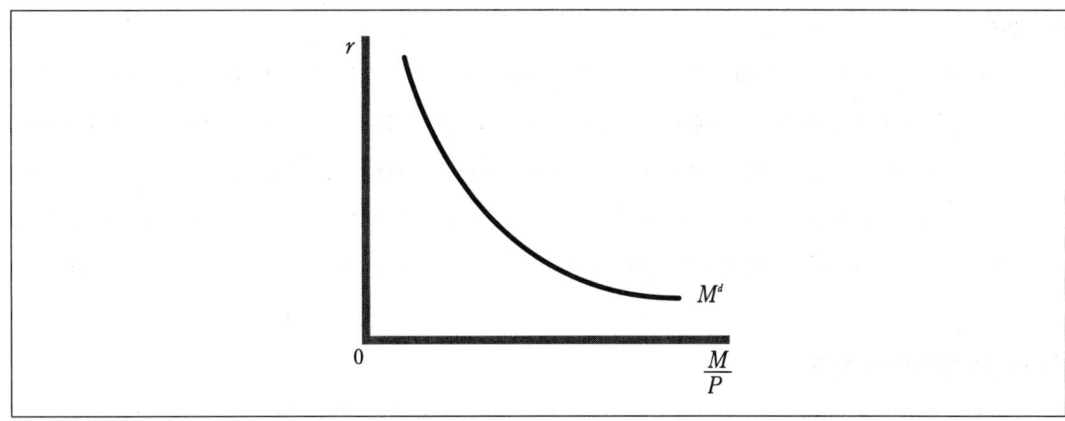

(5) 유동성함정 상황에서의 화폐수요곡선

경기불황으로 이자율이 매우 낮은 수준이 되면 채권가격은 매우 높게 되므로 투자자들은 채권을 팔아 화폐로 보유하려고 하는데 이런 성향을 유동성함정이라고 한다. 따라서, 유동성 함정 상황에서 화폐수요곡선은 수평선이 된다.

유동성함정상태에서는 화폐수요의 이자율 탄력성이 ∞가 된다.

<그림 7-4> 유동성함정 상황에서의 화폐수요곡선

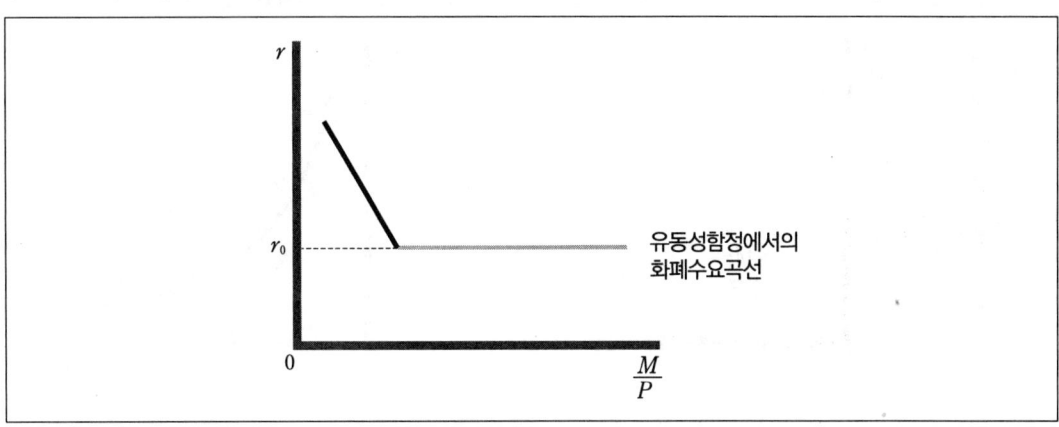

❷ 보몰(W.Baumol)의 재고이론

1) 개요

기업들이 적정한 수준의 재고를 보유하는 것처럼 개인들도 화폐를 하나의 재고로 간주하여 적정한 수준의 화폐를 보유하려고 한다. 거래적 화폐수요는 기업들이 재고보유의 비용을 최소화하려고 하는 것처럼 화폐보유의 비용을 최소화하는 수준에서 결정된다.

보몰의 재고이론은 케인즈의 거래적 동기에 의한 화폐수요이론을 확대 발전시킨 모형이다. 케인즈는 거래적 동기에 의한 화폐수요는 소득에 의해서만 영향을 받는다고 하였으나 보몰은 거래적 동기에 의한 화폐수요가 소득뿐만 아니라 이자율에 의해서도 영향을 받는다고 하였다.

❸ 토빈(J.Tobin)의 자산선택이론

1) 개념

토빈의 자산선택이론은 케인즈의 투기적 동기에 의한 화폐수요이론을 확대, 발전시킨 모형이다. 케인즈는 개인이 투기적 동기에 의한 화폐수요를 결정할 경우 분산투자를 하지 않는다고 하였으나, 토빈은 개인도 분산투자를 통하여 투기적 동기에 의한 화폐수요를 결정한다고 하였다. 따라서, 토빈의 이론은 개인이 본인의 자산을 위험한 수익자산, 안전한 수익자산 그리고 화폐자산 등에 어떻게 배분하고 그 비율을 결정하는지에 대한 원리를 설명하는 것이라고 할 수 있다.

2) 자산선택이론의 특징

첫째, 케인즈의 화폐수요이론에서는 경제전체의 투기적 화폐수요만이 이자율에 대해 완만한 감소함수의 형태로 나타나는 데 반해, 토빈의 화폐수요이론에서는 개별투자자의 투기적 화폐수요도 이자율의 완만한 감소함수로 표현된다.

둘째, 토빈의 자산선택이론은 케인즈의 유동성선호이론과 결론은 동일하지만 위험부담에 대한 개인의 태도를 우선적으로 설명하고 있다는 점에서 케인즈와는 다르다.

〈그림 7-5〉 케인즈와 토빈이론의 비교

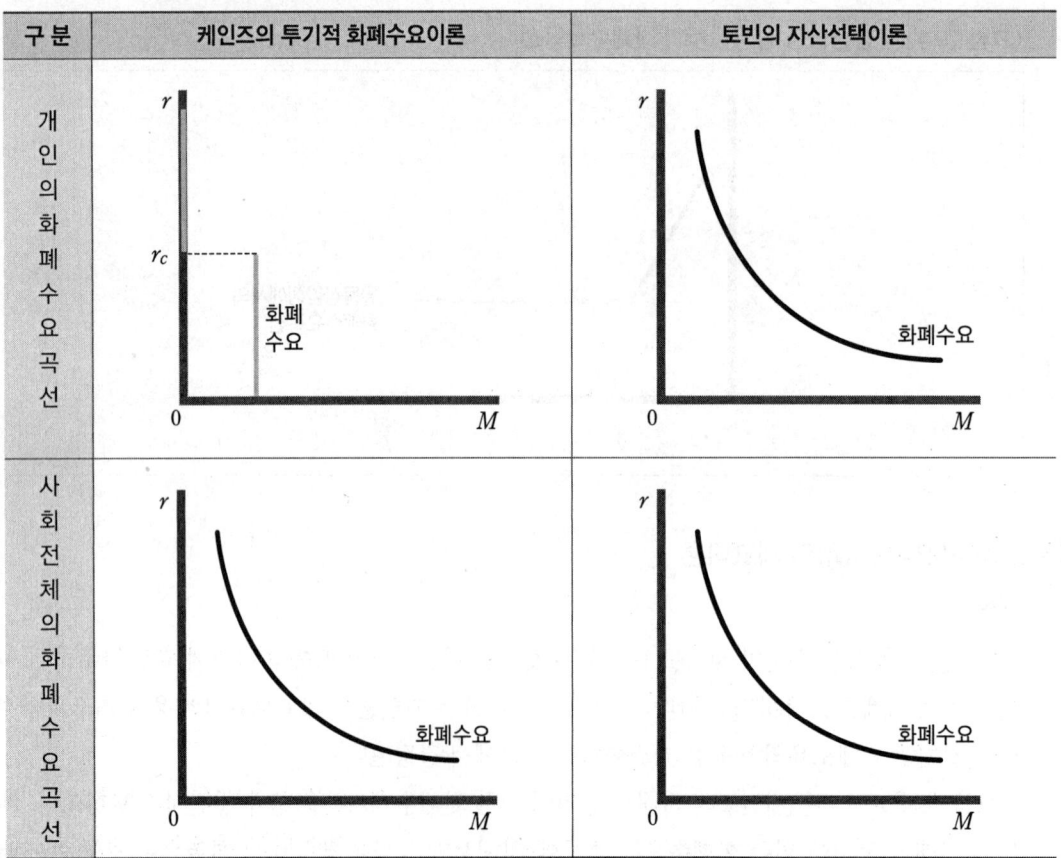

제4절 이자율 결정 이론

❶ 이자율의 개념

1) 자본과 이자

자본은 노동과 더불어 재화와 용역을 생산하기 위한 생산요소의 하나이며, 공장, 기계와 같은 실물 자본과 화폐 자본으로 구분되며,[1] 이자란 자본재 한 단위 사용에 대한 비용을 말하며 이자를 자본재 가격으로 나누면 이자율이 계산된다.

$$이자율 = \frac{이자}{자본재가격} \times 100$$

2) 이자율의 종류

빅셀(J. G. Wicksell)은 이자율을 실물 자본의 사용료로 파악한 자연이자율, 화폐 자본의 사용료로 파악한 화폐이자율과 이 둘이 일치하는 상태인 정상이자율로 구분하였다.

현대에는 자연이자율을 실질이자율로, 화폐이자율을 명목이자율의 개념으로 파악한다. 실질이자율은 인플레이션이 발생하지 않을 경우의 이자율로 간주하고 명목이자율은 실질이자율에 예상 인플레이션율을 더한 값으로 계산된다고 피셔(I. Fisher)가 주장하였다.

$$명목이자율 = 실질이자율 + 예상\ 인플레이션율 : 피셔방정식$$

❷ 기준이자율과 균형이자율의 결정

1) 기준이자율

현대 경제에서 이자율이라는 개념은 실물 자본의 사용료로 파악한 자연이자율, 즉 실질이자율이 아니라 화폐 자본의 사용료로 파악한 화폐이자율, 즉 명목이자율이다. 명목이자율은 화폐시장에서 결정되며, 이자율이란 일반적으로 화폐를 일정 기간 보유하는 가격으로 인식된다. 예를 들면 우리가 은행에 1억 원을 예금할 경우, 연 이자율이 10%이면 연 이자 금액은 1,000만 원이다. 이는 사람들이 현금 1억 원을 사용하지 않고 1년간 보유하면 1,000만 원의 수익이 발생한다는 의미이다.

명목이자율은 채권 등 금융자산의 수익률이 되기도 한다. 어떤 회사가 외부로부터 자금을 조달하기 위해 채권을 발행하는데, 발행조건이 1년 만기 1억 원이라고 하자. 이 발행조건의 의미는 발행 회사가 발행 일자로부터 1년 후에 이 채권을 소지한 사람에게 현금 1억 원을 주겠다는 것이다. 그런데 1년 후에 채권 소지자, 즉 투자자는 1억 원을 받으므로 현재 1억 원보다는 작은 금액을 주고 채권을 구입하고자 할 것이다. 만일 투자자가 현재 9천만 원을 주고 채권을 구입하면 1년 후에 1억

---

[1] 이말남, 전게서, p.180

원을 받으므로 1천만 원의 수익이 발생하고, 수익률은 10%가 된다. 이 수익률은 투자자 입장에서는 수익률이지만 회사 입장에서는 할인율이 되므로 이를 이자율이라고 한다.

현실에서 이자율은 다양하게 존재한다. 은행마다 이자율이 다르고, 같은 은행에서도 예금 상품의 종류에 따라서 이자율이 상이하다. 또 정부가 발행하는 국채나 공채의 수익률 그리고 기업이 발행하는 회사채의 유통 수익률도 각기 다르다. 이런 다양한 이자율 중에서 시장을 대표하는 이자율을 기준이자율이라고 한다.

국제적으로 기준이자율의 하나에 'LIBOR' 금리가 있다. LIBOR는 'London Inter-Bank Offered Rate'의 약자로 '런던은행 간 금리'로 번역된다. 이는 금융시장이 최초로 발달한 영국의 런던에서 은행들 간에 자금을 빌리고, 빌려 줄 경우 적용되는 도매 금리를 의미한다. 미국의 경우는 우량 기업이 은행에서 대출받은 경우 적용 받는 금리인 프라임레이트(prime rate)를 기준이자율로 보기도 한다.

우리나라에서는 3년 만기 회사채 유통 수익률을 기준이자율의 지표로 사용한다. 유통시장은 발행된 채권이 거래되는 시장(the secondary market)을 말하는데, 이 시장에서 3년 만기 회사채 수익률이 기준이자율 지표의 하나이다. 그리고 한국은행은 통화량의 수급을 조절하기 위해 통화안정증권을 발행한다. 이 통화안정증권 수익률도 금융시장의 수급 상황을 잘 보여주는 지표 중 하나이다.

2) 균형이자율의 결정

앞에서 우리는 현재 사용하는 이자율이 실물이자율이 아니라 명목이자율, 즉 화폐이자율이라고 하였다. 그리고 명목이자율은 화폐시장에서 결정된다고 하였다.[2]

화폐시장이 완전경쟁 시장이면 균형이자율은 화폐의 시장 수요곡선과 시장 공급곡선이 만나는 점에서 결정되며, 이를 그림으로 나타내면 다음과 같다.

<그림 7-6> 균형이자율의 결정

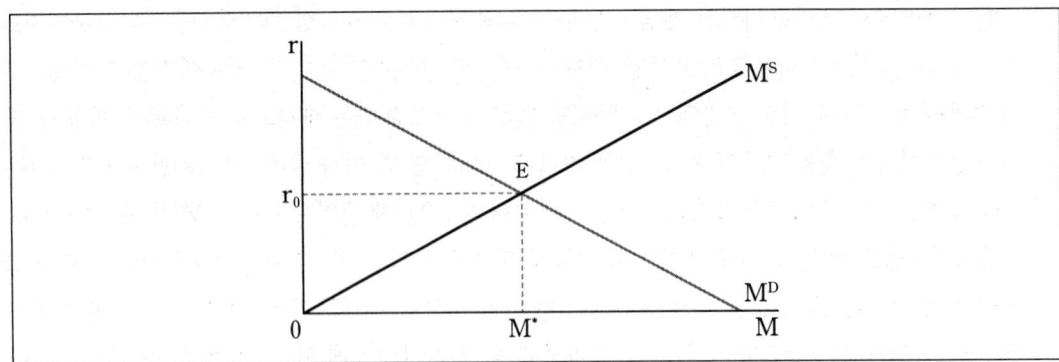

그림에서 r은 이자율, M은 통화량, M^D는 화폐수요곡선, M^S는 화폐공급곡선이다. M^D와 M^S가 만나는 E에서 결정되는 이자율 r_0가 시장의 균형이자율이다. 현재 이자율이 r_0보다 높으면 초과공급, 낮으면 초과 수요가 발생하여 균형으로 수렴한다.

---

2) 상게서, pp.229~231

❸ 이자율결정이론

이자율결정이론에는 고전학파의 실물적 결정이론, 케인즈의 화폐적 결정이론과 대부자금설이론이 있다.

1) 실물적 이자율 결정이론

생산물시장에서 실물변수인 저축(S)과 투자(I)가 일치하는 E점에서 균형이자율 r_0가 결정된다.

〈그림 7-7〉 실물적 이자율 결정이론

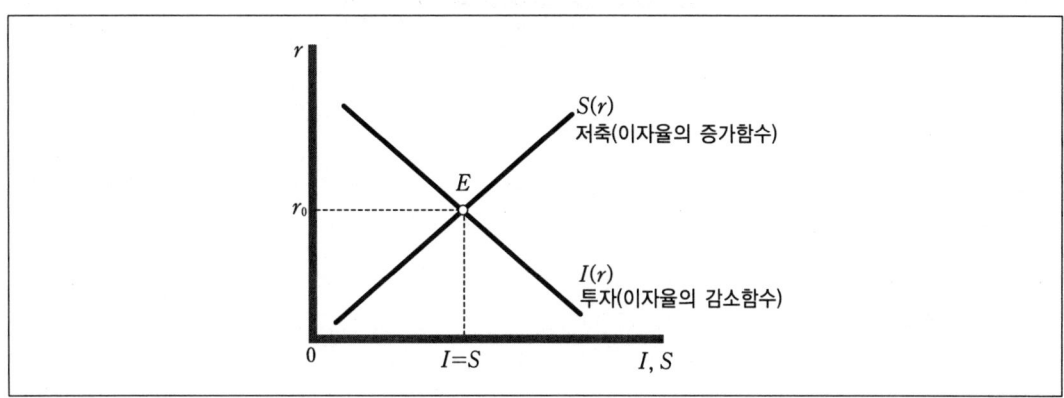

2) 화폐적 이자율 결정이론

화폐시장에서 화폐의 수요와 공급이 일치하는 E점에서 균형이자율이 결정(명목이자율)된다.

〈그림 7-8〉 화폐적 이자율 결정이론

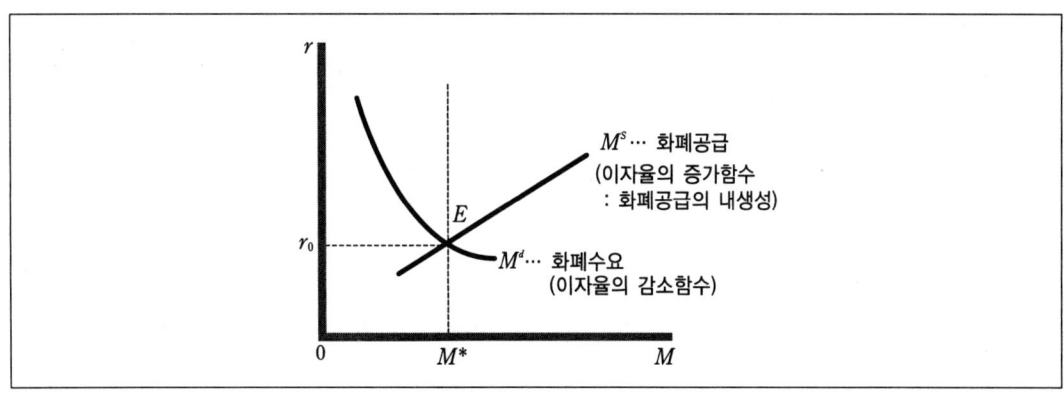

3) 대부자금설

대부자금설은 대부자금의 수요와 공급이 일치하는 E점에서 균형이자율이 결정된다는 것이며, 실물적 이자율결정이론과 화폐적 이자율결정이론을 종합한 이론이다.

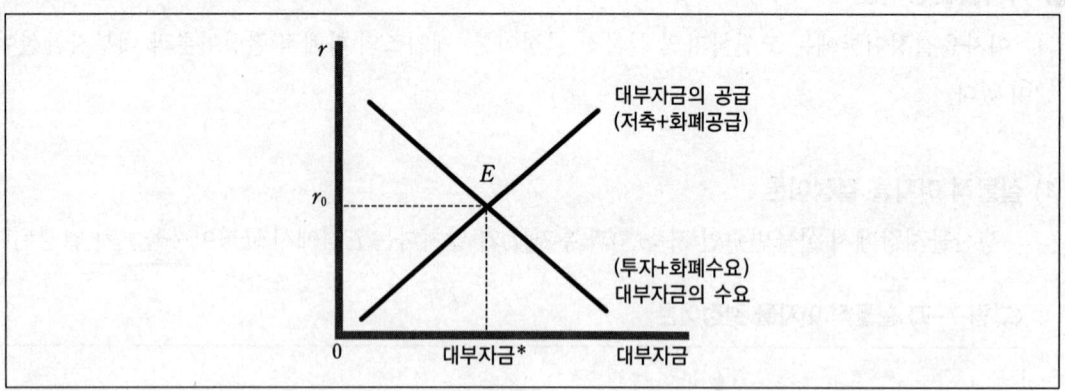

〈그림 7-9〉 대부자금 이자율결정이론

제8장 / 국제통화제도와 환율의 결정

제1절 / 환율의 의의와 환율제도

❶ 외환시장과 환율의 의의

1) 외환시장의 개념

외환시장(foreign exchange market)이란 다수의 외환수요자와 외환공급자들에 의해 외환의 매매 거래가 일어나는 시장을 말한다. 이는 특정 장소에서 외환 거래가 이루어지는 구체적인 시장뿐만 아니라 전화나 컴퓨터 단말기 등을 통해 외환 거래가 이루어지는 추상적인 형태의 시장도 포함하고 있다.[1]

외환시장은 거래형태에 따라 현물환 거래가 이루어지는 현물환 시장(spot exchange market)과 선물환 거래가 이루어지는 선물환 시장(forward exchange market)으로 구분된다. 현물환 거래는 외환의 매매계약과 동시에 외환의 인도와 대금 결제가 이루어지는 것을 말하며, 선물환 거래는 외환의 매매계약일로부터 일정 기간이 경과한 후 특정일에 계약 시점에서 합의된 환율로 외환의 인도와 대금 결제를 약정하는 거래를 말한다.

2) 환율의 개념과 표시 방법

(1) 개념

환율이란 외화 1단위를 얻기 위하여 지불해야 하는 자국 통화량을 말하고, 한 나라 돈으로 표시한 다른 나라 돈의 가격이다. 그리고 자국 통화와 외국 통화의 교환 비율(한 나라 통화의 대외 가치)로도 정의할 수 있다.[2]

(2) 환율을 나타내는 방법

환율을 나타내는 방법은 지급 환율(자국화 표시 환율) 표시와 수취 환율(외화 표시 환율) 표시가 있다. 지급 환율 표시는 외국 통화 1단위를 얻기 위하여 지불해야 하는 자국 통화의 크기로 표시하여 다음과 같이 나타낸다. 우리나라는 지급 환율로 환율을 표시한다.

1달러=1,100원

---

1) 이말남, 「화폐금융론」 (서울: 형설출판사, 2006), pp589~591
2) 상게서, p.577

수취 환율 표시는 자국 통화 1단위로 수취할 수 있는 외국 통화의 크기로 표시하며 다음과 같이 나타낸다.

> 1원=1/1,100달러

3) 환율의 종류

(1) 명목환율과 실질환율

환율의 종류에는 명목환율과 실질환율로 크게 구분된다. 명목환율(nominal exchange rate)이란 자국 통화와 외국 통화의 교환 비율로서 보통 환율이라고 하면 명목환율을 의미한다. 명목환율은 현물환율과 선물환율로 구분되며, 현물환율은 다시 지급 환율과 수취 환율로 구분된다.

실질환율(real exchange rate)이란 두 나라의 물가를 감안하여 조정한 환율로서 한 나라의 상품이 다른 나라의 상품과 교환되는 비율을 말하며, 다음과 같이 계산한다.

$$q = \frac{e \times P_f}{P}$$

q : 실질환율
e : 명목환율
P_f : 외국 물가수준
P : 국내 물가수준

예를 들어 명목환율이 1달러당 1,000원이고 한국산 햄버거는 1개당 1,000원이며 미국산 햄버거는 1개당 2달러라고 하자. 이때 실질환율은 다음과 같이 계산된다.

$$q = \frac{e \times P_f}{P}$$
$$q = \frac{1,000 \times 2달러}{1,000원}$$
$$q = \frac{2,000원}{1,000원}$$
$$= 2$$

이 경우 미국산 햄버거의 원화 가격은 2,000원(=2달러×1,000원)이 되므로 미국산 햄버거가 한국에 비해 2배 비싸다는 의미이다. 미국산 햄버거 1개와 한국산 햄버거 2개가 교환된다는 의미이므로 실질환율은 우리나라 상품의 수량으로 표시한 외국 상품의 가치를 나타내며, 교역 조건의 역수가 된다.

실질환율이 상승하면 우리나라 상품의 가격이 외국 상품에 비해 상대적으로 저렴해진다는 것을 뜻하기 때문에 우리나라 수출은 증가하고 수입은 감소하여 경상수지가 개선된다.

(2) 현물환율과 선물환율

현물환 거래란 외환의 매매계약과 동시에 외환의 인도와 대금 결제가 이루어지는 외환 거래를 말한다. 현물환 거래는 대개 고객과 외국환은행 사이에서 일상적으로 이뤄지며, 현물환 거래에 적용되는 환율을 현물환율이라고 하는데 통상적으로 환율이라고 하면 현물환율을 의미한다.

선물환 거래란 외환의 매매계약일로부터 일정 기간이 경과한 후 정해진 기일에 계약 시점에서 합의된 환율로 외환의 인도와 대금 결제가 이루어지는 외환 거래를 말한다. 선물환 거래에 적용되는 환율을 선물환율이라고 하며, 선물환율은 거래 시점에서 미리 정해진다.

❷ 환율제도

1) 고정환율제도

(1) 개념

환율제도는 크게 고정환율제도와 변동환율제도로 구분된다. 고정환율제도는 자국 화폐가 특정 외국 화폐 또는 여러 외국 화폐의 집합, 즉 통화 바스켓(currency basket)[3]에 대하여 환율을 일정 수준으로 고정시키고 이를 유지하기 위해 중앙은행이 외환시장에 개입하는 제도를 말한다.

가장 전통적인 고정환율제도는 19세기 말에서 20세기 초반에 채택된 금본위제도이다. 금본위제도에서는 각 국가들이 자국 통화의 가치를 금에 고정시키고 금의 태환성을 보장하였다. 그리고 고정환율제도에는 금본위제도 이외에 자국 통화의 가치를 한 국가의 통화와 연동시키는 단일 통화 연동 제도(single currency pegged system)와 여러 국가 통화의 가치를 하나의 통화군(basket)으로 선정하여 이들의 가치를 가중 평균하여 자국의 통화 가치를 결정하는 복수 통화 연동 제도(basket currency pegged system)가 있다.

〈그림 8-1〉 고정환율제도

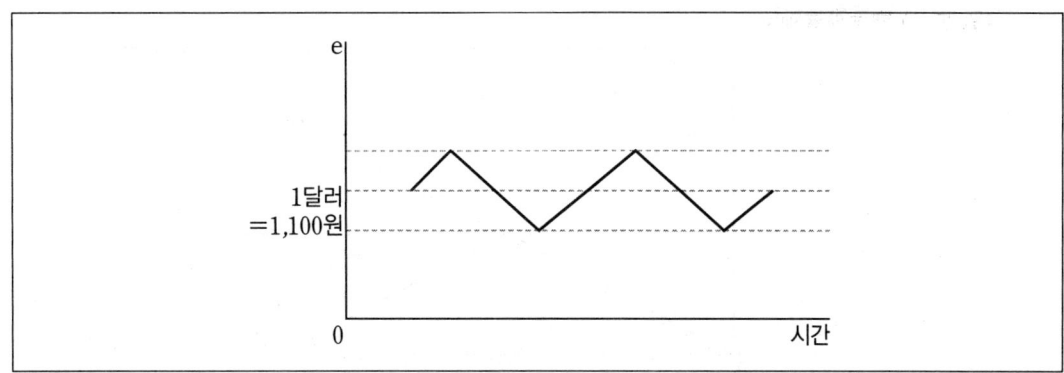

---

[3] 국제통화제도에 있어서 기준환율을 산정할 때, 적정한 가중치에 의해 산정되는 구성통화의 집합을 말한다. 의의 대표적인 형태는 국제통화기금(IMF)의 SDR이 있다.

(2) 장점과 단점

고정환율제도의 장점은 환율이 고정되어 있기 때문에 단기성 투기 자본의 이동이 일어나지 않아 외환 투기의 가능성이 적다. 그리고 환율이 안정적으로 유지됨에 따라 경제활동의 안전성이 보장되어 대외 거래를 촉진시켜 국제 무역이 확대된다.

고정환율제도의 단점은 해외 교란 요인이 국내 경제에 파급된다. 국제수지의 흑자나 적자 상태에 따라 국내의 물가 등이 매우 불안정하게 움직인다. 국제수지의 흑자가 발생하면 국내의 물가 상승이, 적자가 나타나면 물가 하락이 발생한다. 그리고 각 국가의 정부와 중앙은행은 환율을 유지하기 위해 불필요한 과다 외환을 보유해야 하고, 국제수지 적자로 인해 실제 가치가 하락한 자국의 통화가치를 유지시키기 위해 외환의 공급을 증가시키는 등의 조치로 외화를 낭비한다.

2) 변동환율제도

(1) 개념

외환시장에서 외환의 수요와 공급에 의해 환율이 결정되는 제도를 말한다. 환율이 수시로 변동되므로 환율 변동에 의해 국제수지 불균형은 자동적으로 해소된다.

변동환율제도에는 관리변동환율제도와 자유변동환율제도가 있다. 관리변동환율제도는 순수한 고정환율제도와 자유변동환율제도의 중간 형태이다. 국가가 장기적으로 외환시장의 수요와 공급에 의해 환율이 결정되도록 하나, 단기적으로 환율의 변동이 급등하거나 하락할 경우에는 중앙은행이 외환시장에 개입하여 이를 방지하는 제도이다. 자유변동환율제도는 정책 당국이 외환 시장에 개입하지 않고 환율이 자유롭게 시장에 의해 결정되도록 하는 제도이다. 그러나 현실에서는 자유변동환율제도를 채택하고 있는 나라들도 상황에 따라 외환시장에 개입하여 환율 관리를 하는 경우가 많다. 우리나라도 1997년 말부터 자유변동환율제도를 채택하고 있다.

〈그림 8-2〉 변동환율제도

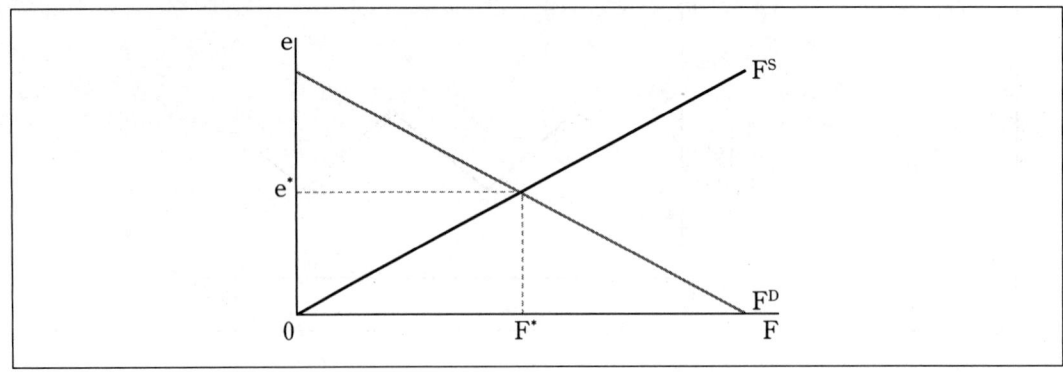

(2) 장점과 단점

변동환율제도의 장점으로는 해외 교란 요인이 환율의 변동에 의해 자동적으로 조정되므로 국내 경제가 급격한 물가 변동을 겪지 않고도 국제수지의 불균형이 자동적으로 조정된다. 각 국가들은 자율적인 금융정책을 시행할 수 있으며, 또한 환율을 유지하기 위해 불필요한 외환을 보유할 필요가 없다.

변동환율제도의 단점으로는 환율의 변동성이 크게 증가하므로 국제무역 거래나 해외투자 등을 위축시킨다. 그리고 외환의 매매를 통해 외환 차익을 노린 투기 자본의 이동이 많아져 각 국가들의 통화 관리를 어렵게 한다.

3) 우리나라 환율제도의 변천 과정

우리나라의 환율제도는 국제통화제도의 변천과 마찬가지로 고정환율제도에서 변동환율제도로 크게 이행되어 왔다. 건국 직후에는 원화의 가치를 미국의 달러화에 고정시키는 고정환율제도를 채택했다. 이후 복수 통화 바스켓제도, 시장 평균 환율제도로 이행하였고, "IMF 외환 위기" 직후에 IMF의 권고로 자유변동환율제도를 채택하여 지금에 이르고 있다.

다음은 한국 환율제도의 변천 과정을 요약한 내용이다.

〈표 8-1〉 환율제도의 변천 과정

고정환율제도 (1945~1964)	원화의 가치를 미국 달러화에 고정
단일변동환율제도 (1964~1978)	달러당 255원을 하한으로 하는 변동환율제도
복수통화바스켓제도 (1980~1990)	원화를 교역상대국과의 통화(미국 달러화, 일본 엔화, 영국 파운드화, 프랑스 프랑화)에 연동시키는 환율제도
시장평균환율제도 (1990~1997. 12)	시장의 환율변동에 맡기되 매일 매일의 환율변동에 대해 상한과 하한이 있음
자유변동환율제도 (1997. 12~)	외환의 수요와 공급에 의해 자유롭게 환율이 결정됨

❸ 국제통화제도

1) 금본위제도

19세기 말에서 20세기 초반 사이에 존재했던 국제통화제도이며, 제1차 세계대전 이전까지 영국이 주도하였다. 금본위제도는 각 국가들이 통화와 금과의 교환 비율을 통해 각국 통화 간의 교환 비율(환율)을 결정하는 제도이다.[4] 금본위제도는 금이 화폐와 어떻게 교환되는가에 따라 몇 가지 종류로 구분된다.

우선 '금화본위제도'는 중앙은행이 화폐를 금화로 발행하여 시장에 실제로 유통시킴으로써 유지된다. 하지만 금화는 운반이 불편하고 도난의 위험이 있어서 시장에 유통시킬 수 없는 경우가 많다. 그래서 나온 방안이 금지금본위제(金地金本位制)이다.

---

4) 상게서, p.599

금지금본위제는 중앙은행이 금화 대신 금화와 동일한 가치를 가지는 지폐와 보조화폐를 발행하는 것이다. 이러한 지폐를 금으로 교환하는 것을 금태환이라고 하고, 금태환이 보장된 화폐를 태환화폐라고 한다.

영국을 중심으로 한 금본위제도는 제1차 세계대전의 종전으로 막을 내리게 된다. 전쟁 중에 각 국가들은 전비 조달을 위해 화폐를 무분별하게 발행했다. 그 여파로 영국은 1914년에 금본위제를 포기하겠다고 선언했고 실제로 1931년에 파운드화와 금과의 태환을 정지하였다.

금본위제도에서 환율 변동을 설명하면 다음과 같다. 현재 환율이 1달러=1,000원이라고 하고 금의 수송비(한국에 있는 1g의 금을 미국에 가져가 미연방은행에서 1달러와 교환하는 데 드는 비용)가 30원일 경우 수입 증가로 외환수요가 증가하더라도 1,031원 이상으로 환율이 상승하지 않는다. 즉 환율은 금의 수송비 안에서만 변동한다. 환율이 1,031원 이상으로 상승하지 않으므로 금본위제도는 고정환율제도라고 할 수 있다.

2) 브레턴우즈(Bretton Woods) 체제

(1) 성립 배경

1929년 미국에서 발생한 대공황은 유럽으로 확대된다. 대공황의 여파가 유럽에 밀어닥치자 유럽 각 국가들은 금본위제도를 포기하게 되고, 미국도 1933년에 금본위제도를 정지하기에 이른다. 세계경제가 위태로운 상황에서 제2차 세계대전이 발발한다. 이 전쟁으로 직접적 격전지가 아닌 미국을 제외하고 유럽과 아시아 대륙에 있는 대부분의 산업 시설이 파괴되었다. 독일의 패망이 확실시된 1944년 미국은 종전 이후 몰락한 유럽 대륙 및 전 세계를 경제적으로 지원할 필요가 있다는 것을 실감한다. 그 이유는 전쟁 중의 미국은 연합국 대부분의 나라에 차환의 형식으로 전쟁 물자를 공급해 주어, 이 물자의 대금을 환수할 필요가 있었기 때문이다. 그리고 미국은 유럽이 지속적으로 경제적 향상과 발전을 해야만 장기적으로 상품을 판매할 시장 확보가 가능하기 때문에 '마샬 플랜(Marshall Plan)'을 통해 유럽에 대한 경제적 원조를 제공하였다. 이런 여러 이유로 1944년 미국 뉴햄프셔주의 브레튼우즈(Bretton Woods)에서 새로운 국제경제 질서와 국제통화제도를 수립하기 위해 연합국 44개국이 모여 브레턴우즈협정을 체결하였다.

브레턴우즈협정에서 국제무역기구(ITO), 세계은행(IBRD), 국제통화기구(IMF)를 설립하기로 하였는데, 이중에서 국제무역기구(ITO)는 설립이 무산되고, 협정문인 GATT가 채택되었다. 이후 1976년 킹스턴체제가 수립될 때까지 국제통화제도는 브레턴우즈협정을 기본으로 하여 IMF에 의해 운영되었는데 이를 브레턴우즈 체제라고 한다.

(2) 내용

브레턴우즈 체제의 주요 내용은 다음과 같다.

첫째, 미국의 달러화를 국제결제의 기준이 되는 기축통화(vehicle currency)로 한다. 각 국가는 미국의 달러화를 대외 준비자산으로 보유하고, 미국은 타국이 보유한 달러에 대하여 금태환을 보장하는 금환본위제도를 채택하였다.

둘째, 환율의 결정은 자국 통화와 달러의 교환 비율에 의해 결정되며, 각국은 자국 통화의 환율을 1% 범위 내에서만 조정 가능하게 하였다. 그러나 각 국가들은 국제수지 적자가 심화될 경우 IMF 승인을 얻어 10%까지 환율을 조정할 수 있다. 기본적으로 브레턴우즈 체제는 조정 가능 고정환율제도라 할 수 있다.

(3) 브레턴우즈 체제의 쇠퇴

브레턴우즈 체제에서는 기본적으로 국제유동성 부족 문제가 나타난다. 국제유동성은 금의 추가적 공급과 기축통화국인 미국의 국제수지 적자 등에 의해 확대된다. 그런데 금의 추가적 공급은 여러 사정으로 곤란하고, 결국 국제유동성은 미국의 국제수지 악화가 전제되어야 한다. 그런데 미국의 국제수지적자로 인한 달러화의 공급 증대는 미국 달러화와 금과의 태환 가능성에 문제점을 야기시킨다. 미국이 국제수지 적자를 메우기 위해 달러화 발행을 증가시킬 경우 미국의 금 보유량도 확충되어야 하나 국제수지 적자국인 미국이 그렇게 할 경제적 여유는 없을 것이다.

국제유동성 부족 문제를 해결하기 위해 IMF는 1969년 특별인출권(SDR: Special Drawing Rights)을 창출하였다. SDR은 IMF 회원국이 재정이 악화되었을 경우 담보 없이 IMF로부터 자금을 인출할 수 있는 권리를 말한다. 도입 당시 SDR의 가치는 1 SDR = 1달러 = 금 0.89그램이었으나, 1973년 브레턴우즈 체제가 붕괴하면서 특정 통화 바스켓 대비 가치로 평가되기 시작했다. 현재 SDR 바스켓은 달러, 유로화, 엔화, 위안화 등으로 구성되어 있으며, 1 SDR의 가치는 매일 달러로 환산되어 IMF 홈페이지에 공개된다.

1960년대에 들어 미국의 국제수지 적자와 베트남 전쟁에 미국이 참전하면서 전비 조달을 위해 달러화 발행이 증가되자, 달러와 금과의 태환 가능성에 의구심이 증대되었다. 이런 상황은 1970년대에 접어들어서도 개선되지 않고 악화되었으며, 이로 인해 달러의 국제적 신임도가 떨어지게 되었다. 마침내 1971년 미국의 닉슨 대통령이 금 태환 정지 선언을 하게 되었다. 이로 인해 브레턴우즈 체제는 붕괴되고 스미스소니언협정이 체결되었다.

(4) 스미소미언(Smithsonian) 협정

1971년 미국이 달러와 금의 교환을 중지시켰는데 이로 인해 미국의 달러화를 국제결제의 기준이 되는 기축통화(vehicle currency)로 하며, 각 국가는 미국의 달러화를 대외 준비자산으로 보유하고, 미국은 타국이 보유한 달러에 대하여 금태환을 보장하는 브레턴우즈 체제를 유지하기가 곤란하여졌다.

이러한 상황을 타개하기 위해 환율의 변동 폭을 1%에서 2.25%로 확대하고, 달러화 이외에 8개국의 통화(엔화, 프랑화 등)를 기축통화로 사용하기로 하였다. 또한 금에 대한 미국 달러화의 가치를 10%만큼 평가절하 하였다.

3) 킹스턴체제

스미소니언협정에도 불구하고 국제유동성 부족 문제가 해결되지 않고 미국 달러가 국제통화로서 위상이 약화됨에 따라 이를 해결하기 위해 킹스턴(Kingston)체제가 출범하였다.

킹스턴체제에서는 회원국이 독자적으로 환율제도를 선택하게 함으로써 고정환율제도는 실질적으로 무너지고 국제통화제도가 변동환율제도로 이행하게 되었다. 그리고 특별인출권(SDR)의 사용 범위를 확대하였으며, 금의 화폐로서의 기능을 정지하였다.

4) 국제통화제도의 변천 과정

금본위제도부터 킹스턴체제에 이르기까지 국제통화제도의 변천 과정을 나타내면 다음과 같다.

〈표 8-2〉 국제통화제도의 변천과정

구분	금본위제도	브레턴우즈체제	킹스턴체제
개념	자국통화와 금의 교환비율을 고정시키는 제도	자국통화와 달러의 교환비율을 고정시키는 제도	회원국이 독자적으로 환율제도를 선택할 수 있는 체제
시기	제1차 세계대전 이전	제2차 세계대전 후 새로운 국제통화제도 수립	1976년 이후 국제통화 문제 해결 목적
환율제도	고정환율제도	조정가능 고정환율제도	변동환율제도
문제점	환율이 고정되어 있으므로 국제수지 불균형을 해결하기 곤란	환율조정을 통해 근본적인 국제수지 불균형 문제 해결 불가능	환위험이 존재

제2절 외환의 수요와 공급

❶ 외환의 수요와 공급

1) 외환의 수요

외국의 상품을 수입하거나 해외에 송금하거나 외국에 자본을 수출하고자 하는 경우 달러화를 비롯한 외환의 수요가 발생한다. 환율과 외환수요에 있어 지급 환율 표시로 환율이 상승하면 외환의 가격도 상승한다. 수요의 법칙에 의해 가격이 상승한 재화의 수요량은 감소하므로 외환의 수요량도 줄어든다. 반대로 환율이 하락하면 외환 가격이 하락한다. 수요의 법칙에 의해 가격이 하락한 재화의 수요량은 증가하므로 외환의 수요량도 증가한다. 따라서 외환의 수요곡선은 우하향한다.

2) 외환의 공급

외국에 상품을 수출하거나 외국으로부터 자금을 도입하게 되면 외환의 공급이 발생한다. 환율과 외환공급에 있어 지급 환율 표시로 환율이 상승하면 외환의 가격도 상승한다. 공급의 법칙에 의해 가격이 상승한 재화의 공급량은 증가하므로 외환의 공급량도 늘어난다. 반대로 환율이 하락하면 외환 가격이 떨어지므로 공급의 법칙에 의해 외환의 공급량이 감소한다. 따라서 외환의 공급곡선은 우상향한다.

❷ 균형환율의 결정

고정환율제도에서는 환율이 정책적 요인에 의해서 결정되나, 변동환율제도에서는 외환의 수요와 공급에 의해 균형환율이 결정된다. 그리고 외환시장이 완전경쟁 시장이라면 외환에 대한 수요곡선과 공급곡선이 만나는 점에서 균형환율이 결정된다.

균형환율의 결정에 있어 균형환율은 외환시장에서 외환의 수요곡선(F^D)과 공급곡선(F^S)이 만나는 점 E에서 결정된다. 도표에서 균형점은 점 E이고, 이때 균형환율은 e_0이며, 외환의 균형거래량은 F_0이다.

〈그림 8-3〉 균형환율의 결정

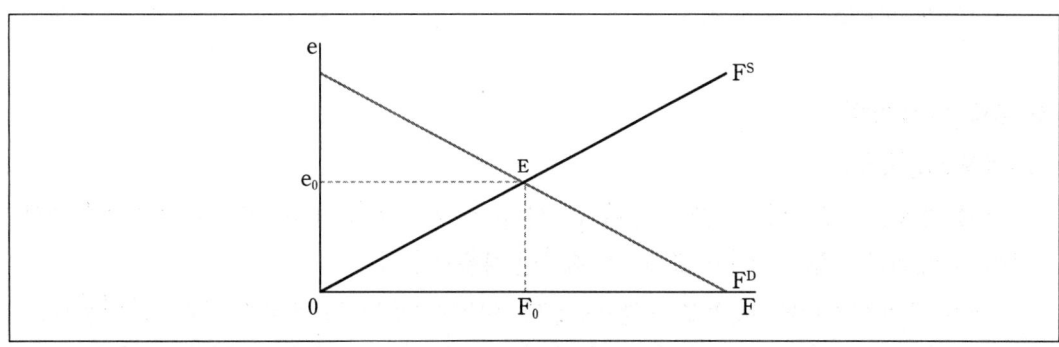

❸ 균형환율의 변동

1) 외환수요의 변화

(1) 외환수요의 증가

외환의 수요가 증가하면 외환의 수요곡선이 우측으로 이동하고, 이때 균형환율은 상승하며 외환 거래량은 증가한다. 외환의 수요가 증가하는 요인은 다음과 같다.

첫째, 국민소득이 증가하면 외국으로부터 수입이 증가하므로 외환의 수요가 증대된다.

둘째, 국내 물가가 상승하면 수입 상품의 상대가격을 하락시켜 수입이 증가하므로 외환의 수요가 증대된다.

〈그림 8-4〉 외환수요의 증가와 감소

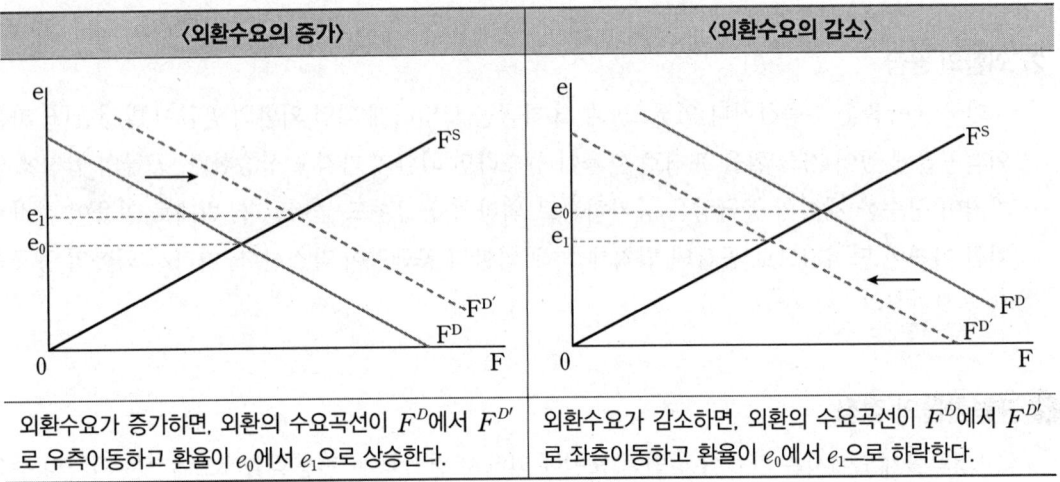

셋째, 외국 물가가 하락하면 마찬가지로 수입 상품의 상대가격을 하락시켜 수입이 증가하므로 외환의 수요가 증대된다.

(2) 외환수요의 감소

외환수요의 증가와 반대로 국민소득의 감소, 국내 물가 하락, 외국 물가 상승이 외환의 수요를 감소시키는 요인이다. 외환수요의 감소는 외환의 수요곡선을 좌측으로 이동시켜 균형환율이 하락하고 외환 거래량은 감소한다.

2) 외환공급의 변화

(1) 외환공급의 증가

외환의 공급이 증가하면 외환의 공급곡선이 우측으로 이동하여 균형환율은 하락하고 외환 거래량은 증가한다. 외환의 공급이 증가하는 요인은 다음과 같다.

첫째, 국내 이자율이 상승하면 외국으로부터 자본이 유입되므로 외환의 공급이 증대된다.

둘째, 국내 물가 하락은 수출 상품의 가격을 하락시켜 수출이 증가하므로 외환의 공급이 증대된다.

셋째, 해외 경기의 호전은 수출을 증가시키므로 외환의 공급이 증대된다.

(2) 외환공급의 감소

외환공급의 증대와 반대로 국내 이자율의 하락, 국내 물가 상승, 해외 경기의 침체가 외환의 공급을 감소시키는 요인이다.

외환공급이 감소는 외환의 공급곡선을 좌측으로 이동시켜 균형환율이 상승하고 외환 거래량을 감소시킨다.

〈그림 8-5〉 외환의 증가와 감소

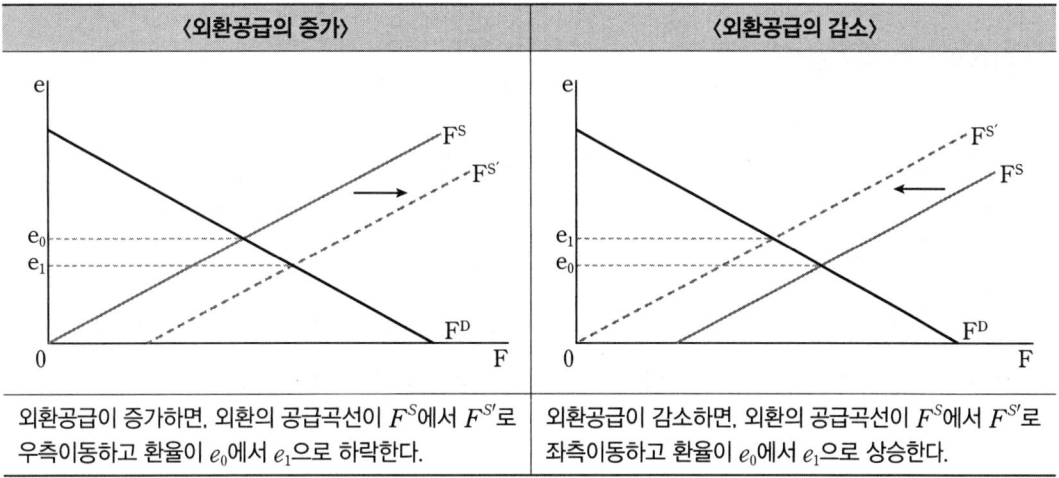

〈외환공급의 증가〉	〈외환공급의 감소〉
외환공급이 증가하면, 외환의 공급곡선이 F^S에서 $F^{S'}$로 우측이동하고 환율이 e_0에서 e_1으로 하락한다.	외환공급이 감소하면, 외환의 공급곡선이 F^S에서 $F^{S'}$로 좌측이동하고 환율이 e_0에서 e_1으로 상승한다.

❹ 환율 변동의 효과

1) 환율의 인상(평가절하)

(1) 원인

외환수요가 증가하여 외환수요곡선이 우측 이동하거나 외환공급이 감소하여 외환공급곡선이 좌측 이동함으로써 발생한다. 수출의 감소, 수입의 증가, 자본도입이 감소하는 경우 외환공급곡선이 좌측 이동하여 환율이 상승한다. 그리고 국내 이자율이 하락하여 국내 자본이 해외로 유출되면 외환공급곡선이 좌측 이동하여 환율이 상승한다.

(2) 효과

환율의 상승, 즉 평가절하가 우리 경제에 미치는 영향은 다음과 같다.

첫째, 수출이 증가하거나 수입이 감소한다. $1=1,000원에서 $1=2,000원으로 환율이 상승하면 달러화 표시 수출 가격이 하락하여 수출이 증가한다. 예를 들어 국내 TV 가격이 100만 원이라면 수출 가격은 $1,000에서 $500로 하락한다. 그리고 환율 상승은 원화 표시 수입 가격을 상승시키므로 수입을 감소시킨다. 예를 들어 석유 가격이 배럴당 $100이면 수입 가격은 100,000원에서 200,000원으로 상승한다.

둘째, 석유와 같은 수입 원자재의 원화 표시 수입 가격을 상승시키므로 국내 물가 상승을 초래하며, 달러화 표시 수출 가격을 하락시켜 교역 조건을 악화시킨다. 그뿐만 아니라 원화로 환산한 외채 부담을 증가시킨다.

마지막으로 수출 물량 증가로 수출액이 증가하므로 국제수지를 개선시킨다. 그러나 이 경우 '마셜-러너조건(Marshall-Lerner condition)'을 만족시켜야 한다. 이 조건은 환율이 상승할 경우 국제수지가 개선되기 위해서는 수출의 가격 탄력도와 수입의 가격 탄력도를 합하여 '1'을 넘어서야 한다는 것이다. 그리고 환율 상승은 수출업자에게 유리하고 수입업자에게 불리하므로 소득의 재분배 효과를 가져 온다.

2) 환율의 인하(평가절상)

(1) 원인

환율 인하가 발생하는 원인은 환율 인상과 정반대이다. 외환수요곡선은 좌측 이동하거나 외환공급이 우측 이동하면 환율이 하락한다. 나머지 내용도 환율 상승과 반대로 생각하면 된다.

(2) 효과

환율 인하가 경제에 미치는 효과도 환율 인상과 정반대이다. 환율 인하는 수출을 감소시키고 수입을 증가시키며, 기타 나머지 내용도 환율 상승과 반대로 생각하면 된다.

이러한 내용을 정리하면 다음과 같다.

〈표 8-3〉 환율변화의 원인과 효과

구분	환율 인상(평가절하)	환율 인하(평가절상)
	1달러=900원 → 1달러=1,800원	1달러=1,800원 → 1달러=900원
원인	① 외환수요의 증가, 외환공급의 감소가 일어나는 경우 ② 수출감소, 수입증가, 해외로의 송금증가, 자본도입이 감소하는 경우 ③ 인플레이션, 이자율하락으로 인해 국내자본이 유출되는 경우	① 외환공급의 증가, 외환수요의 감소가 일어나는 경우 ② 수출증가, 수입감소, 자본도입증가, 해외로부터의 송금이 증가하는 경우 ③ 이자율상승으로 외국자본이 유입되는 경우
효과	① 수출증가, 수입감소 ② 수입상품의 가격이 상승하기 때문에 국내 인플레이션 초래 ③ 교역조건 악화(수출상품의 가격하락) ④ 외채부담 가중 ⑤ 일시적으로 국제수지 개선 ⑥ 소득재분배효과	① 수출감소, 수입증가 ② 1달러짜리 미국상품을 1,800원에서 900원으로 수입할 수 있으므로 수입원자재 가격하락 ③ 교역조건 개선 ④ 외채부담 경감 ⑤ 국제수지 악화 가능성

제9장 / 부동산금융

제1절 · 부동산금융의 의의와 유형

❶ 부동산금융의 의의와 체계

1) 서설

금융이란 실물을 매개로 하지 않고 화폐나 금융 상품 등을 수요하거나 공급하는 것을 의미하고, 금융의 형태에는 직접금융과 간접금융이 있다고 앞에서 서술하였다.

직접금융이란 자금의 수요자가 자금의 공급자로부터 직접적으로 자금을 조달하는 것을 말한다. 간접금융이란 자금의 수요자가 자금의 공급자로부터 직접적으로 자금을 조달하는 것이 아니라 은행 등을 통하여 간접적으로 자금을 조달하는 것을 말한다.

금융시장이란 자금의 수요와 공급이 발생하여 자금의 거래가 이루어지는 시장이다. 금융시장은 자금의 조달 방식, 대여 기간 등에 따라 여러 가지로 분류할 수 있으나 여기서는 자금의 조달 방식에 따라 나누어 보기로 한다. 즉, 자금의 조달 방식에 따라 직접금융이 이루어지는 직접금융시장과 간접금융이 이루어지는 간접금융시장으로 금융시장을 나누어 볼 수 있다.

부동산금융은 전체 금융의 일부분으로서 부동산의 취득이나 개발 등 부동산 활동과 관련된 자금의 조달이나 이로 인한 자금의 흐름을 말한다.[1] 예를 들어 홍길동이란 사람이 자신의 자본을 가지고 주택이나 건물을 매입하면 부동산금융 활동이라고 볼 수 없다. 왜냐하면 이는 자금의 수요와 공급이 발생한 것이 아니고 화폐를 가지고 실물자산을 구입한 행위이기 때문이다. 부동산금융시장이 형성되려면 홍길동이 주택이나 건물을 매입하기 위해 은행이나 기타 금융기관에서 자금을 차입해야 한다.[2]

이와 같이 부동산금융은 부동산개발 또는 부동산 구입을 위해 금융기관으로부터 차용되는 자금의 흐름이며, 부동산금융시장은 이러한 행위가 일어나는 장소라고 할 수 있다.

---

[1] 이창석, 「부동산학개론」, (서울: 형설출판사, 2011), p.666
[2] 권호근·이창석, "부동산금융의 개념과 이론적 접근", 「부동산학보」 제43호 (한국부동산학회, 2010), p.68

2) 부동산금융의 체계와 경제주체

(1) 부동산금융의 체계

금융이란 자금의 수요자와 자금의 공급자 간에 발생하는 자금의 융통이나 흐름을 말하는 것으로 여기에서 좀 더 범위를 확장시키면, 자금의 융통이나 흐름과 관련된 절차, 기관, 시장 등을 포함할 수 있다. 확장된 금융의 개념은 금융 시스템(financial system) 또는 금융의 체계라 볼 수 있다.

한국은행의 자료에 의하면 금융 시스템은 금융시장 및 금융기관과 이들을 형성하고 운영하며 이들을 원활하게 기능하도록 하는 법규와 관행, 지급 결제 시스템 등 '금융 인프라(financial infra-structure)'를 모두 포괄한다고 하고 있다.

부동산금융에는 포함되는 활동도 많고 참여 주체도 다양하므로 부동산금융의 체계적 이해를 위해서는 시스템적으로 접근할 필요가 있다. 부동산금융에 대한 시스템적 접근 방법은 경제활동 주체들이 어떻게 부동산금융에 관한 의사 결정을 하며, 이러한 의사 결정이 이루어지기까지 어떠한 상호작용과 거래가 있는가에 대해 분석하는 것이다.

금융 시스템을 부동산금융 부문에 적용하여 표현하면 이를 '부동산금융 시스템(Real Estate Finance System)'이라 할 수 있다. 부동산금융 시스템은 자금의 부족 부문, 자금의 잉여 부문, 부동산 금융시장, 부동산금융의 중개 기관 그리고 정책을 결정하고 기준 설정 및 감독을 담당하는 정부의 5가지 요소로 구성되어 있으며, 이들 관계를 그림으로 나타내면 다음과 같다.

〈그림 9-1〉 부동산금융 시스템의 구조

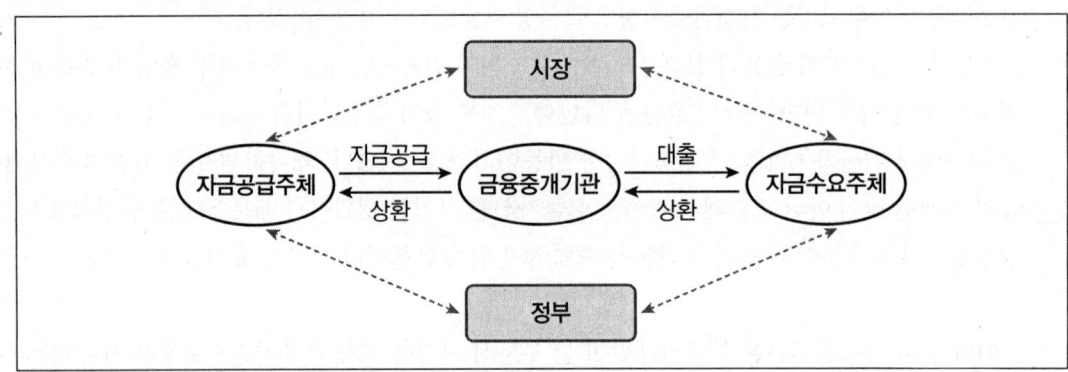

(2) 부동산금융에 참여하는 경제주체

앞에서 제시된 부동산금융의 체계에서 부동산금융시장에 참여하는 경제주체들의 역할은 다음과 같다.

가계, 기업, 정부 등은 부동산금융시장에서 자금의 공급자와 수요자로서의 역할을 수행하는데, 가계 부문은 주로 자금의 공급자로서의 역할을 담당하며 기업은 자금의 수요자로서의 역할을 담당한다. 정부 부문은 시기에 따라서 자금의 수요자나 공급자 둘 중 하나의 역할을 한다. 그리고 때로는 가계 부문도 자금의 공급자뿐만 아니라 수요자로서의 기능을 수행하며, 기업도 자금의 수요자뿐만 아니라 공급자로서의 역할을 수행할 수 있다.

예를 들어 가계 부문이 주택을 구입하기 위하여 은행으로부터 주택 담보 대출을 받는 경우에는 자금의 수요자로서 행동한다. 그러나 부동산펀드와 같은 금융 상품을 구입할 때는 자금의 공급자로서 역할을 수행한다. 이처럼 기업과 정부 부분도 상황에 따라서 담당하는 역할이 바뀐다.

❷ 부동산금융의 기능과 유형

1) 부동산금융의 기능

부동산금융의 유형은 개발 단계별·부동산 형태별·투자 형태별로 다양하게 구분되나, 우리나라의 경우는 주거용 부동산, 즉 주택 구입이나 주택 건설을 위한 자금 구입이 큰 비중을 차지하여 왔다. 다음에서는 주거용 부동산금융을 중심으로 그 기능을 살펴보기로 한다.[3]

(1) 주택 거래의 활성화

부동산금융은 주택 수요자에게 주택을 담보로 주택자금을 융자해 줌으로써 주택을 용이하게 구입 또는 개량할 수 있도록 하여 주택 거래의 활성화를 도모한다.

일반적으로 주택은 고가(高價)의 상품이다. 따라서 자기 자금만을 가지고 주택을 구입하기 위해서는 오랜 기간 동안 자금을 축적하여야 한다. 그런데 자기가 매입하고자 하는 주택을 담보로 은행을 비롯한 금융기관에서 자금을 대출받으면 비교적 소액의 자기 자금으로도 주택을 구입할 수 있어 주택 거래가 활성화될 수 있다.

(2) 주택의 공급 확대

부동산금융은 건설 회사에게 주거용 주택 건설에 필요한 자금을 지원함으로써 주택의 공급을 촉진하게 한다.

건설 회사가 주택 건설을 위한 부지 매입이나 건축비 등을 자기 자금으로만 충당하기가 쉽지 않다. 우리나라에서는 건설 회사가 주택 건설을 위해 필요한 자금을 은행이나 금융기관으로부터 대출받을 수 있는 주택 개발 금융이 발달되어 있다. 그리고 정부에서는 선(先)분양 제도를 통하여 아파트 등 공동주택을 공급하는 건설 회사의 자금 조달을 용이하게 함으로써 주택의 공급 확대를 도모하고 있다.

(3) 저축 유도와 주택자금 조성

주택 구입을 위해 장기 저리로 대부를 한 주택 구입자는 이의 상환을 위해 노력을 할 것이다. 따라서 주택 구입 금융은 국민들의 강제 저축을 유도할 수 있다.

우리나라에서는 신규로 주택을 공급받기 위해서는 청약 통장에 가입해야 한다. 청약 통장에 가입한 사람들이 예금한 자금은 국민주택기금[4]으로 조성된다. 국민주택기금(주택도시기금)은 정부가 국민의 주거 안정과 주거 수준의 향상을 도모하기 위하여 필요한 자금을 확보하고 주택을 원활

---

[3] 이창석, 전게서, p.718
[4] 현재 국민주택기금은 주택도시기금으로 그 명칭이 변경되었다. 변경된 자세한 이유는 뒤에서 설명된다.

하게 공급하기 위해 설치된 기금을 말한다.

(4) 경기 조절

부동산금융은 부동산 경기를 조정함으로써 전반적인 경기 조절의 기능을 수행한다. 부동산 경기가 호황일 경우에는 부동산금융을 억제하고, 부동산 경기가 불황일 경우에는 부동산금융을 확대하여 부동산 경기를 조절한다.

정부에서는 부동산 투기를 억제하기 위한 방안의 하나로 부동산금융을 사용하고 있다. 부동산 투기로 인해 주택 가격이 폭등할 경우 정부는 은행 등 금융기관들의 주택 구입 자금 대출을 억제함으로써 주택 구입의 투기적 수요를 감소시켜 주택 가격의 안정화를 도모한다.

(5) 주거의 안정

부동산금융은 부동산 거래를 촉진하고, 주택자금의 융자를 통해 국민의 주거 안정에 기여하는 기능을 지니고 있다.

정부는 국민주택기금(주택도시기금) 등을 통하여 공공 임대주택의 공급을 증가시키거나 임대주택 사업을 하고자 하는 건설 회사 등에 장기 저리의 건설 자금을 지원함으로써 국민의 주거 안정에 기여한다.

2) 부동산금융의 유형

부동산금융의 유형은 개발 단계별·부동산 형태별·투자 형태별로 구분된다.

개발 단계에 따른 부동산금융의 종류에는 토지 매입이나 택지 개발 등에 소요되는 자금을 조달하는 개발형, 건축이나 시설 공사 등 건설에 필요한 자금을 조달하는 건설형, 부동산개발 및 건설 기간 동안 소요되는 운영자금을 조달하는 운용 자금형이 있다.

부동산 형태에 따른 부동산금융의 종류에는 단독주택이나 아파트 등 주거용 부동산과 관련된 자금을 조달하는 주거용 부동산금융, 상가나 오피스텔 등 상업용 부동산과 관련된 자금을 조달하는 상업용 부동산금융, 공장이나 생산시설 등 업무용 부동산과 관련된 자금을 조달하는 업무용 부동산금융이 있다.

투자 형태에 따른 부동산금융의 종류에는 프로젝트 파이낸싱(project financing)과 같은 지분 투자형, 부동산투자회사(REITs)나 부동산펀드에 가입하는 간접 투자형, 자산유동화증권(ABS)이나 주택저당증권(MBS)에 투자하는 유가증권형이 있다.[5] 이러한 사항을 나타내면 다음과 같다.

---

5) 김범석·유한수, 「부동산금융론」 (서울: 청목출판사, 2006), pp.26~27

〈표 9-1〉 부동산금유의 유형

개발 단계별	부동산 형태별	투자 형태별
① 개발형	① 주거용 부동산금융	① 지분투자형
② 건설형	② 상업용 부동산금융	② 간접투자형
③ 운용자금형	③ 업무용 부동산금융	③ 유가증권형

제2절 부동산금융시장과 중개 기관

❶ 부동산금융시장과 금융 상품

금융시장은 자금의 조달 방식, 대여 기간 등에 따라 여러 가지로 분류할 수 있다. 그중에서 자금의 조달 방식에 따라 구분하면 직접금융이 이루어지는 직접금융시장과 간접금융이 이루어지는 간접금융시장으로 나누어진다.

이렇게 나누어진 일반적인 금융시장의 구분을 부동산금융시장에도 그대로 적용하여 볼 수 있다. 그리고 각각의 금융시장별로 금융 상품이 거래된다. 그런데 대개의 경우 간접금융 상품은 단기금융 상품이, 직접금융 상품은 장기금융 상품이 되지만 부동산금융의 경우에는 양자가 일치하지 않고 간접금융 상품도 장기금융 상품 형태로 거래된다.

우리나라에서는 주택 구입을 위하여 주택을 담보로 은행으로부터 자금을 차입하는 주택 담보대출이 간접금융 상품이지만 이의 상환기간은 대개 장기성으로 취급된다. 과거에는 부동산금융 상품이 대개 간접금융 상품으로 이루어졌으나 최근에는 미국을 비롯한 선진국의 영향으로 부동산이라는 실물자산을 증권 형태로 유동화시켜 투자자가 부동산에 직접투자하는 경우보다 간접투자를 하도록 유도하는 직접금융 상품이 다양하게 개발되어 거래되고 있다.[6]

1) 간접 부동산금융시장과 상품

금융시장이란 자금의 수요와 공급이 발생하여 자금의 거래가 이루어지는 시장을 말하며, 금융시장은 자금의 조달 방식, 대여 기간 등에 따라 여러 가지로 분류한다고 앞에서 이야기하였다. 그리고 금융의 형태, 즉 자금의 조달 방식에 따라 직접금융이 이루어지는 직접금융시장과 간접금융이 이루어지는 간접금융시장으로 크게 나누어진다고 하였다. 여기서는 이러한 분류법에 따라 부동산금융시장을 분류하기로 한다.

부동산금융시장을 간접금융시장과 직접금융시장으로 나누어 보면 부동산금융시장 중에서 전통적으로 가장 큰 비중을 차지하는 주택금융시장이 간접금융시장에 속하고 우리나라의 외환 위기 이후 도입된 부동산금융 제도는 대부분 직접금융시장에 포함된다.

먼저 부동산금융시장 중에서 간접금융시장을 살펴보기로 하자.

첫째, 국민의 주거 생활 안정과 향상을 도모하기 위하여 서민용 임대주택 건설이나 소형 주택을 건설하는 데 필요한 자금을 지원하는 국민주택기금을 들 수 있다. 국민주택기금은 설치 당시에는 한국주택은행이 기금을 독점하여 운영하였으나, 이후 한국주택은행이 국민은행과 합병하는 등의 변화와 기금 관리의 효율성을 높이기 위해 취급 기관을 2003년 1월부터는 농협, 우리은행으로 확대하였다. 이후 변화하는 주택시장 환경에 부응하고 국민주택기금의 역할 및 기능을 변경할 필요성이 있어 2014년에 '주택도시기금법'을 제정하였다. 이 법안의 제정으로 국민주택기금은 그 명칭이 주택도시기금으로 변경되었다.

---

6) 권호근·이창석, 전게논문, p.69

주택도시기금의 재원 조달은 주택복권의 발행, 주택저당증권의 판매, 청약저축 자금 등으로 마련된다. 주택도시기금은 주택 사업자에게 공공 임대주택 자금, 후분양 주택자금 등 공공 분양 주택 자금을 대출해 주고, 일반 개인에게는 근로자나 서민의 전세 자금, 주택 구입 자금 등을 대출해 준다. 이들 주택도시기금 대출은 일반 주택 담보대출에 비해 대출이자가 저렴한 편이다.

둘째, 2004년 3월 서민과 중산층의 내집마련을 촉진하고 장기적인 주택금융의 안정적 공급을 위해 한국주택금융공사가 발족되었다. 한국주택금융공사는 모기지론(mortgage loan)이라는 선진형 주택금융 제도를 도입하였다.

모기지론이란 어떤 사람이 주택을 구입할 경우, 집값의 일정 부분만 처음에 지불하고 나머지는 그 주택을 담보로 대출받아 20년 정도 장기간 분할 상환하는 장기 저당 대출을 말한다. 한국주택금융공사는 '한국주택금융공사법'에 의거 기존의 '주택금융신용보증기금'과 '주택저당채권유동화회사(KoMoCo)'를 통합하여 발족되었다.

한국주택금융공사는 주택 저당 채권의 유동화를 위해 20년 이상의 장기로 고정 금리형 또는 원금 균등이나 원리금 균등 분할 상환 대출용 주택자금을 공급한다. 한국주택금융공사가 공급하는 주택 담보대출 상품에는 보금자리론, 금리 우대 보금자리론, 중도금 연계 보금자리론 등이 있다.

마지막으로 일반은행, 농협, 수협, 생명보험회사, 상호저축은행이 주택을 담보로 대출해 주는 상품이 있다. 주택 담보대출은 1997년 외환 위기 이후 은행을 비롯한 금융회사들이 기업금융보다는 소매 금융에 치중하는 경영 방침에 따라 그 비중이 급속히 커지고 있다. 그리고 1996년 1월에 도입된 여신 전문 금융회사인 주택할부금융회사가 주택 구입자를 대신하여 건설 회사에 주택 구입 자금을 대납하고 그 대금을 주택 구입자로부터 분할하여 상환받는 금융 상품도 있다.

2) 직접 부동산금융시장과 상품

한국의 부동산금융은 1997년 외환 위기 이전에는 앞에서 논의된 주택금융이 대부분이었다고 해도 과언이 아니다. 그런데 1997년 외환 위기 이후, 정부가 1998년 '자산유동화법', 2001년 '부동산투자회사법', 2004년 '간접투자자산운용법', 2007년 '자본시장통합법' 등을 제정하면서 직접 부동산금융시장이 본격적으로 도래하였다.

직접 부동산금융은 부동산을 하나의 소비재가 아닌 투자재로 일반인들에게 인식시켜 주는 계기가 되었다. 그리고 부동산금융도 단순히 부동산을 구입하기 위한 자금 조달 측면에서가 아니라 부동산을 하나의 투자 수단으로 취급하고 이의 재원 조달과 수익성을 분석하는 방향으로 사람들에게 각인시켜 주고 있다.

직접 부동산금융의 상품은 크게 부동산펀드, 부동산투자회사(REITs: Real Estate Investment Trusts) 그리고 프로젝트 파이낸싱(PF: Project Financing) 등 3가지로 구분된다. 제3편 직접 부동산금융시장과 상품에는 이들을 중심으로 그 내용을 살펴보고자 한다.[7]

---

[7] 직접 부동산금융 상품 중 부동산펀드와 부동산투자회사는 권호근 · 이창석, "부동산투자회사제도의 이론적 접근과 전망", 「부동산학보」 제40집 (한국부동산학회, 2010)에서 발췌, 인용하였음.

3) 기타 부동산금융 상품

　부동산금융시장을 간접금융시장과 직접금융시장으로 나누어 각 시장에서 관련 상품들에 대해 살펴보았다. 그런데 아직 본격적으로 나타나지 않았지만 향후 부동산금융 상품으로 도래될 것으로 '부동산파생상품'과 '부동산보험'이 있다.
　따라서 다음에서는 부동산파생상품과 부동산보험에 대해 서술하기로 한다.

(1) 부동산파생상품

　파생상품(derivatives)이란 하나 이상의 기초 변수, 즉 채권수익률, 환율이나 상품 가격 등과 같은 기초 변수에 의해 그 가치가 결정되는 자산 또는 증권을 말한다.[8] 파생상품은 선도(forward)나 선물(future), 옵션(option) 그리고 스왑(swap)으로 나누어지고 이들이 결합된 복합 파생상품도 있다.
　첫째, 선도 계약과 선물 계약이 있다. 어떤 상품을 구매하고자 하는 측과 매각하고자 하는 측은 상품의 가격 변동에서 오는 위험에 직면하게 된다. 따라서 거래 상대방 모두는 가격 변동에서 발생하는 위험을 회피하기 위해 적절한 방법을 찾고자 하는 유인이 생긴다.
　선도 계약(forward contract)은 미리 정해진 가격으로 미래의 일정 시점에서 어떤 상품을 교환하기로 한 약속을 말한다. 예를 들어 김씨라는 농민이 쌀 100가마를 3개월 후, 쌀 1가마당 20만 원에 A라는 회사에 매각하기로 한 약속은 선도 계약이 된다. 여기서 선도 계약의 대상이 되는 상품, 즉 쌀을 기초 상품이라 한다.
　선도 계약은 기초 상품의 가격 변동과 관련해 상반된 입장에 서 있는 두 경제주체 간에 체결된다. A회사는 선도 계약을 통해 향후 쌀의 가격이 상승하더라도 미리 정해진 가격으로 이를 구입할 수 있는데, 이를 '롱 포지션(long position)'이라 한다. 농민 김씨는 미래 쌀의 가격이 하락하더라도 미리 정해진 가격으로 이를 판해라 수 있는데, 이를 '쇼트 포지션(short position)'이라 한다.
　선도 계약은 현실에서 시행되기가 매우 어렵다. 조건에 맞는 거래 상대방의 탐색과 계약의 구체적 내용을 결정하기 위해 협상하는 과정에서 상당한 비용이 소요된다. 그리고 계약 당사자 간에 맺은 계약이 원래의 조건대로 이행될지의 여부도 문제될 수 있다.
　이와 같은 선도 계약의 문제점은 거래 내용과 조건 등에 대한 계약의 형식을 표준화함으로써 해소될 수 있다. 그리고 표준화된 선도 계약을 전문적으로 다루는 거래소가 있으면 한층 더 거래가 편리해질 것이다. 이런 목적으로 선물 계약(futures contract)이 도입되었다. 선물 계약은 조직화된 거래소에서 유통되는 표준화된 선도 계약을 말한다.
　둘째, 옵션과 스왑이 있다. 옵션(option)이란 미래에 어떤 상품을 사거나 팔 수 있는 권리를 거래의 대상으로 하는 것을 말한다. 옵션 계약은 그 계약의 대상이 되는 상품, 즉 기초 상품을 미래의 일정 시점에서 미리 정해진 가격으로 사거나 팔 수 있는 권리를 부여하는 계약을 말한다. 옵션에는 기초 상품을 살 수 있는 권리를 의미하는 '콜옵션(call option)'과 팔 수 있는 권리를 의미하는 '풋옵션(put option)' 두 가지가 있다. 선물 계약은 약속한 만기일에 이르면 그 계약에서 약속된 거래가

---

8) 손재영 외, 「한국의 부동산금융」 (서울: 건국대학교 출판부, 2008), p.45

반드시 이루어져야 하나 옵션의 경우에는 상황에 따라 그 권리를 포기할 수 있다는 점에서 차이를 가진다. 옵션거래에서 권리를 포기할 경우에는 그 옵션의 구입을 위해 지출한 비용만큼의 손실을 보게 되는데, 이것이 바로 옵션 투자에서 나올 수 있는 최대한의 손실이다.

스왑(swap)이란 거래의 두 당사자가 주어진 기간 동안 사전에 약속한 현금 흐름을 주기적으로 상호 교환하는 계약을 말한다. 부동산스왑(real estate swap)은 부동산에서 나오는 현금 흐름의 일부나 전부를 다른 현금 흐름과 주기적으로 교환하는 파생상품을 말한다.[9] 부동산스왑 중에서 '부동산 총수익 스왑(property total return swap)'이 있다. 이는 금리와 부동산 수익을 서로 교환하는 거래이다. 스왑 매입자(long side)는 스왑 매도자(short side)에게 정기적으로 부동산에서 발생하는 총수익을 받는 대신, 스왑 매도자에게 일정한 이자를 넘겨주는 계약을 말한다.

마지막으로 다른 나라의 부동산파생상품의 현황을 살펴보면 다음과 같다. 부동산 파생상품이 본격적으로 거래되기 시작한 것은 2000년대 중반부터라고 한다.[10] 부동산파생상품 중에서 부동산스왑상품이 먼저 개발되었다. 2005년 NCREIF(National Council of Real Estate Investment Fiduciaries)의 부동산 수익 지수를 기초로 한 총수익 스왑 상품이 개발되었고, 2006년에는 CME(Chicago Mercantile Exchange)에 주택 선물 및 옵션이, 2007년에는 CBOT(Chicago Board Of Trade)에 부동산 지수 선물이 그리고 CME에 상업용 부동산 지수 선물 및 옵션이 상장되었다.

부동산파생상품은 유럽과 미국시장에서 빠르게 팽창하고 있다. 그리고 부동산파생상품의 기초 변수가 되는 부동산 지수들이 많이 개발되면서 부동산파생상품 시장을 선점하고자 하는 기업 간 경쟁이 치열하게 전개되고 있다.

우리나라에서도 부동산파생상품의 도입 필요성은 높은 것으로 판단되나, 이의 도입에 필요한 전제 조건들을 충족하는 데는 미흡하다. 아직까지 부동산파생상품의 기초 변수가 되는 부동산 지수가 충분히 개발되어 있지 않고, 부동산파생상품에 대한 시장 참가자들의 이해가 충분하지 않다. 그러나 향후에는 이의 도입이 불가피하다고 보이며 이를 위해 정부, 학계, 업계가 상호협력을 하여야 할 것이다.

(2) 부동산보험

부동산보험의 연구는 부동산과 관련된 보험 현상을 연구하는 분야로, 우발적인 사고에 준비하는 방법과 그 관리 기술을 탐구하는 것을 말한다.[11] 그리고 부동산보험은 부동산의 취득, 거래 등 모든 부동산 활동에서 발생하는 위험을 담보하고 그로 인한 손해를 보상해 주는 제도이다.

우리나라에서 부동산보험이 필요한 이유는 다음과 같다. 첫째, 우리나라는 부동산등기 제도가 형식적 심사주의를 취하고 있어 권리관계를 수반하는 부동산 활동에 있어 거래 사고가 발생할 가능성이 많다. 둘째, 부동산 공시 제도가 부동산등기와 지적에 관한 사항이 이원화되어 있어 권리관계의 하자를 유발할 수 있다. 마지막으로 부동산등기를 담당하는 공무원들의 부동산과 관련한 전

---

9) 상게서, p.53
10) 상게서, p.52
11) 권호근·이창석, 전게논문, p.375

문 지식의 결여로 공부(公簿)상 부동산 관리의 부실이 초래될 수 있다.

현재 우리나라에 도입된 부동산보험 제도에는 다음과 같은 것들이 있다.

첫째, 건물의 화재나 기타 자연재해로 인한 손실을 보상해 주는 건물보험이 있다. 둘째, 피보험자가 대상 부동산의 소유권상에 알려지지 않은 하자에 의해 손실을 입을 때 보장해 주는 권리 보험과 주거용이나 상업용 부동산 전세 입주자의 전세금 반환을 보장해 주는 전세금 보장 신용보험 등이 있다.

❷ 부동산금융 중개 기관과 정부의 역할

1) 부동산금융의 중개 기관

한국의 금융기관은 은행, 비(非)은행 예금취급기관, 보험회사, 증권회사, 기타 금융기관 등으로 크게 구분한다. 그런데 '자본시장통합법' 시행으로 증권회사와 기타 금융기관으로 구분된 투자신탁회사 등은 금융 투자회사로 통폐합될 예정이다.

부동산금융의 중개 기관도 간접 부동산시장의 중개 기관과 직접 부동산시장의 중개 기관으로 나누어 살펴보면 다음과 같다.

(1) 간접 부동산금융 중개 기관

한국의 간접 부동산금융은 대부분 주택금융시장이다. 따라서 주택금융과 관련된 대출 상품을 운영하는 금융기관들이 간접 부동산금융의 중개 기관들이다.

첫째, 주택도시기금과 관련된 금융기관은 과거에 한국주택은행이 독점하였으나 여러 가지 사정으로 국민은행, 우리은행, 농협에서 수탁하여 관리하였고, 최근에는 이를 주택도시보증공사에서 전담하여 운용 중이다.

둘째, 한국주택금융공사는 앞에서 이야기한 바와 같이 저당 대출 채권의 유동화를 통해 조성된 자금을 금융기관을 통해 모기지론으로 대출하고 있다. 그리고 주택 구입자나 주택 사업자들이 주택 구입이나 주택 관련 사업을 할 경우 외부에서 자금을 차입할 경우가 있다. 이때 필요한 자금을 금융기관에서 차입을 하려면 담보가 필요한데, 이들을 대신하여 원리금 상환의 보증을 과거 주택신용보증기금이 하였다. 그런데 2004년 한국주택금융공사가 설립되면서 한국주택금융공사가 이러한 기능도 담당하게 되었다.

마지막으로 일반은행, 새마을금고, 상호저축은행, 신용협동조합 등은 일반적인 주택 담보대출 상품 등을 취급하는 금융기관이다. 그리고 보험회사는 최근 금융의 겸업화로 인해 과거에는 취급하지 못한 주택 담보대출을 현재 취급하고 있으므로 보험회사도 간접 부동사금융의 중개 기관에 포함된다고 보아야 한다.

(2) 직접 부동산금융 중개 기관

직접 부동산금융의 중개 기관으로서의 업무는 은행의 신탁 업무, 자산 운용회사, 투자신탁회사 등에서 수행하고 있다. 이들 중개 기관은 다수의 투자자로부터 자금을 조성하여 부동산뿐 아니라 주식이나 채권 등 금융 상품 등에도 투자하므로 부동산금융 중개 기관으로만 한정되지는 않는다. 그러나 '자본시장통합법' 시행에 따라 앞으로는 그 양상이 많이 변화될 것으로 보인다.

첫째, 앞으로 부동산 간접투자는 부동산투자회사, 즉 REITs가 주도할 것으로 전망된다. REITs를 중심으로 부동산펀드 등 간접 부동산금융 상품에 대한 투자가 이루어질 것이고 프로젝트 파이낸싱도 이들 회사가 주도할 것으로 보인다.

둘째, '자본시장통합법' 시행으로 부동산 이외의 펀드 상품은 금융 투자회사가 주도할 것으로 보이나 이들 회사 내 부동산을 전문적으로 담당하는 부서에서 부동산 간접금융 상품 등에 투자할 수도 있다.

마지막으로 일반은행 등도 기존의 예금과 대출에 의한 영업이 한계에 부딪히고 있으므로 프로젝트 파이낸싱 등에 자금을 투자하여 변화하는 금융 환경에 대처할 것으로 보인다.

2) 부동산금융시장에서의 정부의 역할

한국의 부동산금융시장에서 정부의 역할은 매우 중요하였다. 1960년대 이후 정부는 신속한 경제 발전을 위하여 부족한 국가 재원을 중화학공업 등 국가의 기간산업에 집중적으로 분배하기 위하여 금융 산업에 깊이 관여하여 왔다. 그리고 부동산 관련 금융 상품이나 제도 등에도 마찬가지로 깊숙이 관여하여 왔다.

그러나 1997년 외환 위기 이후에 정부가 민간의 경제활동을 보장하고 제고시키는 방향으로 경제 정책의 방향을 전환하면서 앞에서 말한 현상이 크게 변화되고 있다. 정부는 금융도 하나의 산업으로 인식하고 금융 분야에 대한 정부의 간섭을 배제하면서 민간의 참여를 유도하는 방향으로 정책을 추진하고 있다.

그런데 부동산금융 부문에 대한 사항은 아직까지 정부의 역할 비중이 상당히 크다. 그 이유로는 부동산금융이 부동산 정책의 수립과 운용에 중요하며, 협소한 국토 면적 등의 제약 때문에 다른 나라에 비해 부동산 부문에 대한 정책적인 관리가 중요하다는 점 들이 있다.

이러한 모든 사항들을 감안하여 향후 부동산금융에 대한 정부의 정책 방향을 간략하게 제시하면 다음과 같다.

첫째, 주택금융 제도의 선진화가 요구된다. 한국의 부동산금융은 주택금융에 치중되어 왔다. 그리고 이런 주택금융도 국민의 주거 안정이나 주거 환경의 개선보다는 주택 가격의 지나친 급등을 억제하는 방향으로 정책이 집행되어 왔다. 최근 담보 인정 비율(LTV: Loan To Value)이나 총부채상환 비율(DTI: Debt To Income) 등을 정부가 금융기관에 강제하는 정책도 이러한 사례에 속한다. 그러나 향후에는 여러 가지 경제 여건의 변화로 주택 가격이 과거와 같은 가격의 급등 현상, 부동산 투기로 인한 부작용 등이 완화될 것으로 보이므로 정부는 주택금융에 대한 직접적 간섭을 줄여야 할 것이다. 정부는 무주택자나 서민의 주거 안정을 확보하는 방향으로 주택금융에 관여하고 나머지 부분은 민간의 자율에 맡기는 것이 바람직할 것으로 보인다.

둘째, 부동산 간접투자 상품의 다양화와 지속적 개발이 필요하다. 한국에서는 지금까지 국민들의 자산 증식 수단이 증권이나 금융자산보다는 부동산에 치중되어 왔다. 그런데 부동산투자에는 거액의 자금이 소요되고 유동성이 떨어지는 단점이 있어 일반 서민이나 중산층은 사실상 부동산투자에서 소외되어 왔다. 이러한 점을 개선하기 위해 2000년 이후 정부는 지속적으로 부동산투자의 증권화와 유동화를 위한 관련 법률의 제정 및 제도적 기반을 확충하여 왔다. 이제는 어느 정도 제도적 기반이 마련되었으므로 이런 제도들이 성공적으로 정착하도록 정부가 노력하여야 할 것이다.

셋째, 부동산금융에 대한 국민들의 인식 변화를 위한 정부의 노력이 필요하다. 정부는 부동산시장에서 사람들이 비정상적인 이익을 얻지 못하도록 적정한 환수 장치를 마련하고 투기 방지를 위한 장치를 강화하여야 할 것이다. 그리고 지하경제 수단인 부동 자금을 제도권 금융으로 흡수하여 서민층 및 저소득층의 주거 안정을 확보하는 자금으로 활용하려는 노력이 필요하다.

마지막으로 국제적인 금융과 투자 환경에 부합하는 방향으로 부동산금융과 관련된 제도를 정비하여야 하며, REITs, 주택저당증권(MBS), 역모기지(reverse mortgage) 제도 등 기존에 도입된 제도들이 지속적인 발전을 할 수 있도록 부동산금융의 기반을 조성해야 할 것이다.

PART III

정태적 거시경제 분석이론과 경제안정화 정책

제10장 케인즈의 정태적 거시경제 분석이론

제11장 케인즈 정태적 거시경제 분석이론의 확장

제12장 케인즈학파의 정태적 거시경제 분석이론 (IS-LM 모형)

제13장 경제안정화 정책

제14장 총수요와 총공급에 의한 정태적 거시경제 분석이론 (AD-AS 모형)

제10장 / 케인즈의 정태적 거시경제 분석이론

제1절 개요와 기본가정

❶ 개요와 국민소득 결정이론의 종류

1) 개요

케인즈(J. M Keynes)는 고전학파와는 달리 수요측면의 국민소득이 경제전체의 균형국민소득(Y_e)이 되나 완전고용 국민소득(Y_f)에는 미달한다고 보고 있다. 1930년대의 대공황을 겪으면서 실업문제가 장기화되자 완전고용을 전제로 하는 고전학파이론으로서는 효과적인 실업대책을 제시할 수 없었다. 이런 상황에서 케인즈는 고전학파의 이론을 비판하고 대공항을 타개하기 위한 새로운 이론을 제시하였다.

케인즈는 1936년 그의 저서「고용, 이자 및 화폐의 일반이론(The general theory of employment, interest rate and money)」에서 기존의 '세이의 법칙(Say's law)'을 비판하고 '유효수요의 이론(theory of effective demand)'을 제시하였다.

유효수요의 이론은 불황의 경제상황에서는 총공급(AS : aggregate supply)보다는 총수요(AD : aggregate demand)가 균형국민소득을 결정한다는 이론이다.

케인즈는 총수요(AD)를 총지출(AE : aggregate expenditure)로 표현하였다. 그런데 1970년대 후반 '총수요-총공급 모형($AD-AS$ model)'이 구축되면서, 이 모형에서 표현되는 총수요(AD)가 케인즈가 이야기한 총지출(AE)과 동일한 개념이 된다. 그러므로 이 책에서는 앞으로 총지출(AE)을 총수요(AD)로 바꿔 나타내기로 한다.

한 나라 전체의 총수요는 가계의 소비수요(C), 기업의 투자수요(I), 정부의 정부지출수요(G)와 순수출($X-M$)로 이루어진다.

$$총수요(AD) = 소비수요(C) + 투자수요(I) + 정부지출수요(G) + 순수출(X-M)$$

거시경제학에서는 가계와 기업으로만 구성되는 경제를 2부문 경제 또는 케인즈 단순모형이라 하고, 2부문 경제에서 정부부문을 추가하면 3부문 경제 또는 폐쇄경제모형이라 한다.

3부문 경제에서 해외부문을 포함하면 4부문 경제 또는 개방경제모형이라 한다.

2) 국민소득 결정이론의 종류

케인즈의 국민소득 결정이론에는 첫째, 유효수요 또는 총수요에 의한 국민소득 결정이론과 둘째, 주입과 누출에 의한 국민소득 결정이론이 있다.

❷ 기본가정

1) 불황의 경제상황과 유효수요의 이론

케인즈는 총공급이 총수요를 결정한다는 '세이의 법칙'을 비판하면서 총수요의 크기가 균형 국민소득을 결정한다고 보았다. 이를 '유효수요의 이론'이라 한다.

〈그림 10-1〉 케인즈의 유효수요이론

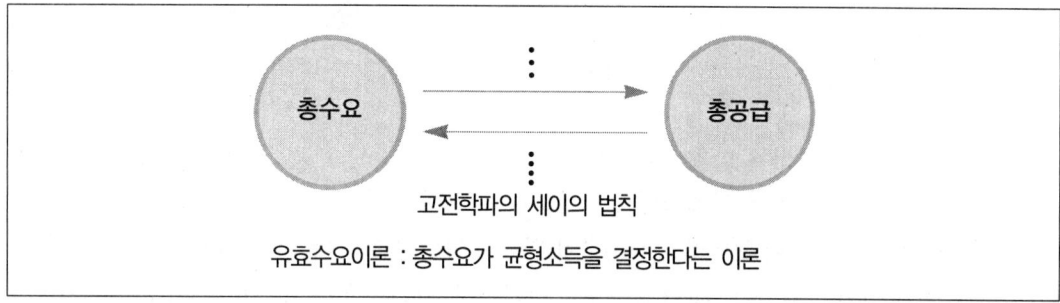

불황의 경제상황에서는 실업이 존재하고 잉여생산능력이 있으므로 수요만 있으면 공급이 이루어진다고 가정하였다.

2) 총수요(AD) 구성항목에 대한 가정

총수요(AD) 구성항목에 대한 가정은 다음과 같다.

첫째, 소비는 소득의 증가함수이다.

둘째, 기업의 투자수요와 정부지출은 소득수준과 관계없이 일정하다.

셋째, 수출은 소득수준과 관계없이 일정하며, 수입은 소득의 증가함수 등이 있다.

제2절 총수요(AD)에 의한 국민소득 결정이론

1) 총수요(AD : Aggregate Demand)

한 나라 전체의 총수요는 가계의 소비수요(C), 기업의 투자수요(I), 정부의 정부지출수요(G)와 순수출($X-M$)로 구성된다고 앞에서 살펴 보았다.

(1) 소비수요

소비수요는 다음과 같은 식으로 구성되어진다.

$$C = C_0 + c \cdot Y$$

여기서 c는 한계소비성향(MPC), C_0는 기초소비이다.

기초소비 C_0는 소득이 없더라도 생존하기 위해서 필수적으로 해야하는 소비를 말하며, 이후 소득이 발생함에 따라 한계소비성향만큼 소비가 증가한다. 그리고 한계소비성향(MPC)은 소득이 한 단위 더 증가함에 따라 증대되는 소비를 말한다. 즉, $MPC = \dfrac{dC}{dY}$이며 0과 1 사이의 값을 가진다.

〈그림 10-2〉 케인즈의 소비수요

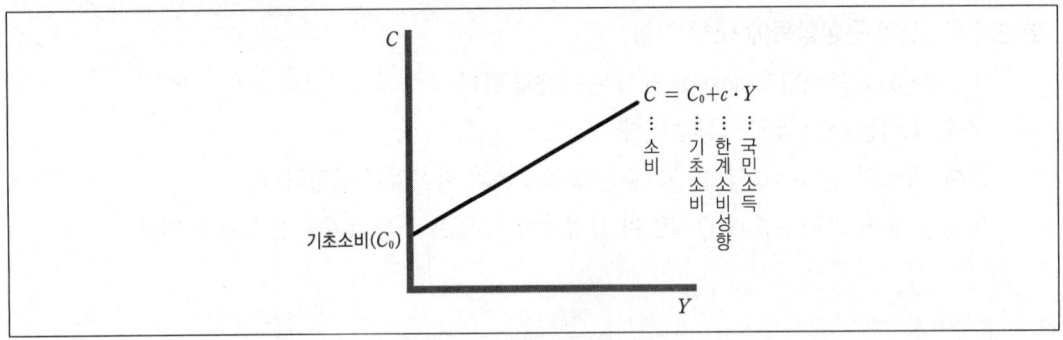

(2) 투자수요와 정부지출수요

국민소득과 무관한 독립투자만 존재하며, 투자수요는 사전적으로 계획된 투자를 의미한다. 그리고 정부지출수요는 국민소득수준과 무관하게 이루어진다.

〈그림 10-3〉 케인즈의 투자와 정부지출수요

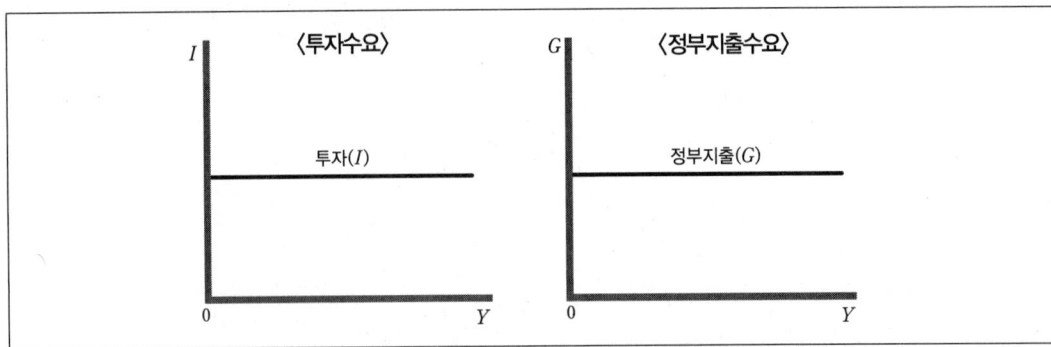

(3) 수출과 수입

수출(X)은 우리나라 국민소득 수준과 무관하며, 수입(M)은 우리나라 국민소득이 증가하면 늘어난다.

〈그림 10-4〉 케인즈의 수출과 수입수요

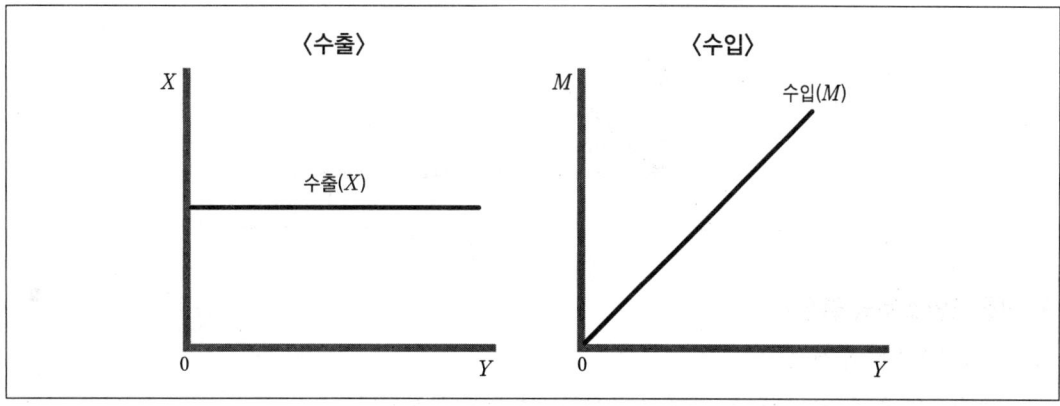

(4) 케인즈 단순모형에서의 총수요(AD)

케인즈 단순모형(2부문 경제 : 가계와 기업으로만 구성된 경제)에서 총수요는 소비수요(C)와 투자수요(I)의 합이다.

〈그림 10-5〉 케인즈 단순모형에서의 총수요

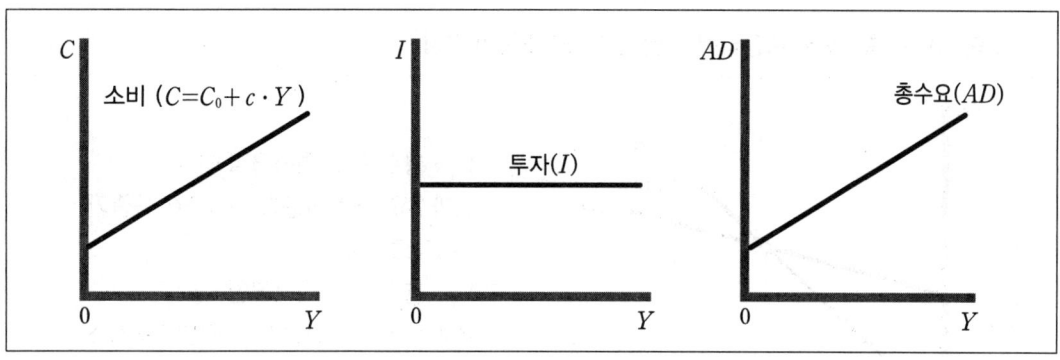

2) 총공급(AS : Aggregate Supply)

케인즈는 경제가 불황일 때 수요가 있어야 공급이 이루어진다고 하였기 때문에 총공급곡선은 원점을 통과하는 45°선이 된다고 하였다. 이는 케인즈의 수요중시 개념을 잘 보여주며, 균형국민소득 결정에 있어 총공급측면보다는 총수요측면의 국민소득이 크게 작용한다는 의미이다.

<그림 10-6> 총공급곡선

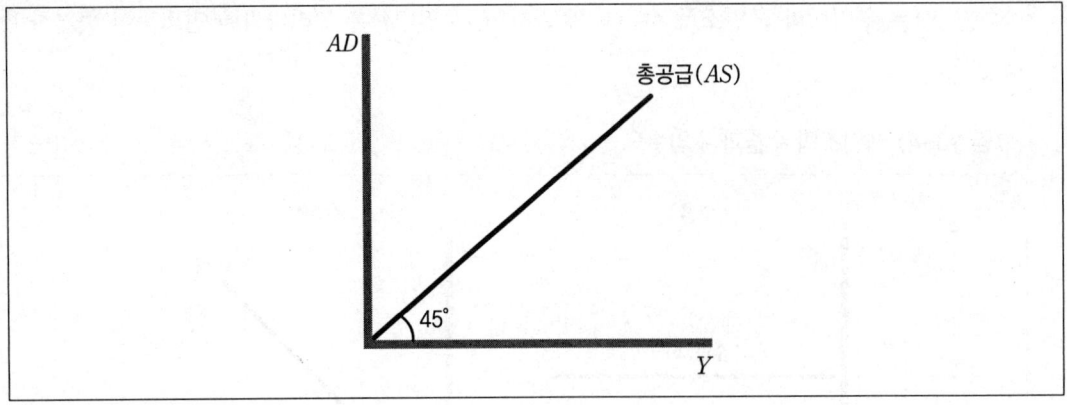

3) 균형국민소득의 결정

(1) 균형국민소득의 결정

총수요와 총공급이 만나는 곳에서 균형국민소득이 결정된다.

(2) 균형국민소득의 결정과정

Y_1에서처럼 총수요가 총공급보다 크면 국민소득이 증가한다. 그리고 Y_2에서처럼 총수요가 총공급보다 작으면 국민소득이 감소한다. Y_*에서처럼 총수요와 총공급이 일치하면 균형국민소득이 결정된다.

<그림 10-7> 총수요와 총공급에 의한 균형국민소득의 결정

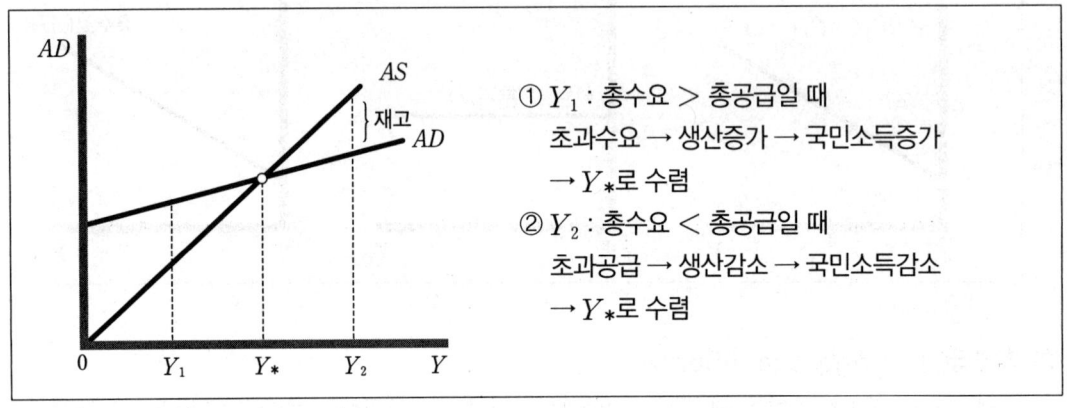

① Y_1 : 총수요 > 총공급일 때
　초과수요 → 생산증가 → 국민소득증가
　→ Y_*로 수렴
② Y_2 : 총수요 < 총공급일 때
　초과공급 → 생산감소 → 국민소득감소
　→ Y_*로 수렴

(3) 특징

첫째, 총수요인 유효수요가 균형국민소득의 크기를 결정한다. 즉, 유효수요가 증가하면 균형국민소득이 증가하고, 유효수요가 감소하면 균형국민소득이 감소한다.

둘째, 균형국민소득과 완전고용국민소득이 불일치하며 균형국민소득은 완전고용국민소득에 미달하는 것이 일반적이다.

제3절 주입과 누출에 의한 국민소득 결정이론

1) 개요

(1) 주입

주입이란 국민소득 순환과정에서 국민소득을 증가시키는 항목으로 투자(I), 정부지출(G), 수출(X)이 있다.

〈그림 10-8〉 주입

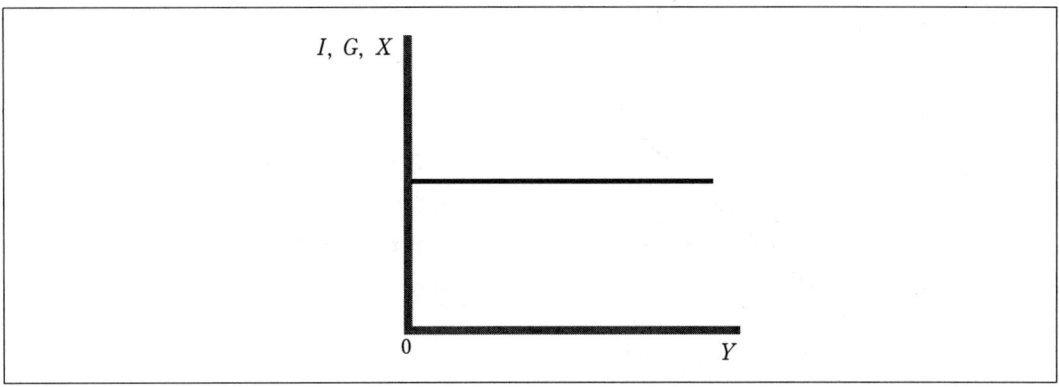

(2) 누출

누출이란 국민소득 순환과정에서 국민소득을 감소시키는 항목으로 저축(S), 조세(T), 수입(M)이 있다.

〈그림 10-9〉 누출

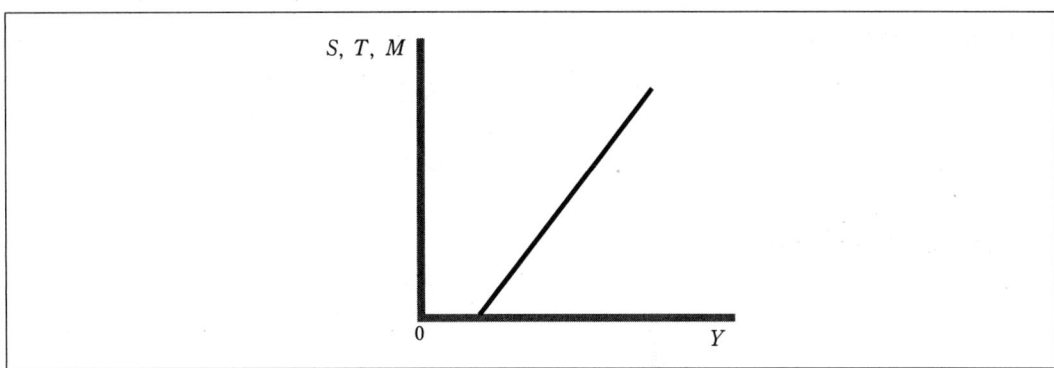

2) 균형국민소득의 결정

(1) 주입과 누출

가계와 기업만 존재하는 케인즈 단순모형에서 총수요는 소비와 투자로 구성되며, 이는 균형국민소득과 일치해야 된다. 즉, $Y=C+I$가 된다. 그런데 Y를 가처분소득의 개념으로 파악하면 $Y=C+S$가 된다.

$C+I=C+S$가 되어야 균형이 성립하므로 $I=S$가 된다. 즉, 여기에서 주입되는 것은 기업의 투자(I)이고 누출되는 것은 가계의 저축(S)이다. 따라서 투자와 저축이 일치하는 ($I=S$) 수준에서 균형국민소득이 결정된다.

(2) 주입과 누출에 의한 균형국민소득결정 과정

Y_1에서처럼 국민소득의 유입(I)이 유출(S)보다 크면 국민소득이 증가한다. 그리고 Y_2에서처럼 국민소득의 유입(I)이 유출(S)보다 작으면 국민소득이 감소한다. $Y*$에서처럼 국민소득의 유입(I)과 유출(S)보다 일치하면 균형국민소득이 결정된다.

〈그림 10-10〉 주입과 누출에 의한 균형국민소득의 결정

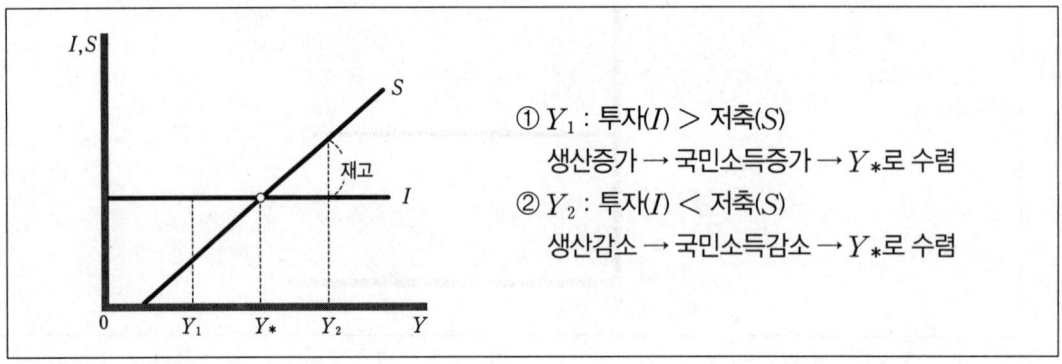

3) 사후적 투자와 저축

사후적으로 실제 이루어진 투자(사후적 투자)가 사전에 의도한 투자(사전적 투자)보다 많으면 재고로 쌓이기 때문에 사후적 투자는 사전적 투자와 재고의 합으로 구성된다. 즉, 사후적 투자 = 사전적 투자+재고이다. 저축한 것 만큼 실제 투자(사후적 투자)가 이루어지므로 사후적 투자와 저축은 항상 일치한다.

재고의 증가나 감소를 통하여 사후적으로 투자와 저축은 항상 일치된다.

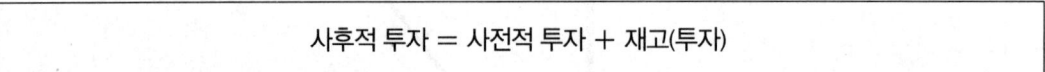

〈그림 10-11〉 사후적 투자와 사전적 투자

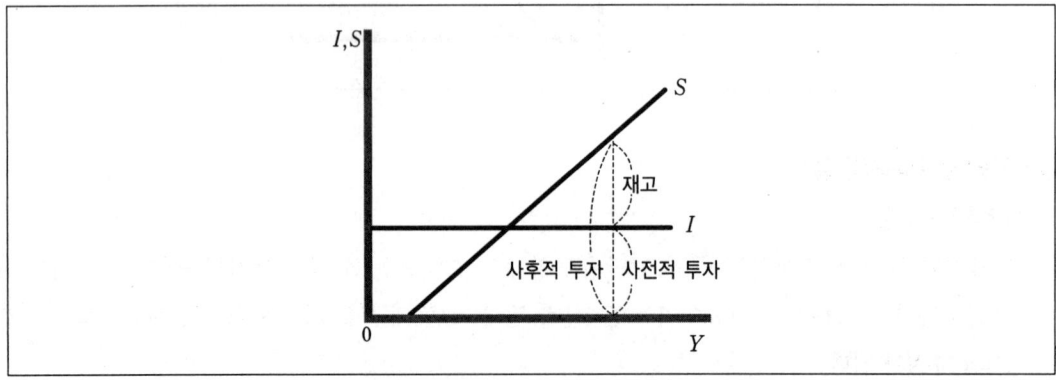

제11장 케인즈 정태적 거시경제 분석이론의 확장

제1절 절약의 역설

❶ 개요

절약의 역설(paradox of thrift)이란 경제주체들이 저축을 증대시키고자 하였던 행위가 오히려 저축을 감소시키게 되는 역설적인 현상을 말한다. 불황기에 개인은 불확실한 미래상황으로 인해 저축을 증가시키는 것이 합리적이지만 국민경제 전체적으로는 저축을 증대시키는 것보다는 소비를 하는 것이 바람직하다. 따라서, 절약의 역설은 개인의 입장과 전체의 입장이 다를 수 있는 '구성의 오류'에 대한 하나의 사례에 해당한다.

❷ 내용

1) 독립투자의 경우

독립투자란 국민소득과 무관하게 이루어지는 투자를 말하며, 독립투자를 가정할 경우 "절약의 역설" 과정을 설명하면 다음과 같다.

첫째, 투자와 저축 S_0가 일치하는 A점에서 총저축수준은 AY_0이다.

둘째, 저축을 증가시키려고 하면 저축곡선이 S_0에서 S_1으로 상방이동한다.

셋째, 저축의 증가로 균형점은 B로 이동하며, 국민소득이 Y_0에서 Y_1으로 감소한다.

넷째, 총저축 수준은 불변($AY_0 = BY_1$)이다.

〈그림 11-1〉 독립투자의 경우 절약의 역설

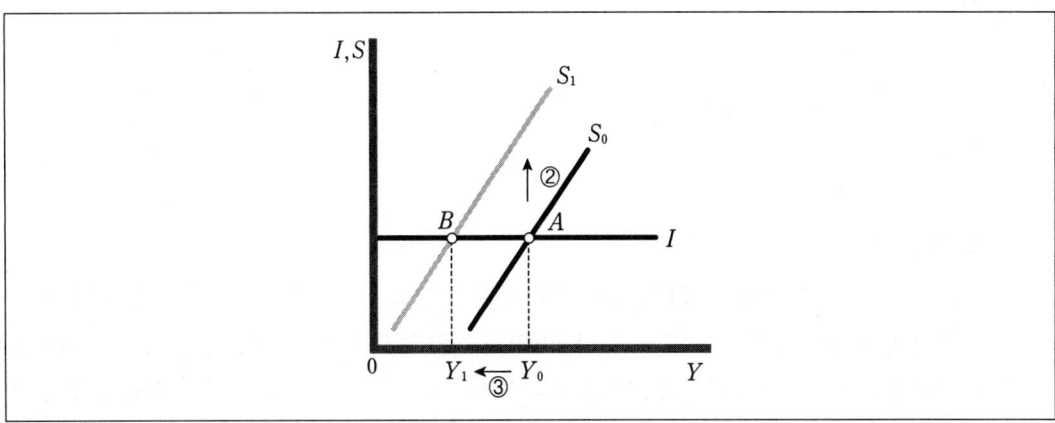

2) 유발투자의 경우

유발투자란 국민소득이 늘어남에 따라 증가하는 투자를 말하며, 이를 가정하여 "절약의 역설" 과정을 설명하면 다음과 같다.

첫째, 투자와 저축 S_0가 일치하는 A점에서 총저축수준은 AY_0이다.

둘째, 저축을 증가시키려고 하면 저축곡선이 S_0에서 S_1으로 상방이동한다.

셋째, 저축의 증가로 균형점은 B로 이동하며 국민소득이 Y_0에서 Y_1으로 감소한다.

넷째, 총저축 수준은 AY_0에서 BY_1으로 감소한다.

〈그림 11-2〉 유발투자의 경우 절약의 역설

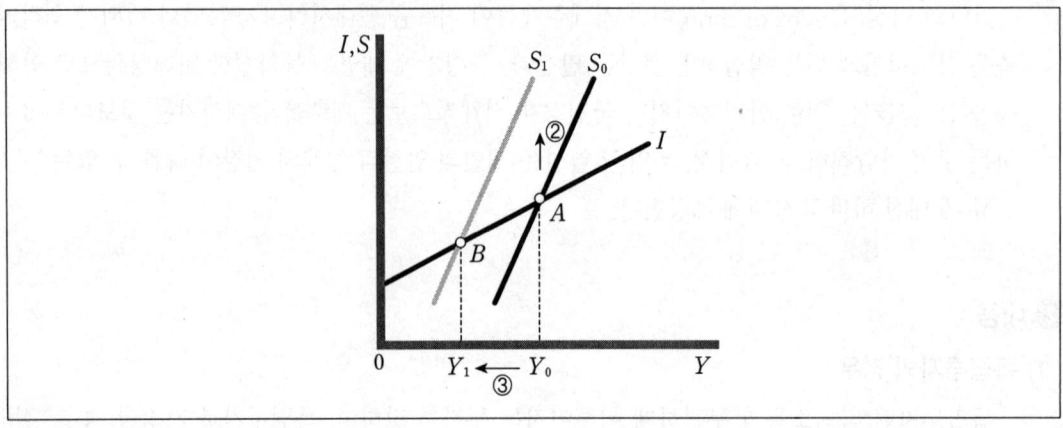

❸ 학파별 견해

1) 케인즈학파

케인즈학파는 불황일 경우 저축의 증가는 소비를 감소시켜 균형국민소득을 감소시키는데, 이때 저축의 증가는 투자로 연결되지 않는다. 따라서 절약의 역설이 성립한다고 하였다.

2) 고전학파

고전학파는 저축의 증가로 소비가 감소하더라도 균형국민소득은 감소하지 않는데, 이는 저축의 증가는 투자로 연결되어 국민소득을 증가시키기 때문이다. 따라서 절약의 역설은 성립하지 않는다고 하였다.

3) 기타 사항

후진국이나 개발도상국에서와 같이 투자할 곳은 많은데 재원이 부족한 경우에는 저축이 개인이나 국민경제 전체에 모두 미덕일 수 있다. 따라서 절약의 역설은 성립되지 않는다. 그러나 경기가 불황이거나 선진국의 경우에는 투자기회가 부족하므로 저축이 바로 투자로 연결되지 않아 절약의 역설이 성립한다.

제2절 인플레이션갭과 디플레이션갭

❶ 개요

1) 인플레이션갭(inflation gap)

(1) 개념

완전고용국민소득 수준에서 총수요가 총공급을 초과하는 경우에 발생하며, 이 때 총수요의 초과분이 인플레이션갭이다. 그림에서 총수요가 AD_1이면 인플레이션갭이 발생한다.

(2) 정부정책

인플레이션갭이 발생하면 물가상승을 억제하기 위해 긴축재정정책이나 긴축금융정책을 실시하여 총수요를 감소시켜야 한다.

〈그림 11-3〉 인플레이션갭

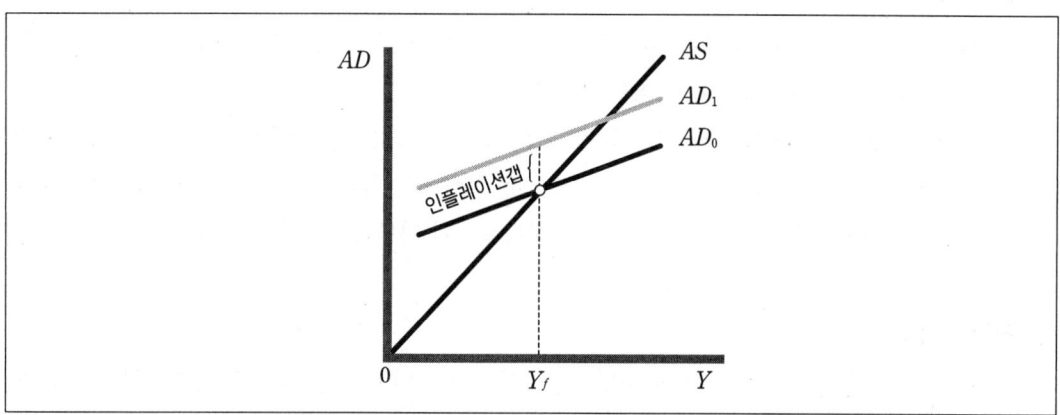

2) 디플레이션갭(deflation gap)

(1) 개념

완전고용국민소득 수준에서 총공급이 총수요를 초과하는 경우에 발생하며, 이 때 총수요의 부족분이 디플레이션갭이다. 그림에서 총수요가 AD_2이면 디플레이션갭이 발생한다.

(2) 정부정책

디플레이션갭이 발생하면 경기불황을 타개하기 위해 확대재정정책이나 확대금융정책을 실시하여 총수요를 증가시켜야 한다.

<그림 11-4> 디플레이션갭

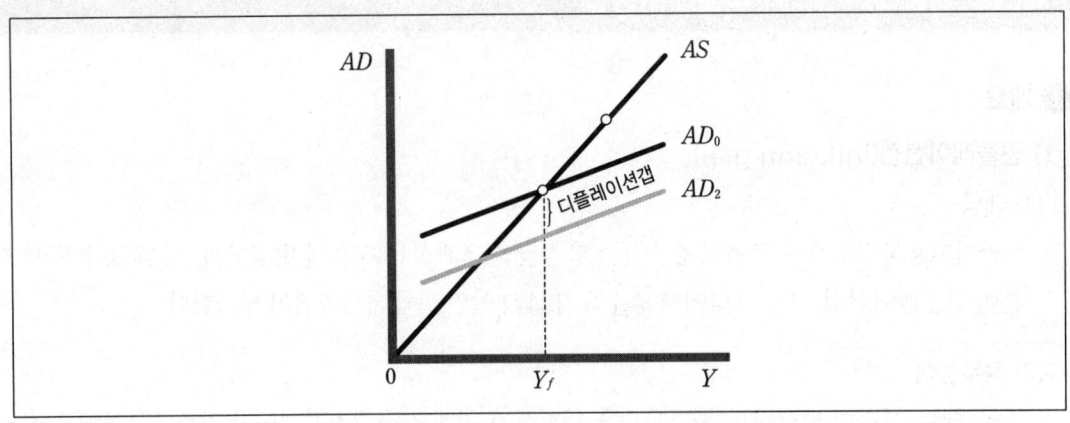

❷ 인플레이션갭과 디플레이션갭에 대한 학파별 견해

1) 고전학파

총공급측면의 국민소득($GDP=AS$)과 균형국민소득(Y_e)은 일치하며 이는 완전고용국민소득(Y_f)과 동일하다. 따라서, $GDP=AS=Y_e=Y_f$이다.

세이의 법칙(Say's law)에 따르면 공급은 그 스스로의 수요를 창출하므로 총공급 측면의 국민소득(AS)과 총수요 측면의 국민소득($GDE=AD$)은 항상 일치한다. 즉, $AS=GDE=AD$이다.

상기의 논의에 따라 고전학파에서는 인플레이션갭과 디플레이션갭은 발생하지 않는다고 본다.

2) 케인즈학파

총수요측면의 국민소득(AD)과 균형국민소득(Y_e)은 일치하나, 이는 일반적으로 완전고용국민소득(Y_f)과 동일하지 않다.

완전고용국민소득에서 AD와 AS가 일치한다는 보장이 없으므로 완전고용국민소득에서 AS가 AD보다 큰 디플레이션갭이 일반적이다.

제3절 승수의 개념

❶ 개념

1) 개념

승수란 독립지출의 변화에 따라 균형국민소득이 얼마나 변화하는지를 나타내는 지표이다.

$$승수 = \frac{균형국민소득의 변화분}{독립지출의 변화분}$$

2) 그림을 통한 설명

총수요가 AD_0에서 AD_1으로 ΔE만큼 증가하면 국민소득이 Y_0에서 Y_1으로 ΔY만큼 증가한다. 따라서, 승수(m)의 값은 정의에 의해서 $m = \frac{\Delta Y}{\Delta E}$이다.

〈그림 11-5〉 승수의 개념

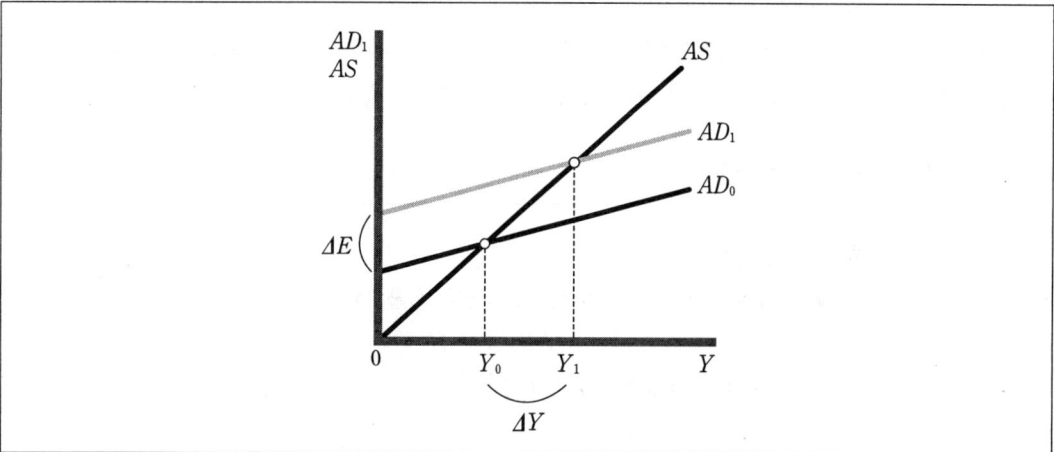

❷ 가정

1) 유휴생산시설이 존재한다.

첫째, 균형국민소득이 완전고용국민소득에 미달하는 불경기를 전제로 한다.

둘째, 완전고용이 달성되면 승수효과는 성립할 수 없게 된다.

셋째, 고전학파는 균형국민소득과 완전고용국민소득이 항상 일치된다고 보므로 승수효과를 부정했다.

2) 한계소비성향(MPC)이 일정하다.

첫째, 1기에 독립지출이 증가하면 1기에서만 국민소득이 증대하는 효과가 나타날 뿐만 아니라,

2기와 3기 등에서도 1기의 독립지출증가의 영향으로 국민소득이 증가한다.

둘째, 승수효과는 시간이 무한대로 경과했다는 가정하에서 시간에 따른 국민소득증대의 총효과를 합한 것이므로 매기간마다 한계소비성향이 일정해야 그 값을 구할 수가 있게 된다.

❸ 도출과정

승수효과는 독립지출이 증가한 시점에서의 국민소득의 증가분 만을 의미하는 것이 아니라 독립지출의 증가로 인해 증대된 모든 시점에서의 국민소득을 전부 합한 것이다.

한계소비성향(c)이 0.8이라고 가정할 경우 1억 원의 독립투자가 증가하면 1단계에는 국민소득이 1억 원 증가하고, 2단계에는 0.8억 원, 3단계에는 0.8×0.8=0.82억 원의 순으로 국민소득이 증가한다. 따라서, 1억원의 투자증가로 증가된 국민소득의 합계는 다음과 같다.

1억 원의 투자로 증가된 국민소득의 합 = $1+0.8+(0.8\times0.8)+\cdots = \dfrac{1}{1-0.8} = 5$억

$$\frac{\Delta Y}{\Delta I} = 1 + c + (c \times c) + \cdots = \frac{1}{1-c}$$

승수는 독립투자, 정부지출 등이 변했을 때 균형국민소득이 몇 배 변하는가를 나타낸다. 따라서 균형국민소득의 결정방정식(총수요 = 총공급)을 통해 승수값을 구한다.

〈그림 11-6〉 승수의 도출과정

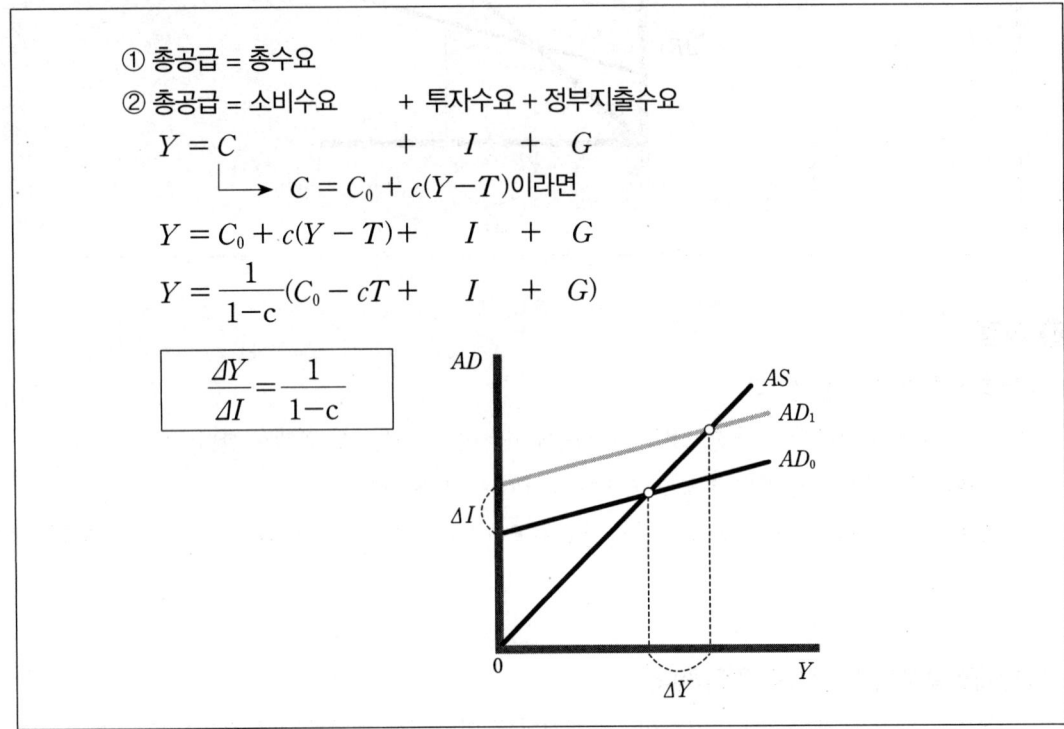

❹ 승수의 종류와 관계

1) 종류

케인즈의 균형국민소득 방정식 $AD=C+I+G+X-M$에서 승수의 종류를 유추할 수 있다. 승수는 독립지출의 증가가 균형국민소득을 증대시킨 배수로 정의되는데, 소비는 독립지출에 해당하지 않는다. 케인즈의 소비함수에 의하면 소비는 소득과 상호연관관계가 있어 독립지출에 해당하지 않으므로 소비승수는 도출하지 않는다.

케인즈의 균형국민소득 방정식에서 독립지출은 투자(I), 정부지출(G), 순수출($X-M$)이 있으므로 각각의 승수가 존재한다. 그리고 소비승수 대신에 가처분소득에 영향을 주는 조세승수와 이전지출승수를 구한다. 따라서, 승수의 종류는 다음과 같다.

첫째, 투자가 증가할 경우 국민소득의 증가분을 나타내는 투자승수 $\left(\dfrac{\Delta Y}{\Delta I}\right)$

둘째, 정부지출이 증가할 경우 국민소득의 증가분을 나타내는 정부지출 승수 $\left(\dfrac{\Delta Y}{\Delta G}\right)$

셋째, 순수출이 증가할 경우 국민소득의 증가분을 나타내는 무역승수 $\left(\dfrac{\Delta Y}{\Delta (X-M)}\right)$

넷째, 조세가 증가할 경우 국민소득의 증가분을 나타내는 조세승수 $\left(\dfrac{\Delta Y}{\Delta T}\right)$

다섯째, 이전지출이 증가할 경우 국민소득의 증가분을 나타내는 이전지출승수 $\left(\dfrac{\Delta Y}{\Delta TR}\right)$

2) 승수상호 간의 관계

투자승수와 정부지출승수 그리고 무역승수는 이들이 변동했을 경우 그 변화분이 직접 제1기에 국민소득에 영향을 미치며, 그 영향력의 전달과정이 동일하므로 그 값은 항상 동일하다.

조세승수와 이전지출승수는 그 변화분이 제1기에 직접 국민소득에 영향을 미치는 것이 아니라 가처분소득(Y_D)에 영향을 미치고, 이는 소비(C)에 영향을 주어 국민소득이 변화하게 된다. ($C = C_0 + CY_D$, $Y_D = Y - T + TR$, 단 T는 조세이고 TR은 이전지출이다.)

> 조세의 변화 : 조세↑ → Y_D↓ → C↓ → Y↓
> 이전지출의 변화 : 이전지출↑ → Y_D↑ → C↑ → Y↑

조세는 Y_D를 감소시키므로 그 값이 마이너스(-)가 되고, 이전지출은 Y_D를 증가시키므로 그 값이 플러스(+)가 된다. 조세승수와 이전지출승수는 그 변동분이 국민소득에 미치는 전달과정이 동일하다. 그러나 조세증가는 국민소득을 감소시키고, 이전지출증가는 국민소득을 증가시키므로 절댓값이 동일하다.

제4절 · 승수값의 도출

❶ 정액세일 경우(폐쇄경제와 독립투자 가정)

1) 도출

승수는 독립투자, 정부지출 등이 변했을 때 균형국민소득이 몇 배 변하는가를 나타내므로 균형국민소득 결정방정식(총수요 = 총공급)을 통해 승수값을 구한다.

$$\text{총공급} = \text{총수요}$$
$$Y = C + I + G$$
$$\hookrightarrow C = C_0 + c(Y-T+TR) \text{이므로}$$
$$Y = C_0 + c(Y - T + TR) + I + G$$
$$Y = \frac{1}{1-c}(C_0 - cT + cTR + I + G)$$

2) 승수값 ($c=0.8$일 경우)

① 투자승수 $= \dfrac{1}{1-c} = \dfrac{1}{1-0.8} = 5$

② 정부지출승수 $= \dfrac{1}{1-c} = \dfrac{1}{1-0.8} = 5$

③ 조세승수 $= \dfrac{-c}{1-c} = \dfrac{-0.8}{1-0.8} = -4$

④ 이전지출승수 $= \dfrac{c}{1-c} = \dfrac{0.8}{1-0.8} = 4$

3) 균형재정승수

균형재정승수는 균형재정일 때, 즉 조세를 거둬들인 만큼 정부지출을 할 때 ($\Delta T = \Delta G$) 균형국민소득이 얼마만큼 변화하는가를 나타내는 승수를 말하며, 균형재정승수는 정부지출승수와 조세승수를 합하여 구한다.

$$\text{균형재정승수} = \text{정부지출승수}\left(\frac{c}{1-c}\right) + \text{조세승수}\left(\frac{-c}{1-c}\right) = \frac{1-c}{1-c} = 1$$

「균형재정승수 = 1」의 의미는 조세를 10억 원 징수하여 정부가 동일액만큼 지출하면 국민소득이 10억 원 만큼 증가한다는 것이다.

❷ 비례세일 경우(폐쇄경제와 독립투자 가정)

1) 도출

조세가 정액세가 아니고 비례세일 경우 승수를 구하면 다음과 같다.

> 총공급 = 총수요
> $$Y = C + I + G$$
> $$\downarrow$$
> $$C = C_0 + c \cdot (Y - \boxed{T} + TR)$$
> $$\hookrightarrow T = T_0 + t \cdot Y \cdots \text{비례세이므로}$$
> $$Y = C_0 + c \cdot (Y - T_0 - t \cdot Y + TR) + I + G$$
> $$Y = \frac{1}{1-c(1-t)}(C_0 - cT_0 + cTR + I + G)$$

2) 승수값 ($c = 0.8$, $t = 0.25$일 때)

① 투자승수 $= \dfrac{1}{1-c(1-t)} = \dfrac{1}{1-0.8(1-0.25)} = 2.5$

② 정부지출승수 $= \dfrac{1}{1-c(1-t)} = \dfrac{1}{1-0.8(1-0.25)} = 2.5$

③ 조세승수 $= \dfrac{-c}{1-c(1-t)} = \dfrac{-0.8}{1-0.8(1-0.25)} = -2$

④ 이전지출승수 $= \dfrac{c}{1-(1-t)} = \dfrac{0.8}{1-0.8(1-0.25)} = 2$

⑤ 균형재정승수 = 정부지출승수+조세승수 $= \dfrac{1-c}{1-c(1-t)} = \dfrac{1-0.8}{1-0.8(1-0.25)} = 0.5$

3) 특징

첫째, 비례세의 경우 균형재정승수는 1보다 작다.

둘째, 비례세의 승수값 $\left(\dfrac{-c}{1-c(1-t)}\right)$이 정액세의 승수값 $\left(\dfrac{1}{1-c}\right)$보다 작다.

셋째, 비례세는 소득이 증가함에 따라 더 많은 세금을 내게 되므로 소득의 일부가 누출되기 때문에 비례세일 때 균형국민소득의 증가분은 정액세일 때의 균형국민소득의 증가분보다 작아진다.

❸ 해외부문을 포함할 경우(독립투자 가정)

1) 도출

폐쇄경제가 아니고 개방경제일 경우 승수들을 구하며 다음과 같다.

$$
\begin{aligned}
&\text{총공급} = \text{총수요} \\
&Y = C + I + G + X - \boxed{M} \\
&\qquad\qquad\qquad\quad \hookrightarrow M = M_0 + m \cdot Y \\
&C = C_0 + c \cdot (Y - \boxed{T} + TR) \\
&\qquad\qquad\qquad\quad \hookrightarrow T = T_0 + t \cdot Y \\
&Y = C_0 + c \cdot (Y - T_0 - t \cdot Y + TR) + I + G + (X - M_0 - m \cdot Y) \\
&Y = \frac{1}{1-c(1-t)+m}(C_0 - cT_0 + cTR + I + G + X - M_0)
\end{aligned}
$$

2) 승수값 (c=0.8, t=0.2, m=0.14)

① 투자승수 $= \dfrac{1}{1-c(1-t)+m} = \dfrac{1}{1-0.8(1-0.2)+0.14} = 2$

② 정부지출승수 $= \dfrac{1}{1-c(1-t)+m} = \dfrac{1}{1-0.8(1-0.2)+0.14} = 2$

③ 조세승수 $= \dfrac{-c}{1-c(1-t)+m} = \dfrac{-0.8}{1-0.8(1-0.2)+0.14} = -1.6$

④ 이전지출승수 $= \dfrac{c}{1-c(1-t)+m} = \dfrac{0.8}{1-0.8(1-0.2)+0.14} = 1.6$

⑤ 수출승수 $= \dfrac{1}{1-c(1-t)+m} = \dfrac{1}{1-0.8(1-0.2)+0.14} = 2$

3) 특징

개방경제하의 승수값$\left(\dfrac{1}{1-c(1-t)+m}\right)$은 폐쇄경제하의 승수값$\left(\dfrac{1}{1-c(1-t)}\right)$보다 작다. 그 이유는 개방경제하에서 수입이 증가하면 국민소득의 일부가 해외로 누출되기 때문이다.

❹ 복합승수(정액세와 폐쇄경제가정)

1) 개념과 도출

유발투자가 존재할 때의 승수값을 복합승수라고 하며, 이 경우 승수들을 구하면 다음과 같다.

$$Y = C + I + G$$
$$(C = C_0 + c \cdot (Y - T + TR),\ I = I_0 + i \cdot Y)$$
$$Y = C_0 + c \cdot (Y - T + TR) + I_0 + iY + G$$
$$Y = \frac{1}{1-c-i}(C_0 - cT + cTR + I_0 + G)$$

2) 승수값($C=0.8$, $i=0.1$)

① 투자승수 $= \dfrac{1}{1-c-i} = \dfrac{1}{1-0.8-0.1} = 10$

② 정부지출승수 $= \dfrac{1}{1-c-i} = \dfrac{1}{1-0.8-0.1} = 10$

③ 조세승수 $= \dfrac{-c}{1-c-i} = \dfrac{-0.8}{1-0.8-0.1} = -8$

④ 이전지출승수 $= \dfrac{c}{1-c-i} = \dfrac{0.8}{1-0.8-0.1} = 8$

3) 단순승수와 복합승수의 비교

복합승수$\left(\dfrac{1}{1-c-i}\right)$가 단순승수$\left(\dfrac{1}{1-c}\right)$보다 크다. 복합승수가 단순승수보다 더 큰 이유는 독립지출증가에 따라 국민소득이 증가하면, 증가된 국민소득이 다시 투자를 증가시키고 증가된 투자는 국민소득을 다시 증가시키는 과정이 반복되기 때문이다. 즉, 투자증가 → 국민소득증가 → 투자증가 → 국민소득증가……의 과정이 반복된다.

❺ 해외부문을 포함하고 유발투자인 경우(비례세 가정)

1) 도출

해외부문을 포함하고 유발투자인 경우 승수들을 구하면 다음과 같다.

$$\text{총공급} = \text{총수요}$$
$$Y = C + I + G + X - M$$
$$C = C_0 + c(Y - \boxed{T} + TR)$$
$$\quad\quad\quad\quad\quad \hookrightarrow T = T_0 + tY$$
$$I = I_0 + iY$$
$$M = M_0 + mY$$
$$Y = C_0 + c(Y - T_0 - tY + TR_0) + I_0 + iY + G_0 + (X_0 - M_0 - m \cdot Y)$$
$$Y = \frac{1}{1 - c(1-t) - i + m}(C_0 - cT_0 + cTR_0 + I_0 + G_0 + X_0 - M_0)$$

2) 승수값

① 투자승수 $= \dfrac{1}{1 - c(1-t) - i + m}$

② 정부지출승수 $= \dfrac{1}{1 - c(1-t) - i + m}$

③ 무역승수 $= \dfrac{1}{1 - c(1-t) - i + m}$

④ 조세승수 $= \dfrac{-c}{1 - c(1-t) - i + m}$

⑤ 이전지출승수 $= \dfrac{c}{1 - c(1-t) - i + m}$

제5절 · 승수의 결정요인과 승수이론의 한계

❶ 승수값의 크기를 결정하는 요인

승수의 크기를 결정하는 요인은 다음과 같다.

첫째, 국민소득은 주입(I, G, X)이 많고, 누출(S, T, M)이 적을수록 증가하므로 승수의 크기도 주입부문이 많고 누출부문이 작을수록 증가한다.

둘째, 승수값은 한계소비성향(c)과 한계투자성향(i)이 클수록, 한계저축성향(s), 한계조세성향(t), 한계수입성향(m)이 작을수록 커진다.

❷ 승수이론의 한계

승수이론의 한계는 다음과 같다.

첫째, 완전고용국민소득 수준에서는 독립지출이 증가하여도 균형국민소득이 증가할 수 없으므로 승수효과가 나타나지 않는다. 따라서, 승수이론은 케인즈학파의 견해에서만 성립한다.

둘째, 매기에 한계소비성향이 불안정하면 승수효과가 달라진다.

# 제12장 / 케인즈학파의 정태적 거시경제 분석이론(IS-LM 모형)

제1절 / 개요

❶ 이론의 필요성과 전개과정

1) 이론의 필요성

지금까지는 생산물시장의 균형과 화폐시장의 균형을 분리하여 살펴보았다. 저축과 투자에 의한 국민소득결정이론이 '생산물시장'의 균형이며 화폐의 수요와 공급에 의한 이자율 결정이론이 '화폐시장'의 균형이론이다. 그러나 이 두 시장은 밀접하게 연관되어 있으므로 따로 분리하여 살펴볼 것이 아니라 동시에 분석할 필요가 있다. 이러한 필요성에 의하여 개발된 모형이 '$IS-LM$모형' 이다.

2) 이론의 발전과정

케인즈의 일반이론을 힉스(J. R. Hicks)가 모형화하고 이 모형을 한센(A. Hansen)이 발전시켜 이를 '힉스-한센모형'이라고 하며 케인즈의 완결모형이라고 한다. 이 모형은 생산물시장의 균형인 IS곡선과 화폐시장의 균형인 LM곡선으로 구성된다.

❷ $IS-LM$모형의 체계

생산물시장의 변화는 국민소득을 변동시키고, 이 국민소득의 변동이 화폐수요의 변화를 가져와 화폐시장에 영향을 미친다. 한편, 화폐시장의 변화는 이자율을 변동시키고, 이자율변동이 투자수요의 변동을 초래하여 생산물시장에 영향을 미치게 된다.

$IS-LM$모형은 생산물시장과 화폐시장의 이러한 상호연관작용을 명시적으로 분석하는 모형이다. 이를 그림으로 나타내면 다음과 같다.

〈그림 12-1〉 $IS-LM$ 모형의 체계

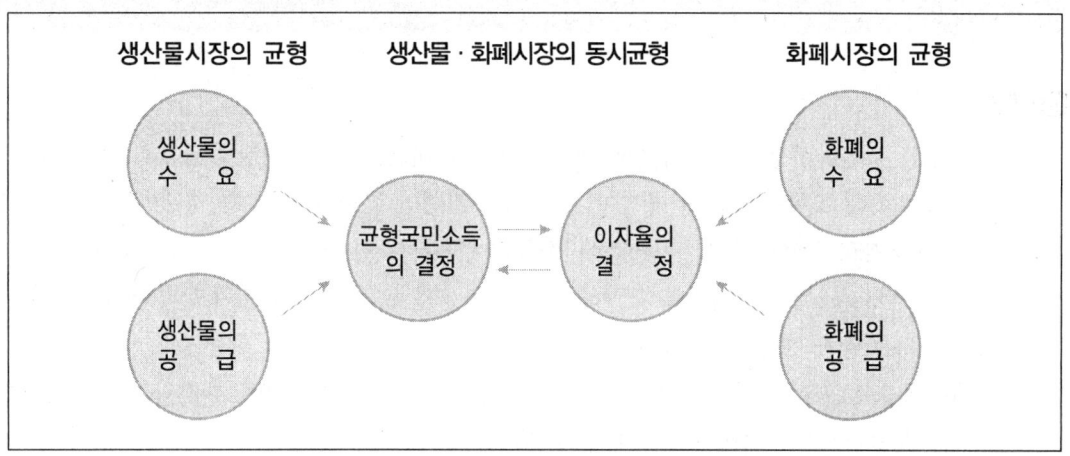

제2절 / IS곡선

❶ 개념

　IS곡선은 생산물시장에서 투자(I)와 저축(S)이 일치하는, 즉 상품시장의 균형을 나타내는 이자율과 국민소득의 조합을 연결한 곡선이다. 가계와 기업만 존재하는 2부문 경제에서 총수요(AD)는 소비와 투자로 구성하며, 이는 균형국민소득과 일치해야 한다. 즉, $Y=C+I$가 되어야 한다. 그런데 Y를 가처분소득의 개념으로 파악하면 $Y=C+S$가 된다. 따라서, $C+I=C+S$가 되어야 균형이 성립하므로 $I=S$가 되어야 한다.

　생산물시장의 균형조건은 투자와 저축이 일치하는 수준에서 결정되며, 투자와 저축이 일치하는 소득수준은 상이한 이자율에 대하여 무수히 존재한다.

❷ IS곡선의 도출

1) 투자와 저축에 의한 도출

　이자율이 하락하면 투자가 증가하고, 투자가 증가하면 국민소득도 증가한다. 따라서 투자(I)와 저축(S)이 일치되는 점을 연결한 IS곡선은 우하향하는 형태로 도출된다.

　첫째, 최초의 균형점 $A(Y_0, r_0)$에서 이자율이 r_0에서 r_1으로 하락한다고 하자. 이자율이 하락하면 투자가 I_0에서 I_1으로 증가한다.

　둘째, 투자의 증가로 국민소득은 Y_0에서 Y_1으로 증가한다. 마지막으로 균형점 A와 B를 연결하면 IS곡선이 도출된다.

<그림 12-2> 투자와 저축에 의한 IS곡선의 도출

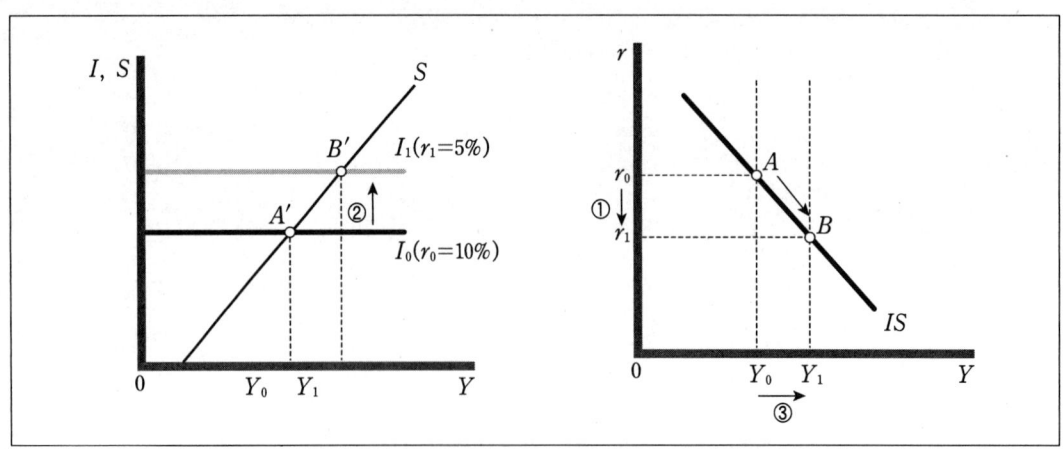

2) 총수요와 총공급에 의한 도출

　최초의 균형점 $A(Y_0, r_0)$에서 이자율이 r_0에서 r_1으로 하락한다고 하자. 이자율의 하락으로 투자가 증가하고, 이로 인해 총수요가 AD_0에서 AD_1으로 증가한다.

총수요의 증가로 균형국민소득은 Y_0에서 Y_1으로 증가한다. 그리고 균형점 A와 B를 연결하면 IS곡선이 도출된다.

〈그림 12-3〉 총수요와 총공급에 의한 IS곡선의 도출

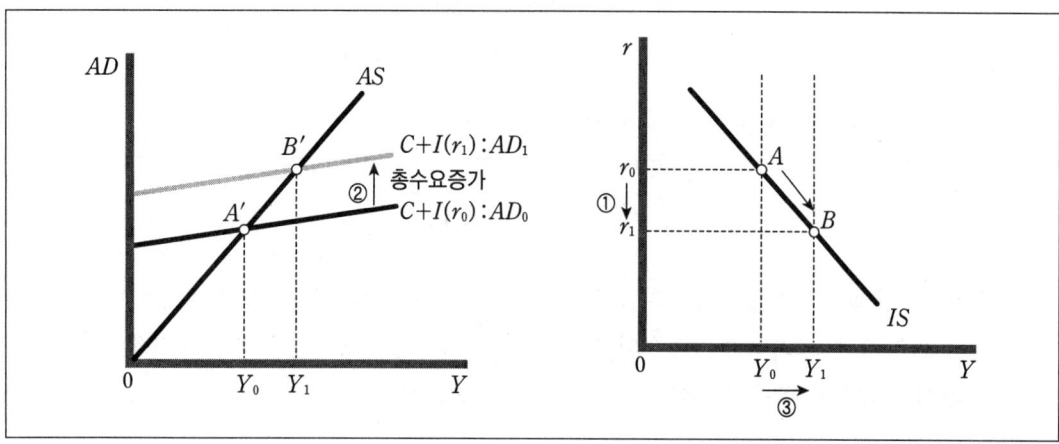

3) 수리적 접근

$C=20+\dfrac{3}{4}Y$, $I=10-2.5r$, $G=50$일 경우 IS곡선의 방정식을 도출하여 본다.

IS곡선은 총공급과 총수요가 일치하는 이자율과 국민소득의 결합궤적이므로 $Y=C+I+G$이다.

$Y=20+\dfrac{3}{4}Y+10-2.5r+50$

$Y=80-2.5r$

$\therefore Y=320-10r$ (기울기가 음(−)이므로 IS곡선은 우하향한다.)

❸ IS곡선의 형태와 기울기

1) 형태

IS곡선은 우하향한다. IS곡선이 우하향하는 이유는 이자율이 하락하면 투자가 증가하고, 투자의 증가가 승수효과를 통하여 국민소득을 증대시키기 때문이다.

> 이자율(r)의 하락 ──①──▶ 투자수요(I)의 증가 ──②──▶ 국민소득(Y)의 증가

2) IS곡선의 기울기

IS곡선은 투자의 이자율탄력도(①)와 투자승수(②)의 크기에 달려있다. 즉, ①과 ②가 크면 클수록 IS곡선의 기울기는 완만해지고 수평선의 모양이 되며, 반대로 ①과 ②가 작으면 작을수록 IS곡선의 기울기는 커지고 수직선의 모양이 된다.

(1) 투자의 이자율 탄력도

케인즈와 케인즈학파는 투자의 이자율탄력도가 비탄력적이라고 주장하였으므로 IS곡선의 모양이 수직선에 가깝다고 보았다. 고전학파와 통화주의학파는 투자의 이자율탄력도가 탄력적이라고 하였으므로 IS곡선의 모양이 수평선에 가깝다고 보았다.

(2) 투자승수

투자승수는 다음과 같은 수식으로 나타낸다.

$$투자승수(m) = \frac{1}{1-c(1-t)-i+m}$$

한계소비성향(c)과 유발투자계수(i)가 클수록, 한계세율(t)과 한계수입성향(m)이 작을수록 투자승수의 값은 크다. 그리고 투자승수의 값이 클수록 IS곡선의 형태는 수평선에 가깝게되고, 투자승수의 값이 작을수록 IS곡선의 형태는 수직선에 가깝게 된다.

❹ 생산물시장의 불균형

그림에서 E점은 IS곡선상에 있으므로 생산물시장의 균형, 즉 수요와 공급이 일치된 점이다. IS곡선의 상방에 위치한 A점은 초과공급의 상태로 불균형점이다. 그 이유는 균형점에 비해 A점에서 이자율이 높은 수준이므로 투자감소로 총수요가 줄어든 상태이기 때문이다. 균형점에서는 총수요와 총공급이 일치하였으나, A점에서 총공급은 변함없으나 총수요가 감소하였기 때문에 공급이 수요보다 더 크다.

IS곡선의 하방에 위치한 B점은 초과수요의 상태로 불균형점이다. 그 이유는 균형점에 비해 B점에서 이자율이 낮은 수준이므로 투자증가로 총수요가 늘어난 상태이기 때문이다. 균형점에서는 총수요와 총공급이 일치하였으나, B점에서 총공급은 변함없으나 총수요가 증가하였기 때문에 수요가 공급보다 더 크다.

〈그림 12-4〉 생산물시장의 불균형

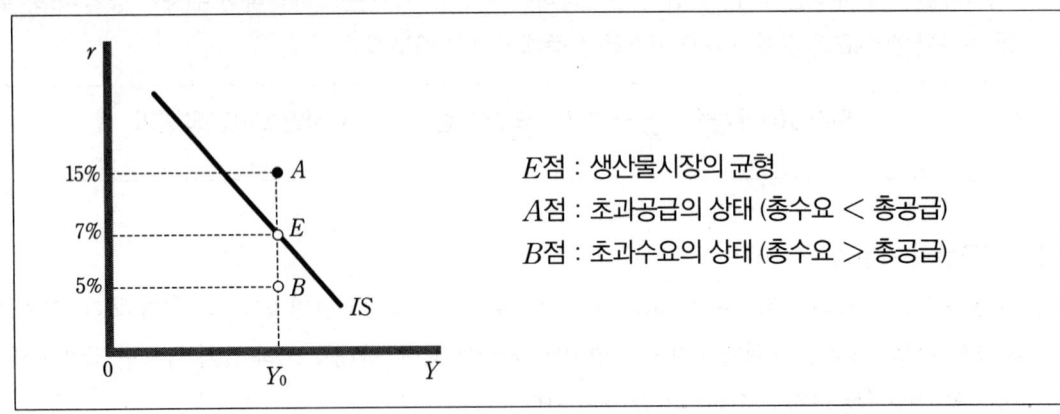

❺ 학파별 견해

1) 고전학파

고전학파는 모든 가격이 신축적이라고 보기 때문에 투자(I)가 이자율(r)에 대해 탄력적이라고 본다.(고전학파의 투자이론인 현재가치법 상기) 따라서 이자율이 하락하면 투자가 많아 증가하기 때문에 IS곡선은 완만해진다. 투자가 이자율에 대해 완전탄력적이라고 보는 극단적인 경우에는 IS곡선이 수평선이 된다.

〈그림 12-5〉 고전학파의 IS곡선

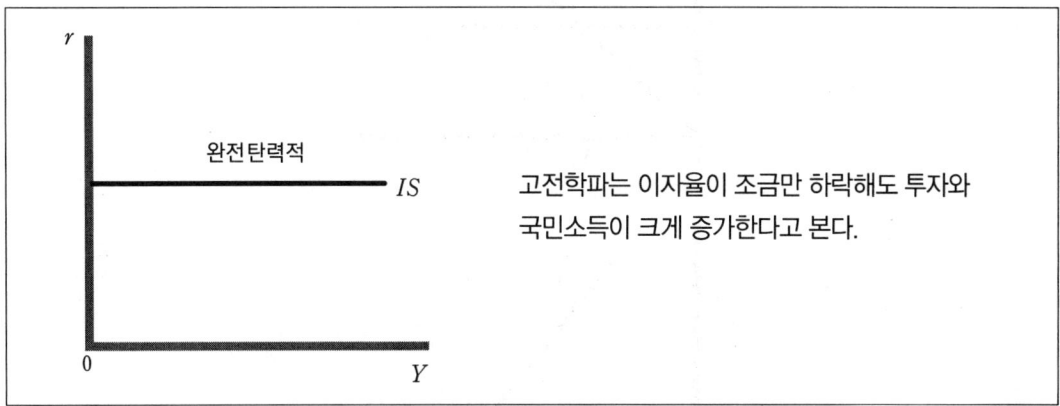

2) 케인즈

케인즈는 투자(I)가 이자율(r)보다는 투자자의 미래에 대한 예측에 의해 결정된다고 보았다.(케인즈의 투자이론인 내부수익률법 상기) 따라서 이자율이 하락해도 투자는 많이 증가하지 않는다. 극단적으로 투자의 이자율탄력성이 완전비탄력적이라면 IS곡선은 수직선이 된다.

〈그림 12-6〉 케인즈의 IS곡선

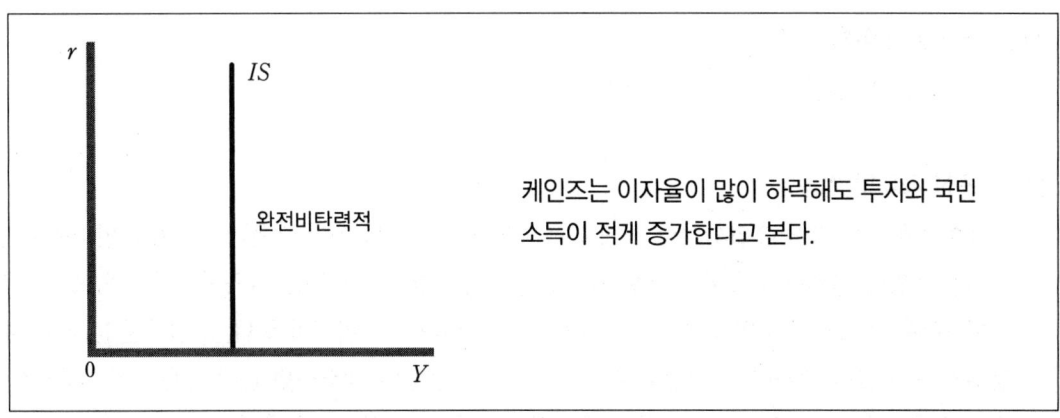

3) 통화주의학파와 케인즈학파

통화주의학파는 고전학파와 마찬가지로 투자의 이자율탄력성이 탄력적이라고 보며, 따라서 IS

곡선의 기울기가 완만하다고 보고 있다. 케인즈학파는 케인즈와 마찬가지로 투자의 이자율탄력성이 비탄력적이라고 보며, 따라서 IS곡선의 기울기가 가파르다고 보고 있다.

〈그림 12-7〉 케인즈학파와 통화주의학파의 IS곡선

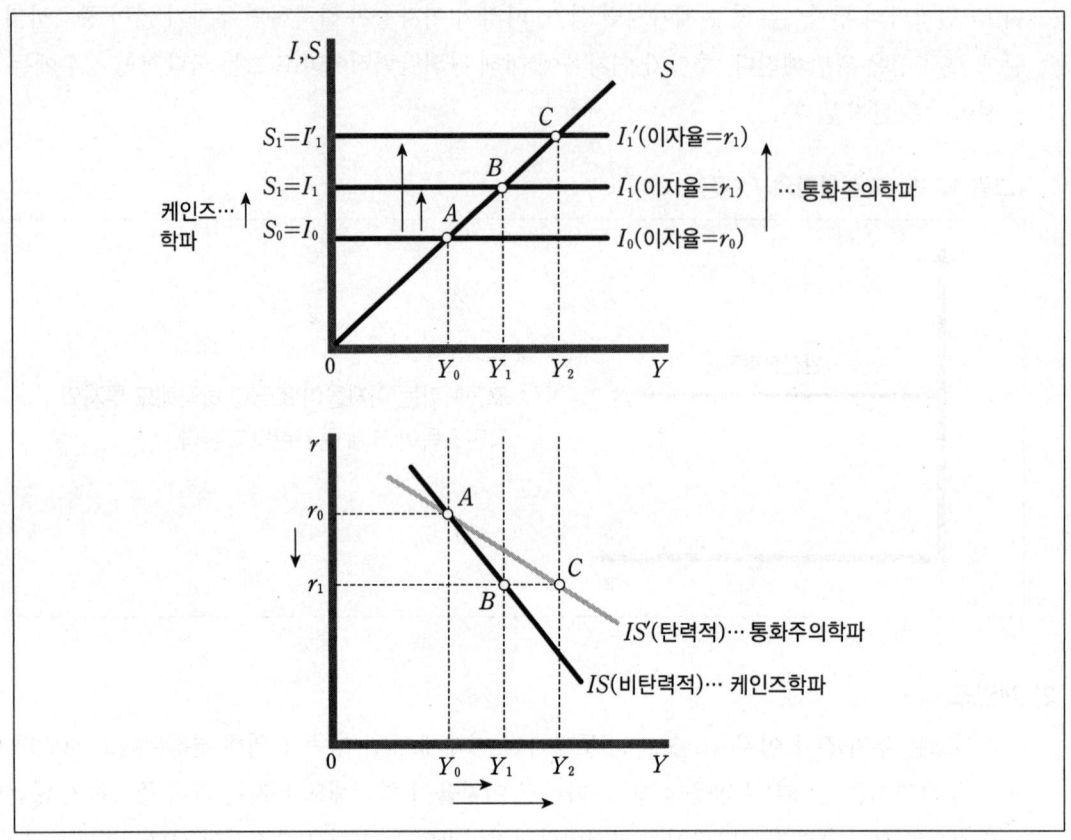

❻ IS곡선의 이동

1) IS곡선상의 이동

이자율(r)의 변화는 IS곡선상의 변화를 초래한다.

2) IS곡선 자체의 이동

저수지에 물이 많이 유입되거나 적게 유출되면 저수지물의 높이가 올라가듯이 국민소득순환 과정에서 주입이 많거나 누출이 적으면 국민소득이 증가한다. 따라서, IS곡선을 우측으로 이동시켜 국민소득을 증가시키기 위해서는 주입이 많아지고 누출이 적어져야 한다. 주입부문인 소비, 투자, 정부지출, 수출이 증가하고, 누출부문인 저축, 조세, 수입이 감소하면 IS곡선은 우측이동한다. 반대로 주입부문이 감소하고 누출부문이 증가하면 IS곡선은 좌측이동한다.

〈그림 12-8〉 IS곡선의 이동

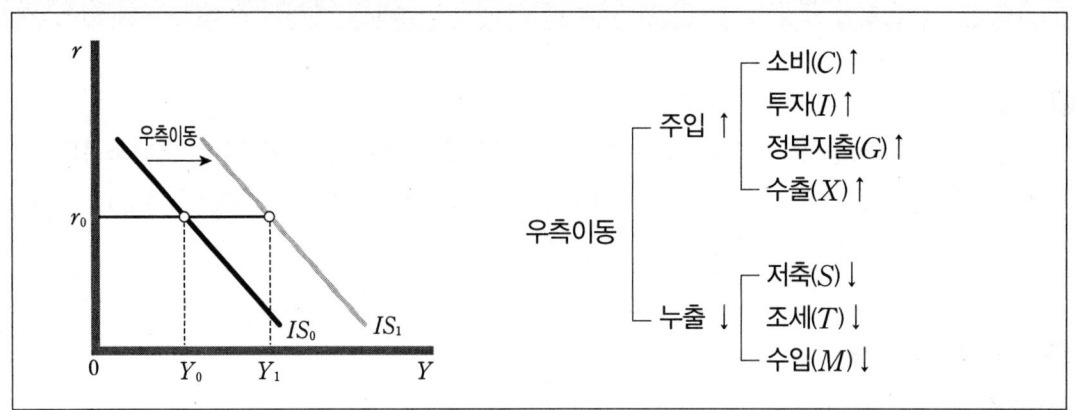

제3절 LM곡선

❶ 개념

LM곡선은 화폐시장의 균형(화폐수요 = 화폐공급)을 가져다 주는 이자율과 국민소득의 결합궤적을 연결한 곡선이다. LM은 화폐수요(Liquidity Preference)의 'L'자와 화폐공급(Money Supply)의 'M'자를 합하여 나타낸 것이다.

❷ LM곡선의 도출

1) 도출

최초의 화폐시장의 균형을 나타내는 점 $A(Y_0, r_0)$에서, 국민소득이 Y_0에서 Y_1으로 증가하면 화폐수요가 증가한다. 화폐수요의 증가는 화폐수요곡선을 $M^d(Y_0)$에서 $M^d(Y_1)$으로 우측이동시킨다.

화폐수요곡선의 우측이동은 화폐공급이 일정하기 때문에 이자율을 r_0에서 r_1으로 상승시킨다. 균형국민소득과 이자율의 결합을 나타내는 A점과 B점을 연결하면 우상향하는 LM곡선이 도출된다.

〈그림 12-9〉 LM곡선의 도출

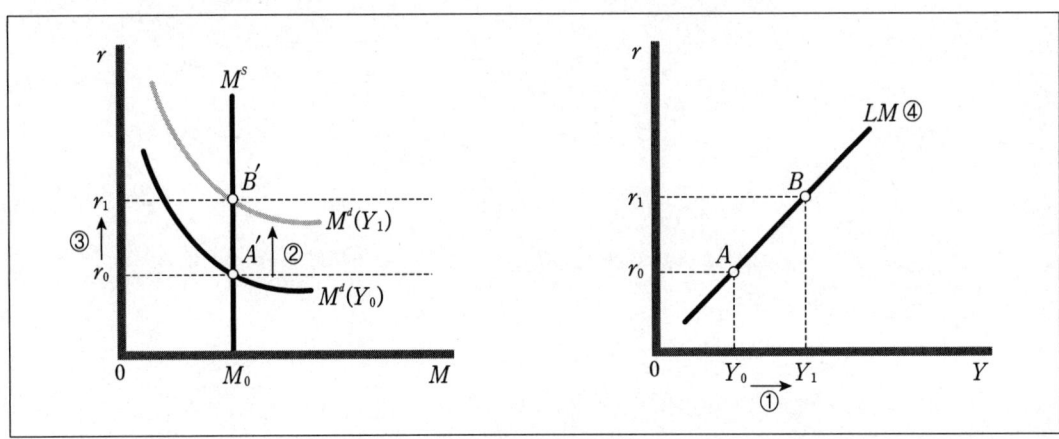

2) 수리적 접근

$Md = \dfrac{1}{5}Y - 2r$, $M^S = 40$일 경우 LM곡선을 도출하여 본다.

LM곡선은 $M^d = M^S$이므로

$\dfrac{1}{5}Y - 2r = 40$

$\therefore Y = 10r + 200$(기울기가 양(+)이므로 LM곡선은 우상향한다.)

❸ LM곡선의 형태와 기울기

1) 형태

LM곡선은 우상향한다. LM곡선이 우상향하는 이유는 화폐공급이 일정하게 주어져 있는 경우 국민소득이 증가할수록 소비가 늘어나고 이로 인해 거래적 동기의 화폐수요가 증대하며, 화폐수요의 증대는 화폐의 수요곡선을 우측으로 이동시켜 균형점에서 이자율을 상승시키기 때문이다.

2) LM곡선의 기울기

LM곡선의 기울기는 화폐수요의 이자율탄력도와 화폐공급의 이자율탄력도의 크기에 의해 좌우된다.

(1) 화폐수요의 이자율 탄력도

케인즈와 케인즈학파는 화폐수요의 이자율탄력도가 탄력적이라고 보아 LM곡선의 모양이 수평선에 가깝다고 하였다. 고전학파와 통화주의학파는 화폐수요의 이자율탄력도가 비탄력적이라고 보아 LM곡선의 모양이 수직선에 가깝다고 하였다.

(2) 화폐공급의 이자율탄력도

케인즈와 케인즈학파는 화폐공급의 내생성을 주장하여 화폐공급의 이자율탄력도가 탄력적이라고 주장하여 LM곡선의 모양이 수평선에 가깝다고 하였다. 고전학파와 통화주의학파는 화폐공급의 외생성을 주장하여 화폐공급의 이자율탄력도가 비탄력적이라고 주장하여 LM곡선의 모양이 수직선에 가깝다고 하였다.

❹ 화폐시장의 불균형

그림에서 E점은 LM곡선상에 있으므로 화폐시장의 균형, 즉 화폐수요와 화폐공급이 일치된 점이다. LM곡선의 상방에 위치한 A점은 화폐의 초과공급상태로 불균형점이다. 그 이유는 균형점에 비해 A점에서 이자율이 높은 수준이므로 화폐수요가 줄어든 상태이기 때문이다. 균형점에서는 화폐수요와 화폐공급이 일치하였으나, A점에서 화폐공급은 변함없으나 화폐수요가 감소하였기 때문에 화폐공급이 화폐수요보다 더 크다.

LM곡선의 하방에 위치한 B점은 화폐의 초과수요상태로 불균형점이다. 그 이유는 균형점에 비해 B점에서 이자율이 낮은 수준이므로 화폐수요가 증가하였기 때문이다. 균형점에서는 화폐수요와 화폐공급이 일치하였으나, B점에서 화폐공급은 변함없으나 화폐 수요가 증가하였기 때문에 화폐수요가 화폐공급보다 더 크다.

<그림 12-10> 화폐시장의 불균형

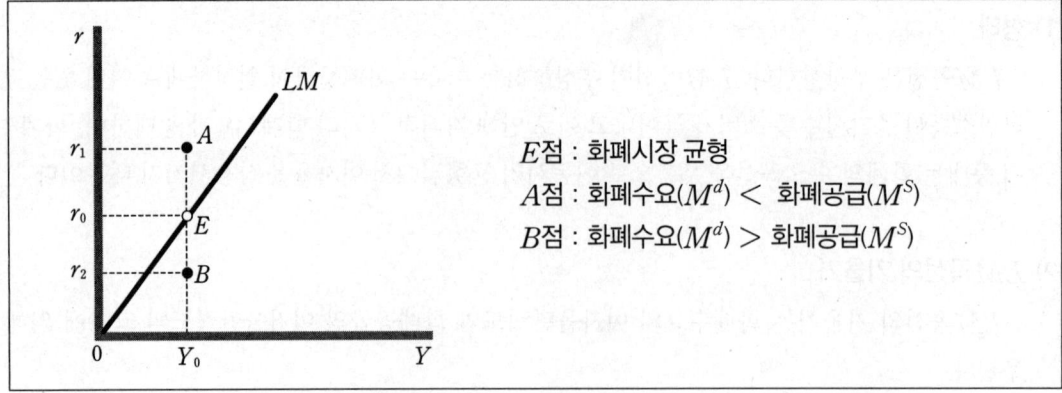

E점 : 화폐시장 균형
A점 : 화폐수요(M^d) < 화폐공급(M^S)
B점 : 화폐수요(M^d) > 화폐공급(M^S)

❺ 학파별 견해

1) 고전학파

화폐의 기능을 교환의 매개수단으로만 국한하고, 따라서 투기적 동기에 의한 화폐수요를 무시하므로 화폐수요의 이자율 탄력성은 비탄력적이다.(고전학파의 화폐수요이론인 화폐수량설을 상기) 극단적으로 화폐수요의 이자율탄력성이 완전비탄력적이라면 LM곡선은 수직선이 된다.

<그림 12-11> 고전학파의 LM곡선

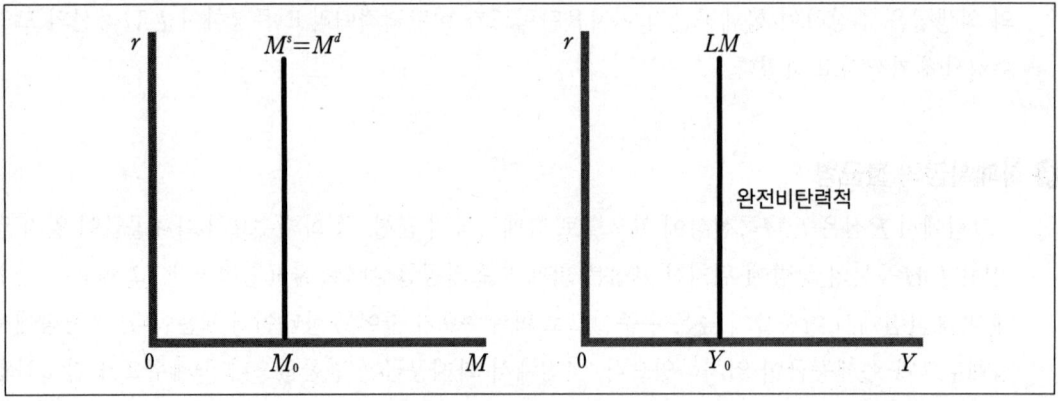

2) 케인즈

화폐의 기능을 교환의 매개수단 이외에 가치저장수단을 강조하여 투기적 동기에 의한 화폐수요를 인정하였다. 따라서, 화폐수요의 이자율 탄력성이 탄력적이라고 보았다.(케인즈의 화폐수요이론인 유동성선호설을 상기) 극단적으로 화폐수요의 이자율탄력성이 ∞가 되는 유동성함정을 가정할 경우 LM곡선은 수평선이 된다.

3) 유동성함정 상태에서의 LM곡선

최초의 균형점 $A(Y_0, r_0)$에서 국민소득이 Y_0에서 Y_1으로 증가한다고 하자. 국민소득의 증가는 화폐수요를 M^D_0에서 M^D_1으로 증가시킨다.

화폐수요가 증가하였으나 이자율은 r_0으로 불변이다. 국민소득이 Y_0에서 Y_1으로 증가해도 이자율이 r_0에서 불변이므로 LM곡선은 수평선이다. 즉, A점과 B점을 연결하면 유동성함정하에서 LM곡선은 수평선이 된다.

〈그림 12-12〉 케인즈의 LM곡선(유동성함정)

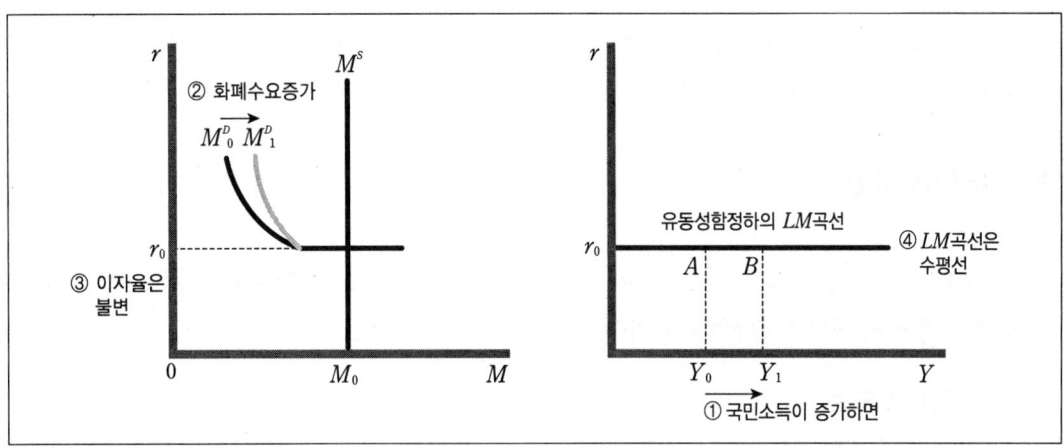

4) 통화주의학파와 케인즈학파

통화주의학파는 고전학파와 마찬가지로 화폐수요의 이자율탄력성이 비탄력적이라고 보며, 따라서 LM곡선의 기울기가 가파르다고 보고 있다. 케인즈학파는 케인즈와 마찬가지로 화폐수요의 이자율탄력성이 탄력적이라고 보며, 따라서 LM곡선의 기울기가 완만하다고 보고 있다.

〈그림 12-13〉 케인즈학파와 통화주의학파의 LM곡선

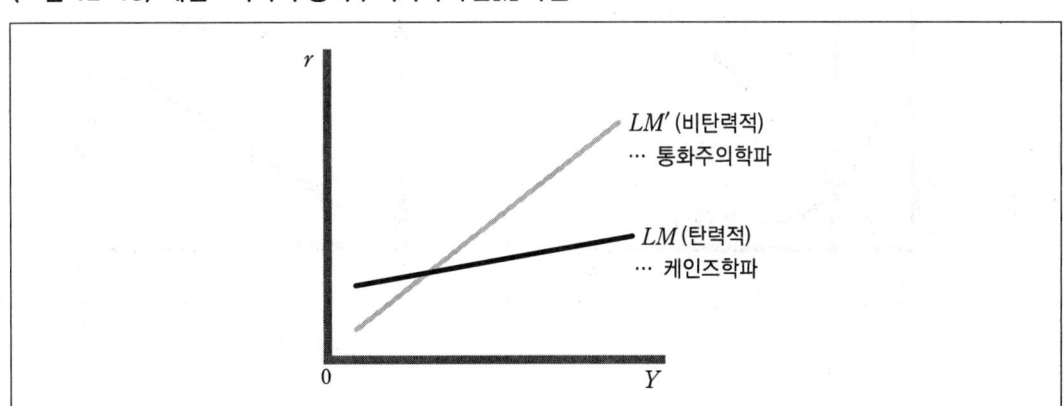

❻ 화폐공급의 외생성과 내생성에 따른 LM곡선

1) 화폐공급의 외생성

(1) 개념

화폐공급의 외생성이란 화폐공급이 이자율의 영향을 받지 않아 화폐공급곡선이 수직선이라는 것을 의미하며, 통화주의학파의 견해이다.

(2) LM곡선의 도출

국민소득이 Y_0에서 Y_1으로 증가한다고 하자. 국민소득의 증가는 화폐수요를 증가시켜 화폐수요 곡선을 $M^D(Y_0)$에서 $M^D(Y_1)$으로 우측이동시킨다. 화폐수요곡선의 우측이동으로 이자율이 r_0에서 r_2로 상승하여 가파른 LM'곡선이 도출된다.

2) 화폐공급의 내생성

(1) 개념

화폐공급의 내생성이란 화폐공급이 이자율의 영향을 받으므로 화폐공급곡선이 우상향한다는 것을 의미하며, 케인즈학파의 견해이다.

(2) LM곡선의 도출

국민소득이 Y_0에서 Y_1으로 증가한다고 하자. 국민소득의 증가는 화폐수요를 증가시켜 화폐수요 곡선을 $M^D(Y_0)$에서 $M^D(Y_1)$으로 우측이동시킨다. 화폐수요곡선의 우측이동으로 이자율이 r_0에서 r_1으로 상승하여 완만한 LM곡선이 도출된다.

〈그림 12-14〉 화폐공급의 외생성과 내생성에 따른 LM곡선

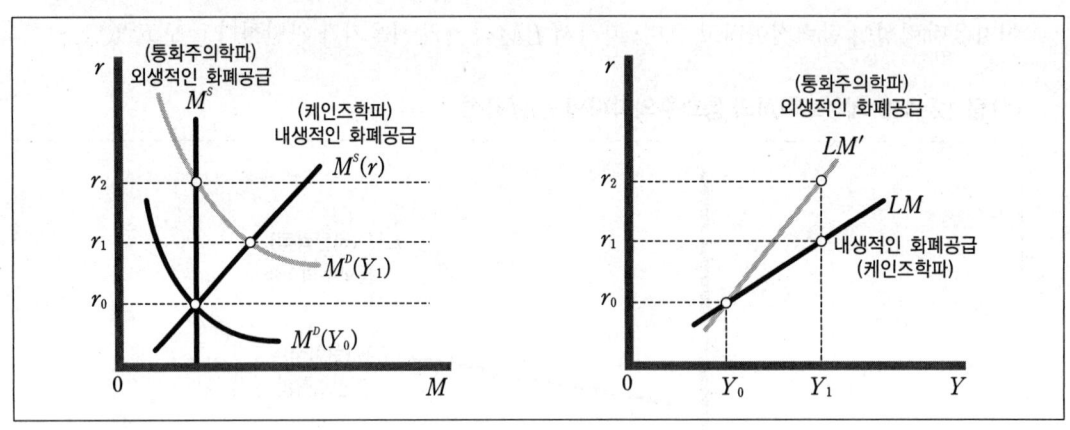

❼ LM곡선의 이동

1) LM곡선상의 이동

이자율(r)의 변화는 LM곡선상의 변화를 초래한다.

2) LM곡선 자체의 이동

(1) 우측이동

통화량이 M^s_0에서 M^s_1으로 증가하면 국민소득은 변함없으나 이자율이 r_0에서 r_1으로 하락하므로 LM곡선은 LM_0에서 LM_1으로 우측이동한다. 화폐수요가 감소하면 화폐수요에 비해 화폐공급이 상대적으로 많아지게 되어 통화량이 증가한 것과 비슷한 결과를 가져온다. 따라서, LM곡선이 우측이동한다. 물가가 P_0에서 P_1으로 하락하면 실질통화량이 $\frac{M_0}{P_0}$에서 $\frac{M_0}{P_1}$으로 증가한다. 따라서, LM곡선은 우측이동한다.

(2) 좌측이동

LM곡선이 우측이동하는 요인과는 반대로 통화량의 감소, 화폐수요의 증가, 물가상승이 일어나면 LM곡선은 좌측이동한다.

〈그림 12-15〉 LM곡선의 이동

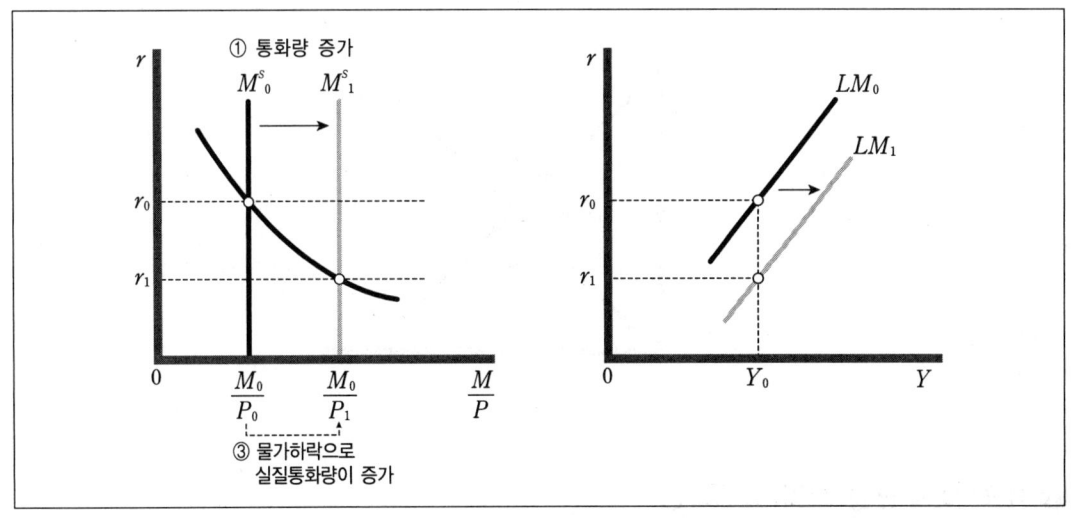

제4절 생산물시장과 화폐시장의 균형

❶ 생산물시장과 화폐시장의 균형과 불균형

1) 생산물시장과 화폐시장의 균형

IS곡선과 LM곡선의 교차하는 E점에서 생산물시장과 화폐시장의 동시적 균형이 이루어진다. E점에서 균형이자율과 균형국민소득이 구해진다.

2) 생산물시장과 화폐시장의 불균형

(1) 생산물시장의 불균형

IS곡선의 상방은 초과공급상태이고, 하방은 초과수요상태이다. 따라서, Ⅰ과 Ⅱ영역은 초과공급, Ⅲ과 Ⅳ영역은 초과수요상태이다.

(2) 화폐시장의 불균형

LM곡선의 상방은 초과공급상태이고, 하방은 초과수요상태이다. 따라서, Ⅰ과 Ⅳ영역은 초과공급, Ⅱ와 Ⅲ영역은 초과수요상태이다.

〈그림 12-16〉 생산물시장과 화폐시장의 불균형

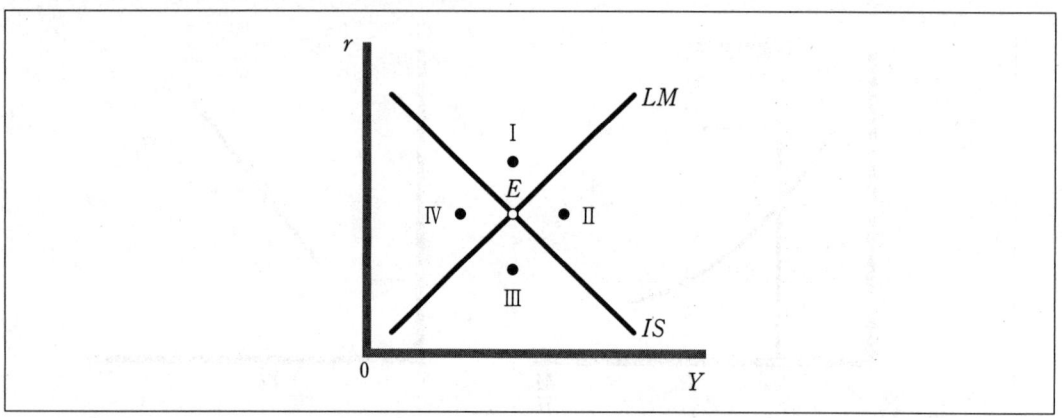

❷ 불균형에서 균형으로의 조정과정

생산물시장의 불균형은 생산량과 국민소득의 변화로 균형을 회복한다. 생산물시장에서 초과공급이 발생하면 생산량과 국민소득이 감소하여 불균형이 해소된다. 화폐시장의 불균형은 이자율의 변화로 균형을 회복한다. 화폐시장에서 초과공급이 발생하면 이자율이 하락하여 불균형이 해소된다.

불균형에서 균형으로의 조정과정은 화폐시장의 균형이 먼저 달성된다. 즉, 불균형점에서 먼저 LM곡선상으로 조정이 이루어진다. 이후 LM곡선상을 따라 IS곡선과 LM곡선이 만나는 최종균형점으로 이동한다. 그림에서 A점은 생산물시장과 화폐시장에서 모두 초과공급의 상태이다. A점에서 균형점인 E점으로 조정되는 과정은 우선 이자율이 하락하여 LM곡선상의 한 점인 B점으로 이동한다. B점에서 화폐시장의 균형은 달성되었으나 생산물시장에서는 여전히 초과공급상태이다. 최종균형점인 E점으로 조정되는 과정은 LM곡선상을 따라 B점에서 E점으로 이동한다.

〈그림 12-17〉 **불균형에서 균형으로의 조정과정**

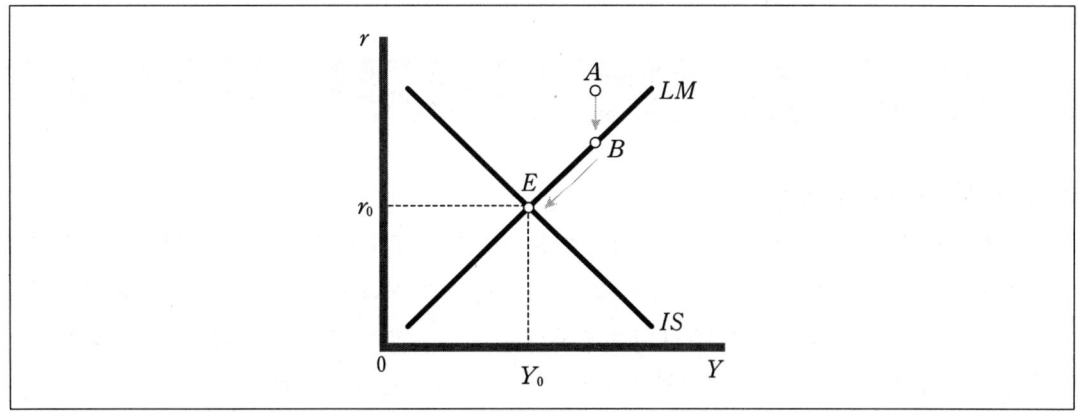

제13장 경제안정화 정책

제1절 경제안정화정책의 개념과 효과

❶ 경제안정화 정책의 개념

현실경제에서는 인플레이션이나 실업과 같은 경기불안정이 종종 나타난다. 경기가 호황일때는 물가상승이 우려되고, 경기가 침체하게 되면 실업자들이 늘어나 실업률이 높아진다. 이러한 경기불안정의 문제는 자본주의 경제체제에서 발생하는 불가피한 문제로 인식되고 있다. 그러나 물가가 장기간 계속해서 상승하거나 경기침체가 상당한 기간 동안 진행되어 경제가 불안정해지면 이를 단지 자본주의 체제에서 어쩔 수 없이 나타나는 현상으로 방치할 수는 없다. 왜냐하면 실업이 나인플레이션 같은 경제 문제가 단기간에 해결되지 않고 장기간 지속하게 되면 이를 경험하는 국민들의 고통이 이루 말 할 수 없기 때문이다.

우리나라의 경우 1997년 IMF 외환위기 이후 경기침체가 장기간 지속되자 기업들이 도산하고 실직자들이 급증하여 경제적 어려움이 가중되었다. 이러한 경제적 어려움은 가정을 해체시키고 다수의 실직자들을 노숙자로 내몰았으며, 실직자들의 일부는 이러한 어려움을 견디지 못해 자살로 생을 마감하는 비극적 상황을 초래하였다. 경기침체의 장기화는 이처럼 국가적인 문제만이 아니라 국민 개개인의 기본적인 생존권마저 박탈하는 아주 심각한 문제인 것이다. 이러한 상황에서도 정부가 경기의 회복만을 기다리며 현실의 경제문제에 적극 개입하지 않는 것은 정부 스스로의 기본적 의무를 망각하는 행위라 할 것이다.

물가가 장기간 상승하거나 경기침체가 지속되면, 정부는 여러 가지 정책수단을 사용하여 경제를 안정화시켜야 한다. 이러한 정부의 정책적 노력을 경제안정화 정책(economic stabilization policy)이라 한다. 즉 경제안정화 정책이란 물가안정이나 경기회복을 위해 정부가 단기에 시장에 적극개입하는 재정정책이나 금융정책을 의미한다.

재정정책은 정부가 정부지출이나 조세 등을 통하여, 금융정책은 중앙은행이 통화량이나 이자율의 조정 등을 통해 경제를 안정화시키고자 하는 정책을 말한다.

❷ 경제안정화 정책과 경제성장 정책

경제안정화 정책은 단기적인 정책으로 장기적으로 국민경제를 성장시키는 경제성장 정책과는 구별된다. 경제안정화 정책은 총수요(AD : aggregate demand)를 조절하여 경기순환의 진폭을 감소시키고자 하는 일련의 정책을 말하며 재정정책과 금융정책으로 나누어진다. 반면 경제성장정책은 기술혁신, 생산성향상, 투자증대 등을 통해 총공급(AS : aggregate supply)을 증대시키고자 하는 정책이다.

경기가 침체되어 실업자가 증가하게 되면 정부는 확대 재정정책이나 금융정책의 실시를 통해 총수요를 증가시켜 경기를 부양하려고 한다. 반면 경기가 과열되어 물가의 상승이 가팔라지면 정부는 긴축 재정정책이나 금융 정책의 실시를 통해 총수요를 감소시켜 경기과열을 억제시키려고 한다. 이처럼 경제안정화 정책은 총수요를 조절하여 경기변동의 진폭을 완화하려는 정책이라는 점에서 "총수요관리정책"이라 한다.

총공급을 조절하여 경기변동의 진폭을 완화시키는 방안도 고려해 볼 수 있으나 단기적으로 총공급을 변동시켜 조정하는 것은 현실적으로 쉬운일이 아니다. 왜냐하면 총공급은 노동공급의 증가, 투자의 증가, 기술진보 등 구조적인 요인에 의해 결정되므로 단기적으로 정부가 이들 변수들을 조정하기가 쉽지 않기 때문이다.

❸ 경제안정화 정책에 대한 학파별 견해

1) 고전학파

고전학파 경제학자들은 경제를 안정시킬 목적으로 재정과 금융정책을 임의로 집행해서는 안된다고 주장한다. 이들은 안정화 정책이 경제에 영향을 미치기까지는 시차가 존재하며, 또한 단기적인경기 변동은 시장의 가격기능에 의해 해결되도록 놓아두어야 한다는 것이다.

이들은 시장경제가 근본적으로 자기치유적(self correcting) 기능을 가지고 있는 것으로 보고 이를 무시한 적극적인 안정화 정책은 오히려 비효율적인 경기변동을 야기시킨다고 보고 있다. 따라서 고전학파 경제학자들은 정부가 경기안정을 위해 안정화 정책을 재량적으로 사용하지 말고 경제상황과는무관하게 미리 공포한 규칙에 따라 정책을 실시하도록 권고하였다. 이를 준칙에 의한 경제정책이라 한다.

준칙에 의한 경제정책이 재량적인 경제정책보다 바람직하다는 이유로는 동태적 비일관성(time inconsistency)과 정책결정자에 대한 불신을 들 수 있다. 동태적 비일관성이란 정책결정자가 민간의 기대형성에 영향을 미치려고 미리 공포한 정책을 예정대로 실시하지 않는 것을 말한다. 동태적 비일관성으로 정부가 민간으로부터 신뢰를 상실하면 민간은 정부가 의도한대로 기대형성을 하지 않기 때문에 장기적으로 정부가 의도한 방향으로 정책을 집행하기가 곤란해진다.

2) 케인즈학파

케인즈학파 경제학자들은 경기변동이 지나칠 경우 정부가 직접 나서서 총수요를 조절해야 한다고 주장한다. 특히 예상하지 못한 충격으로 경기침체가 지속될 때에는 재정정책이나 금융정책은총수요를 증가시키는 데 매우 효과적이라고 주장한다.

케인즈학파 경제학자들은 경기침체를 시장실패의 하나라고 보고 있다. 따라서 경기불황기에 시장의 가격기능에 의해 경기가 회복되기가 어려우므로 정부는 장기는 물론 단기에도 시장에 적극적으로 개입해야 한다고 말한다. 이들은 정부가 경제상황을 잘 파악하고 이러한 상황인식에 의거하여 경기변동의 진폭을 완화하고 경제안정화를 위해 재정이나 금융정책을 재량적으로 운용해야 한다고 주장한다. 이를 재량적(discretionary) 경제정책이라 한다.

제2절 재정의 의의

❶ 개념

재정이란 국가 또는 지방공공단체들, 즉 정부가 의회의 의결을 거쳐서 확정된 공공수요를 충족시키기 위하여 자원을 획득, 관리, 처분하는 경제활동을 말한다.

재정은 국가활동의 물적토대라고 할 수 있으며, 이러한 물적토대는 세입과 세출로 구성된다. 세입은 정부의 수입을 말하고, 세출은 정부의 지출을 말한다.

❷ 재정의 기능

재정의 기능은 자원배분의 조정기능, 소득분배의 조정기능, 경제의 안정화기능 등이 있다.

1) 자원배분의 조정기능

자원배분이란 개인이나 사회가 요구하는 것들을 충족시키기 위해 각종 생산적 자원을 용도별로 배분하는 것을 말한다. 정부는 시장의 가격기구에 의해 제대로 공급되지 못하는 공공재와 가치재를 공급하며, '시장의 실패'를 해소하기 위해 개입하기도 한다.

정부는 국가의 치안유지와 국방에 재정을 사용한다. 그리고 정부는 도로, 철도, 항만 등 사회간접자본 시설을 확충하는 데 예산을 투입한다. 마지막으로 정부는 시장기구에 의한 자원의 비효율적 배분을 시정하기 위해 노력한다.

2) 소득재분배의 조정기능

정부는 조세와 보조금 등을 통해 바람직한 소득의 재분배를 달성하고자 한다. 이러한 기능을 수행하기 위해 사용하는 수단이 누진세다.

정부는 고소득층에는 누진세를 적용하여 세금을 많이 징수하고 저소득층에는 최저생계비를 보조함으로써 소득분배의 공평성을 높이고자 한다.

3) 경제의 안정화기능

정부는 재정을 통해 경기를 조절하여 경제의 안전화기능을 수행한다.

경기가 침체하면 재정지출을 늘리고, 세금을 감면해 주는 확대재정정책을 통해 유효수요를 확대한다. 반대로 경기가 지나치게 과열되면, 긴축재정정책을 통해 유효수요를 축소시킨다.

❸ 세입과 세출

1) 세입

세입은 정부의 모든 수입을 말하며 조세수입, 세외수입과 자본수입으로 구분된다.

조세수입은 국민으로부터 징수한 세금과 국제무역의 거래세인 관세로 이루어진다. 세외수입은 수수료, 입장료, 벌과금 등의 수입을 의미하며, 조세수입과 세외수입을 합하여 경상수입이라 한다. 마지막으로 자본수입은 정부가 소유한 토지, 건물이나 기타 자산을 매각하였을 경우 정부가 획득하는 수입을 말한다.

2) 세출

세출은 정부가 행하는 지출을 말하며 경제적 분류와 기능적 분류로 구분된다. 세출을 경제적으로 분류하면 경상지출, 자본지출과 순대출로 나누어진다. 세출의 기능적 분류는 일반행정, 방위비, 교육비, 사회개발비 등으로 구분된다.

세출의 경제적 분류에 대한 내용을 살펴보면 다음과 같다.

첫째, 경상지출은 공무원 급여를 비롯한 정부의 소비지출, 정부가 차입한 채무에 대한 이자지급 및 이전지출을 말한다. 이전지출은 가계나 기업에 보조금 형태로 지급하는 것을 말하며 의료보험, 실업보험 등이 이에 해당된다.

둘째, 자본지출은 정부가 토지나 건물 등을 취득하는 데 드는 지출을 말한다.

셋째, 순대출은 정부가 각종 기관에 빌려준 융자금에서 회수금을 차감한 것을 말한다.

❹ 조세

재정은 세입과 세출로 구성되는데, 세입항목 중 조세수입은 가장 중요한 항목이고 국민경제에 미치는 영향이 크기 때문에 별도로 살펴볼 필요가 있다.

1) 조세부담의 원칙

조세부담의 원칙에는 조세부담의 공평성, 경제적 효율성, 행정적 단순성, 신축성, 정치적 책임성 등이 있다. 여기서는 조세부담의 공평성에 대한 원칙을 살펴보자.

(1) 응익의 원칙

빅셀(K. Wicksell)은 납세자가 정부의 공공서비스로부터 받은 혜택에 비례하여 조세부담을 해야 한다고 하였다.

(2) 응능의 원칙

밀(J. S. Mill)은 납세자의 경제적 능력에 따라 조세부담을 해야한다고 하였다. 응능의 원칙에는 수평적 공평성과 수직적 공평성이 있다.

수평적 공평성은 동일한 경제적 능력을 가진 사람에게 동일한 세금을 부과해야 한다는 것을 말한다. 그리고 수직적 공평성은 경제적 능력이 큰 사람에게 더 많은 세금을 부과해야 한다는 것을 말한다.

2) 조세의 분류

(1) 직접세와 간접세

직접세는 납세자와 담세자가 일치하는 조세를, 간접세는 일치하지 않는 조세를 말한다. 직접세에는 소득세, 법인세, 재산세 등이 있고 간접세에는 부가가치세, 주세, 특별소비세 등이 있다.

(2) 과세표준

과세표준이란 세금을 부과함에 있어서 그 기준이 되는 것을 말하며 종가세와 종량세가 있다.
종가세는 과세표준을 금액으로 표시하는 세금을 말하며, 판매가격의 일정비율을 조세로 부과하는 세금이다. 종량세는 과세표준을 수량이나 부피로 표시하며, 술과 담배와 같이 판매되는 상품단위마다 일정액을 조세로 부과하는 세금이다.

(3) 세율의 기준

세율의 기준에 의한 조세분류는 정액세, 누진세, 비례세, 역진세로 나누어진다.
정액세는 과세표준이 크기에 상관없이 일정한 금액을 징수하는 세금이다. 과세표준이 커질수록 세율이 높아지는 세금을 누진세, 과세표준의 크기에 관계없이 세율이 일정한 경우를 비례세, 그리고 과세표준이 커질수록 세율이 낮아지는 것을 역진세라 한다.

(4) 조세를 징수하는 주체

조세를 징수하는 주체에 따른 조세분류는 국세와 지방세로 나누어진다.
국세는 중앙정부가 징수하는 조세로 내국세, 관세, 교육세 등이 있다. 지방세는 지방정부가 징수하는 조세로 주민세, 취득세, 재산세 등이 있다.

❺ 예산과 재정

1) 예산과 결산

예산이란 정부가 재정을 수행해 가기 위한 계획을 말한다. 회계년도가 시작되기 전에 편성한 예산을 본예산이라 한다. 회계년도 중에 여러 상황으로 수정한 예산을 추가경정예산이라 한다.
결산이란 예산을 집행한 결과를 말한다.

2) 재정수지

정부의 재정수지는 세입과 세출의 차이로 파악한다. 세입이 세출보다 큰 경우를 흑자재정, 세입이 세출보다 적은 경우를 적자재정, 세입과 세출이 같은 경우를 균형재정이라고 한다.

3) 예산제약식

정부의 예산제약식은 다음과 같이 나타낼 수 있다.

> 정부지출(세출) − 정부수입(세입) = 본원통화공급(중앙은행차입) + 국공채발행 + 해외차입

적자재정인 경우 정부는 적자분을 충당해야 한다. 충당방법은 중앙은행으로부터 차입이나 국채나 공채의 발행, 아니면 외국에서 돈을 차입하는 방안이 있다.

제3절 · 재정정책의 의의

❶ 개념

정부지출과 조세를 변화시켜 경기침체를 극복하거나 경기과열을 억제함으로써 경기변동을 완화하고 국민경제의 안정적 성장을 실현하고자 하는 일련의 정책을 말한다.

❷ 정책의 시차와 재정정책의 전달경로

1) 정책의 시차

재정과 금융정책이 수립되고 집행되는 시점과 그 정책효과가 나타나는 시간의 격차를 정책의 시차(policy lag)라고 한다. 정책의 시차에는 내부시차(inside lag)와 외부시차(outside lag)가 있다.

(1) 내부시차

내부시차는 인식시차와 실행시차로 구분된다.

인식시차는 외부적 충격으로 발생한 경기변동을 정책당국이 인지하는 데 소요되는 시간을 말한다. 그리고 실행시차는 정책의 수립과 실시에 소요되는 시간을 말한다.

(2) 외부시차

실시된 정책이 현실적으로 효과를 나타나는 데 소요되는 시간을 말한다.

〈그림 13-1〉 정책의 시차

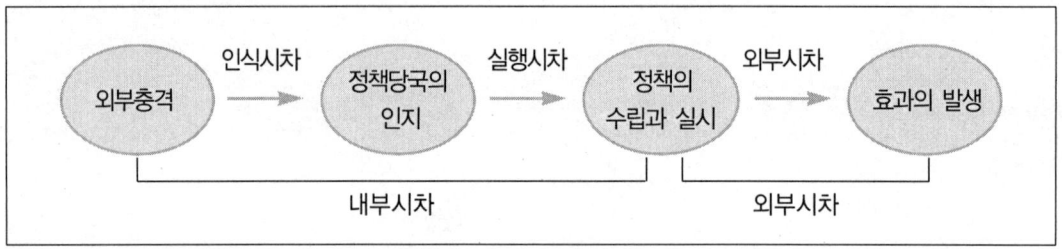

2) 재정정책의 전달경로

재정정책은 정책수단인 정부지출과 조세를 변동시켜 정책목표인 경제성장과 물가안정에 직접 영향을 준다.

〈그림 13-2〉 재정정책의 전달경로

수단	목표
정부지출 조 세	경제성장 물가안정 완전고용 균등한 소득분배

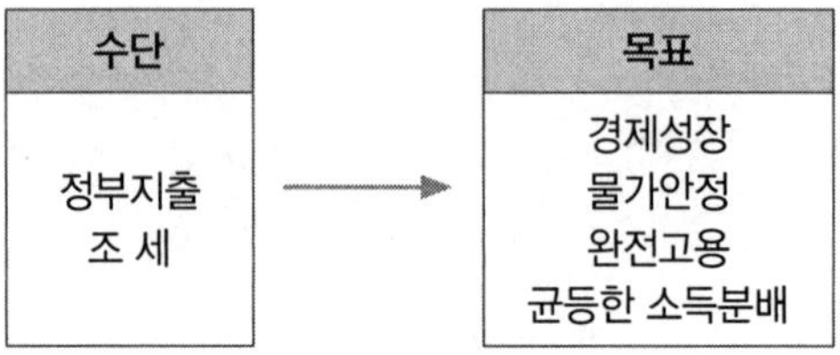

3) 재정과 금융정책의 시차비교

재정정책은 정책의 수립이나 집행이 되는 데 긴 시간이 소요되나 실시 후 효과는 빨리 나타나므로 내부시차는 길고 외부시차는 짧은 것으로 간주한다. 반면에 금융정책은 내부시차는 짧고 외부시차는 긴 시간이 소요된다고 간주한다.

〈표 13-1〉 재정과 금융정책의 시차비교

	내부시차	외부시차
재정 정책	길다	짧다
금융 정책	짧다	길다

❸ $IS-LM$ 모형과 재정정책의 내용

1) 개념

재정정책은 IS 곡선을 이동시키는 정책이다.

2) 확대재정정책

확대재정정책(정부지출증가, 조세의 감소)을 실시하면 IS 곡선이 우측이동하여 국민소득은 증가하고 이자율은 상승한다.

> 정부지출 증가, 조세의 감소 → IS 곡선 우측이동 → 국민소득증가($Y_0 \rightarrow Y_1$), 이자율 상승($r_0 \rightarrow r_1$)

3) 긴축재정정책

긴축재정정책(정부지출감소, 조세증가)을 실시하면 IS 곡선이 좌측이동하여 국민소득은 감소하고 이자율은 하락한다.

> 정부지출 감소, 조세의 증가 → IS 곡선 좌측이동 → 국민소득 감소($Y_0 \rightarrow Y_2$), 이자율 하락($r_0 \rightarrow r_2$)

〈그림 13-3〉 재정정책과 IS 곡선의 이동

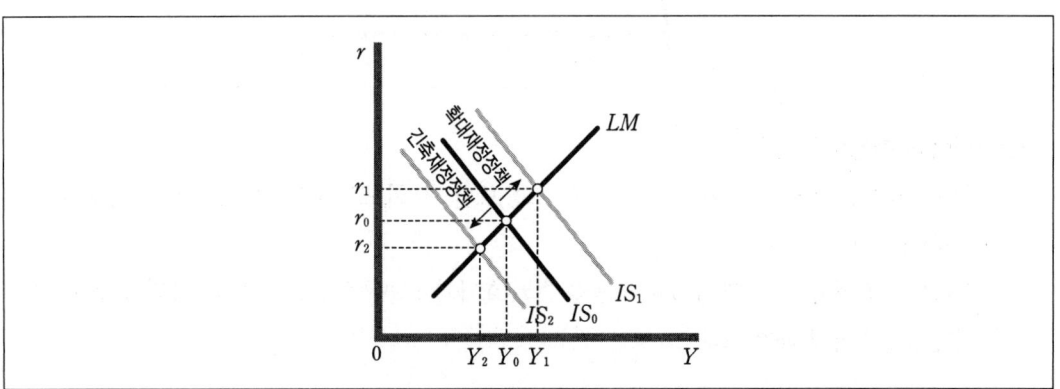

제4절 재정정책에 대한 학파별 견해

❶ 자동안정화정책과 재량적 재정정책 : 고전학파와 케인즈

1) 자동안정화장치 : 고전학파

(1) 개념

경기가 불황이 되면 자동적으로 소득세와 법인세가 줄어들거나 실업수당을 더 많이 지급하여 경제가 지나치게 불황에 빠지는 것을 방지하고, 경기가 호황이 되면 자동적으로 소득세와 법인세가 늘어나거나 실업수당을 더 적게 지급하여 지나친 경기과열을 억제하는 장치를 말한다.

정부가 경기불황 시에 재정지출을 증가시키는 등 자유재량적으로 경기상황에 따라 정부지출을 변화시키지 않아도 경기변동을 자동적으로 완화시키는 장치를 말한다.

(2) 내용

정부지출과 조세가 일치하는, 즉 균형재정상태에서의 국민소득 Y_0가 완전고용국민소득 수준인 Y_f라고 하자.

국민소득이 Y_1으로 감소하여 경기가 불황이 되면 누진세하에서 조세부담이 감소하고 이로 인해 가처분소득이 증가하여 소비가 증대함으로써 경기침체를 극복할 수 있다. 만일 국민소득이 Y_2로 증가하면 누진세하에서 조세부담이 증가하고 상대적으로 가처분소득이 감소하여 소비가 감소함으로써 경기과열을 억제할 수 있다.

〈그림 13-4〉 재정의 자동안정화장치

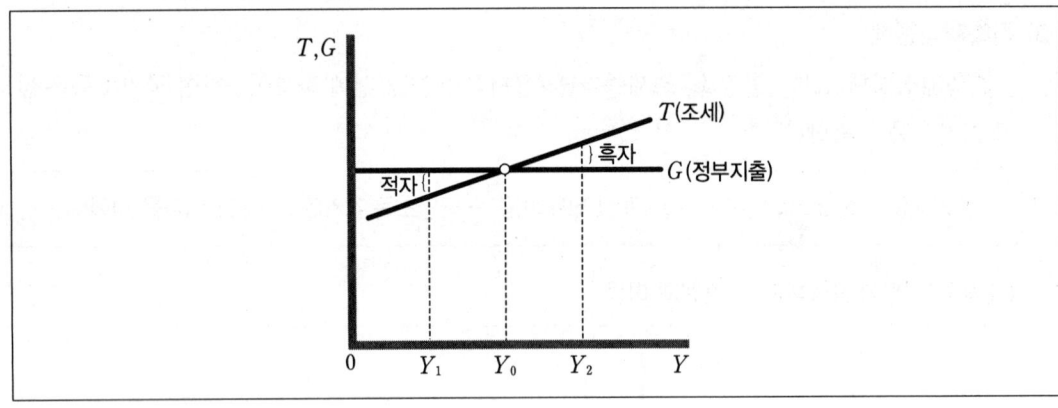

(3) 자동안정화장치의 종류

자동안정화장치에는 누진세, 실업보험, 고용보험, 사회보장제도, 최저임금제, 농산물가격지지제도 등이 있다.

조세가 누진적일수록, 한계세율이 높을수록 효과가 크며, 실업보험 등의 사회보장제도가 잘 갖추어져 있을수록 효과가 크다.

2) 재정정책에 대한 케인즈의 견해

(1) 재정적 견인(fiscal drag)

케인즈는 재정의 자동안정화장치를 비판하며 그 근거로 재정적 견인을 제시하였다.

균형재정상태의 국민소득 Y_0가 완전고용국민소득에 미달하고 완전고용국민소득이 Y_2라고 가정하자. 정부는 완전고용을 달성하기 위해 재정지출 G를 G_0에서 G_1으로 증가시켜야 된다. 그런데, 정부지출증가로 국민소득이 Y_0에서 Y_2로 증가하는데 누진세로 인해 조세징수가 증가하여 소비가 위축됨으로써 완전고용을 달성하는 데 방해가 될 수 있다. 이를 재정적 견인이라 한다. 즉, 재정적 견인이란 완전고용달성을 위한 정부의 총수요증대가 조세징수의 증가로 억제되는 것을 말한다.

〈그림 13-5〉 재정적 견인

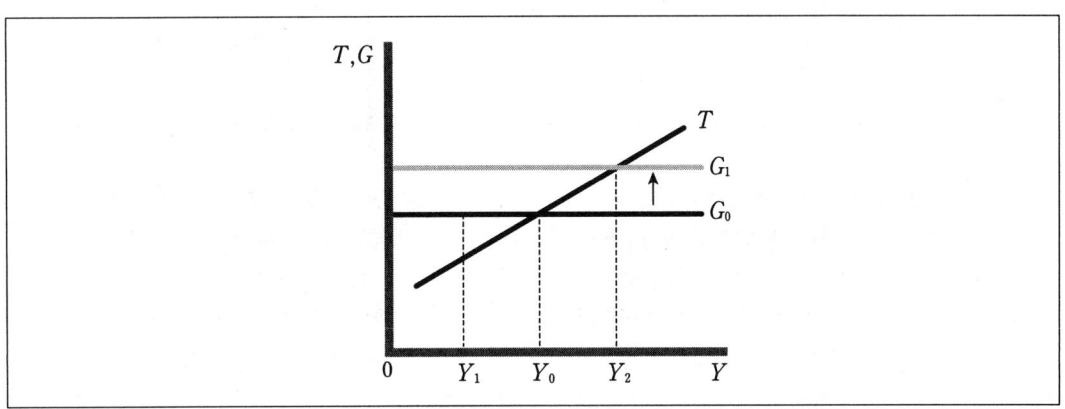

(2) 정책함정(policy trap)

정책함정이란 지금 경기가 불경기인데도 불구하고 정부가 균형재정을 추구하게 되면 경기침체가 더욱 가속화되는 현상을 말한다. 정책함정의 전달경로는 경기불황을 타개하기 위해 정부지출을 대폭증가 → 재정적자 발생 → 균형재정을 달성하기 위해 조세징수의 증가 → 소비감소 → 경기불황의 심화로 진행된다.

케인즈는 경기불황을 타개하기 위해 정부지출을 대폭 증가시켜 재정적자가 발생하더라도 균형재정을 달성하기 위해 조세를 추가로 징수하면 안된다고 하였다. 그런데 균형재정을 추구하는 고전학파는 이런 경우에도 조세를 추가로 징수함으로써 경기회복을 지연시키거나 경기불황을 심화시키는 잘못을 저지른다고 케인즈는 비판했다.

(3) 재량적 재정정책

케인즈는 고전학파의 자동안정화장치의 효과가 작다고 비판하고 경기변동을 완화시키기 위해서는 정부가 적극적으로 시장에 개입해야 한다고 주장하였다. 불경기에는 적자재정을 편성해서라도 완전고용을 달성해야 한다고 하였다. 즉, 경기상황에 따라 정부지출을 변화시키는 재량적 재정정책의 실시를 주장하였다.

❷ $IS-LM$모형과 재정정책의 효과

1) 재정정책의 효과

재정정책의 효과는 IS, LM곡선의 형태(기울기)에 따라 달라진다.

〈그림 13-6〉 재정정책의 효과

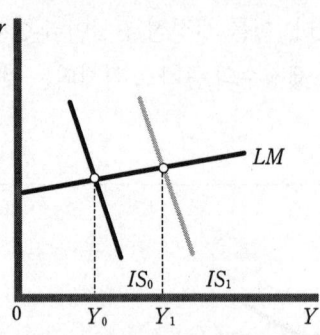

〈재정정책의 효과가 큰 경우〉

① IS곡선이 수직에 가까울수록
  (투자의 이자율탄력성이 작을수록)
② LM곡선이 수평에 가까울수록
  (화폐수요의 이자율탄력성이 클수록)
재정정책의 효과는 크다.

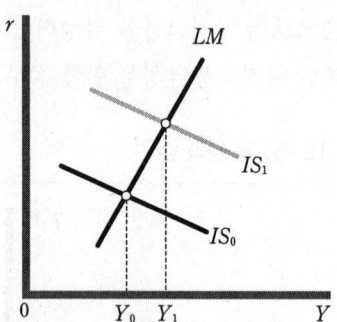

〈재정정책의 효과가 작은 경우〉

① IS곡선이 수평에 가까울수록
  (투자의 이자율탄력성이 클수록)
② LM곡선이 수직에 가까울수록
  (화폐수요의 이자율탄력성이 작을수록)
재정정책의 효과는 작다.

2) 유동성함정과 재정정책의 효과

유동성함정이란 화폐수요의 이자율탄력도가 ∞가 되는 LM곡선이 수평선인 상태를 말한다.

확대재정정책실시로 IS곡선이 IS_0에서 IS_1으로 우측이동하면 이자율은 r_0로 불변이고 국민소득만 Y_0에서 Y_1으로 증가하여 재정정책의 효과가 크다. 유동성함정 상태에서 통화량을 증가(금융정책)시켜도 경제주체는 이를 현금으로만 보유하려 고 하고 소비를 하지않기 때문에 금융정책의 효과는 없게 된다.

〈그림 13-7〉 유동성함정과 재정정책의 효과

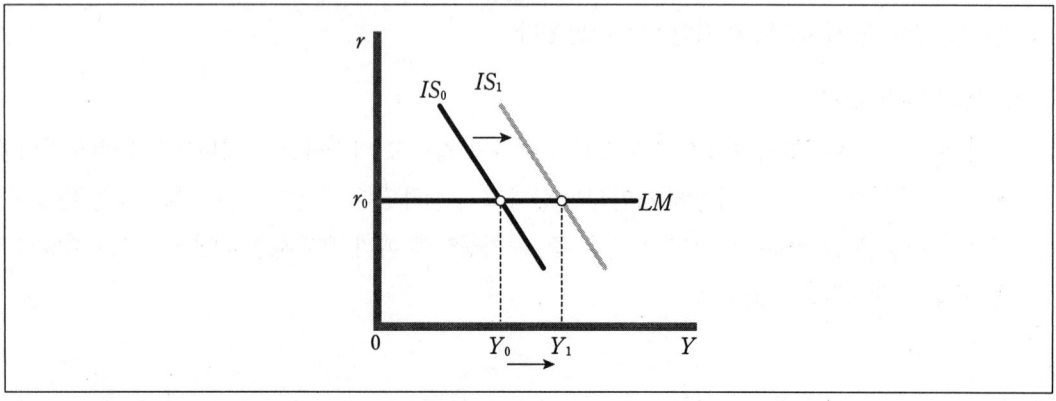

3) 유동성함정과 피구(Pigou)효과

피구는 유동성함정 구간에서 재량적 재정정책 실시를 하지 않더라도 완전고용이 가능하다고 주장하였다. 이는 피구효과로서 설명된다.

(1) 피구효과

피구효과란 물가가 하락하면 실질자산(富(부) : 현금, 국공채, 예금 등)이 증가하여 소비(C)가 증가하고 이에 따라 투자(I)와 국민소득(Y)이 증가하는 현상을 말한다. 피구는 소비가 실질자산의 함수라고 주장하였으며 따라서, 물가하락으로 인한 실질자산의 증가가 국민소득을 증가시킨다고 하였다.

(2) 유동성함정과 피구효과

유동성함정구간은 불황상황이므로 물가가 하락한다. 물가하락은 자산의 실질가치를 증가시켜 소비를 증대시킨다. 소비증가로 IS곡선이 IS_0에서 IS_1으로 우측이동하고 국민소득도 Y_0에서 Y_f로 증가한다.

〈그림 13-8〉 유동성함정과 피구효과

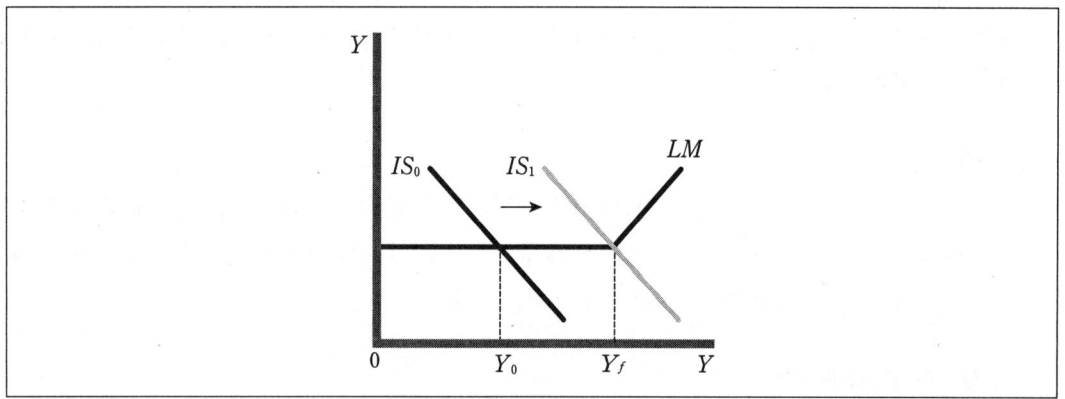

피구는 피구효과를 주장하며, 유동성함정상태에서 재량적 재정정책실시를 하지 않더라도 완전고용이 가능하다고 주장하였다.

4) 화폐수요의 이자율탄력성이 0일 때의 재정정책의 효과

화폐수요의 이자율탄력성이 0이면 LM곡선이 수직선이 된다. 확대재정정책실시로 IS곡선이 IS_0에서 IS_1으로 우측이동하더라도 국민소득은 Y_0로 변동이 없고 이자율만 r_0에서 r_1으로 상승한다. 따라서, 재정정책의 효과는 나타나지 않는다.

〈그림 13-9〉 LM곡선이 수직인 경우 재정정책의 효과

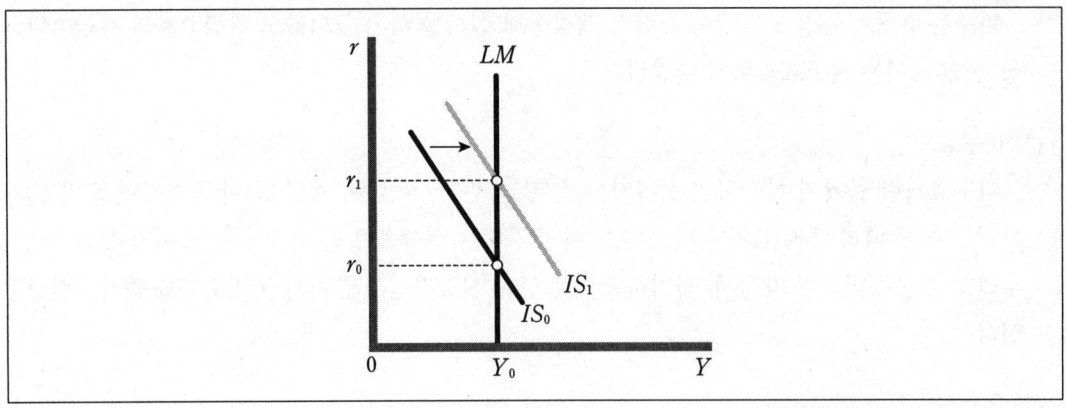

❸ 구축효과와 구입효과 : 통화주의학파와 케인즈학파

1) 구축효과(Crowding-out effect) : 통화주의학파

(1) 개념

구축효과란 국가부문의 비중이 커지면서 민간부문의 경제활동이 위축되는 현상을 말한다. 통화량 증가를 수반하지 않는 정부지출의 증가가 이자율을 상승시켜 민간투자를 감소시키고 이에 따라 증가된 국민소득을 다시 감소시키는 효과이다.

(2) 내용

확대재정정책실시로 IS곡선이 IS_0에서 IS_1으로 우측이동하면 국민소득이 Y_0에서 Y_2로 증가한다. 그러나 이자율이 r_0에서 r_1으로 상승하여 투자수요를 감소시킨다. 투자수요의 감소로 국민소득이 Y_2에서 Y_1으로 감소한다. 이를 구축효과라고 한다.

〈그림 13-10〉 구축효과

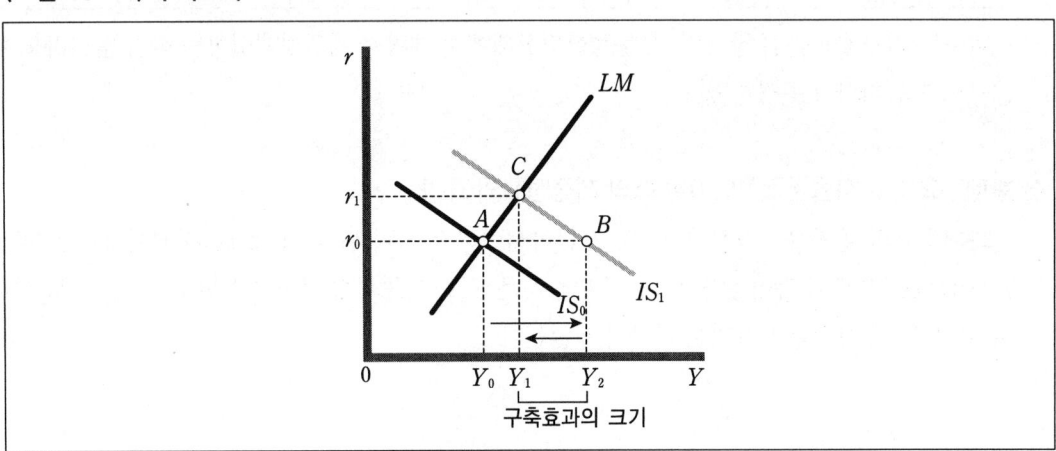

(3) 구축효과의 크기

구축효과는 LM곡선의 기울기가 가파를 때 크게 나타나고, LM곡선의 기울기가 완만하면 그 효과는 작게 나타난다.

〈그림 13-11〉 구축효과의 크기

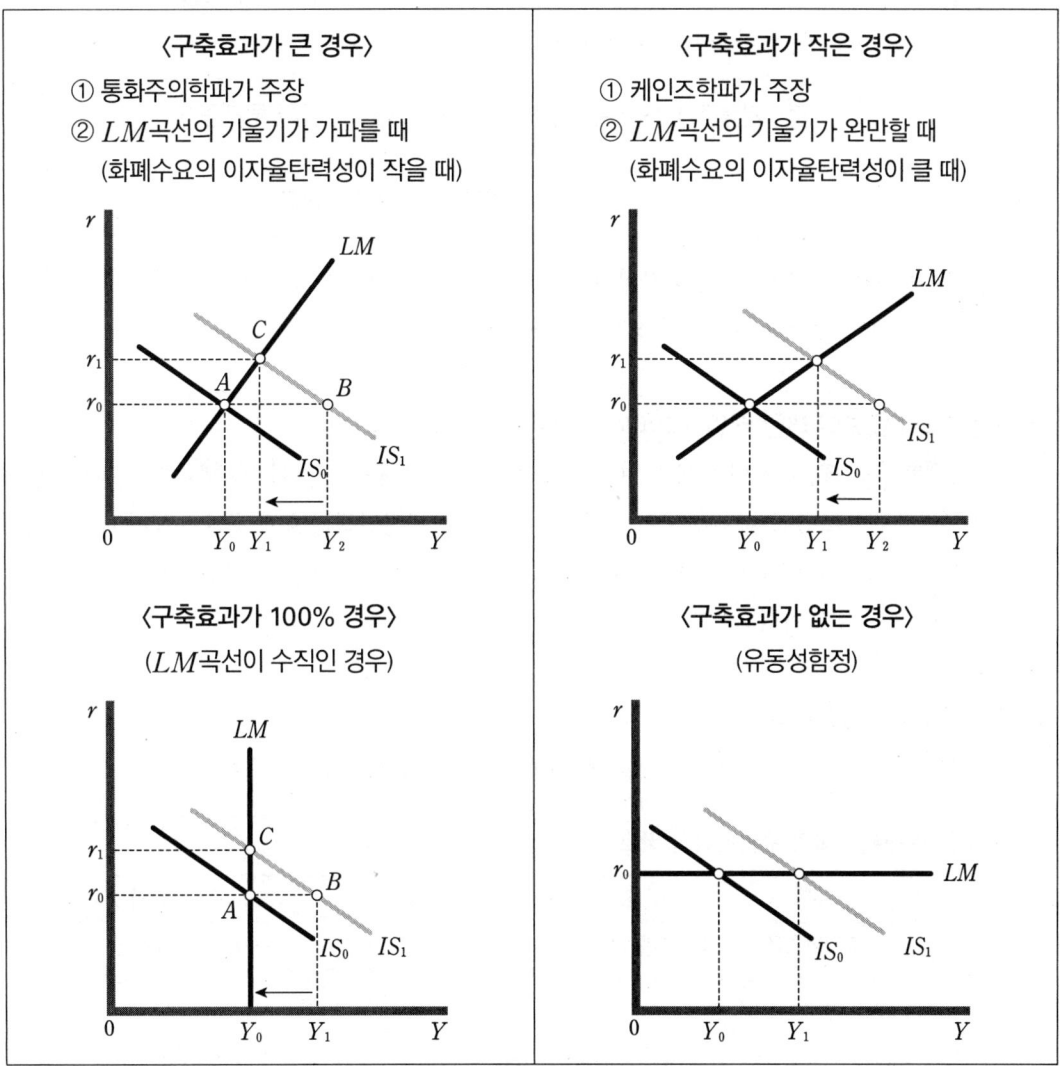

(4) 경기상황과 구축효과의 크기

구축효과는 화폐수요의 이자율탄력성이 클수록 그 효과가 작아진다.

구축효과는 실업률이 매우 낮을수록(호황일수록, 유휴설비가 없을 때일수록) 그 효과가 커진다. 왜냐하면 경제가 완전고용상태일 때에는 정부지출로 국민소득이 더이상 증가할 수 없기 때문이다.

(5) 구축효과가 있어도 재정정책이 유효한 경우

불완전고용상태에서는 구축효과가 크게 나타나지 않는다.

재정지출의 증가가 소득을 증대시켜서 저축을 증가시키고 이것이 투자로 지출되는 경우에는 구축효과로 인한 투자감소폭을 줄일 수 있다. 조세징수 대신 통화량 증대를 통해 정부재원을 조달하여 재정정책을 실시하면 민간부문이 위축되지 않는다.

2) 구입효과(Crowding-in effect) : 케인즈학파

구입효과란 광범위한 실업이 존재하고 유발투자가 발생하는 경우 정부지출증가가 오히려 국민소득을 증가시키고 이에 따라 민간투자가 증가하는 효과를 말한다.

```
정부지출증가 → 총수요증가 → 국민소득증가 → 유발투자증가
                    ↑              ↑
                  승수효과       가속도원리
```

정부지출증가로 국민소득이 증가할 때 유발투자가 이루어지면 구입효과가 나타난다. 구입효과는 케인즈학파가 제시한 것으로 재정정책을 옹호하는 이론이다.

3) 재정정책의 효과에 대한 케인즈학파와 통화주의학파의 논쟁

케인즈학파는 재정정책의 효과가 크다고 주장하였다. 이에 대해 통화주의학파는 재정정책이 실시된다 하더라도 구축효과 때문에 케인즈학파가 주장하는 재정정책의 효과가 크지 않다고 주장하였다.

케인즈학파는 재정정책이 실시될 때 구축효과는 적고, 오히려 구입효과가 있기 때문에 재정정책의 효과는 커진다고 반박하였다.

4) 구축효과와 구입효과의 비교

지금까지 논의된 구축효과와 구입효과를 비교하여 나타내면 다음과 같다.

〈표 13-2〉 구축효과와 구입효과의 비교

	구 축 효 과	구 입 효 과
정 의	국공채발행을 통한 정부지출의 증가가 이자율을 상승시켜 민간투자를 위축시키고 증가된 국민소득을 감소시키는 효과	정부지출의 증가가 국민소득을 증가시키고 증가된 국민소득이 가속도원리를 통해 유발투자를 증가시키는 효과
발생경로	정부지출증가 → IS곡선 우측이동 → 국민소득 증가 → 화폐수요증가 → 이자율상승 → 투자감소 → 국민소득감소(상쇄)	정부지출증가 → 총수요증가 → 국민소득 증가 → 투자 증가 → 국민소득증가 　　　　　　　　　↑　　　　↑ 　　　　　　가속도원리　승수효과
재정정책	재정정책의 효과를 작게 함	재정정책의 효과를 크게 함
배 경	통화주의학파가 구축효과를 통해 재정정책이 무력함을 주장	통화주의학파의 비판에 맞서 케인즈학파가 구입효과를 통해 재정정책이 유효함을 주장
크 기	① 투자의 이자율탄력도가 클수록, ② 화폐수요의 이자율탄력도가 작을수록, ③ 완전고용국민소득수준에 가까울수록 구축효과가 커진다.	① 유발투자계수가 클수록, ② 불완전고용일수록 구입효과는 커진다.

❹ 리카아도의 등가성정리

1) 개요

새고전학파 경제학자인 배로(R. Borro)는 고전학파 경제학자인 리카아도(D. Ricardo)의 '공채이론'을 체계화시켜 '리카아도의 등가성 정리(Ricardian equivalence theorem)'를 제시하였다.

2) 내용

(1) 리카아도의 공채정리

정부지출의 재원조달을 정부가 조세징수를 통해서 조달하든 국공채발행을 통해서 조달하든 그 효과는 근본적으로 동일하다. 즉, 정부의 재원조달방식의 변경은 경제의 실질변수에 영향을 줄 수 없다는 것이다. 국공채발행을 통한 정부지출의 증가는 조세징수를 미래로 연기한 것에 불과하므로 국공채발행은 현재의 조세징수와 동일하다는 것이다.

(2) 케인즈학파의 견해

케인즈학파는 재정정책에 소요되는 재원조달을 국공채발행을 통해 조달하는 것이 조세징수를 통해 조달하는 것보다 국민소득의 증대 효과가 크다고 보았다.

국공채발행의 경우에는 현재의 소비감소 효과가 나타나지 않지만 조세징수는 현재소비의 감소를 가져와 확대재정정책의 시행으로 증가된 국민소득의 일부를 감소시킬 수 있다고 보았다.

3) 국공채발행을 통한 재정정책효과에 대한 견해

(1) 새고전학파

사람들이 합리적 기대에 따라 행동하면 조세징수 대신 국공채발행을 통한 재원조달로 정부지출이 이루어지면 국공채(정부부채)를 갚기 위해 미래에 조세를 징수할 것이라고 예상하고, 이에 대비하여 저축하므로 현재소비가 감소한다. 이에 따라 새고전학파는 국공채발행을 통한 재정정책은 효과가 없게 된다고 주장하였다.

새고전학파는 리카아도 등가성정리가 성립된다고 보았다.

> 국공채발행 → 미래의 조세징수를 대비하여 저축 → 소비감소

(2) 새케인즈학파

사람들은 근시안적이어서 조세징수 대신 국공채발행을 통한 재원조달로 정부지출이 이루어지면 현재의 가처분소득은 변하지 않는다고 생각하므로 소비를 줄이지 않는다. 이에 따라 새케인즈학파는 국공채발행을 통한 재정정책은 효과가 크다고 주장하였다.

> 조세징수 대신 국공채발행 → 현재의 가처분소득불변 → 소비불변

국공채를 구입하는 사람은 조세납부와 달리 자금에 여유가 있는 사람만 구입한다. 그리고 국공

채 구입자금은 소비보다는 저축을 하려고 했던 자금이므로 국공채발행은 민간의 소비를 감소시킨다고 볼 수 없다.

　유동성제약이 존재하면 리카아도의 등가정리는 성립하기 어렵다. 저축과 차입이 불가능한 유동성제약상태에서 국공채발행으로 조세감면이 이루어지면 현재의 가처분소득이 증가한다. 현재 가처분소득 증가는 저축이 불가능하므로 현재의 소비를 증가시킨다.

제5절 금융정책의 개요

❶ 개념

금융정책이란 정부와 중앙은행이 통화량이나 이자율을 변화시켜 경기침체를 극복하거나 경기과열을 억제함으로써 경기변동을 완화하고 안정적인 경제성장을 달성하고자 하는 일련의 정책을 말한다.

❷ $IS-LM$모형과 금융정책의 내용

1) 개요

금융정책은 LM곡선을 이동시키는 정책이다.

2) 확대금융정책

통화량의 증대로 LM곡선이 우측이동하여 이자율이 하락하면 그 결과 투자도 증가하고 국민소득도 증가한다.

> 통화량증가 → LM곡선 우측이동($LM_0 \rightarrow LM_1$) → 이자율하락($r_0 \rightarrow r_2$)
> → 투자증대 → 국민소득증대($Y_0 \rightarrow Y_1$)

3) 긴축금융정책

통화량이 감소로 LM곡선이 좌측이동하여 이자율이 상승하면 그 결과 투자도 감소하고 국민소득도 감소한다.

> 통화량감소 → LM곡선 좌측이동($LM_0 \rightarrow LM_2$) → 이자율상승($r_0 \rightarrow r_1$)
> → 투자감소 → 국민소득감소($Y_0 \rightarrow Y_2$)

〈그림 13-12〉 금융정책과 LM곡선의 이동

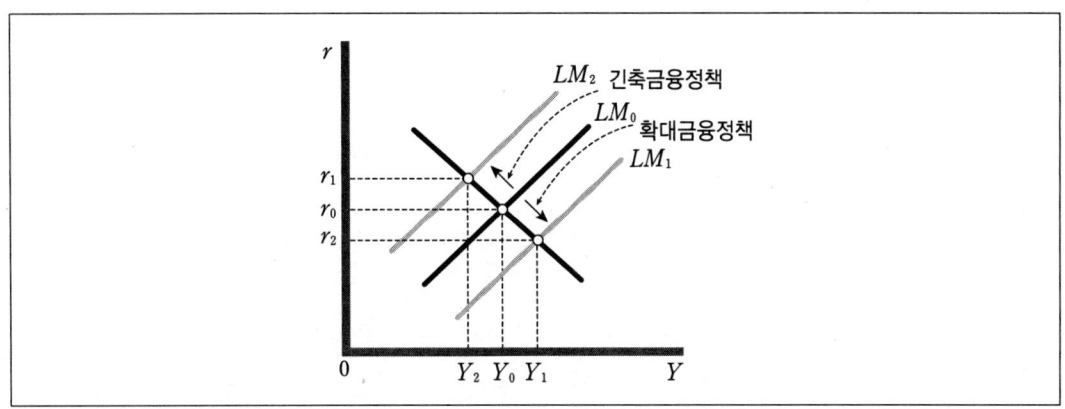

❸ **IS-LM모형과 금융정책의 효과**

　　IS, LM곡선의 형태(기울기)에 따라 달라진다. IS곡선이 수평에 가깝고, LM곡선이 수직에 가까울수록 금융정책의 효과는 커지고, 반대로 IS곡선이 수직에 가깝고, LM곡선이 수평에 가까울수록 금융정책의 효과는 작아진다.

〈그림 13-13〉 **금융정책의 효과**

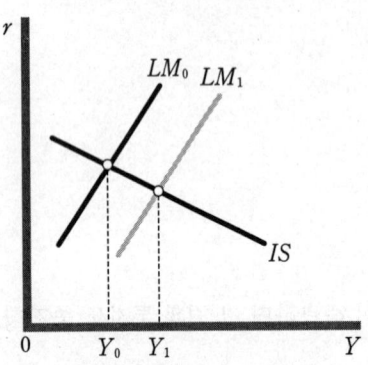

〈금융정책의 효과가 큰 경우〉

① IS곡선이 수평에 가까울수록
　(투자의 이자율탄력성이 클수록)
② LM곡선이 수직에 가까울수록
　(화폐수요의 이자율탄력성이 작을수록)
확대금융정책의 효과는 크다.

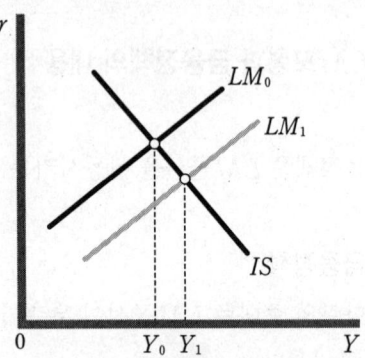

〈금융정책의 효과가 작은 경우〉

① IS곡선이 수직에 가까울수록
　(투자의 이자율탄력성이 작을수록)
② LM곡선이 수평에 가까울수록
　(화폐수요의 이자율탄력성이 클수록)
확대금융정책의 효과는 작다.

제6절 금융정책에 대한 학파별 견해

❶ 케인즈와 케인즈학파

1) 케인즈

케인즈는 경기가 극심한 불황상태에 처해 있는 경우, 예를 들면 유동성함정 상황에서는 통화량 증가가 모두 투기적 동기에 의한 화폐수요로 흡수되어 일상생활지출에 사용되지 못한다고 하였다. 따라서, 통화량 증가가 소비증대로 연결되지 못하여 금융정책의 효과는 없다고 하였다.

2) 케인즈학파

케인즈학파는 IS곡선이 수직에 가깝고, LM곡선이 수평에 가까우므로 금융정책의 효과는 재정정책의 효과에 비해 적다고 주장하였다.

금융정책의 전달경로 중에서 통화량증가는 이자율하락을 통해 투자수요를 증가시켜야 하는데, 투자의 이자율탄력성이 비탄력적이므로 금융정책의 효과는 적다고 주장하였다. 그리고 금융정책은 정책실시 후 국민소득이 증가하는 데 소요되는 시간(외부시차)이 너무 길어 그 효과가 불분명하다고 주장하였다.

❷ 고전학파 계열

1) 고전학파

고전학파는 확대금융정책은 국민소득을 증가시키지 못하고 물가만 상승시킨다고 보았다.

피셔의 교환방정식($MV = PY$)에서 V와 Y가 일정하다면 MS의 증대는 물가 P만 상승시킨다. 즉, 통화량은 명목변수인 물가만 변화시키고 실질변수인 국민소득에는 영향을 주지 못한다고 주장하였다. 이를 '고전적 이분성' 또는 '화폐의 중립성'이라 한다.

2) 통화주의학파

통화주의학파는 경제주체들의 미래 경제변수를 예측하는 데 '적응적 기대'를 형성한다고 보았다. 적응적 기대는 과거의 경험을 토대로 미래를 예측하는 방식을 말한다. 적응적 기대에 따라 물가를 예측하면 단기에는 그 예측이 빗나가고 ($P>P^e$) 장기에만 정확하여진다. ($P=P^e$)

$$M^S \rightarrow \text{노동자의 화폐환상초래}(P>P^e) \rightarrow \text{노동공급증가} \rightarrow \text{국민소득증가}$$

물가예측이 부정확한 ($P>P^e$) 단기에는 국민소득증대효과가 나타나며 그 효과는 재정정책보다 크다고 하였다.

$$M^S \rightarrow \text{정확한 물가예측}(P=P^e) \rightarrow \text{노동공급불변} \rightarrow \text{국민소득불변, 물가상승}$$

물가예측이 정확한 ($P=P^e$) 장기에는 물가상승만 초래하고 국민소득은 증가하지 않는다.

통화주의학파는 단기에 불황을 극복하고자 확대금융정책을 실시하는 재량적 금융정책을 반대하고 준칙에 입각한 금융정책 실시(k% rule)를 주장하였다.

$$EC방정식 : 통화공급량 = 경제성장율 + 물가상승률$$

3) 새고전학파

경제주체들이 합리적 기대에 의한 물가예상을 한다고 주장하였다. 합리적 기대에 의하여 물가를 예측하면 단기에도 노동자의 화폐환상이 일어나지 않는다고 주장하였다. 다만 정부의 예상하지 못한 정책변동으로 인해 물가예측이 빗나갈 수 있다고 하였다.

(1) 단기

경제주체들의 물가예측이 정확($P=P^e$)한 경우 금융정책의 실시는 국민소득을 변동시키지 못하고 물가만 상승시킨다. 그리고 경제주체들의 물가예측이 부정확($P>P^e$)한 경우 금융정책의 실시는 국민소득의 변동을 초래한다고 하였다.

(2) 장기 : 물가예측이 정확($P=P^e$)

금융정책의 실시는 국민소득의 변동을 초래하지 못하고 물가에만 영향을 준다.

(3) 정책적 시사점

단기부양효과를 노린 정부의 재량적 정책은 단기에만 효과가 있고 장기에는 물가상승만 초래한다. 그리고 불규칙적인 정책집행은 정부의 신뢰만 떨어뜨린다. 재량적 금융정책실시보다는 준칙에 입각한 금융정책을 실시해야 한다.

제14장 / 총수요와 총공급에 의한 정태적 거시경제 분석이론($AD-AS$ 모형)

제1절 개요

❶ 개념

1) $IS-LM$모형의 한계

$IS-LM$모형은 수요측면의 균형만 분석하고, 공급측면을 무시하고 있다는 한계가 있다. 그리고 물가가 고정되어 있다고 가정함으로써 인플레이션 현상을 설명하지 못하고 있다.

2) $AD-AS$모형

$IS-LM$모형의 한계를 극복하고 거시경제현상을 분석하기 위해서는 새로운 분석수단이 필요하다. 이러한 필요성에 의해 제시된 모형을 총수요-총공급 모형이라 한다. 총수요-총공급 모형은 수요측면 뿐만 아니라 공급측면도 분석한다. 그리고 물가의 변화를 고려하여 거시경제현상을 분석한다.

❷ 분석체계

1) $AD-AS$모형의 구조

거시경제의 일반균형은 모든 시장의 균형을 의미한다. 그런데 왈라스(Walras)법칙에 의해 생산물시장, 화폐시장, 노동시장이 균형을 이루면 나머지 증권시장은 자동적으로 균형이 되기 때문에 3개 시장의 균형분석으로 거시경제의 일반균형을 분석할 수 있다.

총수요곡선은 생산물시장의 균형을 나타내는 IS곡선과 화폐시장의 균형을 나타내는 LM곡선으로부터 도출된다. 그리고 총공급곡선은 노동시장과 생산함수로부터 도출할 수 있다.

2) $AD-AS$모형의 분석체계도

국민소득과 물가는 총수요와 총공급에 의해 결정된다. 총수요곡선은 $IS-LM$곡선으로 도출되며, 총공급곡선은 노동시장에서 결정된 고용량과 생산함수에 의해 도출된다. 이를 그림으로 나타내면 다음과 같다.

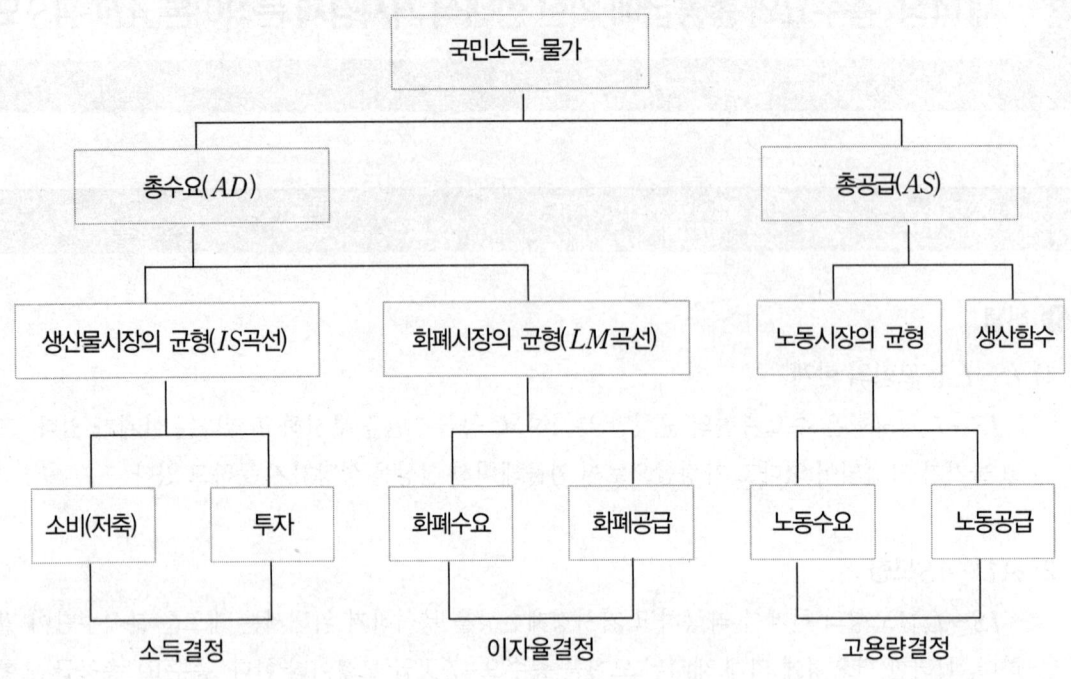

〈그림 14-1〉 $AD-AS$모형의 분석체계도

제2절 총수요(AD : Aggregate Demand)곡선

❶ 개념

총수요곡선은 물가수준이 변함에 따라 수요부문의 균형을 나타내는 물가와 국민소득의 조합을 연결한 곡선이며, 총수요곡선의 모든 점은 생산물시장과 화폐시장의 균형을 나타낸다.

❷ 학파별 총수요곡선

1) 고전학파의 총수요곡선

고전학파의 총수요곡선을 도출하기 위한 이론적 기초는 피셔의 교환방정식($MV=PY$)에서 출발한다.

$MV=PY$에서 화폐의 유통속도(V)가 1이고 통화량(M)이 10조 원이라고 하면, $PY=10$조 원이 된다. 따라서, 물가와 국민소득이 어떻게 변하더라도 그 곱한 값이 10조 원으로서 일정한 상수 값이 되므로 P(물가)와 Y(국민소득)의 관계를 나타내는 총수요곡선은 직각쌍곡선이다. 만약 통화량이 10조 원에서 20조 원으로 증가하면 $PY=20$조 원이 되며 총수요곡선은 우측이동한다. 고전학파의 AD곡선은 정부지출에 영향을 받지 않고 통화량에만 영향을 받는다.

〈그림 14-2〉 고전학파의 총수요곡선

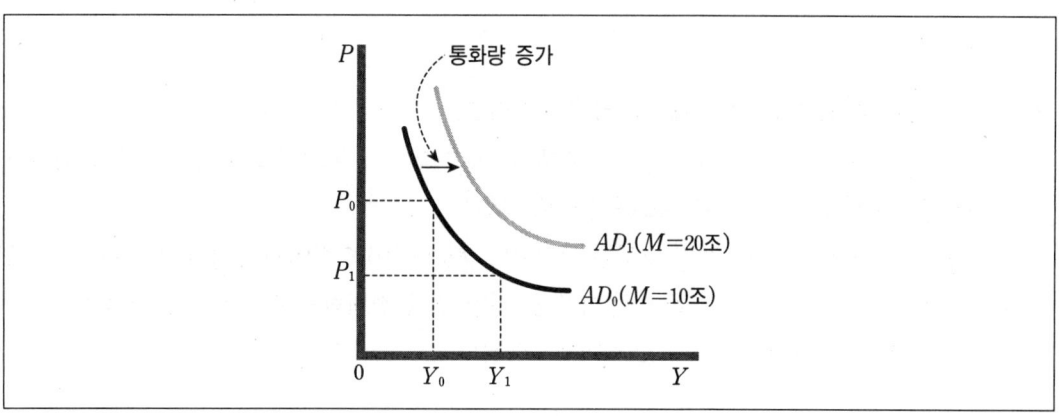

2) 일반적 형태의 총수요곡선 : $IS-LM$곡선을 이용한 도출

물가가 P_0에서 P_1으로 하락하면 실질통화량이 증가하여 LM곡선이 $LM(P_0)$에서 $LM(P_1)$으로 우측이동한다. 따라서, 균형점이 A에서 B로 이동한다. LM곡선의 우측이동은 이자율을 r_0에서 r_1으로 하락시킨다. 이자율의 하락은 투자증가를 가져와 소득을 Y_0에서 Y_1으로 증가시킨다. 그러므로 A'점과 B'점을 연결시키면 물가와 총수요측면의 국민소득의 관계를 나타내는 우하향하는 형태의 총수요곡선이 도출된다.

〈그림 14-3〉 IS-LM곡선을 이용한 총수요곡선의 도출

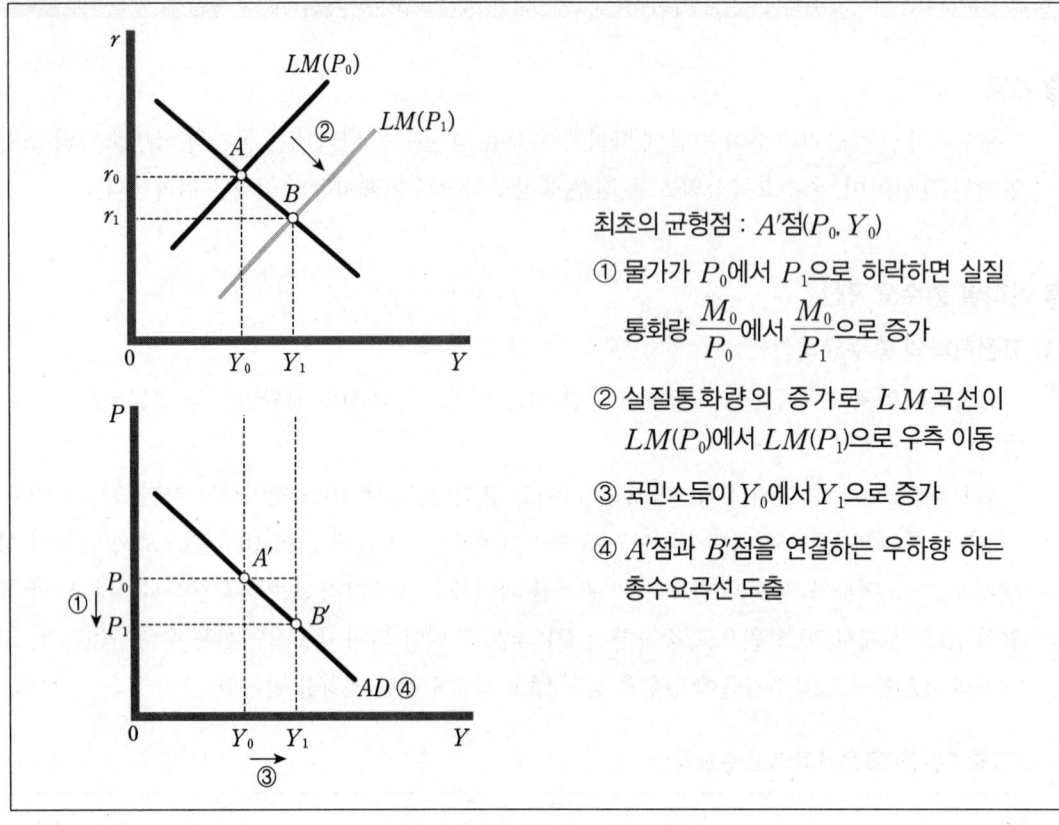

최초의 균형점 : A'점(P_0, Y_0)

① 물가가 P_0에서 P_1으로 하락하면 실질통화량 $\dfrac{M_0}{P_0}$에서 $\dfrac{M_0}{P_1}$으로 증가

② 실질통화량의 증가로 LM곡선이 $LM(P_0)$에서 $LM(P_1)$으로 우측 이동

③ 국민소득이 Y_0에서 Y_1으로 증가

④ A'점과 B'점을 연결하는 우하향 하는 총수요곡선 도출

3) 유동성함정하의 총수요곡선 : 케인즈의 총수요곡선

유동성함정상태는 케인즈가 가상하는 세계이므로 케인즈가 본 총수요곡선이라 할 수 있으며, 유동성함정상태에서는 수직의 총수요곡선이 도출된다.

유동성함정상태는 LM곡선이 수평인 상태이다. IS곡선이 수직이거나, LM곡선이 수평이면 수직의 AD곡선이 도출된다. 즉, 투자의 이자율 탄력도가 완전비탄력적이거나 화폐수요의 이자율탄력도가 무한탄력적이면 수직의 AD곡선이 도출된다.

⟨그림 14-4⟩ 유동성함정 상태에서의 총수요곡선

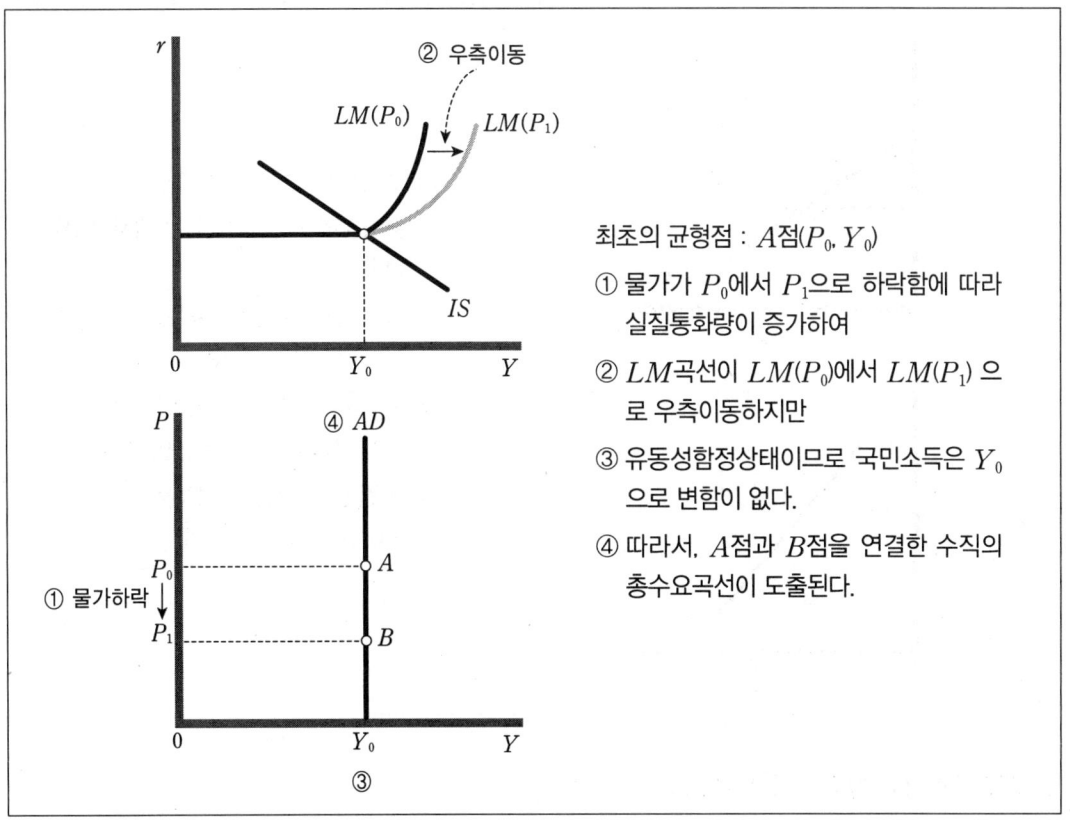

최초의 균형점 : A점(P_0, Y_0)

① 물가가 P_0에서 P_1으로 하락함에 따라 실질통화량이 증가하여
② LM곡선이 $LM(P_0)$에서 $LM(P_1)$으로 우측이동하지만
③ 유동성함정상태이므로 국민소득은 Y_0으로 변함이 없다.
④ 따라서, A점과 B점을 연결한 수직의 총수요곡선이 도출된다.

4) 유동성함정 상태에서 피구효과가 존재하는 경우의 총수요곡선

최초의 균형점은 $A'(P_0, Y_0)$이다. 물가수준이 P_0에서 P_1으로 하락하면, 실질통화량이 증가하여 LM곡선이 $LM(P_0)$에서 $LM(P_1)$으로 우측이동한다.

피구효과는 물가가 하락함에 따라 실질자산이 증가하여 소비가 증가하는 효과이므로 피구효과로 인해 소비가 증가하면 IS곡선이 IS_0에서 IS_1으로 우측이동하여 국민소득은 Y_0에서 Y_1로 증대한다. 피구효과를 전제로 한 총수요곡선은 A'점과 B'점을 연결하는 우하향하는 형태의 총수요곡선이 된다.

〈그림 14-5〉 유동성함정 상태에서 피구효과가 존재하는 경우의 총수요곡선

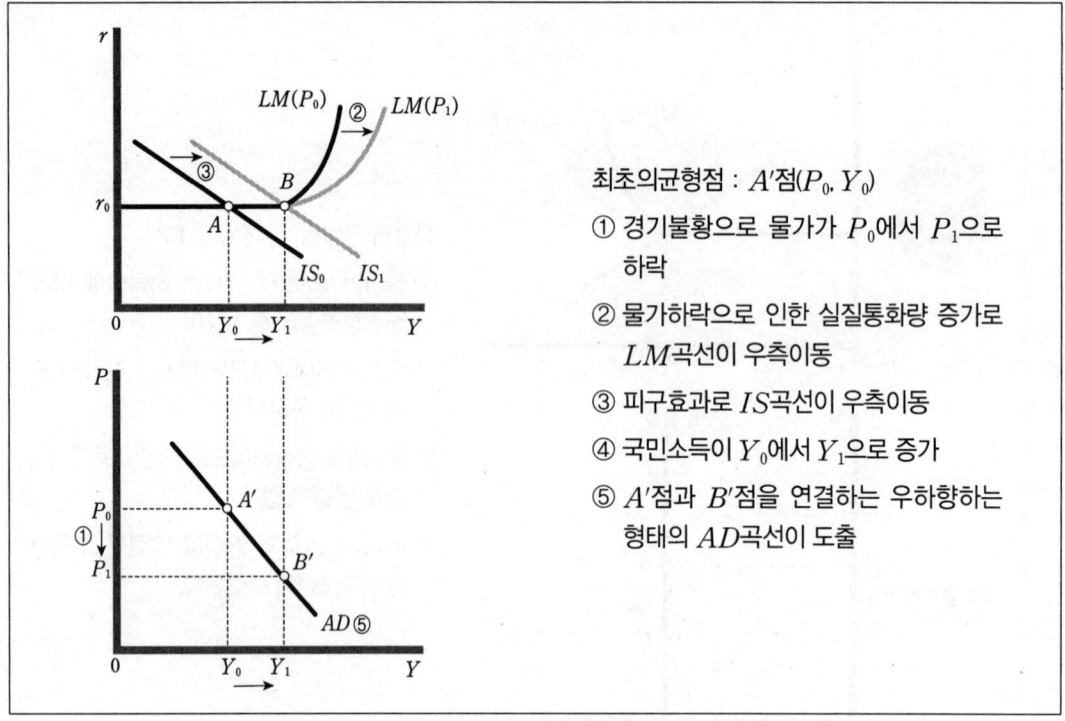

최초의 균형점 : A'점(P_0, Y_0)
① 경기불황으로 물가가 P_0에서 P_1으로 하락
② 물가하락으로 인한 실질통화량 증가로 LM곡선이 우측이동
③ 피구효과로 IS곡선이 우측이동
④ 국민소득이 Y_0에서 Y_1으로 증가
⑤ A'점과 B'점을 연결하는 우하향하는 형태의 AD곡선이 도출

5) 케인즈학파와 통화주의학파의 총수요곡선

(1) 케인즈학파

케인즈학파는 IS곡선의 형태는 가파르고 LM곡선은 비교적 완만한 형태라고 본다. 이러한 상태에서 총수요곡선을 도출하면 가파른 형태의 AD_0로 나타난다.

(2) 통화주의학파

통화주의학파는 IS곡선의 형태는 완만하고 LM곡선은 가파른 형태라고 보았다. 이러한 상태에서 총수요곡선을 도출하면 비교적 완만한 형태의 AD_1으로 나타난다.

〈그림 14-6〉 케인즈학파와 통화주의학파의 총수요곡선

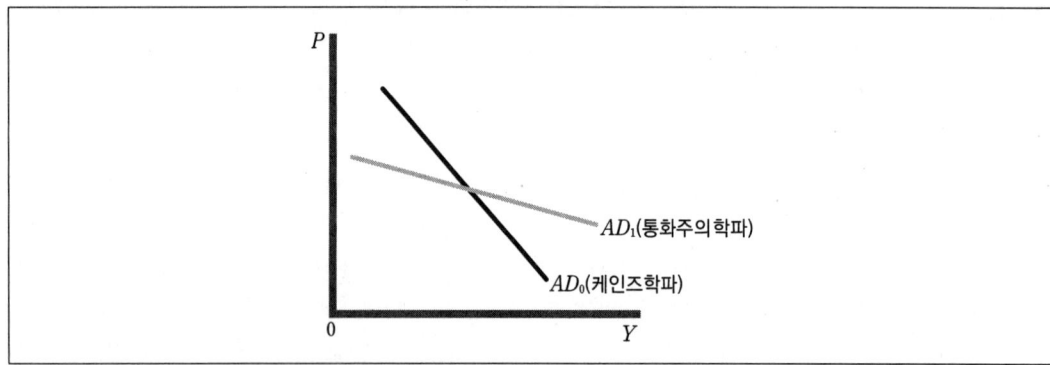

※ AD곡선은 IS곡선의 형태와 동일하다.

❸ 총수요곡선이 우하향하는 이유

총수요곡선이 우하향한다는 것은 물가가 하락하면 총수요측면의 국민소득이 증가한다는 것이다. 그 이유는 피구효과, 이자율효과, 수출효과가 반영되어 있기 때문이다.

〈그림 14-7〉 총수요곡선이 우하향하는 이유

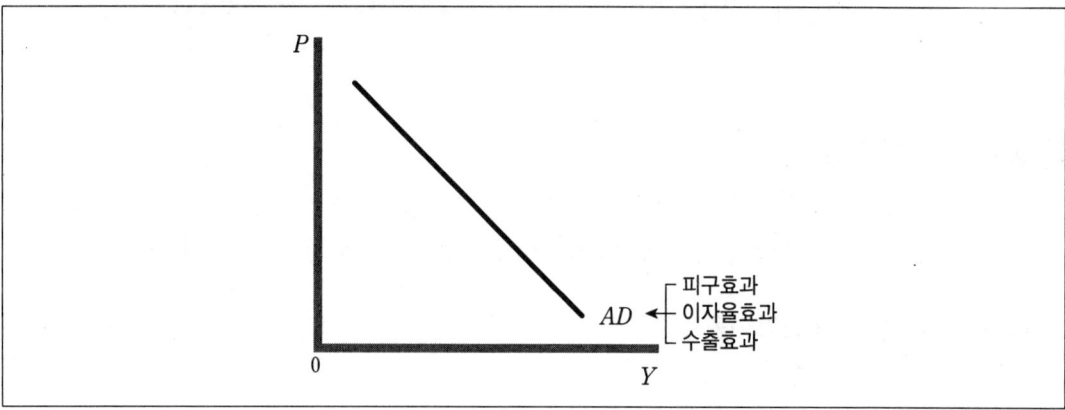

총수요는 총수요측면의 국민소득(Y) = 소비(C)+투자(I)+정부지출(G)+순수출($X-M$)이므로 다음의 상황을 반영하면 우하향하게 된다.

1) 피구효과(Pigou Effect, Wealth Effect)를 반영

가계의 소비수요는 물가가 상승하면 감소하고, 반대로 물가가 하락하면 소비수요는 증가한다.

물가가 하락하면 가계의 실질소득이 증가하게되어 소비가 늘어나게 된다. 이를 피구효과라고 한다.

> 물가하락 → 실질자산의 가치상승 → 소비증가 → 국민소득증가

2) 이자율효과를 반영

물가가 하락하면 이자율이 하락하고 그러면 투자수익률이 증가하여 기업의 투자가 증가한다. 즉 물가와 투자는 반대로 움직인다. 시장이자율이 하락할 경우 투자 수익률이 증가하는 이유는 다음과 같다.

기업은 투자를 하기 위하여 충당되는 자금을 은행에서 차입하거나 자기자본으로 조달할 수 있다. 이 경우 시장이자율은 자금조달에 따른 비용이 된다. 따라서 시장이자율이 하락하면 투자자금 조달에 따른 비용이 감소하므로 투자수익률이 높아지게 되어 투자가 증가한다.

> 물가하락 → 이자율하락 → 투자증가 → 국민소득증가

3) 수출효과를 반영

국내 물가수준이 하락하면 수출상품의 가격은 하락하고 수입상품의 상대가격은 상승한다. 따라서 물가하락으로 수출은 증가하고 수입은 감소하므로 순수출이 증가한다.

> 물가하락 → 수출상품의 가격하락 → 수출증가 → 국민소득증가
> 물가하락 → 수입상품의 상대가격 상승 → 수입감소 → 국민소득증가

❹ 총수요곡선의 이동

물가의 변동은 총수요곡선상의 이동을 초래한다. 그리고 총수요곡선은 $IS-LM$곡선으로부터 도출하므로 IS곡선과 LM곡선의 우측이동요인이 총수요곡선의 우측이동요인이 된다.

〈그림 14-8〉 총수요곡선의 이동

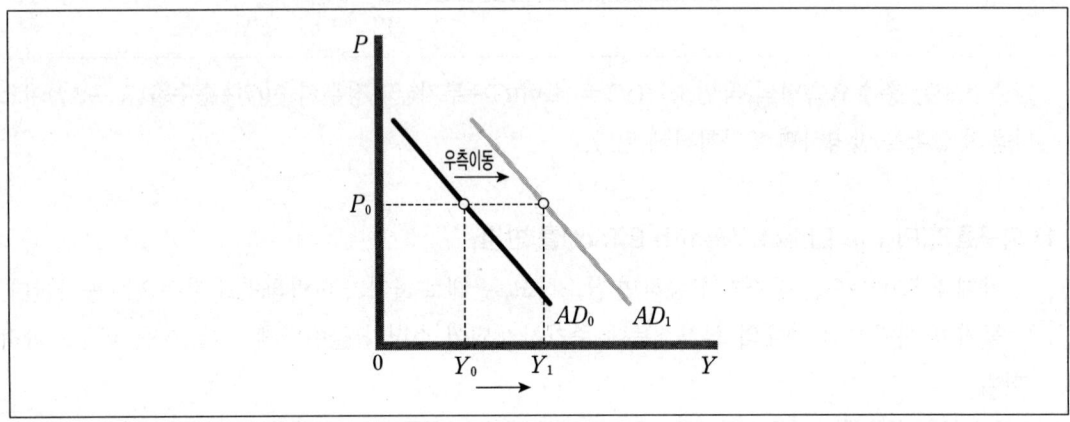

〈표 14-1〉 총수요곡선의 우측이동

제3절 총공급(AS : Aggregate Supply)곡선

❶ 개념
총공급곡선은 다른 여건이 불변인 상태에서 물가수준이 변함에 따라 공급부문의 균형을 나타내는 물가와 국민소득의 조합을 나타내는 곡선이다.

❷ 고전학파의 총공급곡선
1) 가정
(1) 완전한 정보

기업가와 노동자는 노동시장에 관한 정보를 충분히 보유하고 있다. 따라서 노동수요는 실질임금의 함수이다. 노동자는 화폐환상에 사로잡혀 있지 않으므로 노동공급은 실질임금의 함수이다.

화폐환상이란 노동자가 노동시장에서 실질임금이 아닌 명목임금을 기준으로 하여 노동을 공급하는 현상을 말한다.

(2) 가격의 신축성

명목임금과 물가수준은 상하방으로 신축적이다. 가격의 신축성이란 노동시장에서 노동의 수요와 공급이 불일치하면 명목임금과 물가수준이 완전고용을 달성하게끔 즉시 변동한다는 것이다. 가격의 신축성 가정이 성립하면 노동시장에서 완전고용이 일반적이며 실업은 일시적 현상에 불과하다.

2) 총공급곡선의 도출

물가가 P_0에서 P_1에서 상승하더라도 생산량(국민소득)은 완전고용수준에서 불변이므로 고전학파의 총공급곡선은 완전고용국민소득수준(Y_f)에서 수직이 된다.

⟨그림 14-9⟩ 총공급곡선의 도출

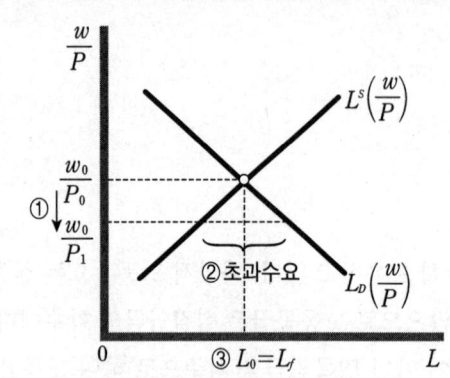

① 물가가 P_0에서 P_1으로 상승하면 실질임금이 $\frac{w_0}{P_0}$에서 $\frac{w_0}{P_1}$으로 하락한다.
② 실질임금의 하락으로 노동의 초과수요가 발생한다. 노동의 초과수요로 명목임금이 w_0에서 w_1으로 상승하면 실질임금이 원래의 수준이 된다.
$$\left(\frac{w_0}{P_0}=\frac{w_0}{P_1}\right)$$
③ 따라서, 노동고용량은 불변이 된다.

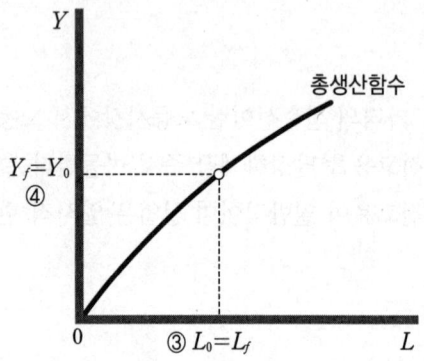

④ 총산출량도 Y_f 수준에서 불변이 된다.
⑤ 따라서, 물가가 P_0에서 P_1으로 상승했지만 총생산량은 Y_f에서 불변이므로 총공급곡선은 수직으로 나타난다.

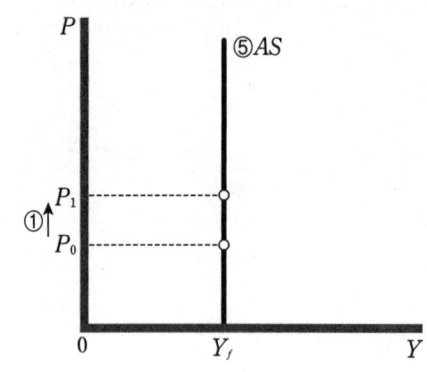

❸ 케인즈 단순모형의 총공급곡선

1) 가정

(1) 불완전 정보

기업가는 노동시장의 정보를 충분히 보유하고 있으므로 노동수요는 실질임금$\left(\frac{w}{P}\right)$의 함수이며, 노동자는 화폐환상에 사로잡혀 있으므로 노동공급은 명목임금(w)의 함수이다.

(2) 가격의 경직성

노동시장은 항상 불완전고용상태에 있다. 즉 실업은 일반적이고, 완전고용은 예외적이다. 그리고 명목임금이 하방경직적이다.

2) 고정물가 – 고정임금하의 총공급곡선

대공황과 같은 불황하에서는 실업자도 많고 가동되지 않는 생산설비가 많다. 이런 상황하에서는 물가와 임금이 상승하지 않으므로 고정물가-고정임금을 가정할 수 있다. 대공황하에서는 남아 도는 생산설비가 많으므로 유효수요만 증가시키면 물가를 상승시키지 않고서도 언제든지 생산하여 공급할 수 있다. 따라서, 총공급곡선은 수평선이다.

완전고용에 도달하기까지의 산출량 수준에서는 완전탄력적(수평선)이나, 완전고용에 도달하면 완전비탄력적(수직선)이다.

〈그림 14-10〉 고정물가 상태에서 총공급곡선

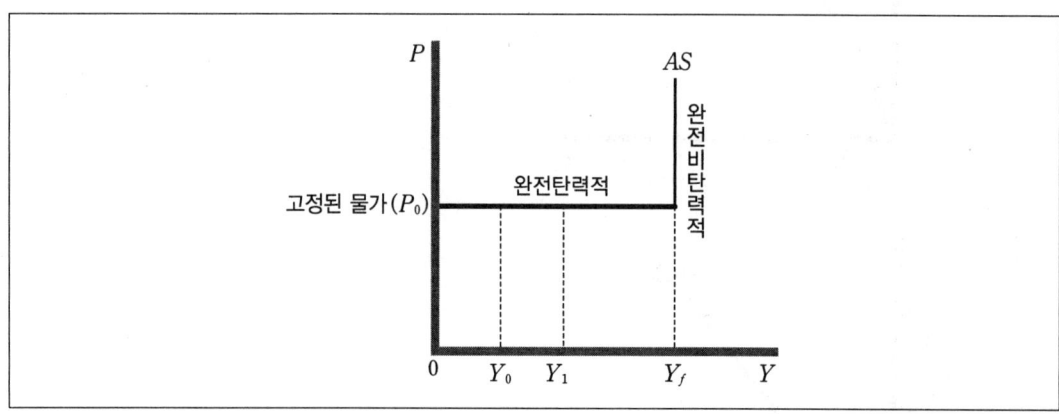

3) 변동물가 – 고정임금하의 총공급곡선

고정물가의 가정을 완화하여 물가는 변동하나, 임금은 고정되어 있는 경우를 가정하여 총공급곡선을 도출하면 다음과 같다.

〈그림 14-11〉 변동물가 상태에서 총공급곡선

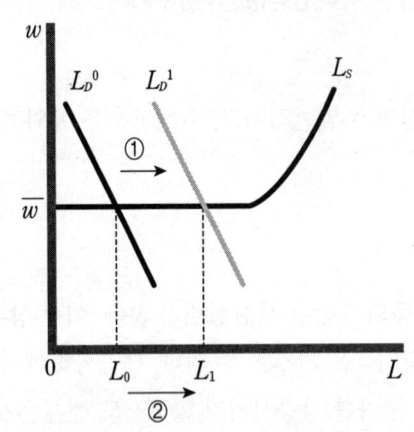

① 물가가 P_0에서 P_1으로 상승하면 노동수요곡선이 L_D^0에서 L_D^1으로 이동한다. 왜냐하면 물가가 상승했다는 의미는 생산물수요가 증가했다는 것이고, 생산물수요가 증가하면 노동수요가 증가하기 때문이다.

② 이에 따라 고용량이 L_0에서 L_1으로 증가하고,

③ 총생산량도 Y_0에서 Y_1으로 증가한다.

④ 이처럼 물가가 상승할 때 총생산량도 증가하므로 AS곡선은 우상향한다.

④ 케인즈학파와 통화주의학파의 총공급곡선

1) 가정

(1) 정보의 비대칭성

 기업가는 노동시장에 대한 정보를 충분히 보유하고 있으므로 노동시장의 균형실질임금이 상승하면 노동수요는 감소하고, 균형실질임금이 하락하면 노동수요는 증가한다. 이를 감안하면 노동수요는 실질임금$\left(\frac{w}{P}\right)$의 감소함수이다.

 노동자들은 나름대로 적응적 기대에 의해 미래의 물가수준을 예상한다. 그러나 정보의 불완전성과 여러 요인으로 단기에는 물가예상이 정확하지 않다. 즉, 노동자들은 케인즈가 이야기한 완전한 화폐환상(money illusion)이 아니라 부분적인 화폐환상에 처해있다. 이를 감안하면 노동공급은 예상실질임금$\left(\frac{w}{P^e}\right)$의 증가함수이다.

(2) 가격의 경직성

 케인즈학파는 케인즈와 같이 명목임금이 경직성을 보인다고 하여 실업사태가 발생하더라도 시장의 가격기구에 의해 완전고용이 자동적으로 달성되지는 않는다고 하였다. 통화주의학파는 단기에서는 명목임금이 경직적이나 장기에서는 그렇지 않다고 보았다. 즉 장기에서는 완전고용달성이 가능하다고 하였다.

2) 총공급곡선의 도출

정보의 비대칭성과 가격의 경직성을 가정한 케인즈학파와 통화주의학파의 총공급곡선을 도출하면 다음과 같다. 주의할 점은 통화주의학파의 경우 가격의 경직성은 단기에만 성립한다는 것이다.

〈그림 14-12〉 케인즈학파와 통화주의학파의 총공급곡선

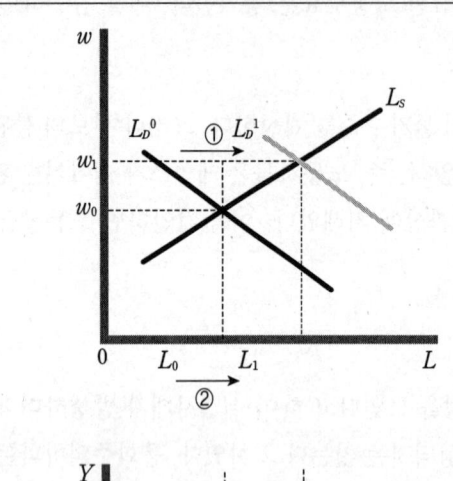

① 물가가 P_0에서 P_1으로 상승하면 노동수요곡선이 L_D^0에서 L_D^1으로 우측이동한다.

② 노동수요곡선의 우측이동으로 노동시장의 균형고용량이 L_0에서 L_1으로 증가한다.

③ 고용량의 증가는 총생산량을 Y_0에서 Y_1으로 증가시킨다.

④ 물가가 상승하면 총생산량도 증가하므로 AS곡선은 우상향한다.

3) 케인즈학파와 고전학파의 비교

(1) 총공급곡선이 우상향하는 이유

총공급곡선이 우상향하는 것은 물가가 상승함에 따라 국민소득이 증가함을 의미하는데, 이때 국민소득의 증가는 기술진보 등 생산성 향상에 따른 것이 아니라 노동자의 화폐환상에 의한 것이다.

물가가 상승하면 기업은 물가상승분만큼 명목임금을 올려준다. 노동자는 이러한 명목임금의 상승을 실질임금의 상승으로 착각하여 노동공급을 증가시킨다. 따라서, 노동공급의 증가로 공급측면의 국민소득이 증대된다.

(2) 고전학파의 총공급(AS)곡선이 수직인 이유

노동자가 실질임금을 기준으로 노동을 공급하기 때문에 AS곡선은 수직선이며, 또한 노동자가 화폐환상에 사로잡혀 있지 않기 때문에 AS곡선은 수직선이라고 하였다.

〈표 14-2〉 학파별 노동공급에 대한 가정

구분	노동공급 결정요인	물가예상	경제주체
고전학파	실질임금	완전한 기대를 하기 때문에 물가를 정확히 예상함.	신(God)에 가까운 사람
케인즈	명목임금	고정된 기대를 하기 때문에 물가는 불변이라고 예상	무지한 사람
통화주의학파	예상실질임금	적응적 기대를 이용하여 물가예상	적응적인 사람
새고전학파	예상실질임금	합리적 기대를 이용하여 물가예상	합리적인 사람

❺ 기대유형과 총공급곡선

1) 고전학파

(1) 완전예견모형

모든 경제주체는 미래에 대한 모든 변화를 정확히 예견한다. 즉, 실제물가(P)와 예상물가(P^e)는 단기와 장기 모두에서 일치한다.

(2) 총공급곡선

첫째, 노동자는 화폐환상에 빠지지 않고 실질임금을 기준으로 노동을 공급한다.

$$L_S = f\left(\frac{w}{P}\right), \; f' > 0$$

둘째, 단기와 장기 모두에서 수직의 총공급곡선이 도출된다.

〈그림 14-13〉 고전학파의 총공급곡선

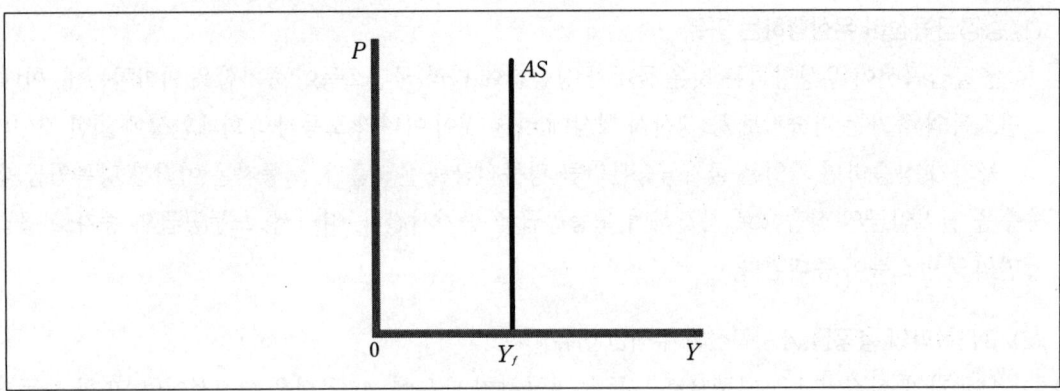

2) 통화주의학파

(1) 적응적 기대가설

경제주체가 미래를 예측함에 있어서 체계적인 오류가 발생하게 된다. 그 후 일정기간 동안 새로운 정보를 습득하여감에 따라, 새로 습득한 정보를 기반으로 미래예측의 오류를 일정부분만큼 수정하여 예측능력을 높이게 된다.

적응적 기대가설에 따르면 단기에는 미래에 대한 예측의 오류가 발생하나 장기에는 오류가 발생되지 않는다고 본다.

(2) 총공급곡선

첫째, 노동자는 예상실질임금을 기준으로 노동을 공급한다.

$L_S = f\left(\dfrac{w}{P^e}\right),\ f' > 0$

P^e : 예상물가

둘째, 단기에는 노동자의 부분적 화폐환상($P > P^e$)이 발생하나 장기에는 화폐환상이 발생하지 않는다.($P = P^e$)

〈그림 14-14〉 통화주의학파의 총공급곡선

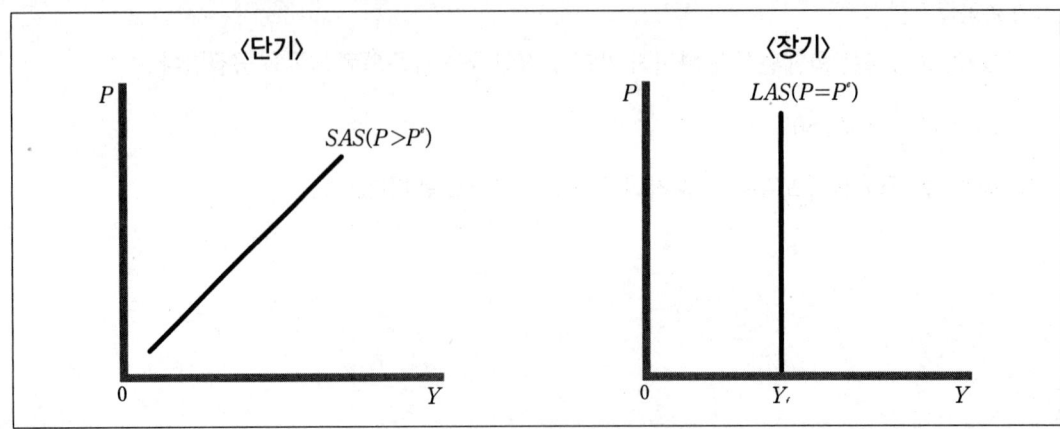

3) 새고전학파

(1) 합리적 기대가설

모든 개별 경제주체는 불완전한 정보하에서 이용가능한 정보를 최대로 활용하여 합리적으로 예측하므로, 전체적 측면에서 체계적인 오류를 범하지 않는 것을 말한다.

합리적 기대가설에 따르면 단기에도 미래에 대한 예측의 오류가 발생하지 않는다고 한다. 다만, 정부의 예측하지 못한 정책시행의 경우에만 예측오류가 발생한다. 그리고 장기에는 오류가 발생하지 않는다고 본다.

(2) 총공급곡선

첫째, 노동자는 예상실질임금을 기준으로 노동을 공급한다.

$$L_S = f\left(\frac{w}{P^e}\right), f' > 0$$

P^e : 예상물가

둘째, 단기에 정부의 예측하지 못한 정책시행의 경우에는 노동자의 화폐환상이 발생하여 우상향하는 SAS_0의 총공급곡선이 된다. 그러나 정부의 예상된 정책시행의 경우에는 노동자의 화폐환상이 발생하지 않는다. 따라서, 수직의 총공급곡선(SAS_1)이 도출된다.

셋째, 장기에는 노동자의 물가예측이 정확하여지므로 화폐환상이 발생하지 않아 수직의 총공급곡선(LAS)이 도출된다.

〈그림 14-15〉 새고전학파의 총공급곡선

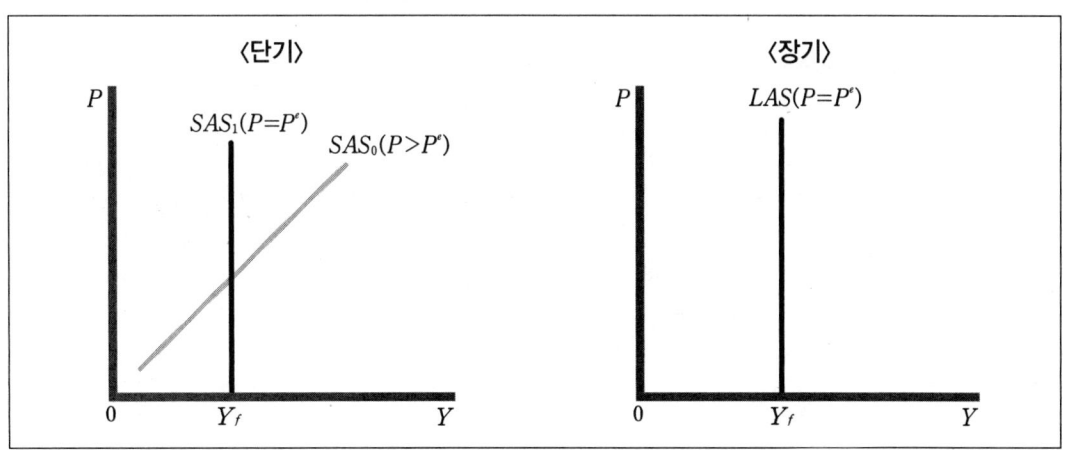

4) 기대유형별 오류

경제주체별 미래에 대한 기대모형은 완전예견모형, 적응적 기대모형, 합리적 기대모형이 있고, 각 모형별 발생하는 오류는 다음과 같다.

〈표 14-3〉 기대유형별 오류의 종류

기대유형	예측오류	체계적 오류
완전예견	미발생	미발생
적응적 기대	발생(단기)	발생(단기)
합리적 기대	발생(단기)	미발생

적응적 기대모형이나 합리적 기대모형 모두 장기에는 예측오류나 체계적 오류가 발생하지 않는다.

❻ 총공급곡선의 이동

총공급곡선은 노동시장에서 결정되는 노동량과 생산함수로부터 도출되므로 노동량과 생산함수가 변화되면 총공급(AS)곡선도 이동한다. 다음 그림은 총공급곡선이 우측이동하는 요인을 나타낸 것이며, 상황이 반대가 되면 총공급곡선은 좌측이동한다.

〈그림 14-16〉 총공급곡선의 우측이동

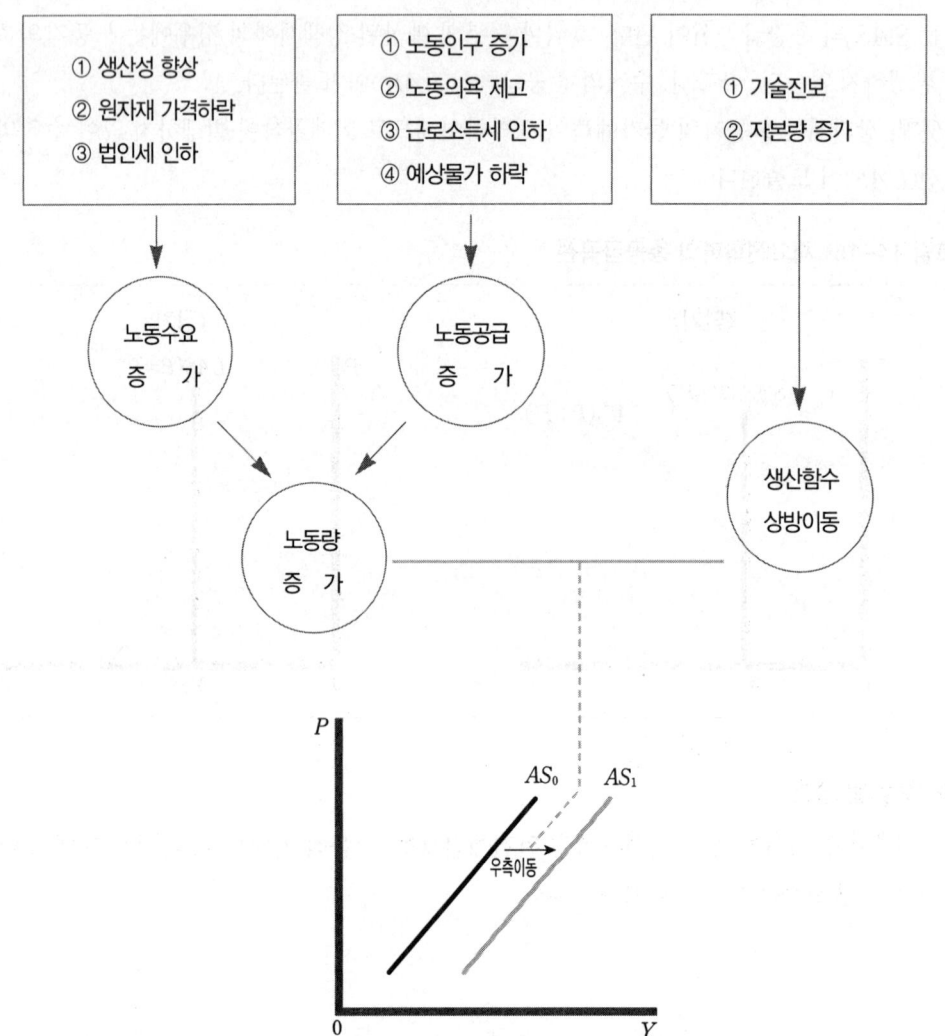

제4절 총수요-총공급곡선에 의한 균형국민소득과 물가의 결정

❶ AD-AS모형하의 균형

학파별로 AD곡선과 AS곡선의 모양은 다르지만 일반적으로 AD곡선은 우하향하고 AS곡선은 우상향한다. 우하향하는 AD곡선과 우상향하는 AS곡선이 만나는 E점에서 균형이 성립한다. 이때 균형물가는 P_0이고 균형국민소득은 Y_0이다.

〈그림 14-17〉 AD-AS모형하의 균형

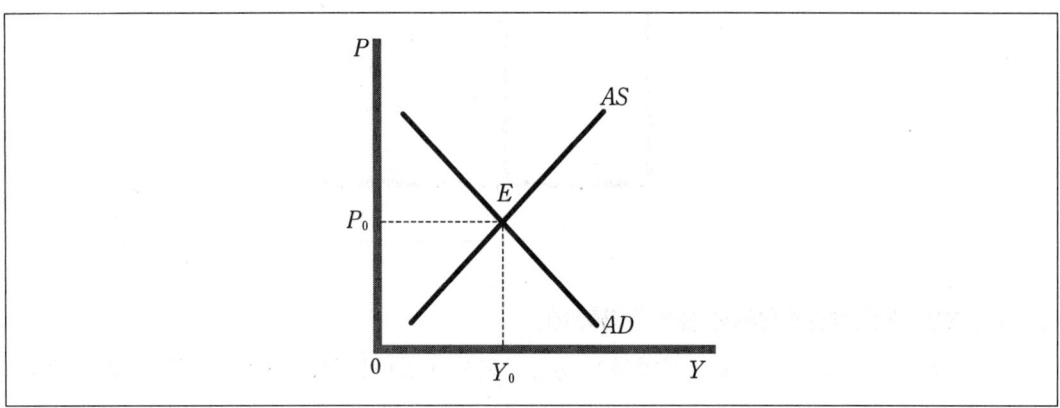

❷ 학파별 총수요-공급곡선에 의한 균형국민소득과 물가결정

1) 고전학파

직각쌍곡선형태의 총수요곡선과 수직의 총공급곡선이 만나는 점 A에서 균형물가수준 P_0와 균형국민소득 Y_0가 결정된다. 그리고 균형국민소득 Y_0는 완전고용국민소득 Y_f와 일치한다.

〈그림 14-18〉 고전학파의 $AD-AS$모형

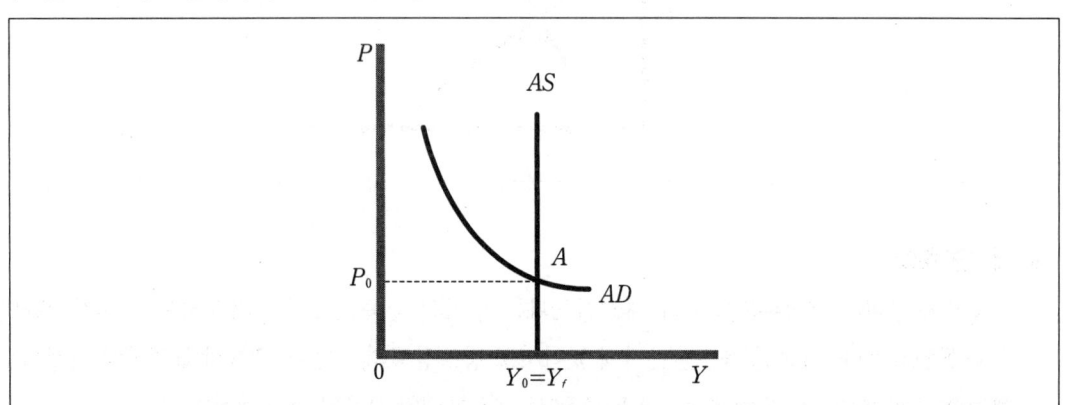

2) 케인즈

수직의 총수요곡선과 수평의 총공급곡선(고정물가-고정임금가정)이 만나는 점 B에서 균형물가 P_0와 균형국민소득 Y_0가 결정된다. 균형국민소득 Y_0는 완전고용국민소득 Y_f에 미달한다.

〈그림 14-19〉 케인즈의 $AD-AS$모형

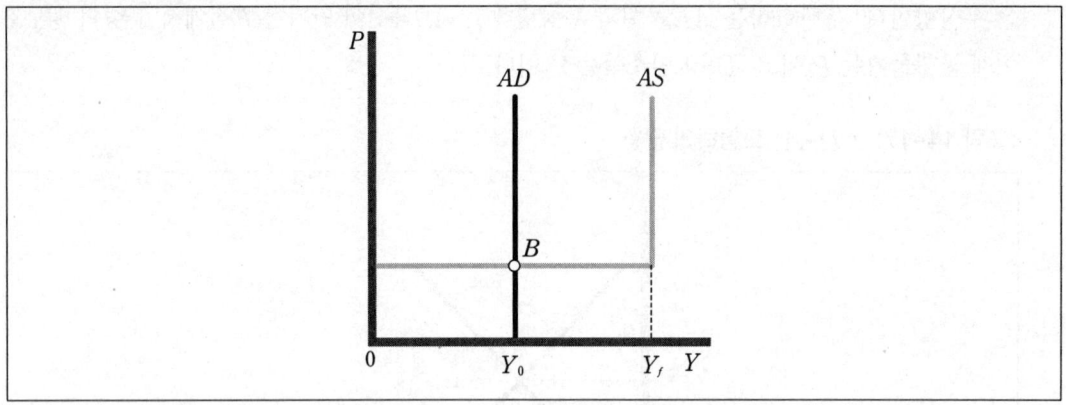

3) 일반적인 경우(케인즈학파와 통화주의학파)

우하향하는 총수요곡선과 우상향하는 총공급곡선이 만나는 점 C에서 균형물가수준 P_0와 균형국민소득 Y_0가 결정된다.

〈그림 14-20〉 케인즈학파와 통화주의학파의 $AD-AS$모형

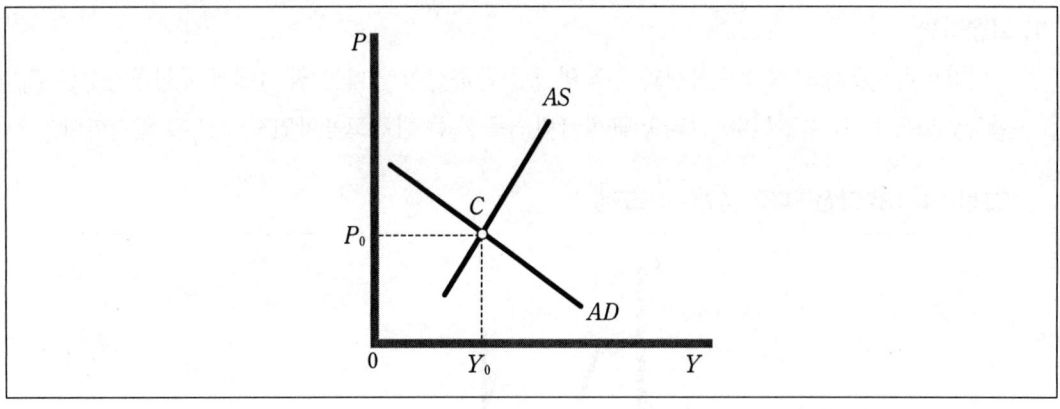

4) 새고전학파

장기에 있어서 통화주의학파와 새고전학파는 수직의 총공급곡선을 가상하므로 고전학파의 경우와 동일해진다. 새고전학파는 단기에 있어서도 정부정책의 시행이 준칙에 입각하여 예정대로 시행되면 수직의 총공급곡선이 도출되므로 역시 고전학파의 경우와 동일해진다.

우하향하는 총수요곡선과 수직의 총공급곡선이 만나는 점 D에서 균형물가 P_0와 균형국민소득 Y_0가 결정되며, 균형국민소득 Y_0는 완전고용국민소득 Y_f와 일치한다.

〈그림 14-21〉 새고전학파의 $AD-AS$모형

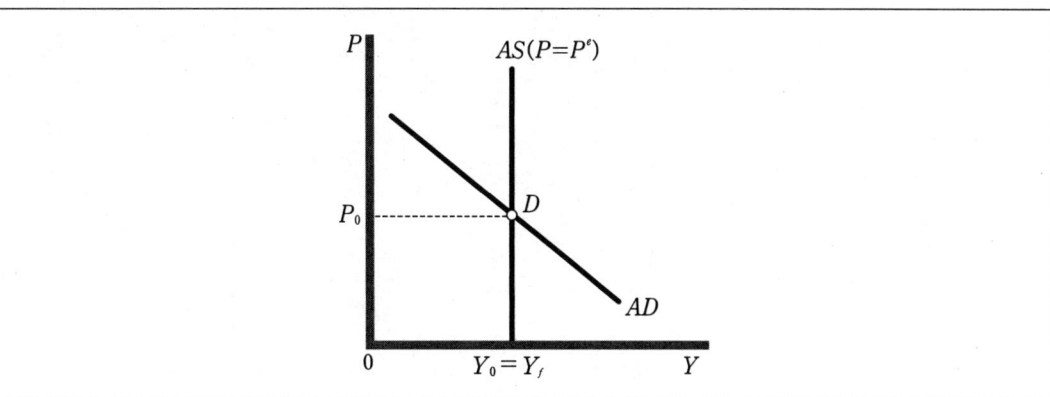

거 시 경 제 와   부 동 산

PART IV

실업과 인플레이션

제15장 실업이론
제16장 물가와 인플레이션이론
제17장 필립스곡선이론

제15장 / 실업이론

제1절 실업의 의의와 실업률

❶ 실업의 의의

1) 실업의 정의

실업이란 일할 의사와 능력이 있음에도 불구하고 일자리가 없어서 놀고 있는 상태를 말한다.

2) 완전고용의 정의

완전고용이란 노동에 대한 수요와 공급이 일치된 상태를 의미하며, 실업은 노동의 초과공급이 존재하는 상태이다.

완전고용이란 실업률이 0%인 상태를 의미하는 것이 아니라, 실업이 존재하긴 하나 그 실업이 모두 자발적 실업으로 구성된 것을 말한다. 즉, 비자발적 실업은 없고 자발적 실업만 있는 경우를 의미한다.

❷ 실업률

1) 실업률의 측정

(1) 노동가능인구

만 15세 이상의 인구를 노동가능인구라 한다.

(2) 경제활동인구

노동가능인구 중에서 비경제활동인구를 제외한 인구를 경제활동인구라 하며, 취업자와 실업자를 합한 인구이다.

비경제활동인구는 노동가능인구 중에서 일할 의사가 없거나 능력이 없는 학생, 주부, 실망 실업자(취업포기자), 심신상실자 등을 말한다.

〈표 15-1〉 경제와 비경제활동인구의 구분

총인구	노동가능인구(만 15세 이상)	경제활동인구	취업자
			실업자
		비경제활동인구	학생, 주부, 실망실업자, 심신상실자 등
	노동불가능인구(만 15세 미만)		

(3) 취업자의 정의

취업자는 다음과 같은 사람을 말한다.

첫째, 조사대상기간 중 1주일 동안에 수입을 목적으로 1시간 이상 근무한 사람

둘째, 본인 또는 가족이 소유하고 있는 농장이나 사업체에서 주당 18시간 이상 근무한 무급가족 종사자

셋째, 일정한 직장이나 사업장은 가지고 있으나 일시적인 질병, 휴가, 노동쟁의 등의 사유로 조사기간 중에 근무하지 않은 사람

(4) 경제활동참가율과 실업률의 측정

경제활동참가율은 노동가능인구에서 경제활동인구가 차지하는 비율을 말하고, 실업률은 경제활동인구에서 실업자가 차지하는 비율을 말한다.

$$경제활동참가율 = \frac{경제활동인구}{노동가능인구} \times 100$$

$$실업률 = \frac{실업자}{경제활동인구} \times 100$$

2) 통계실업률 측정의 문제점

첫째, 취업자의 범위가 너무 광범위하여 실업자나 다름없는 불완전취업자나 무급가족종사자가 실업률 통계에서 누락된다.

둘째, 구직활동을 열심히 하다가 조사기간 중에 구직활동을 포기한 실망실업자가 경제활동인구에서 제외된다.

3) 자연실업률의 개념

자연실업률의 개념은 다음과 같다.

첫째, 자연실업률(natural unemployment rate)이란 완전고용상태에서 존재하는 실업률로 자발적 실업만 존재하는 상태의 실업률을 말한다.

둘째, 현재 진행되는 인플레이션을 가속시키지도 않고 감속시키지도 않게 해주는 실업률이다.

셋째, 모든 노동시장에 걸쳐 구인자 수와 구직자 수가 같은 수준에서 형성되는 실업률이다. 그리고 고전학파계열의 경제학자들은 정부의 총수요관리정책의 집행여부에 관계없이 자연실업률수준은 불변이라고 가정한다.

❸ 실업의 종류

1) 자발적 실업

일할 능력이 있으나 현재의 임금수준에서 일할 의사가 없어 자발적으로 실업상태에 있는 것을

자발적 실업이라 한다.

완전고용이란 자발적 실업만 있는 상태를 말하며, 완전고용상태에서의 실업률을 자연실업률이라고 하며, 자발적 실업률은 마찰적 실업과 탐색적 실업으로 구분된다.

〈표 15-2〉 자발적 실업의 종류와 대책

종 류	개 념	대 책
마찰적 실업	직장을 바꾸는 과정에서 일시적으로 발생하는 실업이며, 노동시장의 불완전성(정보부족)에 기인한다.	직업정보의 흐름을 촉진 하는 정책
탐색적 실업	더 좋은 직장을 찾는 과정에서 발생하는 실업	

2) 비자발적 실업

비자발적 실업이란 일할 의사와 능력이 있으나 일자리가 없어 취업이 되지 못한 상태를 의미하며, 비자발적 실업은 경기적 실업과 구조적 실업으로 구분된다.

〈표 15-3〉 비자발적 실업의 종류와 대책

종 류	개 념	대 책
경기적 실업	① 경기침체로 유효수요가 부족하여 발생하는 실업 ② 케인즈 실업이라고도 한다.	① 경기부양정책
구조적 실업	① 전체 노동에 대한 수요와 공급이 일치하더라도 어떤 산업이 급속히 사양화됨에 따라 그 산업에서 노동의 과잉공급으로 발생하는 실업 ② 경기가 호황일 때에도 구조적 실업은 나타난다.	① 산업구조의 재편 ② 직업훈련

제2절 · 학파별 실업이론과 대책

❶ 고전학파

1) 의의

고전학파는 명목임금과 물가가 신축적으로 변동하기 때문에 항상 완전고용이 달성되며 불완전고용은 일시적이라고 하였으며, 완전고용상태에서도 실업이 있으며, 이는 자발적 실업만 존재한다고 주장했다.

2) 실업발생의 원인

경기침체로 물가가 P_0에서 P_1으로 하락하면 실질임금이 상승$\left(\frac{w_0}{P_1}\right)$하여 AB만큼의 비자발적 실업이 발생한다. 그러나 이러한 비자발적 실업은 명목임금이 w_0에서 w_1으로 즉시 하락하기 때문에 곧 해소된다고 하였다.

비자발적 실업이 장기화되는 이유는 명목임금이 하락하는 것을 방해하는 제도적 요인 때문이며, 여기에는 노동조합의 단체행동, 실업수당, 최저임금제도 등이 있다.

〈그림 15-1〉 실업발생의 원인 : 고전학파

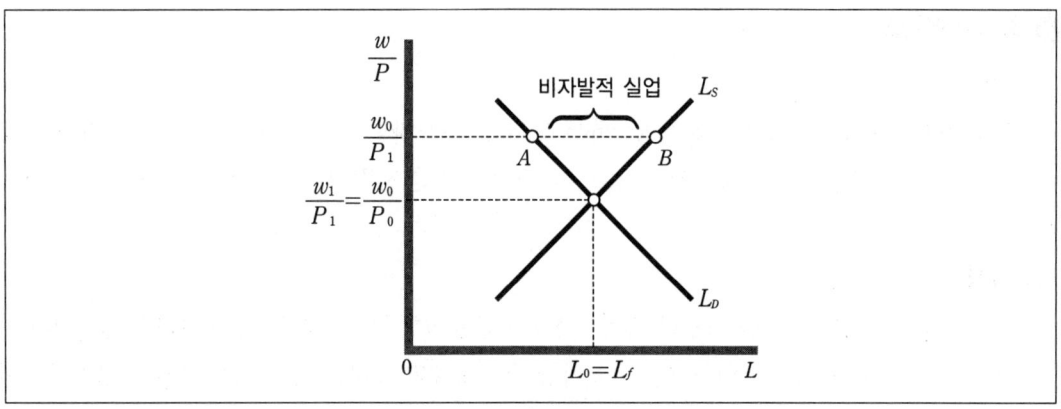

3) 실업대책

비자발적 실업을 해소하기 위해서는 임금의 신축성을 저해하는 제도적 요인을 제거해야 된다.

❷ 케인즈학파

1) 실업발생의 원인

명목임금이 하방경직적이기 때문에 노동시장에서 비자발적 실업이 존재하며, 경기침체로 유효수요가 부족하면 노동수요가 L_D^0에서 L_D^1으로 감소하여 비자발적 실업이 발생한다.

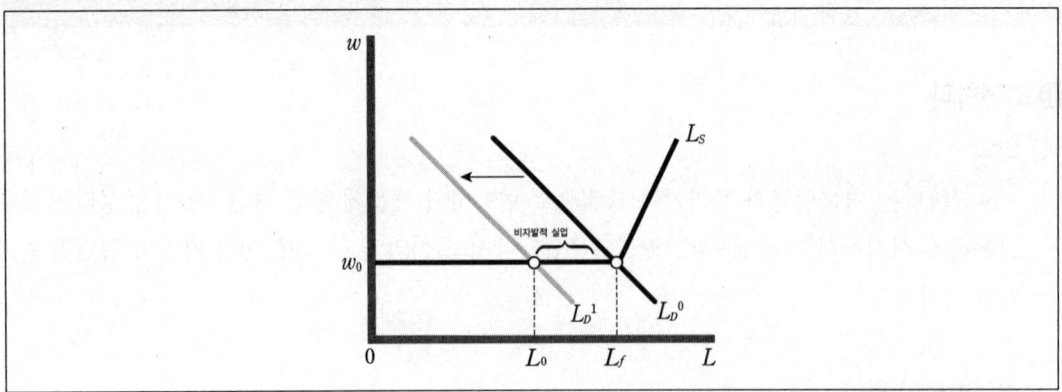

〈그림 15-2〉 실업발생의 원인 : 케인즈학파

2) 실업대책

정부가 확대재정정책을 통해 노동수요를 L_D^1에서 L_D^0으로 증가시켜야 비자발적 실업을 줄일 수 있다.

> 확대재정정책 → 유효수요↑ → 노동수요↑ → 실업↓

❸ 통화주의학파

1) 견해

고전학파와 마찬가지로 통화주의학파는 모든 실업은 자발적인 실업이라고 파악하였으며, 진정한 의미의 비자발적실업은 존재하지 않으며, 모든 실업은 자발적인 측면이 있다.

2) 대책

실업을 감소시키기 위한 재량적 재정정책이나 금융정책을 반대하였다. 왜냐하면 일할 의사와 능력이 있음에도 불구하고 어떤 사람이 실업상태에 있다면 그것은 자기 적성에 맞지 않거나 보수가 낮다고 생각하여 더 나은 일자리를 탐색하기 때문이다.

❹ 탐색적 실업이론 : 새고전학파

1) 의의

불안전한 정보하에서 노동자는 보다 높은 임금을 주는 일자리를 찾고, 기업가는 보다 생산성이 높은 노동자를 탐색하는 과정에서 일시적으로 실업이 발생한다는 것이며, 새고전학파의 탐색적 실업이론은 고전학파의 마찰적 실업을 정당화시키는 이론이다.

실업자는 직업탐색으로부터 얻을 수 있는 한계편익(MB)과 직업탐색에 소요되는 한계비용(MC)이 일치할 때까지 직업을 탐색하며, 최적탐색기간을 감소시킴으로써 자발적 실업률을 낮출 수 있다.

2) 최적 탐색기간의 결정 : MB와 MC가 일치하는 수준에서 결정

한계편익은 노동자가 한 단위 더 직업을 탐색하여 보다 나은 직장을 찾았을 때 얻는 만족이며, 탐색기간이 길어질수록 감소한다. 그리고 한계비용은 노동자가 한 단위 더 직업을 탐색할 때 들어가는 비용의 증가를 말하며, 탐색기간이 길어질수록 증가한다.

최적탐색기간은 MB와 MC_0가 일치하는 t_0에서 결정된다.

〈그림 15-3〉 최적 탐색기간의 결정

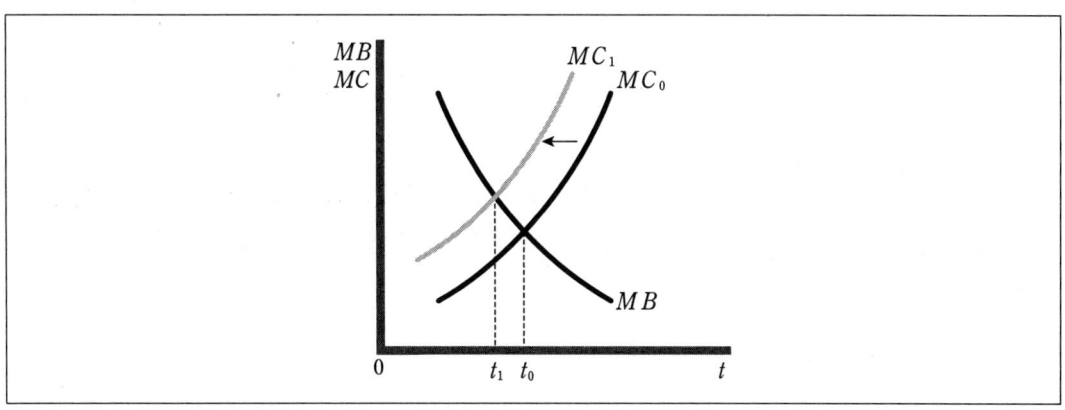

3) 정책점 시사점

개인들의 직업탐색기간을 단축시켜 경제전체적으로 자발적 실업을 감소시키기 위해서는 직업탐색의 한계비용(MC)을 상승시키는 정책, 즉 실업수당, 사회보장제도 축소정책이 필요하다.

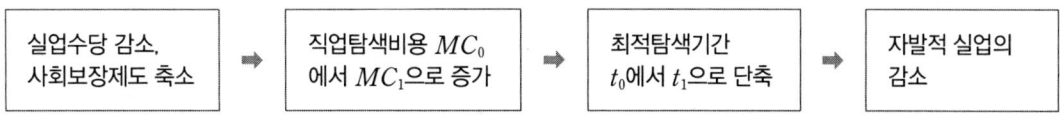

직장을 그만 두고 자격증이나 고시를 준비하는 사람들이 최적공부기간을 결정할 때 이 이론을 참고해 볼만하다.

❺ 실업의 이력현상 : 새케인즈학파

1) 실업의 이력현상(Hysteresis)의 개념

현재의 실업률이 과거의 실업률에 의해 크게 영향을 받는 현상을 말한다. 예를 들면 유럽에 있어서 80년대의 높은 실업률은 70년대의 높은 실업률로부터 영향을 받았기 때문이다. 1970년대 후반 석유파동으로 유럽의 실업률은 급속히 상승하였으며, 1980년대 들어 경기가 회복되었음에도 불구하고 실업률이 급속히 하락하지 않는 경향을 보여주었다.

현재의 실업률이 과거의 실업률 수준에 크게 영향을 받기 때문에 실제실업률이 자연실업률을 일단 초과하게 되면 자연실업률도 증가하게 된다.

2) 발생원인

실업의 발생원인은 다음과 같다.

첫째, 장기간 사람들이 실업상태에 있으면 보유기술의 숙련도가 낮아지거나 노후화되어 취업하기가 점점 더 곤란해진다.

둘째, 취업자(내부자)가 자신들의 이익만을 추구하여 임금인상을 관철시키면 실업자(외부자)는 임금수준이 더욱 더 높아져 취업이 용이하지 않게 된다.

3) 대책

경기불황이 극심하여 실업률이 급격하게 상승하면 정부는 신속하게 경기를 부양하여 실업률을 낮추어야 한다.

단기간에 실업률을 낮추지 않으면 실업이 장기화되고 이로 인해 실업자들의 보유기술이 노후화되거나 심신이 피폐하여지면 다시 경기가 회복되더라도 취업이 곤란하여져 실업률이 낮아지지 않는다.

제16장 / 물가와 인플레이션이론

제1절 / 물가와 물가지수

❶ 물가와 물가지수의 개념

1) 물가와 가격

가격은 한 재화나 용역의 교환가치를 의미하며, 물가는 한 경제에서 생산된 모든 재화나 용역의 가격변동을 종합하여 가중평균한 것으로 전반적인 가격변동을 파악하는 개념이다.

2) 물가지수

물가지수(price index)란 물가의 변화를 측정하기 위해 작성되는 지수를 말하며, 기준시점의 물가수준을 100으로 하여 비교시점의 물가수준의 변동을 수치로 표시한 지표이다.

3) 물가지수와 화폐가치

물가지수는 화폐가치의 변동을 측정하는 기준이며, 화폐가치와 물가지수는 반비례한다.

$$\text{화폐가치} = \frac{1}{\text{물가지수}} \times 100$$

예를 들어 기준년도에 100이던 물가지수가 비교년도에 125일 경우, 물가는 25% 상승하였으며 화폐가치는 20%만큼 하락하였다.

$$\rightarrow \boxed{\frac{1}{125} \times 100\% = 80\%} \text{로 20\%만큼 하락}$$

❷ 물가지수 계산방식

1) 개요

물가지수 계산방식에는 라스파이레스방식, 파세방식과 피셔방식이 있다. 각 계산방식의 개념과 계산공식은 다음과 같다.

<표 16-1> 물가지수의 개념과 계산공식

물가지수	개념	계산공식
(1) 라스파이레스 물가지수(LPI)	① 기준년도의 거래량을 가중치로 이용하여 계산 ② 소비자물가지수(CPI), 생산자물가지수(PPI)를 측정하는 데 사용	$LPI = \dfrac{\Sigma 비교년도가격 \times 기준년도거래량}{\Sigma 기준년도가격 \times 기준년도거래량} \times 100$ $= \dfrac{\Sigma P_1 Q_0}{\Sigma P_0 Q_0}$
(2) 파세 물가지수(PPI)	① 비교년도의 거래량을 가중치로 이용하여 계산 ② GDP디플레이터를 측정하는 데 사용	$LPI = \dfrac{\Sigma 비교년도가격 \times 비교년도거래량}{\Sigma 기준년도가격 \times 비교년도거래량} \times 100$ $= \dfrac{\Sigma P_1 Q_1}{\Sigma P_0 Q_1}$
(3) 피셔 물가지수(FPI)	라스파이레스지수와 파셰지수의 기하평균	$FPI =$ 라스파이레스지수 $\times$ 파셰지수 $= \sqrt{LPI \times PPI}$

2) 각 계산방식의 비교

(1) 라스파이레스 물가지수

기준년도의 거래량을 가중치로 이용하므로 매년마다 경제내의 재화나 용역의 거래량을 조사할 필요가 없으므로 경제적이다. 그러나 거래량 조사가 5년이나 10년마다 한 번씩 이루어지므로 매년의 경제상황을 잘 반영하지 못한다.

(2) 파세물가지수

비교년도의 거래량을 가중치로 이용하므로 매년마다 경제내의 재화나 용역이 거래량을 조사해야 하기 때문에 비경제적이다. 그러나, 거래량을 매년 조사하므로 그때 그때의 경제상황을 잘 반영한다.

❸ 물가지수의 종류

물가지수는 여러 가지 존재한다. 대상품목에 따라 소비자물가지수(consumer price index : CPI), 생산자물가지수(producer price index : PPI), GDP 디플레이터(deflator), 수출입물가지수, 생활물가지수 등이 있다.

1) 소비자물가지수(CPI)

(1) 정의

가계에서 소비하는 재화의 가격과 서비스 요금의 변동을 나타내는 물가지수로 가계부문의 구매력 수준의 변동을 나타낸다. 소비자물가지수의 작성에 포함되는 조사대상의 품목과 가중치는 5년마다 조정된다.

(2) 측정목적

소비자물가지수는 가계에서 소비하는 재화나 용역의 가격변동을 측정하는 데 그 목적이 있으며,

소비자의 생계비를 산정하는 특수목적지수이다.

2) 생산자물가지수(PPI)

(1) 정의

생산자물가지수는 제1차 거래단계에서 기업들 상호 간에 거래되는 원자재, 중간재, 자본재 등의 가격변동을 나타내는 물가지수로 기업의 생산비 변동을 나타낸다. 생산자물가지수의 작성에 포함되는 조사대상의 품목과 가중치는 5년마다 조정된다.

(2) 측정목적

생산자물가지수는 기업들 사이에 거래되는 재화의 가격변동을 측정하는 데 그 목적이 있으며, 기업의 생산비 변동을 나타내는 일반목적지수이다.

3) GDP 디플레이터

(1) 정의

GDP 디플레이터는 명목GDP를 실질GDP로 나누어 환산한 물가지수로, 기준년도와 해당년도 사이의 전반적인 물가의 변화를 나타낸다.

(2) 성격

GDP 디플레이터는 GDP를 이용하여 간접적으로 계산되므로 별도로 조사원들이 시장에서 직접 가격을 조사하지 않는 일종의 묵시적 물가지수이다. 이 물가지수는 다른 물가지수에 비해서 GDP 추정에 사용된 모든 재화의 가격변화를 반영하므로 가장 포괄적인 물가지수이다.

4) 물가지수의 비교

소비자물가지수, 생산자물가지수, GDP 디플레이터를 상호 비교하면 다음과 같다.

〈표 16-2〉 물가지수의 비교

	소비자물가지수(CPI)	생산자물가지수(PPI)	GDP디플레이터
측정기관	통계청	한국은행	한국은행
측정방식	라스파이레스 방식	라스파이레스 방식	파셰방식
품목수	510품목	949품목	GDP추계 대상품목 모두
측정범위	① 가계가 소비하는 모든 재화와 서비스 ② 원자재, 중간재, 자본재 제외 ③ 수입품 포함 ④ 주택임대료 포함 ⑤ 신규주택 제외	① 기업들 사이에 거래되는 모든 재화와 서비스 ③ 수입품 제외 ④ 주택임대료 제외 ⑤ 신규주택 제외	① GDP추계에 포함되는 모든 재화와 서비스 ② 기존 생산물 제외 ③ 수입품 제외 ④ 주택임대료 포함 ⑤ 신규주택 포함

제2절 인플레이션의 개요

❶ 개념

인플레이션(inflation)은 물가수준이 지속적으로 상승하는 현상을 말한다. 인플레이션율을 물가상승률이라고도 하며 다음과 같이 물가지수의 변화율을 이용하여 측정한다.

$$\text{물가상승률(\%)} = \frac{\text{비교년도 물가지수} - \text{기준년도 물가지수}}{\text{기준년도 물가지수}} \times 100$$

예를 들어, 기준년도에 100이던 물가지수가 비교년도에 125라면 물가는 25% 상승했다.

$$\text{물가상승률} = \frac{125-100}{100} \times 100 = 25\%$$

❷ 분류

1) 경기상태에 따른 분류

(1) 진성인플레이션(true inflation)

완전고용상태에서 총수요가 AD_0에서 AD_1으로 증가하면서 발생하는 인플레이션이며, 국민소득은 Y_f수준에서 변하지 않고 물가만 P_0에서 P_1으로 상승한다.

〈그림 16-1〉 진성인플레이션

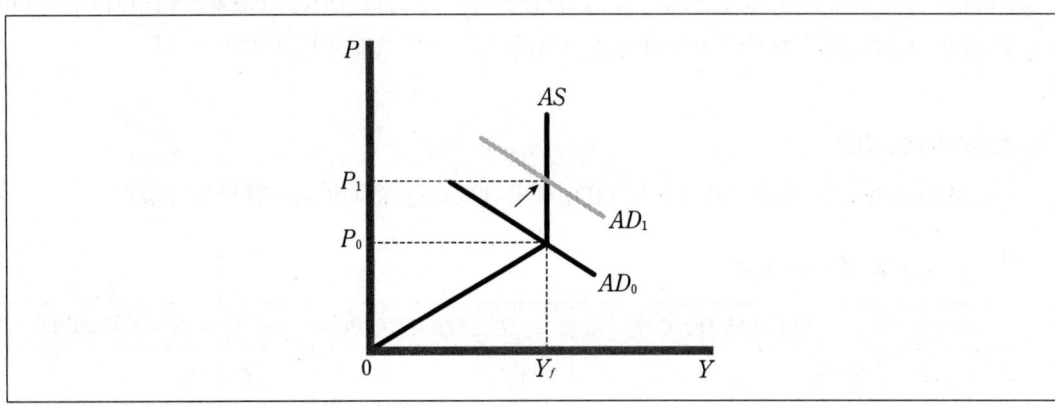

(2) 반 인플레이션(semi inflation)

불완전고용상태에서 총수요가 AD_0에서 AD_1으로 증가하면서 발생하는 인플레이션이며, 국민소득이 Y_0에서 Y_f로 증가하고 물가도 P_0에서 P_1으로 상승한다.

〈그림 16-2〉 반 인플레이션

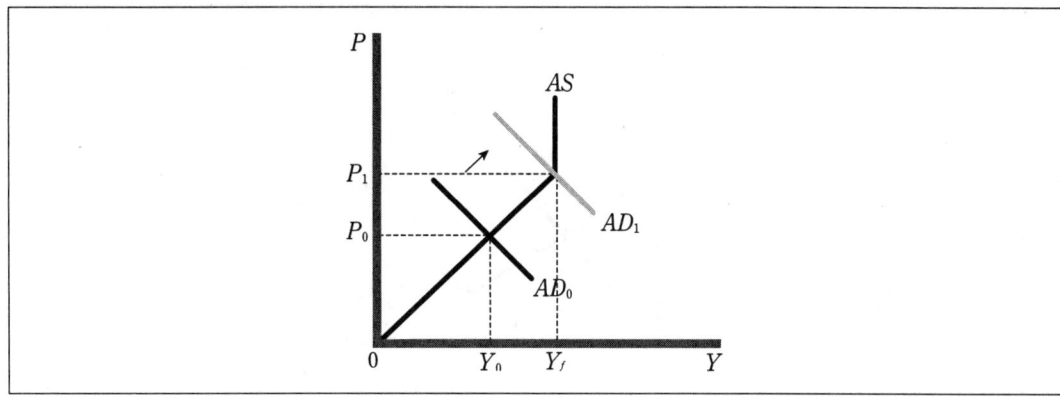

(3) 스태그플레이션(stagflation)

총공급이 AS_0에서 AS_1으로 감소하면서 발생하는 인플레이션이며, 국민소득이 Y_1에서 Y_0으로 감소하면서 물가도 P_0에서 P_1으로 상승한다.

〈그림 16-3〉 스태그플레이션

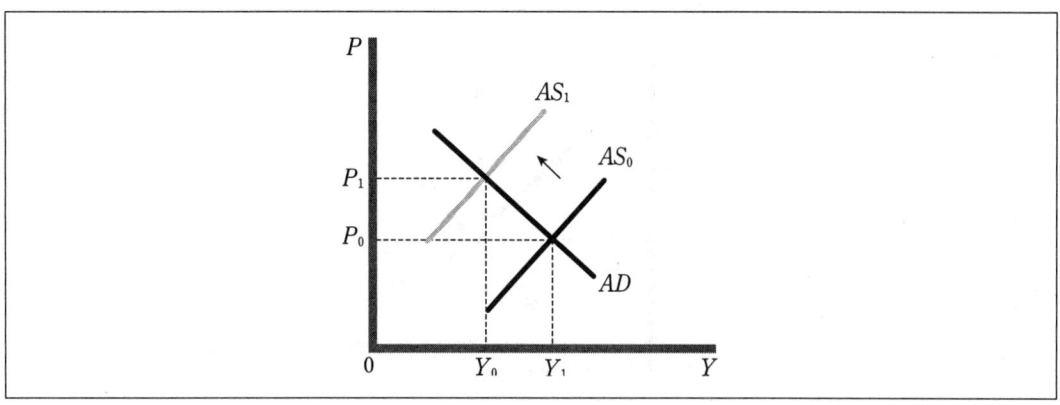

2) 발생원인에 따른 분류

(1) 수요견인 인플레이션(demand pull inflation)

총수요가 AD_0에서 AD_1으로 증가해서 발생하는 인플레이션이며, 국민소득이 Y_0에서 Y_1으로 증가하고 물가도 P_0에서 P_1으로 상승한다.

〈그림 16-4〉 수요견인 인플레이션

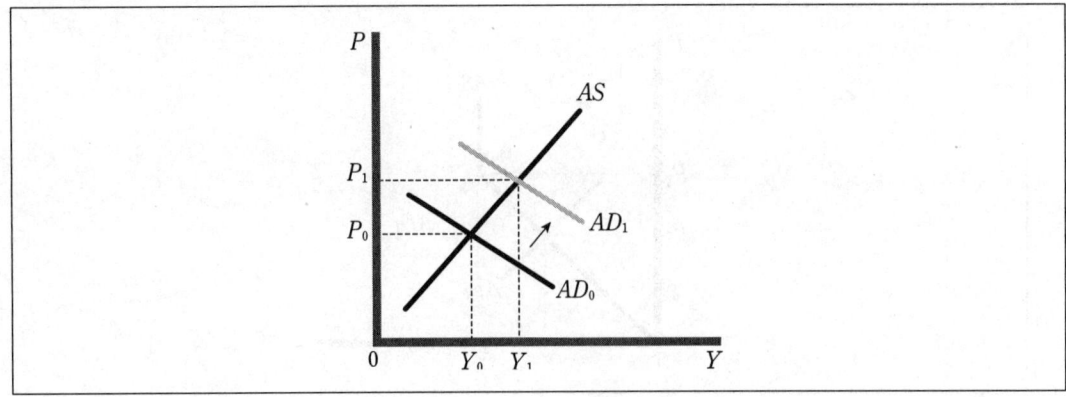

(2) 비용인상 인플레이션(cost push inflation)

생산비증가 등의 요인으로 총공급이 AS_0에서 AS_1으로 감소해서 발생하는 인플레이션이며, 국민소득은 Y_1에서 Y_0으로 감소하면서 물가는 P_0에서 P_1으로 상승한다.

〈그림 16-5〉 비용인상 인플레이션

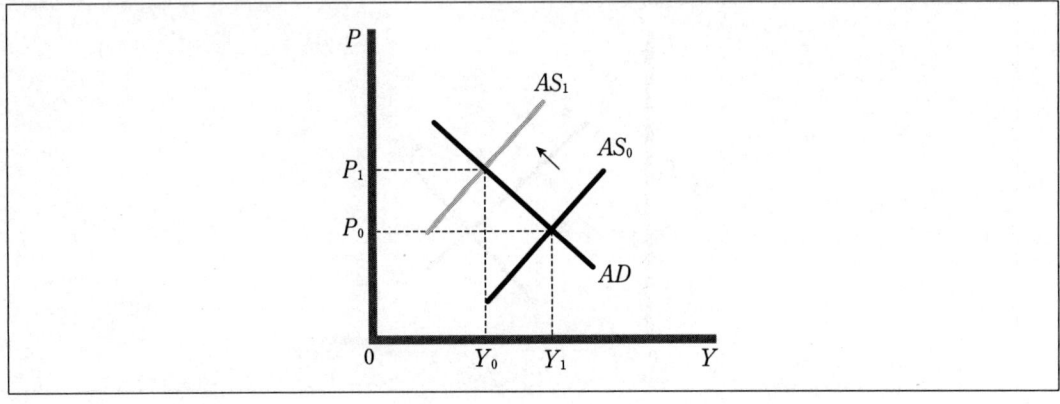

(3) 혼합형 인플레이션

수요와 공급 양측면의 요인으로 인해 발생하는 인플레이션을 말한다.

노동자의 임금인상 요구로 생산비가 상승하게 되면 물가가 상승할 뿐만 아니라 총공급이 감소($AS_0 \rightarrow AS_1$)하고 실업이 증가한다. 이를 타개하기 위해 정부가 확대재정금융정책을 사용하면 총수요가 증가($AD_0 \rightarrow AD_1$)하고 물가가 또 상승하게 된다. 이때 노동자들이 물가상승을 이유로 임금인상을 다시 요구하면 총공급이 감소($AS_1 \rightarrow AS_2$)하여 비용인상 인플레이션이 나타난다.

임금인상 → 물가상승 → 임금상승의 악순환이 반복되어 물가가 지속적으로 상승하게 된다.

〈그림 16-6〉 혼합형 인플레이션

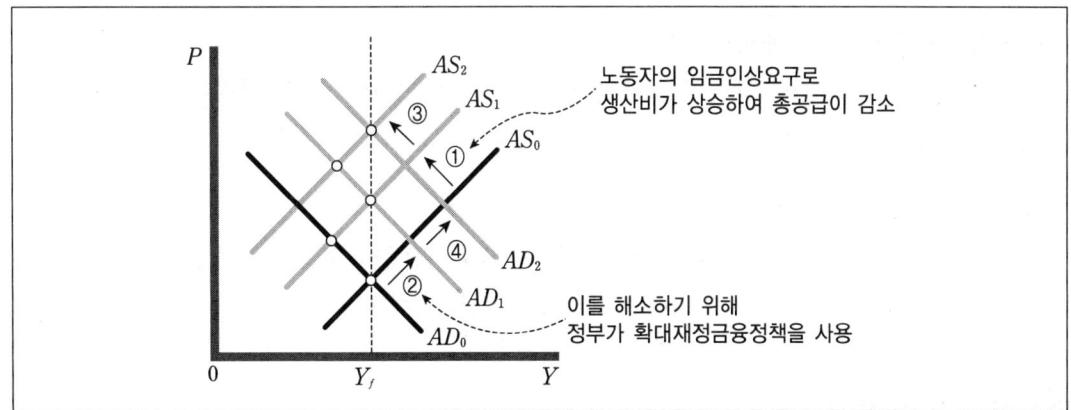

3) 진행속도에 따른 분류

(1) 서행성 인플레이션(creeping inflation)

연간 물가상승율이 2~3%인 인플레이션이다.

(2) 주행성 인플레이션(run inflation)

연간 물가상승율이 10% 이상 100% 미만인 인플레이션이다.

(3) 초 인플레이션(hyper inflation)

연간 물가상승율이 100% 이상인 인플레이션이다.

4) 기타 인플레이션

(1) 구조적 인플레이션

유통구조의 전근대화와 산업구조의 전근대화에서 발생하는 인플레이션이며, 대책으로는 유통근대화와 산업합리화가 있다.

(2) 수요이동 인플레이션 : 슐츠(Schultz)

소비자의 수요가 선풍기에서 에어컨으로 바뀌면 수요공급의 원칙에 의하여 에어콘 가격은 상승하지만 선풍기 가격은 경직적이기 때문에 하락하지 않는다. 이와 같이 총수요는 변하지 않더라도 재화의 평균가격이 인상되어 인플레이션이 발생한다.

(3) 수출입형 인플레이션

국제 원재료의 가격인상, 수출증대로 인한 물가상승, 환율인상(평가절하)에 따른 수입상품가격 상승에 따른 인플레이션을 말한다.

(4) 기대인플레이션

가격수준의 상승이 오래 지속될 경우 이와 같은 상승추세가 미래에도 계속되리라고 생각하기 때문에 나타나는 인플레이션이다.

(5) 시장지배에 의한 인플레이션
노동조합이나 독과점공급자가 시장의 불완전성을 이용하여 가격을 관리하는 경우에 나타나는 인플레이션이다.

(6) 근원 인플레이션(core inflation)
석유파동이나 이상기후 등 예상치 못한 외부충격에 의한 물가변동분을 제거하고 난 후의 인플레이션을 말한다. 즉, 기본적인 장기에 걸친 인플레이션을 말한다.

❸ 인플레이션의 효과

1) 일반적인 효과

(1) 자원배분의 효율성의 저하
실물자산의 선호도 증가로 화폐경제의 효율성이 저하되며, 자원이 생산적인 부문에서 비생산적인 부문으로 흐른다.
장기적인 투자를 기피하게 되어 단기적인 부문으로 자원배분이 집중된다.

(2) 거래비용의 증가
구두창 비용 등 인플레이션으로 인한 거래비용이 증가하며, 미래의 화폐가치를 하락시키므로 경제의 불확실성이 증가되어 거래비용이 증가된다.

(3) 인플레이션 조세(inflation tax)의 발생
정부가 재정수입의 증대를 조세보다는 화폐발행에 의존하면 물가가 상승하므로 경제주체들의 실질 구매력을 감소시키며, 통화증발에 의한 인플레이션은 화폐보유자에게 세금이라고 볼 수 있으므로 이를 '인플레이션 조세'라고 한다.

(4) 국제수지의 악화
국내물가상승은 수출가격을 상승시켜 수출을 감소시키며, 국내물가상승은 수입의 상대가격을 하락시켜 수입을 증가시킨다.

2) 예상여부에 따른 효과

(1) 소득재분배
① 예상된 인플레이션
채권자는 예상된 물가상승률만큼 명목이자율을 상향조정(피셔 가설 : 명목이자율 = 실질이자율 + 예상 인플레이션율)하기 때문에 채권자로부터 채무자에게로 부와 소득의 재분배가 발생하지 않는다. 그런데 채권자가 인플레이션율 만큼 명목이자율을 상향조정하더라도 세율이 조정되지 않으면 채권자의 세후 실질소득이 감소할 수 있다.

채권자는 이를 감안하여 피셔가설에 의한 명목이자율보다 더 높은 명목이자율을 설정하게 되는데, 이를 다비효과(Darby effect)라고 한다.

② 예상치 못한 인플레이션

예상치 못한 인플레이션이 발생하면 채권자로부터 채무자에게로 소득이 재분배된다. 따라서, 채권자인 가계부문은 불리하고 채무자인 기업은 이득을 본다. 가계부문 내에서도 봉급생활자는 불리하나 부동산과 같은 실물자산을 많이 보유한 사람은 이득을 얻게 된다.

(2) 생산과 고용

① 예상된 인플레이션

예상된 인플레이션에서는 그림에서 AS곡선이 수직선으로 물가가 P_0에서 P_1으로 상승하더라도 국민소득이 Y_0로 변함이 없다. 따라서, 생산과 고용수준도 불변이다.

② 예상치 못한 인플레이션

예상치 못한 인플레이션에서는 AS곡선이 우상향한다. 물가가 P_0에서 P_1으로 상승하면 단기적으로 국민소득이 Y_0에서 Y_1으로 증가하므로 일시적으로 생산과 고용수준이 증대한다.

〈그림 16-7〉 인플레이션이 생산과 고용에 미치는 효과

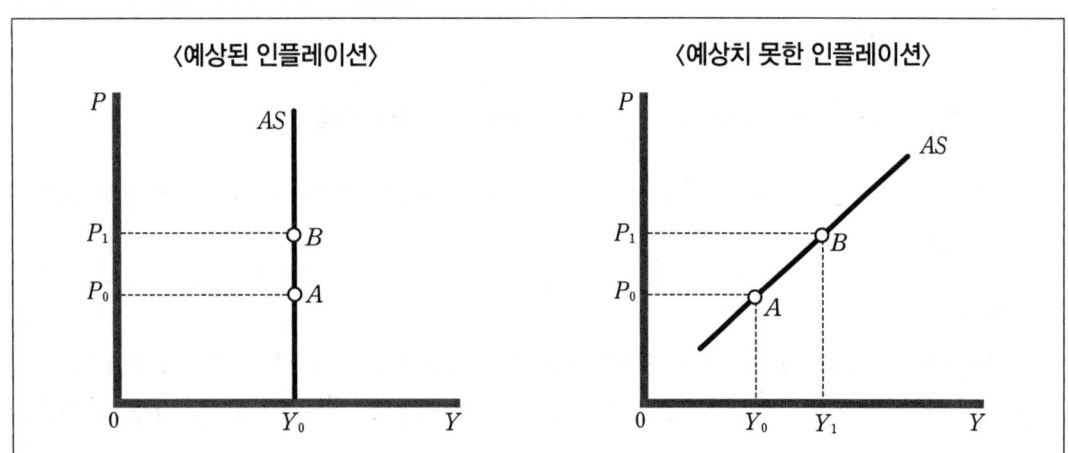

(3) 경제성장

① 예상된 인플레이션

인플레이션이 지속되면 자원이 생산적 부문에서 비생산적 부문으로 집중되어 경제성장에 좋지 않은 영향을 미친다.

② 예상치 못한 인플레이션

예상치 못한 인플레이션은 단기적으로 국민소득을 증가시키나, 장기적으로 경제의 불확실성을 크게하여 경제성장에 좋지 않은 영향을 미친다.

제3절 인플레이션의 원인과 대책(학파별 견해)

❶ 수요견인 인플레이션(Demand-pull Inflation)

1) 고전학파의 견해

(1) 원인

과다한 통화공급 때문에 수요견인 인플레이션이 발생한다고 보고 있다.

화폐수량설($MV=PY$)에서는 유통속도(V)와 완전고용산출량(Y)이 고정되어 있다고 가정한다. 이 경우 통화량이 증가하게 되면 물가가 상승한다. 왜냐하면 고전학파는 호황의 경제상황을 분석하고 있으므로 항상 완전고용이 달성되며 유통속도는 안정되어 있다고 보기 때문이다.

(2) 대책

과다한 통화공급을 적정수준으로 억제함으로써 인플레이션을 방지할 수 있다.

경제성장률과 통화량 증가율을 일치시키면 인플레이션을 방지할 수 있다.

화폐수량설 $MV=PY$을 증가율로 표시하면 다음과 같다.

$$\left(\frac{dM}{M}\right) + \left(\frac{dV}{V}\right) = \left(\frac{dP}{P}\right) + \left(\frac{dY}{Y}\right)$$

    ↓   ↓   ↓   ↓
통화량증가율 유통속도변화율 물가상승률 경제성장률

상기 수식에서 $\frac{dV}{V}$가 0이라고 가정하면 경제성장률만큼 통화량을 증가시키면 물가상승률은 0%가 된다.

(3) 내용

통화량이 증가하면 LM곡선이 우측이동하고, 이에 따라 총수요곡선도 AD_0에서 AD_1으로 우측이동한다. 총수요곡선의 우측이동으로 균형점이 A에서 B로 이동하면 물가가 P_0에서 P_1으로 상승한다.

〈그림 16-8〉 수요견인 인플레이션 : 고전학파

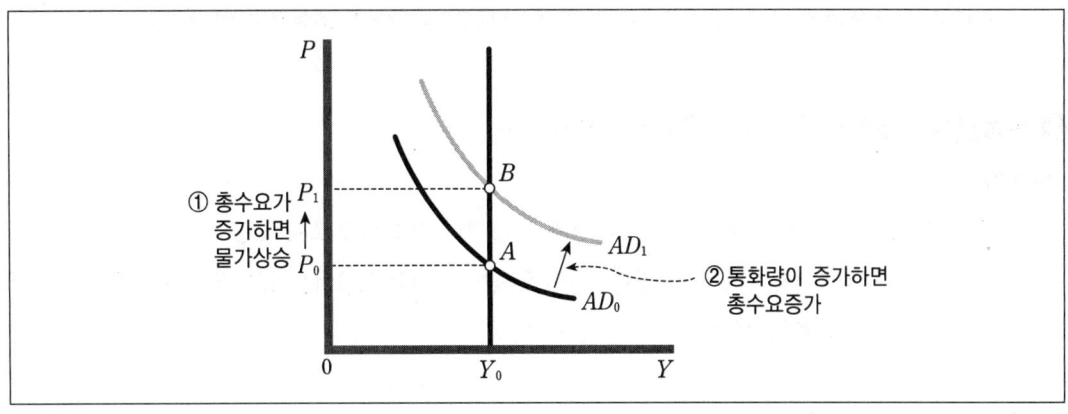

(4) 결론

물가는 통화량 증가분만큼 상승한다. 즉, 물가의 통화량 탄력성은 1이며, 인플레이션은 화폐부문에서만 발생한다.

2) 케인즈학파의 견해

(1) 원인

과소비, 과잉투자, 재정적자를 통한 과도한 정부지출 등으로 총수요가 총공급을 초과하면 인플레이션이 발생한다.

(2) 내용

과소비, 과잉투자, 과도한 정부지출 등은 IS곡선을 우측으로 이동시키고 이에 따라 총수요곡선이 AD_0에서 AD_1으로 우측이동한다. 총수요곡선의 우측이동으로 균형점이 A에서 B로 이동하면 물가가 P_0에서 P_1으로 상승한다.

〈그림 16-9〉 수요견인 인플레이션 : 케인즈학파

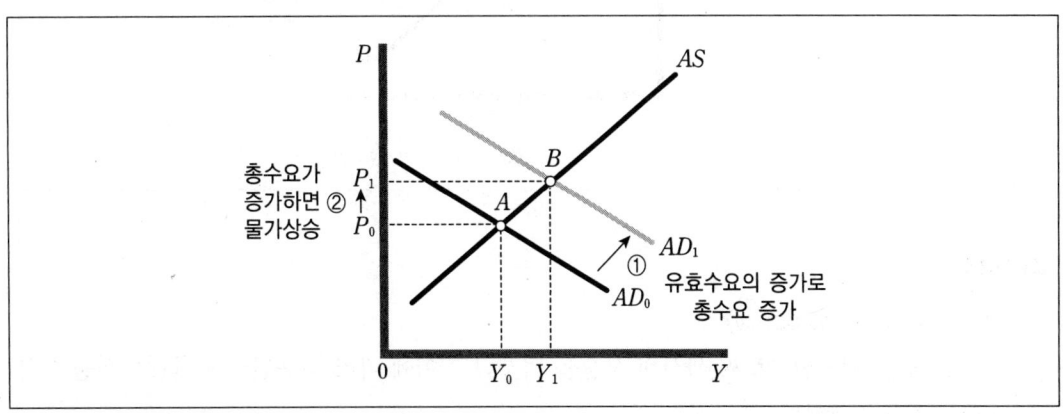

(3) 대책

조세증가, 정부지출 감소 등 긴축재정정책의 실시로 과도한 유효수요를 억제한다.

❷ 비용인상 인플레이션 (Cost-Push Inflation)

1) 개념

한 나라 경제에서 임금, 이자, 지대 및 원자재 가격이 상승함으로써 총공급능력이 위축되어 물가가 지속적으로 상승하는 현상을 말한다. 고전학파는 이러한 인플레이션을 인정하지 않았고 케인즈학파가 주장한 인플레이션이다.

2) 원인

과도한 임금인상으로 인한 임금인상인플레이션과 석유파동, 원재재가격의 상승으로 인한 공급충격인플레이션이 그 원인이다.

3) 내용

임금, 원자재가격이 상승하여 총공급곡선이 AS_0에서 AS_1으로 좌상방 이동한다. 총공급곡선의 좌상방 이동으로 균형점이 A에서 B로 변하면서 물가가 P_0에서 P_1으로 상승하고, 국민소득은 Y_0에서 Y_1으로 감소한다.

〈그림 16-10〉 비용인상 인플레이션

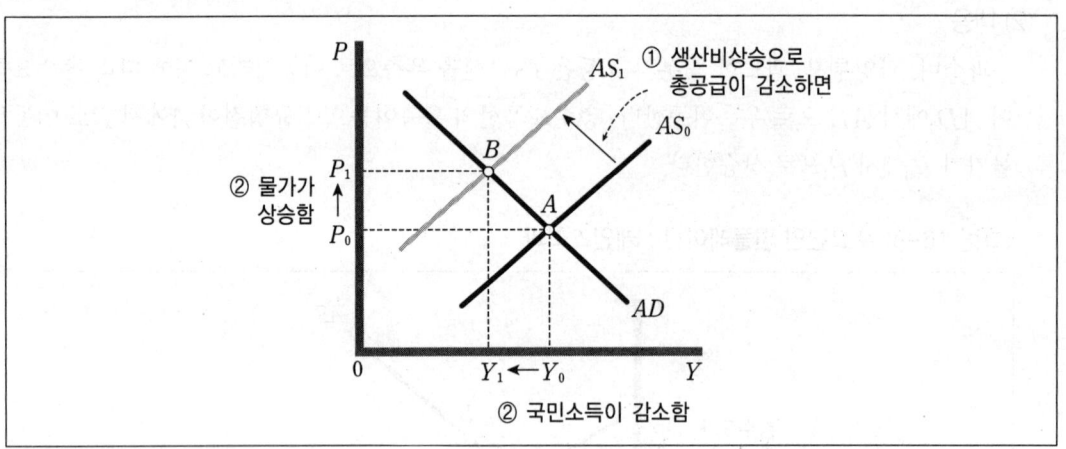

4) 대책

(1) 소득정책(Income policy)

임금상승을 억제함으로써 생산비 상승을 억제하고 이에 따라 비용인상 인플레이션을 치유하고자 하는 정책을 말한다.

노동생산성 상승률만큼의 임금인상을 유도함으로써 임금인상으로 인한 물가상승(임금인상 인플레이션)을 억제하려는 정책이다. 노동시장이 완전경쟁시장일 경우 기업의 이윤극대화 조건은 $w=VMP_L=P \cdot MP_L$이다.

$\boxed{P \cdot MP_L = w}$ 을 변화율로 나타내면

$$\left(\frac{dP}{P}\right) + \left(\frac{dMP_L}{MP_L}\right) = \left(\frac{dP}{P}\right)$$

↓ ↓ ↓
물가상승률 노동생산성증가율 임금상승률

$\frac{dP}{P}=0$ 이 되기 위해선 $\frac{dMP_L}{MP_L}=\frac{dw}{w}$ 이 되어야 한다.

즉, 노동의 한계생산성 증가율이 임금상승율과 일치하면 물가는 상승하지 않는다.

(2) 인력정책(Manpower Policy)

교육과 훈련을 통해 노동의 한계생산성을 증대시키는 정책을 말한다.

(3) 임금 – 물가지도 정책(Wage-Price Guide Line Policy)

정부가 직접 임금인상률을 노동생산성 증가율보다 낮게 지도하여 물가상승을 억제하는 정책이다. 임금-물가지도 정책이 효과를 거두기 위해선 노사의 협조가 필요하다.

제17장 / 필립스곡선이론

제1절 / 필립스곡선의 의의

❶ 인플레이션과 실업

1) 거시경제에 있어서 시장의 실패현상

 인플레이션과 실업은 일종의 거시경제에 있어서 '시장의 실패' 현상이다. 시장의 실패는 시장의 가격기구에 의한 자원배분이 효율성과 공평성을 달성하지 못하는 경우에 발생한다. 미시경제학에서 시장실패의 원인과 정부의 개입에 의한 해결방안을 살펴보았다.

 실업과 인플레이션은 거시경제학에 있어서의 시장의 실패 현상이다. 사람들은 실업률이 높을수록, 인플레이션이 가속화될수록 경제활동에 있어 고통을 느끼는 정도가 증가한다. 오쿤(A. Okun)은 실업률과 인플레이션율을 합해 '고통지수(misery index)'라고 하였다.

2) 인플레이션과 실업의 관계

 사람들은 누구나 실업률이 낮고 물가가 안정되는 상황을 바라고 있다. 정부의 경제정책의 운용도 완전고용과 물가안정에 그 목표를 두고 있다.

 이 두 가지 목표는 동시에 달성하기가 용이하지 않다. 어느 한 가지를 낮게 유지하기 위해서는 다른 한 가지는 높아지는 경향이 있다. 1980년대 한국과 1990년대 미국에서는 낮은 실업률과 낮은 물가상승률이 나타나기도 하였으나 이것은 매우 이례적인 현상이다. 이러한 고성장속의 저물가 현상은 스태그플레이션(stagflation)의 반대현상으로 볼 수 있으며 이를 신경제(new economy)라 한다.

❷ 최초의 필립스곡선

1) 개념

 영국의 경제학자 필립스(A. W. Phillips)는 1866년부터 1957년 동안 영국의 시계열자료를 이용하여 실업률과 명목임금상승률 사이의 관계를 분석한 결과 두 변수 간에 상충관계(tradeoff)가 있다는 사실을 발견했다.

 그 후 케인즈학파 경제학자인 립시(R. Lipsey)가 명목임금상승률과 인플레이션율 간에는 밀접한 관계가 있으므로 명목임금상승률과 실업률을 인플레이션율과 실업률로 바꾸어 좌표 평면에 나타내어 '필립스곡선(Phillips curve)'이라 하였다. 그림에서 π는 인플레이션율을, u는 실업률(unemployment rate)을 나타낸다.

〈그림 17-1〉 최초의 필립스곡선

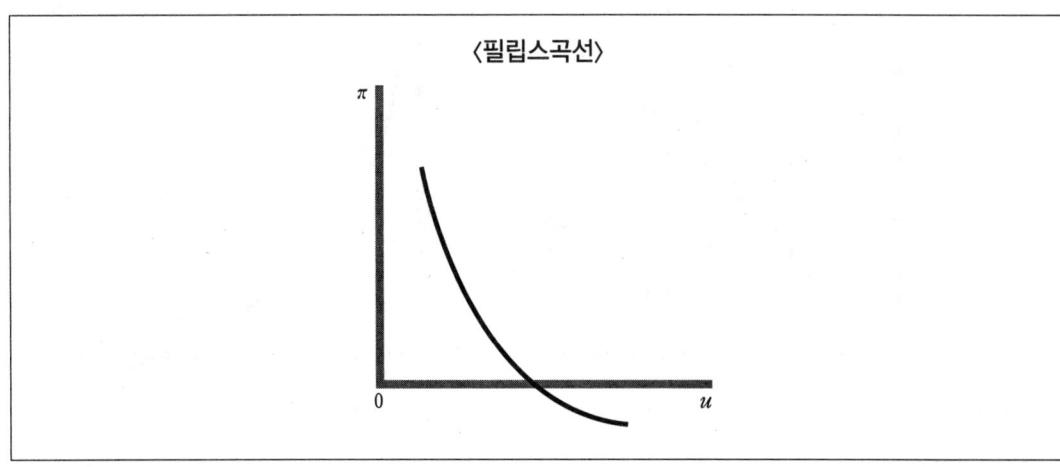

2) 필립스곡선의 정책적 의미

(1) 필립스곡선의 방정식

필립스곡선의 모양에 의하면 인플레이션율과 실업률간에는 역(-)의 관계가 있다. 이를 방정식으로 나타내면 다음과 같다.

$$\pi = -\alpha(u - u_N), \ \alpha > 0$$

여기서, π : 인플레이션율
α : 반응계수
u : 실제실업률
u_N : 자연실업률

(2) 우하향하는 필립스곡선과 $AD-AS$곡선

인플레이션율과 실업률간에 역(-)의 관계를 나타내는 필립스곡선은 $AD-AS$ 모형에서 총수요관리정책의 효과를 나타낸다. 그림에서 AD곡선의 우측이동으로 인한 확대재정정책과 금융정책의 효과를 나타내고 있다.

⟨그림 17-2⟩ 필립스곡선과 AD-AS곡선

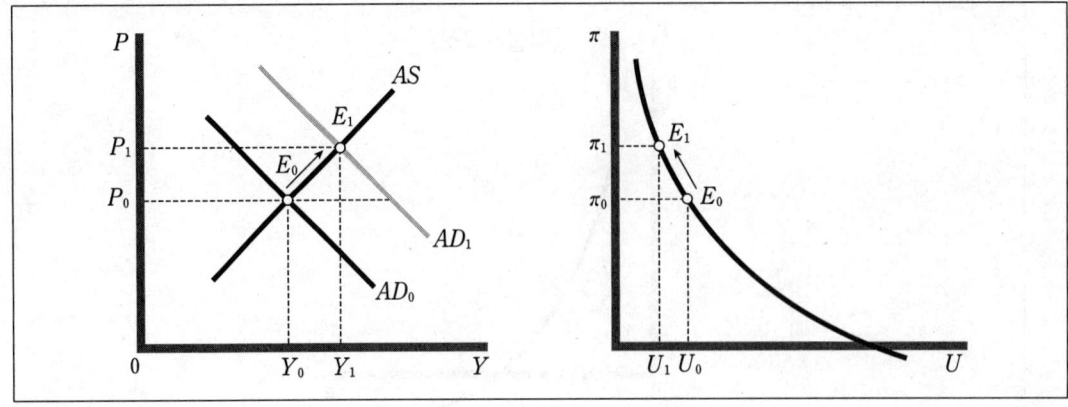

(3) 정책적 의미

우하향하는 필립스곡선은 영국 외에 미국에서도 1960년대에 실증적으로 검증된 바가 있다. 따라서, 인플레이션율과 실업률은 역(-)의 관계가 안정적으로 나타나며, 이는 필립스곡선이 좌측이나 우측으로 이동하지 않는다는 것을 보여준다.

우하향하는 필립스곡선은 정부가 총수요관리정책으로 물가안정과 완전고용을 동시에 달성하는 것은 불가능하다는 것을 보여준다. 이는 실업률을 감소시키기 위해서는 어느 정도의 물가상승률을 용인해야 한다는 것이다.

실업률과 인플레이션율 간에 상충관계가 있으므로 정부는 물가안정을 위해서는 어느 정도의 실업률 상승, 즉 경제성장률이 감소되어야 한다. 희생비율(sacrifice ratio)이란 1년 동안 인플레이션율을 1% 낮추기 위해서 정책당국이 감수해야 할 국민소득의 감소비율을 의미한다.

우하향하는 필립스곡선의 존재는 케인즈학파 경제학자들에게 총수요관리정책의 정당성을 부여해 주고 있다. 계량경제학의 도움을 받아 필립스곡선의 완벽한 형태를 알아낼 수 있으면 낮은 물가상승률에서도 완전고용을 달성할 수 있는 정책의 조합을 찾아낼 수 있다. 정책당국자가 이러한 정책의 조합을 찾아내는 행위를 '미세조정(fine-tunning)'이라 한다.

제2절 통화주의학파의 자연실업률가설

❶ 통화주의학파의 필립스곡선의 형태

단기필립스곡선은 케인즈학파의 모형과 유사(우하향)하지만 장기필립스곡선은 자연실업률(u_N) 수준에서 수직이 된다고 본다.

〈그림 17-3〉 통화주의학파의 필립스곡선

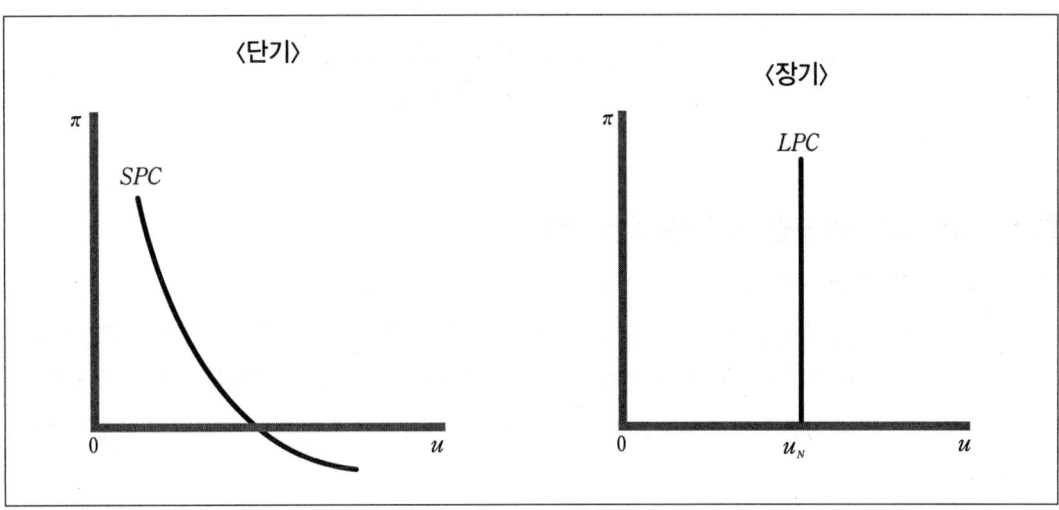

❷ 기대부가 필립스곡선

통화주의학파 경제학자인 프리드만(M. Friedman)과 펠프스(E. Phelps)는 1960년대 말에 '자연실업률가설' 이론을 제시하였다. 그들은 단기에 경제주체들의 기대(예상)인플레이션율이 고정되어 있다고 하여 단기필립스곡선이 우하향하는 형태로 도출된다고 하였다. 그러나 장기에는 기대인플레이션율이 변화함에 따라 필립스곡선이 상하방으로 이동한다고 보았다.

이러한 필립스곡선을 기대부가 필립스곡선이라 한다.

기대부가 필립스곡선의 방정식은 다음과 같다.

$$\pi = -a(u-u_N) + \pi^e$$
$$\text{인플레이션율} = -a(\text{실업률}-\text{자연실업률}) + \text{기대인플레이션율}$$

장기에는 경제주체들이 물가상승을 정확히 예측하여 기대인플레이션율(π^e)과 실제인플레이션율(π)이 같게 되므로 장기필립스곡선은 자연실업률(u_N)수준에서 수직이 된다.

〈그림 17-4〉 기대부가 필립스곡선

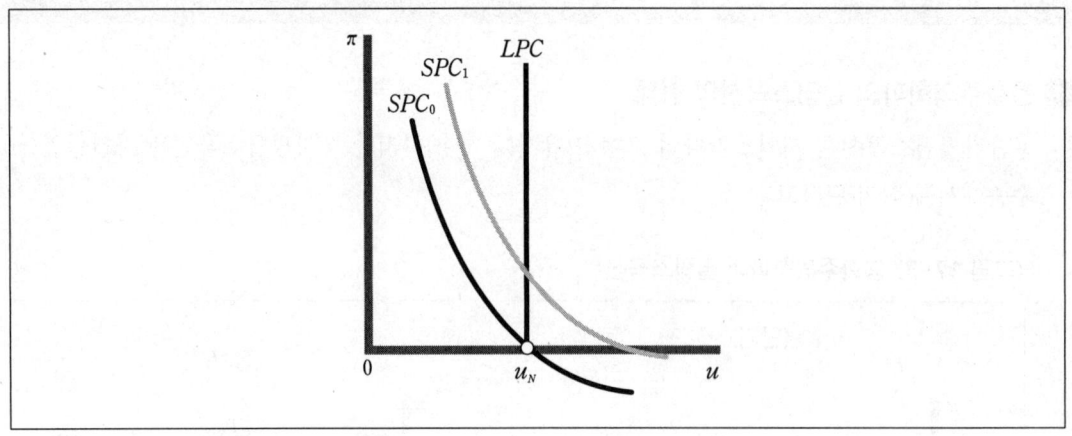

❸ 장기필립스곡선의 도출과 자연실업률 가설

1) 장기필립스곡선의 도출

최초 균형점 A(자연실업률 u_N, 물가상승률 0%)를 지나는 필립스곡선은 SPC_0이다. 이때 정부가 실업률을 u_1으로 낮추기 위하여 확대재정과 금융정책을 실시하면 경제는 A점에서 B점으로 이동한다. A점에서 B점으로의 이동은 단기적으로 2%의 물가상승률을 초래하면서 실업률을 u_1으로 하락시킨다.

물가상승률이 2%인 B점에서 사람들은 시간이 지나가면서 2%의 물가상승을 기대하게 되고, 노동자들은 실질소득의 하락을 방지하기 위하여 기대물가상승률 2%를 더하여 임금인상을 요구하게 된다. 그렇게 되면 경제주체들의 기대물가를 반영하게 되어 필립스곡선이 SPC_0에서 SPC_1으로 우측으로 이동하게 된다. 따라서, 경제의 균형점은 B점에서 C점으로 이동하여 실업률은 u_1에서 u_N으로 다시 증가한다.

이와 같은 과정을 반복하면 균형점은 $A \to B \to C \to D \to E \to F \to G$로 이동하게 된다. 따라서, 정부가 실업률을 감소시키기 위해 총수요를 부양하면 실업률이 일시적으로 감소하나 결과적으로 u_N의 실업률을 줄일 수가 없다. 결국 프리드만과 펠프스(Frieddman-Phelps)가 주장하는 장기필립스곡선은 A, C, E, G를 연결하는 수직선이 되어 자연실업률 u_N에서 수직이 된다.

〈그림 17-5〉 장기필립스곡선의 도출

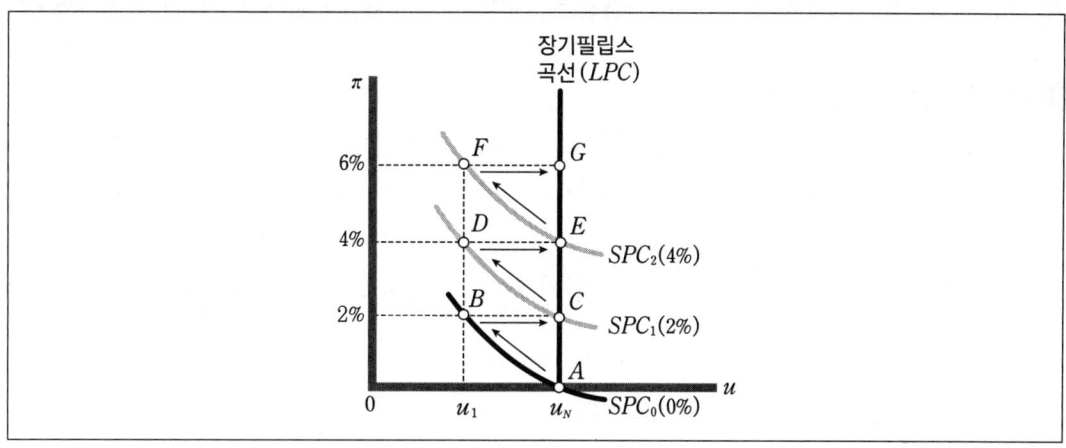

2) 자연실업률가설과 정책적 의미

단기필립스곡선은 케인즈학파와 유사하지만, 장기필립스곡선은 자연실업률 수준에서 수직이다. 단기필립스곡선은 실업률과 물가상승률이 역의 상충관계에 있지만 장기필립스곡선은 역의 상충관계(trade-off)가 나타나지 않는다. 단기필립스곡선이 우하향하는 것은 노동자가 화폐환상에 사로잡혀 있기 때문이며, 장기필립스곡선이 수직인 것은 노동자가 화폐환상으로부터 벗어났기 때문이다.

자연실업률가설은 정부가 확장적 총수요관리정책을 실시하면 단기적으로(일시적으로) 정부의 총수요관리정책은 효과가 있지만, 장기적으로는 정부의 총수요관리정책은 효과가 없게 된다는 것을 의미한다. 단기적으로는 실업을 자연실업률 이하로 줄일 수 있지만 장기적으로는 영구히 자연실업률 이하로 실업을 줄일 수 없다. 장기필립스곡선은 수직선이므로 실업률을 낮추기 위한 총수요관리정책은 물가상승만 가져올 뿐 아무런 효과도 없다.

제3절 새고전학파의 필립스곡선

❶ 필립스곡선의 형태

새고전학파가 보는 필립스곡선은 장기와 단기 모두 수직선이다. 경제주체의 예상이 합리적이어서 예상물가상승률(P^e)과 실제물가상승률(P)이 일치하게 되면 필립스곡선은 단기에서도 수직선이 된다.

예상할 수 없는 정부정책으로 인해 예상물가상승률이 실제물가상승률보다 작게되는 경우에만 우하향하는 필립스곡선이 된다.

〈그림 17-6〉 물가예상과 필립스곡선의 형태

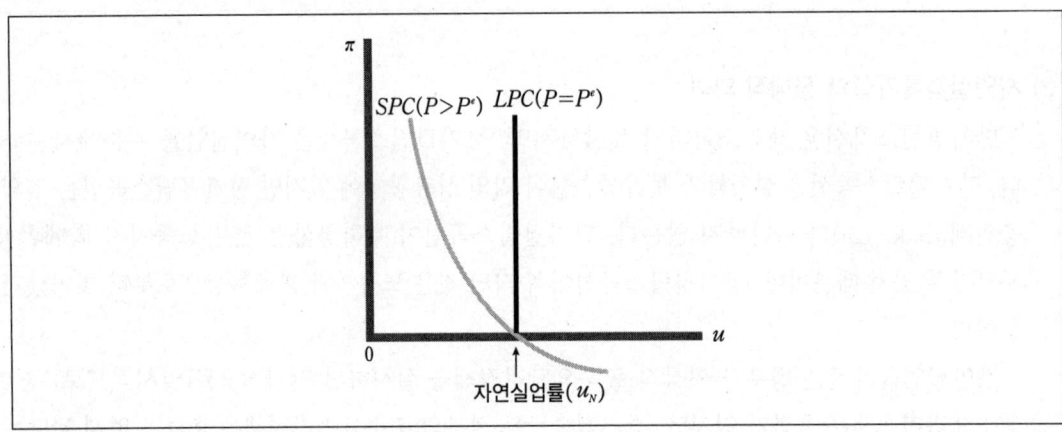

❷ 특징(경제적 의미)

경제주체의 물가예상이 정확한 경우에는 단기적으로도 필립스곡선은 수직선이다. 따라서, 새고전학파의 장기와 단기필립스곡선은 모두 수직선이다. 장기와 단기에 걸쳐 노동자는 화폐환상에 빠지지 않는다.

경제주체의 예상이 합리적이면 장기는 물론 단기에서조차도 정부정책은 아무런 효과가 없다. 이를 '정부정책의 무력성'이라 한다. 경제주체의 기대가 합리적이더라도, 예측할 수 없는 정부정책을 실시하면 일시적으로 효과가 있다. 예상할 수 없는 정부정책을 지속적으로 실시하면 장기적으로 정부정책의 효과는 없어지고 물가만 상승하게 된다. 그리고 국민들이 정부의 정책에 대한 신뢰성이 훼손되는 문제가 발생한다.

〈그림 17-7〉 새고전학파의 필립스곡선의 형태

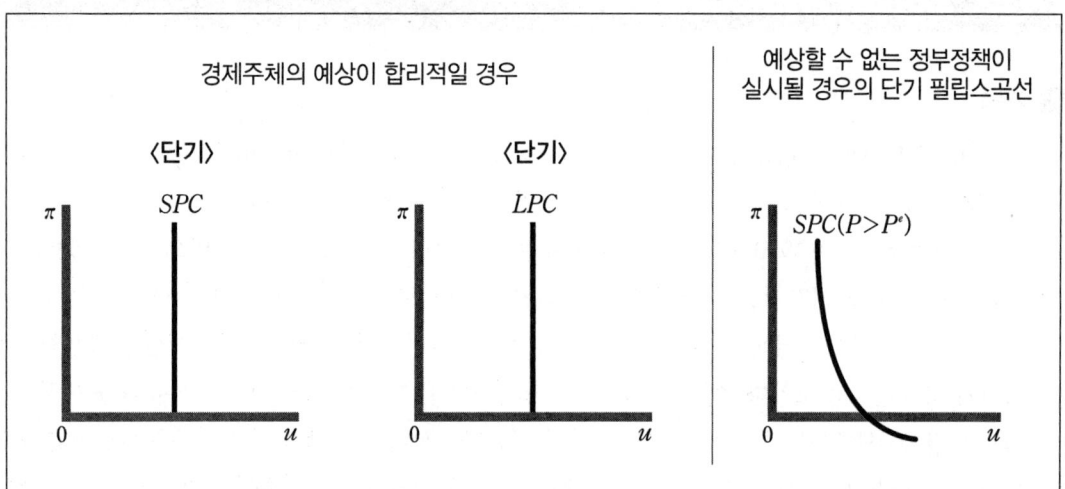

제4절 스태그플레이션(Stagflation)

❶ 개념

스태그플레이션(stagflation)이란 경기침체(stagnation)와 인플레이션(inflation)의 합성어로, 경기가 침체되어 있음에도 불구하고 높은 물가상승률이 나타나는 현상을 말한다.

스태그플레이션은 1970년대에 발생한 석유파동과 여러 가지 복합적인 요인으로 나타났다. 1930년대 대공황 이후 시장기능을 강조하는 고전학파보다는 케인즈학파의 주장이 지배적이였다. 케인즈학파는 경기침체를 극복하기 위해 확대재정정책을 실시하면 약간의 인플레이션이 발생하더라도 경기가 회복된다고 보았다. 이러한 케인즈학파의 처방은 1970년대에 나타난 석유파동 이전까지만 해도 상당한 설득력을 지니고 있었다. 그러나 석유파동시기에 확장적 경제정책은 실업률을 줄이지 못하고 오히려 인플레이션만 가속화시켜 케인즈학파의 총수요관리정책에 대한 불신을 가져왔다.

영국의 경제학자 로빈슨(J. Robinson)은 필립스곡선의 소멸과 스태그플레이션의 발생을 경제학에 있어서 '제2의 위기'라고 하였다.

❷ 스태그플레이션과 필립스곡선

스태그플레이션은 실업률이 증가하면서 물가상승률도 가속화되므로 필립스곡선 자체가 우상방을 이동하는 것으로 나타낼 수 있다. 이는 총공급곡선이 좌측으로 이동하는 것과 동일하다.

필립스곡선의 우상방 이동은 그 동안 안정적으로 여겨져 왔던 필립스곡선의 존재성 여부에 의문을 가져다주었다. 실제적으로 1960년대 후반부터 필립스곡선 자체가 안정적으로 나타나지 않았고 1970년대부터는 거의 소멸되는 경향을 보이고 있다.[1]

〈그림 17-8〉 스태그플레이션과 필립스곡선

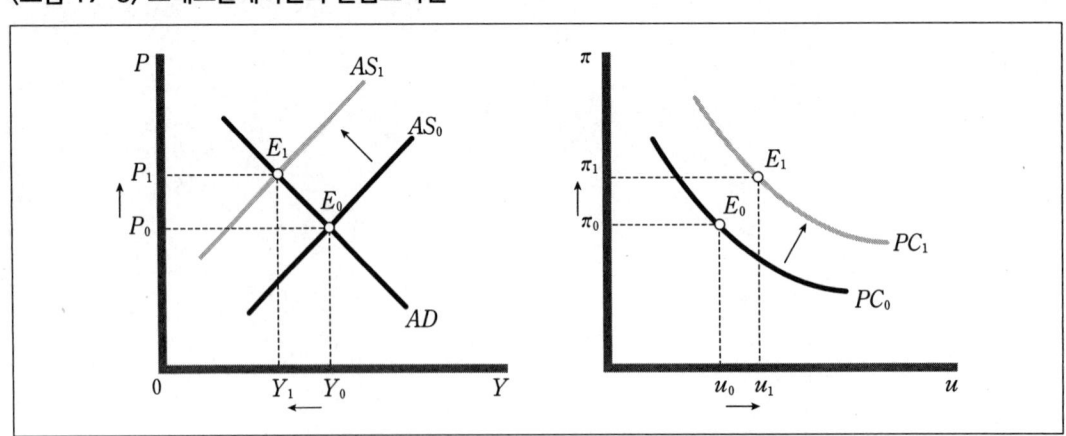

---

[1] 권호근(1990), "스태그플레이션의 발생원인과 해결책모색", 연세대학교 석사학위논문, pp-20-22에 있는 각국의 소비자물가 상승률과 실업률간의 그림을 참고하면 이런 현상이 나타남을 알 수 있다.

❸ 학파별 견해

1) 케인즈학파

(1) 견해

케인즈학파는 스태그플레이션의 발생원인을 1970년대에 발생한 석유가격 및 원자재가격의 상승에서 찾고 있다. 즉, 케인즈학파는 비용인상인플레이션을 스태그플레이션과 동일한 개념으로 접근하고 있다.

(2) 비판

스태그플레이션에 대한 케인즈학파의 견해는 너무 단순하다는 비판을 받고 있다. 스태그플레이션의 발생원인이 상당히 복합적인데 비용인상만으로 설명하는 견해는 현실을 반영하지 못한다는 것이다.

제1차 석유파동이 발생하기 이전인 1960년대 후반부터 필립스곡선의 안정성은 이미 소멸되고 있었고, 1980년대 이후 석유가격과 원자재가격이 안정세를 나타나고 있음에도 불구하고 경제상태가 최초의 필립스곡선으로 회귀하지 않고 있다.

2) 고전학파

고전학파는 불황을 타개하고자 하는 정부의 시장개입으로 스태그플레이션이 발생하였다고 본다. 즉, 정부의 시장개입은 경제내의 물가를 지속적으로 상승시켰고 이로 인해 민간의 인플레이션 기대심리를 야기시켰다. 즉, 불황이 되더라도 물가는 상승한다는 인플레이션 기대심리가 스태그플레이션의 원인이라고 본다.

❹ 대책

1) 고전학파

고전학파가 제시하는 스태그플레이션에 대한 대책은 다음과 같다.

첫째, 정부는 정해진 규칙에 따라 안정되고 일관성있는 경제정책을 시행하여 정책에 대한 신뢰를 회복해야 한다.

둘째, 직업정보확대, 직업훈련실시와 같은 인력정책을 통해 마찰적 실업과 구조적 실업을 해결한다.

셋째, 사회적 통합성을 향상한다.

넷째, 시장기능을 회복한다.

2) 케인즈학파

케인즈학파가 제시하는 스태그플레이션에 대한 대책은 다음과 같다.

첫째, 비용인상인플레이션 해결책과 동일하다.

둘째, 임금-물가지도정책을 통해 임금인상을 노동생산성 증가율 이내로 억제해야 한다.

셋째, 석유가격상승을 억제시키기 위해 대체에너지 개발 및 산업생산과정에서 에너지 소비를 절감시키는 방안을 추진한다.

PART V

동태적 거시경제 분석이론

제18장 경기변동이론
제19장 부동산 경기변동이론
제20장 경제성장이론
제21장 경제발전이론

제18장 경기변동이론

제1절 경기변동의 개요

❶ 개념

경기변동이란 시간이 경과함에 따라 노동투입량, 자본투입량, 기술진보 등의 외생적 요인이 변화함에 따라 국민소득이 변하는 것으로 볼 수 있다. 학자에 따라서는 경기변동이론을 경기변동론과 경기순환론으로 구별하는 경우가 있다.

호경기에서 불경기, 불경기에서 호경기로 변하는 것을 전환이라 하는데, 이러한 전환이 어떠한 원인에 의해서 발생하는가를 다루는 이론이 경기변동론이고, 호경기와 불경기를 경제가 주기적으로 파동을 그리면서 발전되어 가는 하나의 국면이라 생각하고, 그 원인을 규명하고자 하는 것이 경기순환론이다. 그러나 이와 같은 구별이 꼭 필요한 것은 아니며, 두 가지 용어를 무차별하게 사용한다. 이하에서는 양자를 구별하지 않고 경기변동론으로 통일하도록 한다.

❷ 경기변동의 국면

1) 미첼의 2분법

미첼(W. Michell)은 경기변동이 정점(peak)과 저점(trough)을 가진다고 하고, 저점에서 정점까지를 확장국면 또는 상승국면이라 부르고, 정점에서 다음 저점까지를 수축국면 또는 하강국면이라 하였다. 정점을 상부전환점, 저점을 하부전환점이라고도 한다.

2) 슘페터의 4분법

슘페터(J. Schumpeter)는 저점에서 다음 저점까지를 경기변동의 한 주기로 보고 이를 4국면으로 구분하였다. 저점에서 장기 추세선의 평균값까지 도달하는 국면을 회복국면, 평균값에서 정점까지를 호황국면, 정점에서 장기 추세선의 평균값까지를 후퇴국면, 평균값에서 다음 저점까지를 불황국면이라 하였다. 그리고 경기후퇴국면이 급격하게, 즉 국민소득의 감소가 급격하게 진행되는 상황을 공황(panic)이라 하였다.

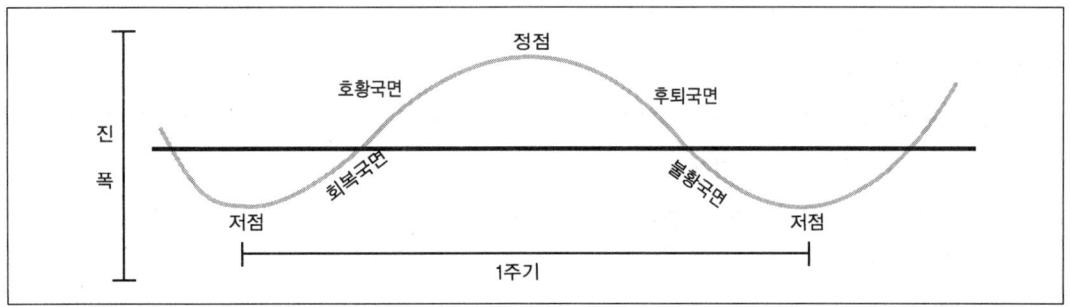

〈그림 18-1〉 경기변동의 국면

❸ 경기변동의 특징

1) 동행성

경기순환을 따라 주요 거시경제변수들이 함께 움직이는 경향을 동행성(comovement)이라 한다. 즉, 경기가 수축하거나 확장하는 국면에서 실업률, 투자 그리고 물가 등은 산출량 변화와 일정한 관계를 가지고 변동한다.

산출량과 동일한 양상을 보이면 경기순행적이라 하는데 소득, 소비, 투자, 기업이윤 등이 이에 해당한다. 산출량과 반대의 양상을 보이면 경기역행적이라 하는데 실업과 재고가 이에 해당한다.

2) 지속성

경기변동의 지속성(persistence)이란 과거의 경제상황이 현재의 경제상태에 영향을 미치고, 현재의 경제상태가 미래의 경기상황에 영향을 미칠 수 있다는 것을 의미한다.

❹ 경기변동의 주기

1) 단기순환

단기순환은 주로 재고투자의 변동 때문에 일어나며, 보통 재고순환 또는 발견자의 이름을 따라 키친순환(Kitchin cycle)이라 한다.

2) 중기순환

중기순환은 주로 기업의 설비투자 변동에 의해 일어나는 순환이다. 중기순환은 쥬글러순환(Juglar cycle)이라고 하는데, 경기변동의 주기 중에서 핵심적인 주기이다. 선진국에서는 이 순환이 뚜렷하게 나타나며, 대개 9년에서 10년의 주기를 가지고 있다.

3) 장기순환

장기순환은 그 원인을 전쟁으로 보는 이론과 주요 사회변화, 대발명과 발견 등을 강조하는 이론으로 나누어진다.

장기순환의 주기는 대개 50년 이상이며 콘트라티에프순환(Kondratiev's cycle)이라 한다.

4) 3가지 순환의 관계

대개 경기변동은 3가지 순환과정이 동시에 진행된다. 장기순환이 하강하면 중기순환의 상승과정은 짧아지고 하강과정은 길어지는 경향이 있으며, 그 반대의 경우도 가능하다.

슘페터는 3개의 단기순환이 1개의 중기순환을 형성하고, 다시 6개의 중기순환이 1개의 장기순환을 형성한다고 하였다.

〈표 18-1〉 경기변동의 주기

종 류	주 기	원 인	기 간
키친파동	3년	재고 변동, 원자재가격 변동, 이자율 변동, 외환시세 변동	단기파동
쥬글라파동	10년	설비투자 변동, 농작물 작황 변화	중기파동
쿠즈네츠파동	20년	건축파동, 부동산경기 변동	
콘드라티에프파동	50년	전쟁 등 사회적 변혁, 기술의 변화	장기파동

5) 경기변동주기의 불규칙성

경기변동의 순서는 반복적이지만 순환주기가 일정하지 않다. 대체로 경기의 확장기간은 오랜기간 동안 서서히 진행되고 있는 반면 경기의 수축기간은 짧은 기간 내에 급격하게 발생한다.

제2절 경기변동의 지표

❶ 경기종합지수

1) 의의

경기종합지수(composite index : CI)는 개별지표들과 수출입액, 노동투입량 등의 여러 지표를 종합해서 작성하고 있다. 실질GDP의 변동에 비해 미리 움직이는 선행지표, 같이 움직이는 동행지표, 나중에 움직이는 후행지표의 움직임을 종합적으로 관찰하여 경기상황을 진단한다.

2) 우리나라의 경기종합지표

우리나라의 선행지표, 동행지표 그리고 후행지표 등 경기종합지표의 종류는 다음과 같다.

〈표 18-2〉 우리나라의 경기종합지표

선 행 지 표	동 행 지 표	후 행 지 표
총유동성($M3$) 종합주가지수 건축허가면적 수출신용장 내도액 기계수주액 제조업 입직률 중간재 출하지수 내구소비재 출하지수 건설용 중간재 생산지수 수출용 원자재 수입액	산업생산지수 생산자 출하지수 제조업 가동률지수 도소매 판매액지수 제조업 근로자수 실업률 전력 사용량 수출액/수입액	기계류 수입액 생산자 제품재고지수 상용근로자수 도시가계 소비지출 회사채 유통수익률

❷ 기타 경기지표

1) 경기실사지수

경기실사지수(business surveying index : BSI)는 투자에 대한 기업들의 계획을 설문조사를 하여 작성하는 지수로 BSI가 100 이상이면 호황, 100 미만이면 불황 국면이 예측된다.

$$DI = \frac{\text{전기보다 확장 중에 있는 지표 수}}{\text{모든 경제지표 수}} \times 100$$

2) 경기확산지수

경기확산지수(diffusion index : DI)는 모든 경제지표숫자에서 전기에 비해 확장 중에 있는 지표 숫자의 비율을 나타낸다. DI가 50% 이상이면 경기확장국면이, 50% 미만이면 경기수축국면이 예측된다.

$$BSI = \frac{\text{계획투자액이 증가한 기업 수}-\text{계획투자액이 감소한 기업 수}}{\text{전체기업 수}} \times 100 + 100$$

3) 경기예고지수

경기예고지수(Business Warning Index : BWI)는 경기과열 시에는 적신호를, 경기침체기에는 청신호를 나타내도록 작성한 지수이다.

제3절 경기변동이론

❶ 경기변동의 두 조류

1) 고전학파와 새고전학파

(1) 고전학파

경기변동은 자연스러운 경제의 흐름이며 경기변동 중에 인플레이션이나 실업이 나타날 수 있으나 자동안정화장치와 시장조절기능을 통해 해결이 가능하다. 따라서, 정부의 인위적인 경기안정화정책의 시행을 반대한다.

(2) 새고전학파 : 균형경기변동이론

'합리적 기대'와 '가격의 신축성'을 가정하여, 경제가 일시적으로 장기추세선을 이탈할 수 있으나 곧 균형으로 회귀한다고 보고 있다. 그러므로 정부의 시장개입은 경제의 불확실성을 증가시켜 경제의 안정을 해친다고 주장했다.

2) 케인즈학파와 새케인즈학파

(1) 케인즈학파

경기변동은 자연스러운 경제의 흐름이 아니라 시장실패의 증상이라고 보고있다. 따라서, 정부의 안정화정책은 민간의 경제활동을 안정시키고 시장의 가격기능을 보완하므로 정부의 적극적인 안정화정책은 필요하다.

(2) 새케인즈학파 : 불균형 경기변동이론

가격의 경직성으로 일부 시장에 불균형이 지속될 수 있고 경제가 장기추세선을 벗어나면 균형으로 회귀하지 못한다고 보고 있다. 그러므로 정부의 안정화정책은 유효하다고 주장한다.

❷ 경기변동이론의 분류

1) 외생적 경기변동이론

경기변동의 요인을 태양흑점, 심리적인 요인, 전쟁 등 경제외적 요인이 경기변동을 일으킨다는 이론을 말한다.

2) 내생적 경기변동이론

소득, 소비, 저축, 투자, 이자율 등 경제내적 요인이 경기변동을 일으킨다는 이론을 말한다.

❸ 케인즈 이전의 경기변동이론

1) 실물적 과잉투자설

스피도프(A.Spiethoff)는 소비재 부문보다 자본재 생산이 크게 증가하면 원재료가 부족해져 원재료가격이 상승하게 되고 이에 따라 자본재수요가 다시 감소하여 경기후퇴가 온다고 하였다.

> 실물부문 과잉투자 → 자본재 생산증가 → 원재료 부족 → 원자재 가격상승 →
> 자본재 수요감소 → 경기후퇴

2) 순수화폐적 경기변동이론

호트레이(R.G.Hawtrey)는 통화량의 변동으로 인한 금리변화가 경기변동의 원인이 된다고 하였다.

> 금리인하 → 신용창조확대 → 투자증가 → 생산, 소득증가 … 호황
> 금리인상 → 신용창조감소 → 투자감소 → 생산, 소득감소 … 불황

3) 일반적 과잉생산설

맬더스(T.R.Malthus)는 인구는 기하급수적으로 증가하고 식량은 산술급수적으로 증가하므로 1인당 식량(임금)이 감소한다. 따라서, 과잉생산과 유효수요의 부족이 경기불황을 가져온다고 하였다.

4) 공황이론

마르크스(K.Marx)는 자본주의경제에서 잉여가치의 일부를 고정자본에 계속 투자하면 자본의 유기적 구성이 고도화되지만 노동자의 소득이 감소하여 과소소비가 일어난다. 이때 자본가의 잉여가치는 감소하여 이윤율은 저하한다. 이를 "이윤율 저하의 법칙"이라 한다. 이윤율의 저하로 공황이 발생한다.

> 자본의 유기적 구성 고도화 → 이윤율 저하 → 노동자 착취 → 노동자
> 소득 감소 → 과소소비 → 경기변동(공황) → 자본주의 파멸

5) 신용이론

빅셀(J.G.K.Wicksell)은 시장에서 결정된 이자율이 정상수준에서 결정되는 자연이자율보다 높으면 투자가 감소하여 불황국면이 되고, 시장이자율이 자연이자율보다 낮으면 투자가 증가하여 호황국면에 이른다고 하였다.

> 시장이자율 < 자연이자율 → 투자증가 → GDP(국내총생산)증가 … 경기호황
> 시장이자율 > 자연이자율 → 투자감소 → GDP(국내총생산)감소 … 경기불황

6) 혁신설

슘페터(J.Schumpeter)는 경기변동의 원인을 기업가의 혁신(innovation)에서 찾았다. 즉, 혁신이 일어나면 호황이 오고, 혁신이 끝나면 불황이 온다고 하였다.

❹ 케인즈(Keynes) 이후의 경기변동이론

1) 승수 – 가속도 상호작용가설

(1) 개념

사뮤엘슨(P.A.Samuelson)은 승수효과와 가속도원리가 결합하여 경기변동이 이루어진다고 하였다. 투자가 증가하면 승수효과에 의해 국민소득이 증가하고, 국민소득이 증가하면 가속도 원리에 의해 다시 유발투자가 증가하는 과정에서 경기변동이 일어난다.

(2) 내용

투자가 변화하면 국민소득이 변화하는데 국민소득변화가 바로 경기변동이다. 따라서, 경기변동의 폭은 투자가 국민소득을 얼마나 변화시키는가(투자승수)에 달려 있다. 그리고 가속도원리는 소득이 증가하면 소비가 증가하고, 소비가 증가하면 투자가 증가한다는 원리를 말한다.

경기변동은 이러한 투자승수와 가속도원리에 의한 상호작용으로 발생한다.

(3) 유형

경기변동은 한계소비성향(c), 가속도계수(i), 전기의 국민소득(Y_{t-1}), 그 전기의 국민소득(Y_{t-2}) 등의 요인에 의해 결정된다. 경기변동의 유형에는 수렴형, 진동수렴형, 발산형, 진동발산형이 있다.

〈그림 18-2〉 승수 – 가속도 상호작용에 의한 경기변동

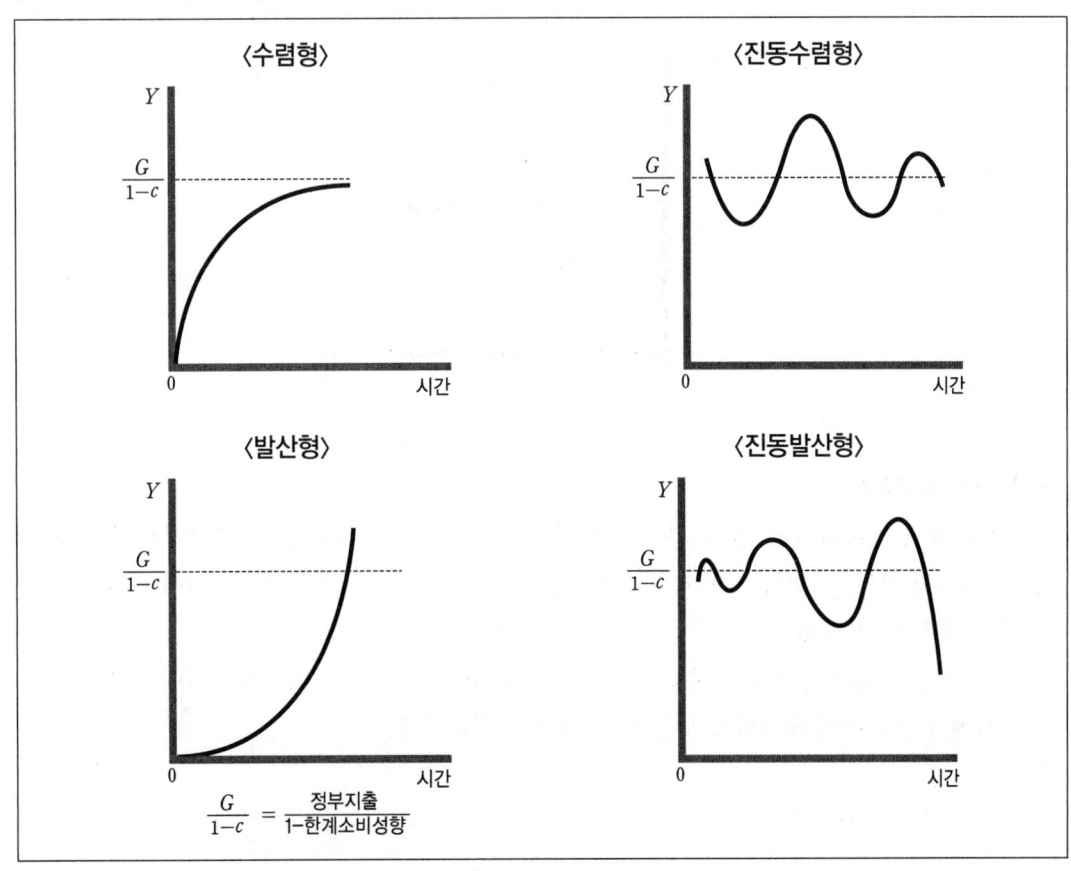

(4) 특징

한계소비성향과 가속도계수가 매기간 일정 불변일 수 없다는 문제점을 가지며, 힉스는 발산형을 가장 현실적인 모형으로 보았다.

2) 순환제약이론(당구대이론)

(1) 개념

힉스(J.R.Hicks)는 사뮤엘슨의 모형 중 진동발산형을 현실적이라고 생각하고, 경기변동의 상한과 하한을 정해 그 제약하에 승수와 가속도원리가 작용한다는 이론이다.

(2) 경기변동의 상한

완전고용산출량을 경기변동의 상한으로 보고 투자증가로 산출량이 증가하여 경기가 호황국면으로 진입하더라도 완전고용산출량을 초과할 수 없다고 보았다.

(3) 경기변동의 하한

경기불황이 극심할지라도 사람들은 최소한의 소비를 할 수밖에 없기 때문에 최소 소비수준을 경기변동의 하한으로 보았다.

〈그림 18-3〉 순환제약이론

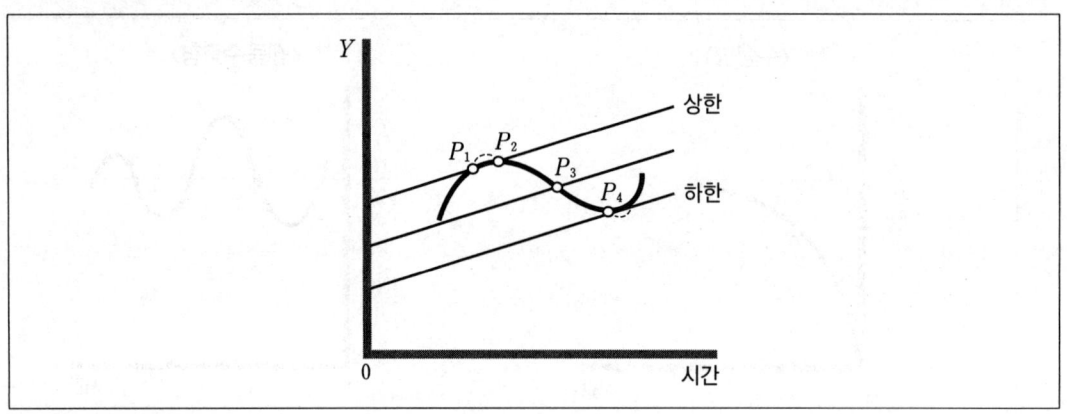

3) 불규칙 충격이론

프리쉬(A. Frisch)는 국민소득은 일정한 상태에 머물지 않고, (a)그림처럼 외부로부터 정치적 변혁, 사회적 불안, 기술혁신, 국제 원자재파동(공급충격) 등의 불규칙적인 충격이 나타나면 경기변동이 일어난다고 보았다.

A, B, C의 충격은 감쇄적 진동을 하면서 결국 없어지지만 불규칙적인 충격이 계속적으로 국민소득에 영향을 주어 (b)그림과 같은 경기순환이 나타나게 된다.

〈그림 18-4〉 불규칙 충격이론

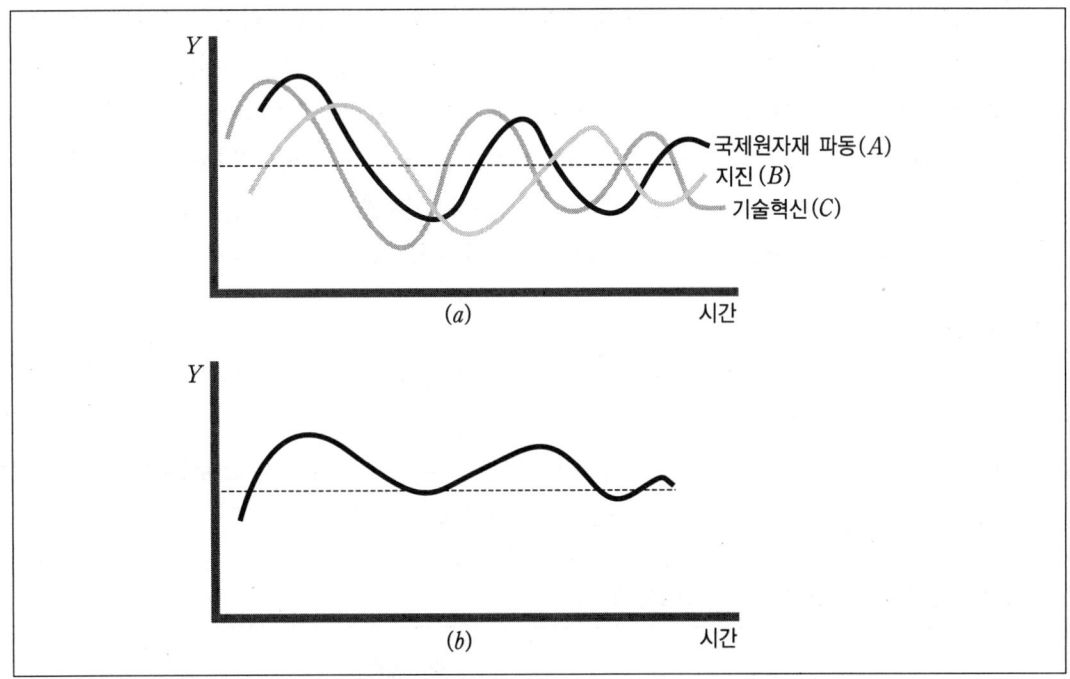

4) 이윤원리에 의한 경기변동이론

칼렉키-칼도(Kalecki-Kaldor)는 자본주의경제에 있어서 투자는 이윤추구를 목적으로 계획되고 실천되므로 투자의 크기는 이윤에 좌우된다. 그러므로 이윤이 경기변동의 원인이라는 이론이다.

5) 정치적 경기순환이론(Political Business Cycle)

노드하우스(Nordhaus)는 선거 직전에 집권당은 득표를 위해 돈을 풀거나 세금을 깎아줌으로써 경기를 활성화시키려고 하고, 선거직후에는 인플레이션을 억제하기 위해 통화량을 억제하거나 정부지출을 삭감시킴으로써 경기가 수축국면으로 접어든다고 하였다.

이처럼 선거에 의해 경기변동이 초래된다는 이론이 정치적 경기변동이론이다.

> 선거 직전 : 경기부양정책 실시 → 호황
> 선거 직후 : 경기진정정책 실시 → 불황

❺ 새고전학파의 경기변동이론

1) 새고전학파의 경기변동이론 : 균형경기변동이론

(1) 개념

균형경기변동이란 경기변동을 총수요와 총공급이 일치하는 균형상태가 변동하는 것으로 파악하는 이론을 말한다.

하나의 균형상태에서 외부충격으로 균형이 깨졌을 때 또 다른 균형상태로 이행하게 되는데, 이 과정에서 발생하는 국내총생산(GDP)의 변동이 경기변동이다. 새고전학파는 시장의 불균형은 청산된다는 가정을 하므로 시장은 항상 균형상태에 있다. 이와 같이 시장이 균형상태에 놓여 있는 상황에서 외부적인 충격이 발생했을 때 개별경제주체들이 최적화행동을 하는 과정에서 나타나는 GDP의 변화를 새고전학파는 경기변동이라고 보았다. 개별경제주체들의 최적화행동이란 소비자가 효용을 극대화하고, 생산자가 이윤극대화를 하고자 하는 행동을 말한다.

경기변동은 균형 자체의 변동이므로 새고전학파의 경기변동이론을 균형경기변동이라 한다.

(2) 종류

경기변동을 가져오는 충격을 무엇으로 보느냐에 따라 화폐적 균형경기변동이론과 실물적 균형경기변동이론으로 구분한다.

화폐적 균형경기변동이론은 경기변동의 원인이 수요측 충격 때문이라고 보는 이론이며, 실물적 균형경기변동이론은 공급측 충격에 의해 경기가 변동한다는 이론이다.

〈그림 18-5〉 새고전학파의 경기변동이론

2) 화폐적 균형경기변동이론 : 루카스(R. Lucas)

(1) 개념

불확실성하에서 예상치 못한 통화량의 변화는 경제주체들의 물가변동에 대한 기대에 혼동(자기가 생산하는 재화가격의 변화와 일반물가수준의 변화를 혼동)을 야기시킴으로써 경기변동이 일어난다는 이론이다.

(2) 내용

물가수준의 변동과 개별기업의 생산량과의 관계를 합리적 기대 측면에서 파악한 것이 루카스공급곡선이며, 그 수식은 다음과 같다.

$$Q_i = a(\dot{P}_i - \dot{P}^e) + Q_i^*$$

여기서 Q_i는 기업i의 생산량
$\dot{P}_i$는 기업i가 생산하는 재화가격의 변화율
$\dot{P}^e$는 기업이 예상한 물가수준의 변화율
Q_i^*는 기업i의 정상적 생산수준

예상치 못한 통화량의 증가로 일반물가수준이 상승했음에도 불구하고, 기업들은 갖고 있는 정보

가 불충분하기 때문에 자신이 공급하는 재화의 가격만 상승($\dot{P}_i > \dot{P}^e$)했다고 생각하여 생산량을 증가시킨다. 반대로 예상치 못한 통화량의 감소는 기업의 생산량을 감소시킨다.

개별기업의 공급곡선을 전부 합하여 국민소득, 즉 실질산출량으로 확대시키면 다음과 같다.

$$Y = a(\dot{P} - \dot{P}^e) + Y_N$$
여기서 $\dot{P}$ 는 실제물가상승률
$\dot{P}^e$ 는 예상물가상승률
Y_N는 완전고용하의 국민소득
Y 는 균형국민소득

예상치 못한 통화량의 증가는 경제주체의 물가예측에 대한 오류($P > P^e$)를 발생시켜 경기호황을, 예상치 못한 통화량의 감소는 경기불황을 초래한다.

(3) 한계

경기변동의 지속성을 제대로 설명하지 못한다. 왜냐하면 경제주체들이 물가변화를 인식하면 즉각 산출량이 균형수준으로 복귀하기 때문이다.

3) 실물적 균형경기변동이론 : 프레스코트(E. Prescott), 킹(R. King) 등

(1) 경기변동의 원인

기술혁신, 경영혁신, 노사분규, 석유파동, 새로운 자원의 개발, 기후변화(가뭄), 환경기준의 강화 등 총공급곡선에 영향을 미치는 실물적 충격이 경기변동의 원인이다.

(2) 실물적 균형경기변동 과정

반도체부문에 기술혁신이 일어나면 노동의 한계생산성이 증가하기 때문에 노동수요가 증가한다. 그 결과 고용량도 증가하기 때문에 총생산량이 증가하고 총소비와 총저축도 증가하는 경기호황현상이 발생한다.

〈그림 18-6〉 실물적 균형경기변동이론

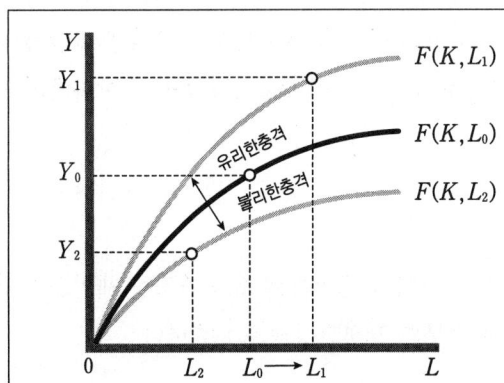

유리한 공급충격 → 노동생산성 증가 → 노동수요증가 → 고용량증가($L_0 \to L_1$) → 총생산량증가($Y_0 \to Y_1$) : 경기호황

석유파동, 노사분규, 환경오염규제, 가뭄으로 노동의 한계생산성이 감소하기 때문에 노동수요가 감소한다. 그 결과 고용량도 감소하므로 총생산량이 감소하고 총소비와 총저축도 감소하는 경기침체현상이 발생한다.

(3) 특징

실물적 균형경기변동이론의 특징은 다음과 같다.

첫째, 현재의 실물적 충격은 일시적이더라도 미래 여러 기에 걸쳐 파급되므로 경기변동은 지속된다.

둘째, 실물적 균형경기변동이론에서는 경기변동의 지속성을 완결기간을 이용하여 설명한다. 한번 계획한 투자가 실행되어 완성될 때까지 걸리는 기간을 완결기간이라 하며, 이 기간 동안에는 실행된 투자가 지속적으로 국민소득에 영향을 주기 때문이다.

셋째, 경기변동의 지속성을 제대로 설명하지 못하는 화폐적 균형경기변동이론의 한계를 극복하였다.

넷째, 실물적 균형경기변동이론은 공동변화현상(총생산량, 고용, 소비, 투자 등의 경제변수가 같은 방향으로 변하는 현상)을 잘 설명해 준다.

❻ 새케인즈학파의 불균형경기변동이론

1) 경기변동의 원인

새케인즈학파는 케인즈학파의 전통을 이어 받아 경기변동의 주요 원인을 총수요의 변화라고 본다. 즉, 경기변동이 총수요측면에서 유발된 시장의 불균형 때문에 일어난다고 보았다. 민간소비, 투자수요, 순수출, 화폐수요 등 총수요측면에서 여러 가지 형태의 교란(충격)이 일어나 경기변동이 일어난다. 즉, 기업가들의 동물적 직감에 의해 투자붐이 일어나면 총수요가 증가하므로 총수요곡선이 오른쪽으로 이동하여 생산량을 증가시킨다. 생산증가는 고용증가, 소비, 저축, 투자증가를 가져와 경기가 호황이 된다.

새케인즈학파에서 총수요충격이 경기변동을 야기시킬 수 있는 것은 가격의 경직성 때문이다. 즉, 노동자가 장기임금계약을 체결하면 일정기간 동안 실제로 물가가 상승하더라도 임금인상을 요구하지 못하고 일(노동공급)을 할 수밖에 없다. 이와 같이 임금의 경직성으로 인해 우상향하는 총공급곡선이 도출되는 것이다. 총공급곡선이 우상향하면 총수요의 변화로 GDP가 변화하여 경기변동이 일어난다.

2) 시사점

노동시장에서 초과공급이 해소되지 않고 비자발적 실업이 존재하는 것을 가정한 케인즈와 같이 일부시장에 불균형이 지속될 가능성을 인정하므로 정부의 안정화정책은 유효하다.

제19장 부동산 경기변동이론

제1절 개요와 특징

❶ 부동산경기의 개요

부동산경기는 크게 협의의 부동산경기와 광의의 부동산경기로 나누어진다.

협의의 부동산경기란 주거용 부동산의 건축경기를 말하고, 광의의 부동산경기란 공업용·상업용 부동산의 건축경기를 포함한 개념이며, 최광의의 개념은 광의의 부동산경기에 토지경기를 포함한다. 일반적으로 부동산경기라 하면 주택건축경기를 말하기도 한다.

❷ 부동산경기변동의 특징

부동산경기변동의 특징은 다음과 같다.

첫째, 부동산경기 순환은 일반경기순환과 상관관계가 있기는 하지만 경기순환국면이 뚜렷하거나 일정하지는 않다.

둘째, 부동산경기는 타성현상을 전제로 일반경기와 병행·역행·후행·선행할 수 있다.

셋째, 부동산경기는 경기변동요인에 민감하게 작용하지 못하기 때문에 진폭이 커서 높은 정점(peak)과 깊은 지점(trough)이 나타난다.

넷째, 일반경기 순환주기는 일반적으로 9~10년을 주기로 하지만 부동산 경기순환주기는 2배 정도 긴 17~18년을 주기로 한다.

다섯째, 부동산경기는 통상적으로 개별적이며 지역적인 현상을 나타낸다.

여섯째, 부동산경기는 타성현상으로 인하여 후퇴기간은 짧고 회복기간은 길다.

일곱째, 부동산경기는 일반경기와 다른 측정지표를 갖는다.

제2절 국면별 특징

부동산경기변동의 국면별 특징은 부동산이라는 특유한 성질 때문에 일반경기변동의 국면과는 다른 고유한 특징을 가지고 있다. 부동산경기변동의 국면은 회복국면·상향국면·후퇴국면·하향국면·안정국면 형태를 갖추고 있는데, 시장별 특징은 다음과 같다.

❶ 회복시장

경기의 불황이 하향을 멈추고 지점을 지나 상향하기 시작하는 시장이다. 회복시장에서는 부동산가격의 하락이 멈추어지고 반전하면서 부동산거래가 늘어나고 부동산가격이 상승하기 시작하며, 다음과 같은 현상들이 나타난다.[1]

첫째, 회복시장 전 단계에서 불황이 지속된 관계로 현재 은행의 대출 금리가 낮은 상태이고 향후 부동산가격의 상승이 예상되므로 부동산을 구입하고자 하는 실수요자나 부동산에 투자하려는 경향이 나타나기 시작한다.

둘째, 부동산 유통관련 전문가들은 하향시장에서 취했던 매수자 중시의 태도를 매도자 중시의 태도로 바꾼다.

셋째, 부동산가격이 상승하는 추세이므로 과거 거래되었던 부동산 매매가격은 새로운 거래가격의 기준이 되거나 하한선이 된다.

넷째, 부동산경기의 타성현상으로 인해 부동산경기의 회복추세는 서서히 일어난다. 그리고 부동산경기의 회복추세는 모든 종류의 부동산과 지역에서 동일하게 나타나기보다는 개별적 혹은 지역별로 다르게 일어난다.

다섯째, 부동산거래에 참여하는 고객의 숫자가 서서히 증가하기 시작하고, 공가(空家) 또는 공실률(空室率)이 늘어나다가 점차 줄어들기 시작한다.

❷ 상향시장

부동산경기의 회복이 지속되고 부동산가격이 계속 오르면서 거래가 활발해지는 시장이다. 상향시장에서는 일반적으로 다음과 같은 현상들이 나타난다.

첫째, 건축허가신청의 건수가 늘어날 뿐만 아니라 그 증가율이 계속 상승한다.

둘째, 부동산가격의 상승으로 매수자는 빨리 구입하여야 하는 반면에 매도자는 거래를 미루는 경향이 있어서 부동산 유통관련 전문가들의 매도자 중시 현상이 회복시장에 비해 더 커진다.

셋째, 과거에 거래되었던 부동산 매매가격은 새로운 거래가격의 하한선이 된다.

---

[1] 이창석(2008), 「부동산학원론, 전정판」, 형설출판사, p.201

❸ 후퇴시장

부동산경기의 상승국면이 끝나고 하향국면으로 접어들기 시작하는 시기이다. 상향시장에서 나타난 부동산가격의 상승이 멈추어지면서 하락하고, 부동산거래도 점차 감소하면서 전반적 부동산경기가 침체되기 시작하는 국면이다. 후퇴시장에서는 다음과 같은 현상들이 나타난다.

첫째, 부동산거래는 점차 감소하면서 일부에서는 거래가 끊기기도 한다.

둘째, 후퇴시장이 일반경기와 병행하여 장기화되면 점차 공실률이 커지기도 한다.

셋째, 상향시장에서 나타났던 매도자 중시현상이 거래의 감소로 인해 매수자 중시현상으로 바뀐다.

넷째, 과거에 거래되었던 부동산 매매가격은 새로운 거래가격의 기준이 되거나 상한선이 된다.

다섯째, 부동산경기의 타성현상으로 인해 부동산경기의 회복추세는 오랜 시간이 소요되지만 후퇴추세는 단기간에 이루어진다.

❹ 하향시장

부동산경기변동 중 후퇴시장 다음에 나타나는 국면으로 부동산가격이 하락할 뿐만 아니라 특수한 거래 이외는 거의 일어나지 않는 시기이며, 다음과 같은 현상들이 나타난다.

첫째, 자금을 차입하여 부동산을 보유하는 사람들에게 부동산 소유 부담이 된다. 그리고 자금을 차입하여 규모가 큰 호화주택이나 불요불급한 부동산을 소유한 사람들은 큰 타격을 입는다.

둘째, 건축 활동이 둔화되고 공실률이 높아지며 건축허가신청 건수는 큰 폭으로 감소된다.

셋째, 부동산거래가 거의 일어나지 않아서 부동산 유통관련 전문가들의 매수자 중시 현상은 더 커진다.

넷째, 과거에 거래되었던 부동산 매매가격은 새로운 거래가격의 상한선이 된다.

다섯째, 하향시장의 전 단계인 후퇴시장의 기간이 짧고 과열경기를 경험한 지역일수록 훨씬 깊은 불황을 경험하게 되나, 안정된 지역조건을 갖춘 지역은 상대적으로 그 정도가 적다.

❺ 안정시장

일반 경기변동과 달리 부동산경기변동에서 나타나는 특수한 국면으로 불황에 강한 특징을 나타내는 시기이다. 안정시장은 부동산가격이 안정되어 있으면서 가벼운 상승을 유지하는 국면을 말하며, 다음과 같은 현상들이 나타난다.

첫째, 안정시장은 부동산시장의 모든 국면에서 나타나며, 위치가 좋은 적정 규모의 주택이나 도심지 점포 등에서 발생한다.

둘째, 실수요자에 의한 부동산거래가 꾸준하게 일어난다.

셋째, 과거에 거래되었던 부동산 매매가격은 신뢰할 수 있는 새로운 거래 가격의 기준이 된다.

제3절 측정지표와 측정기준의 분류

부동산경기변동을 종합적이고 과학적으로 측정하는 방법은 아직 개발되지 않고 있다. 나아가서 일반경기변동을 측정하는 지표에 대한 논의도 활발히 진행 중이다.

일반경기변동의 준거지표를 GDP로 하면, 부동산경기변동의 준거지표로는 건축량 또는 건축착공량이 될 수 있다. 그리고 부동산은 토지와 건물로 구성된 복합적 개념이므로 토지 경기변동의 준거지표로는 '지가상승률'을 들었다.

이러한 준거지표 또는 핵심지표들을 중심으로 여기에 영향을 미치는 외생적인 변수를 고찰해 봄으로써 부동산경기변동의 측정지표들을 추론하면 다음과 같다.

❶ 건축량 또는 건축착공량

부동산경기변동을 나타내는 핵심지표로 볼 수 있으며, 일반적으로 건물은 일반 재화나 상품과는 달리 건물의 착공에서부터 완공까지 상당한 시일이 소요되므로 건축량과 건축착공량 2가지를 들었다.

사람들이 부동산경기를 바로 체감하는 지표로는 건축착공량이 건축량보다는 바람직할 것 같다. 건축착공량은 일종의 선행지표이고, 건축량은 동행지표의 성격을 지닌다고 볼 수 있다. 다음에는 건축량과 건축착공량에 영향을 미치는 외생변수들을 보고자 한다.

(1) 건축허가면적

건축허가면적이 증가하면 건축착공량과 건축량이 증가하므로 일종의 선행지표적 성격을 지닌다.

(2) 부동산공실률과 공가율

전반적인 일반경기상황이 악화되면 공실률이나 공가율이 증가하게 되고 건설회사들은 분양실적에 자신이 없으므로 건축착공량을 감소시킨다. 그러므로 부동산공실률과 공가율은 일종의 선행지표적 성격을 지닌다.

(3) 인구나 가구 수의 증가

인구나 가구 수의 증가는 주택이나 건물에 대한 수요를 증가시키고 주택이나 건물의 가격을 상승시킨다. 주택이나 건물의 가격상승은 주택이나 건물의 건축착공량과 건축량을 증가시킨다.

(4) 주택보급률

주택보급률이 증가하면 주택의 가격상승을 억제시키고 주택의 건축량을 감소시킨다. 반면 재개발 등으로 기존 주택의 멸실이나 도시화 등으로 주택보급률이 감소하면 주택의 가격상승을 촉발시켜 주택의 건축량을 증가시킨다.

(5) 택지분양신청

택지의 분양신청이 증가하면 건축량이 증가하고, 반대로 감소하면 건축량이 감소한다.

(6) 건축비

건축비의 상승은 건축에 따른 기업의 이윤을 감소시키므로 건축량을 감소시키고, 반대로 건축비의 하락은 건축에 따른 기업의 이윤을 증대시키므로 건축량을 증가시킨다.

(7) 기타

통화량의 증가, 대출금리의 하락, 국제수지의 흑자, 정부재정지출의 증가는 일반경기상황을 호전시키므로 건축량을 증가시키고 통화량의 감소, 대출금리의 상승, 국제수지의 적자, 재정지출의 감소 등은 일반경기상황을 악화시키므로 건축량을 감소시킨다.

❷ 지가상승률

지가상승률은 토지가격의 상승률을 말한다. 일반적으로 토지가격의 변동과 부동산경기는 상호 영향을 주고받는 관계라고 볼 수 있다. 부동산경기가 호황이 되면 지가가 상승한다. 그리고 지가 상승이 지속되면 부동산경기가 좋아질 수 있다.

(1) 택지수요

도시화 등으로 인구가 도시에 집중되면 택지에 대한 수요가 증대되고 도시지역의 지가를 상승시킨다.

(2) 경제성장률

경제성장률이 높으면 공장용지나 사무용 공간에 대한 수요가 증대되고 이는 공업용 토지나 상업용 토지의 지가를 상승시킨다. 반대로 경제성장률이 둔화되면 공업용 토지나 상업용 토지의 지가를 하락시킨다.

(3) 주택거래량

주택거래량이 증가하면 일반적으로 주택가격이 상승하고 건설회사들이 주택 건축량을 증가시키므로 지가를 상승시킨다.

(4) 대출금리

대출금리의 하락은 택지나 토지 등의 가수요를 유발시킬 수 있으므로 지가를 상승시킨다. 반대로 대출금리의 상승은 지가를 하락시킨다.

(5) 기타

통화량의 증감이나 국제수지의 흑자나 적자, 정부의 재정지출 등도 지가변동의 원인이 될 수 있다.

❸ 부동산경기의 측정기준 분류

부동산경기의 측정지표를 선행·동행·후행지표로 나누면 다음과 같다.

1) 선행지표

선행지표는 미래의 경제활동수준을 예측하는 경기종합지수로서, 경기변동의 선도현상을 나타내므로 부동산 경기조절정책에 반영된다. 이는 경기변동의 조짐·징후·효시를 나타내는 지표이다. 선행지표에는 건축허가면적·건축허가신청 건수·건설수주동향·택지의 분양실적·택지조성량·공실률 및 공가율·건축 자재수요동향·건설인력수요 등이 있다.

2) 동행지표

동행지표는 경기변동을 측정하는 시점에서의 경제활동수준을 나타내는 경기종합지표이다. 동행지표로는 건축착공량·거래량 등이 있다.

3) 후행지표

후행지표는 경기변동을 측정하는 시점 이전(과거)에서 경제상황을 재확인하는 경기종합지표이다. 후행지표로는 건축완공량 등이 있다.

제4절 부동산경기와 일반경기의 시차관계

❶ 부동산경기와 일반경기의 시차관계 의미

부동산경기 국면은 일반경기 국면과 동시에 진행되기도 하고 앞서가기도 하며 또는 뒤따라가기도 하는데, 이와 같은 현상을 부동산경기순환과 일반경기순환의 시차관계라 한다.

❷ 경기시차관계의 유형

첫째, 전 순환적 관계는 부동산 중 주거용·상업용·공업용 등 부문별 경기가 일반경기순환에 비해 앞서 진행되는 관계를 말한다.

둘째, 동시 순환적 관계는 부동산 중 주거용·상업용·공업용 등 부문별 경기와 일반경기순환에 동시에 진행되는 관계를 말한다.

셋째, 후 순환적 관계는 부동산 중 주거용·상업용·공업용 등 부문별 경기가 일반경기순환에 비해 늦게 진행되는 관계를 말한다.

넷째, 역순환적 관계는 부동산 중 주거용·상업용·공업용 등 부문별 경기와 일반경기의 순환이 서로 정반대의 방향으로 진행되는 관계를 말한다.

❸ 부동산경기와 일반경기의 시차관계

일반적으로 주식시장의 경기는 전 순환적이며 부동산시장경기는 후 순환적인 것으로 알려져 있다. 그러나 부동산시장이라도 주거용 부동산이냐, 상업용 부동산이냐, 공업용 부동산이냐에 따라 그 유형을 달리하고 있다. 아래에서 그 내용을 살펴보면 다음과 같다.

(1) 주거용 부동산경기와 일반경기변동과의 관계

일반경기가 호황일 경우에는 사람들이 수익성이 높은 부분에 투자하므로 주택부문 투자는 상대적으로 축소된다. 주택부문에 대한 투자 감소는 주택 건설업체의 주택공급량 감소로 나타난다. 따라서 주거용 부동산의 건축경기는 일반경제의 경기와는 반대되는 역순환적 현상을 보이고 있다고 할 수 있다.

(2) 상업용이나 공업용 부동산경기와 일반경기변동과의 관계

경기가 호황일 때 생산을 위한 공장건설이나 사무실공간에 대한 수요가 증가하면 부동산의 공급도 늘어나는 것이 일반적이다.

이것은 상업용 부동산과 공업용 부동산이 일반경기변동과 밀접한 관계를 가지고 있기 때문이다.

상업용과 공업용 부동산은 일반경제의 순환과 거의 일치함으로써 주거용 부동산과는 반대의 현상을 보이고 있다.

제5절 기타 부동산경기변동

❶ 계절적 변동

계절적 변동이란 1년을 단위로 적어도 1년에 한 번씩 정기적으로 나타나는 변화를 말한다. 예를 들면 겨울철의 부동산경기는 다른 계절보다 둔화되는 성질이 있으며 대학교 근처의 임대주택은 방학을 주기로 공가율이 높아지는 현상 등을 들 수 있다.

❷ 장기적 변동

장기적 변동은 통상적으로 50년 혹은 그 이상의 기간으로 측정되는 것이다. 부동산부분에서 이러한 현상은 어떤 지역이 새롭게 개발되거나 기존지역이 재개발되었을 때 나타난다. 특히 부동산경기의 장기적 변동은 일반경제의 장기적 변동보다는 기간이 짧고 지역적인 수준에서 불규칙적으로 나타나는 경향이 있다.

❸ 무작위적 변동

무작위적 변동이란 예기치 못한 사태로 인해서 초래되는 비주기적인 경기 변동 현상을 말한다. 이것은 정부의 정책변화, 노동자의 파업, 혁명과 같은 사태, 지진, 홍수 등과 같은 자연재해에 의해 일어날 수도 있다.

제20장 / 경제성장이론

제1절 / 경제성장의 개요

❶ 경제성장의 의의

1) 개념

경제성장이란 시간이 흘러감에 따라 경제활동의 규모가 커지고 양적으로 증가하는 것을 말한다. 그리고 경제성장은 한 나라의 생산가능곡선이 시간의 경과와 함께 바깥쪽으로 이동하는 것으로도 표시할 수 있다.

경제성장은 공급측면의 국민소득 GDP가 시간이 흘러감에 따라 증가하는 것을 의미하므로 총공급곡선(AS)의 우측이동으로도 나타낸다.

2) 경제성장률

(1) 경제성장률의 측정

한 나라 전체의 경제성장률은 현재 국민소득과 전기 국민소득의 차이를 전기의 국민소득으로 나눈 백분율로 표시한다. 경제성장률 지표에 사용하는 국민소득은 실질국민소득이다.

$$경제성장률 = \frac{GDP_t - GDP_{t-1}}{GDP_{t-1}} \times 100 + 100$$

(2) 1인당 소득증가율

1인당 소득증가율은 실질 GNI 증가율에서 인구증가율을 차감하여 구한다. 인구증가율을 차감하는 이유는 경제전체의 국민소득이 증가하더라도 인구가 증가하면 1인당 국민소득은 오히려 감소하기 때문이다.

$$1인당 \ 소득증가율 = 실질 \ GNI \ 증가율 - 인구증가율$$

❷ 경제성장의 요인

경제성장은 시간의 경과에 따른 GDP의 증가이므로 GDP의 크기에 영향을 주는 것들이 경제성장의 요인이 된다.

노동투입량과 자본투입량, 그리고 기술진보가 GDP 증가에 영향을 주므로 이들이 경제성장의 요인이다. 이 중 장기적으로 경제성장의 가장 중요한 요인은 기술진보이다.

$$GDP = f(노동량, 자본량, 기술진보)$$

❸ 경제성장의 정형화된 사실

영국의 경제학자 칼도(N. Kaldor)는 선진국의 경제성장과정에서 장기에 걸친 규칙성을 찾아내어 이를 경제성장의 '정형화된 사실'이라고 하였다.

1) 노동과 자본, 경제성장률

(1) 정형화된 사실

노동과 자본 그리고 경제성장률 간에 일어나는 정형화된 사실은 다음과 같이 나타났다. 첫째, 자본 – 산출량 비율(자본계수)이 장기에 걸쳐 대체로 일정하였으며, 둘째, 자본의 증가율이 대체로 일정하였다. 마지막으로 자본 – 노동비율과 1인당 소득이 일정한 비율로 증가하였다.

(2) 의미

자본-노동비율 증가하였다는 것은 '자본의 심화'를 의미한다. 그리고 정형화된 사실에서 경제성장률과 자본증가율은 거의 비슷하고 이들은 노동증가율보다 크다는 사실을 유추할 수 있다.

2) 노동과 자본의 소득분배

(1) 정형화된 사실

노동과 자본의 소득분배 간에 발생한 정형화된 사실은 다음과 같다. 첫째, 실질이자율은 지속적으로 증가하거나 감소하는 추세를 보이지 않았으며, 둘째, 노동과 자본의 상대적인 소득분배비율이 대체로 일정하였다. 마지막으로 1인당 소득의 증가율은 국가마다 큰 차이를 보였다.

(2) 의미

경제성장과정에서 자본증가율이 노동증가율보다 큼에도 불구하고 노동과 자본의 상대적 소득분배율이 대체로 일정하다는 것은 실질임금의 상승률이 실질이자율보다 크다는 것을 나타낸다. 이는 마르크스가 주장한 자본주의 붕괴이론이 현실과 부합하지 않는다는 사실을 보여주고 있다.

제2절 경제성장이론

❶ 고전학파의 경제성장이론

1) 내용

(1) 경제성장의 요인

경제성장의 요인으로 노동량, 자본량, 기술진보를 들었으나 기술진보의 가능성을 부정하였다.

(2) 노동투입량

맬더스는 인구론에서 인구는 기하급수적으로 증가하지만 식량은 산출급수적으로 증가하므로 1인당 식량(생계비)이 줄어들어 인구가 어느 순간 정체하므로 경제성장이 지속적으로 증가하지 않는다고 하였다.

(3) 자본투입량

수확체감의 현상으로 인해 자본투입량이 증가하더라도 자본주의경제는 지속적으로 성장하기 어렵다.

2) 특징

경제성장이 장기적으로 둔화되거나 정상상태(stationary state)에서 더이상 성장하지 않는다고 하였다. 정상상태(stationary state)란 기차가 달리다가 역(station)에 멈춰서듯이 경제가 일정한 수준에서 더이상 성장하지 않고 정지한 상태를 말한다. 즉, 경제변수들의 시간의 경과에 따른 변화율이 '0'인 상태를 말한다.

❷ 해로드–도마의 경제성장이론

1) 개요

해로드(R. Harrod)와 도마(E. Doma)는 고전학파가 경제성장의 요인으로 제시한 총공급능력의 증대측면을 고려하면서, 단기적이고 정태적인 케인즈의 균형국민소득결정이론을 장기적이고 동태적인 측면으로 발전시켜 자본주의 경제성장의 경로를 제시하였다.

생산요소대체가 불가능하므로 노동과 자본 중의 일부가 완전히 이용되지 못하고 남아돌 수 있으므로 불완전고용하의 경제성장경로가 일반적이다. 즉, 자본주의경제의 성장경로는 불안정적이라고 하였다.

2) 가정

첫째, 1재화만을 생산하는 국민경제를 가정한다.
둘째, 생산함수는 노동과 자본간에 대체가 불가능한 레온티에프 생산함수이다.

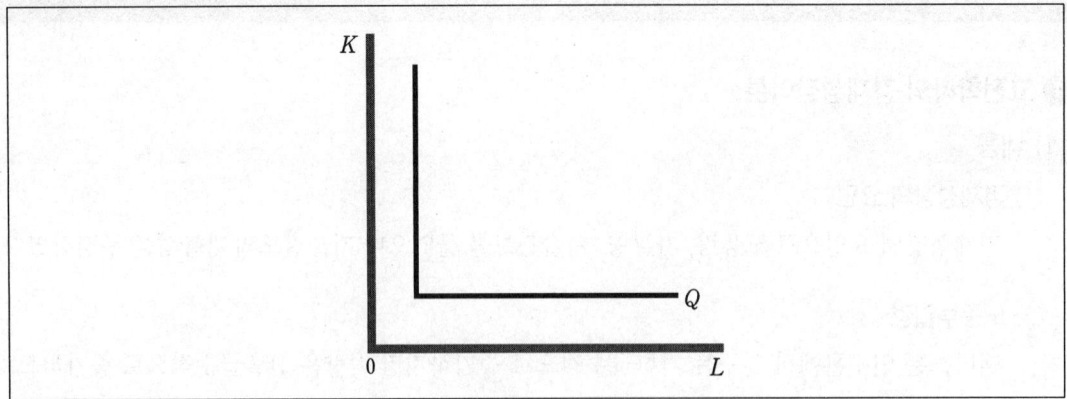

〈그림 20-1〉 레온티에프 생산함수

셋째, 경제성장과정 중에 생산요소의 대체가 불가능하므로 자본계수 $\left(\dfrac{\text{자본량}}{\text{산출량}}\right)$는 고정되어 있다. 자본계수를 v라 하면 $v=\left(\dfrac{K}{Y}\right)$가 된다.

넷째, 소득의 일정비율(s)만큼이 저축되며, 사전적 저축과 사후적 저축이 일치한다.
$S=sY$, $0<s<1$, s는 한계저축성향이다.

다섯째, 인구증가율은 매기에 $n\%$로 일정하며, 기술진보는 없다고 전제한다.

3) 균형성장의 조건

(1) 적정성장률(보증성장률 : G_w) : 자본의 완전가동조건

적정성장률이란 자본설비가 완전가동될 수 있는 성장률을 말하며, 사전적 투자와 저축의 일치를 보장하는 성장률이다.

$G_w = \dfrac{\Delta K}{K} = \dfrac{\Delta Y}{Y}$ 를 이용하여 구하면 다음과 같다.

$G_w = \dfrac{\Delta K}{K} = \dfrac{I}{K} = \dfrac{sY}{K} = \dfrac{s}{K/Y} = \dfrac{s}{v}$ 이다.

즉, 적정성장률 $= \dfrac{\text{저축률}}{\text{자본계수}}$ 이다.

국민소득이 $\dfrac{s}{v}$ 의 비율로 성장하면 자본설비가 완전가동될 수 있다.

(2) 자연성장률(G_n) : 노동의 완전고용조건

자연성장률이란 완전고용성장률을 말한다. 즉, 경제가 장기적으로 노동의 완전고용을 유지하면서 성장하기 위해서는 경제성장률이 노동증가율과 같아야 하는데 이때의 경제성장률을 말한다.

$G_n = \dfrac{\Delta Y}{Y} = \dfrac{\Delta L}{L} = n$ 이다.

(3) 균형성장의 조건(노동과 자본의 완전고용조건)

자본의 증가율만큼 노동이 증가해야 균형성장이 이루어지므로 균형성장의 조건은 자본증가율과 노동증가율이 동일(자본증가율 = 노동증가율)해야 한다.

$$\frac{\Delta K}{K} = \frac{\Delta L}{L}$$

$\boxed{\dfrac{s}{v} = n}$: 해로드모형의 기본방정식

4) 특징

(1) 불안정적인 경제성장

완전고용하의 균형성장은 적정성장률 = 자연성장률 일 경우에만 가능하나, 이런 경우는 극히 드물고 불완전고용하의 경제성장(불균형성장)이 일반적이다. 이는 생산요소의 대체가 불가능하기 때문이다.

적정성장률 > 자연성장률	적정성장률 < 자연성장률
→ 자본증가율 > 노동증가율 → 자본(설비)과잉된 상태로 계속성장	→ 자본증가율 < 노동증가율 → 노동이 과잉된 상태로 계속성장

(2) 칼날효과

단기적으로 실제성장률이 적정성장률로부터 벗어나면 균형을 회복하지 못할 뿐만 아니라 더욱 더 균형에서 이탈한다. 이를 칼날효과(knife-edge effect)라고 한다.

실제 성장률 > 적정 성장률	실제 성장률 < 적정 성장률
→ 기업가의 자본재주문 증가 → 투자수요 증가 → 유효수요 증가 → 실제성장률 더욱 증가(경기과열) → 더욱 더 균형에서 이탈	→ 기업가의 자본재주문 감소 → 투자수요 감소 → 유효수요 감소 → 실제성장률 더욱 감소(경기불황) → 더욱 더 균형에서 이탈

(3) 기타

경제가 성장하기 위해서는 자본계수(v)는 작아야 하고 저축률(s)과 노동증가율(n)은 커야 한다.

자본주의경제에서 균형성장경로(실제성장률=적정성장률=자연성장률)를 달성하는 것이 일반적으로 어렵기 때문에 정부의 개입을 통해 안정적인 경제성장이 이루어지도록 해야 한다고 하여 케인즈학파의 견해를 반영하였다.

❸ 솔로우의 경제성장이론

1) 개요

해로드의 경제성장이론은 노동과 자본의 대체가 불가능하기 때문에 완전고용하의 경제성장이 불가능하나 솔로우(R. Solow)의 경제성장이론은 노동과 자본의 대체성을 전제로 했기 때문에 완전고용하의 경제성장이 가능하다.

2) 가정

첫째, 생산함수는 생산요소 간에 대체가 가능한 콥더글라스 생산함수이며 규모에 대한 보수불변을 가정한다.

〈그림 20-2〉 콥더글라스 생산함수

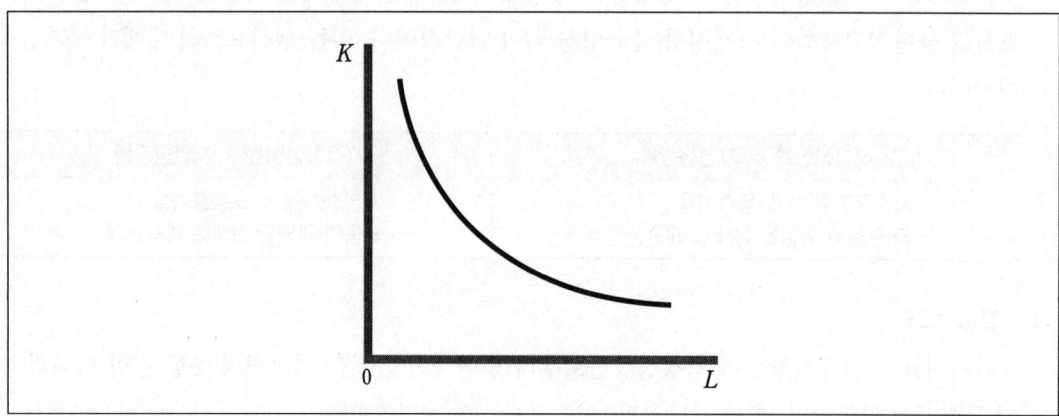

둘째, 자본계수와 자본-노동비율은 가변적이다. 자본-노동비율은 k로 표현한다. 즉, 생산요소의 대체가 가능하다.

셋째, 소득의 일정비율(s)만큼이 저축되며 저축은 모두 투자된다. 즉, $S=sY$, $0<s<1$이며 $I=S$이다.

넷째, 인구증가율은 $n\%$로 일정하게 주어져 있다.

다섯째, 모든 가격변수는 신축적이다.

여섯째, 1인당 국민소득은 자본-노동비율의 함수이다.

즉, $\frac{Y}{L}=y=f(k)$, $f'>0$이다.

3) 균형성장의 조건

(1) 자본증가율

자본증가율 $\frac{\Delta K}{K}=\frac{I}{K}$에서, $I=S$이므로 $\frac{I}{K}=\frac{S}{K}=\frac{sY}{K}=s\frac{Y}{L}\cdot\frac{L}{K}=\frac{s\cdot f(k)}{k}$이 된다.

따라서, $\frac{\Delta K}{K}=\left(\frac{s\cdot f(k)}{k}\right)$ [자본증가율 = $\frac{\text{저축률}\times\text{1인당 산출량}}{\text{1인당 자본량}}$]

(2) 집약형 생산함수

솔로우모형의 생산함수는 1차동차 생산함수이므로
$Y=F(K, L)$에서 양변을 L로 나누면

$\rightarrow \frac{Y}{L}=F\left(\frac{K}{L}, 1\right)$, $y=\frac{Y}{L}$, $k=\frac{K}{L}$라면

$\rightarrow y=f(k)$

- $y=\frac{Y}{L}$ → 1인당 산출량
- $k=\frac{K}{L}$ → 1인당 자본량(자본-노동비율)

(3) 노동증가율

$\frac{\Delta L}{L}=n$으로 일정하다.

(4) 균형성장의 조건(노동과 자본의 완전고용조건)

자본의 증가율만큼 노동이 증가해야 균형성장이 이루어진다.

자본증가율 = 노동증가율

$\frac{\Delta K}{K}=\frac{\Delta L}{L}$

$$\boxed{\begin{array}{l}\dfrac{sf(k)}{k}=n \\ sf(k)=nk\end{array}}$$ … 솔로우모형의 기본방정식

4) 불균형에서 균형으로의 조정과정

그림에서 s점은 $sf(k)=nk$이므로 균형성장의 조건을 만족하는 점이다. 불균형인 k_1과 k_2에서 균형인 k^*로 수렴하는 과정은 아래와 같다.

<그림 20-3> 불균형에서 균형으로의 조정과정

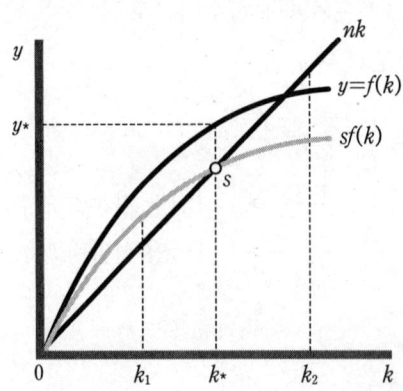

k_1일 때	k_2일 때
→ 자본증가율 > 노동증가율($sf(k)>nk$) → 자본과잉 → 자본가격하락 → 자본사용량 증가 → 1인당 자본량 $\left(k=\dfrac{K}{L}\right)$증가	→ 자본증가율 < 노동증가율($sf(k)<nk$) → 노동과잉 → 노동가격하락 → 노동사용량 증가 → 1인당 자본량 $\left(k=\dfrac{K}{L}\right)$감소

k_1에서 k값이 커지고 k_2에서는 k값이 작아져 k^*로 수렴한다.

5) 균제상태(steady-state)

(1) 균제상태의 개념

균제상태(steady-state)란 경제변수들이 시간이 경과함에 따라 변화하기는 하지만 경제변수들의 변화율이 동일한 상태를 말한다. 즉, 국민소득, 투자, 인구 등 모든 경제변수들의 변화율이 동일한 상태를 말한다.

정상상태는 모든 변수의 변화율이 동일하면서 '0'인 상태이므로 이는 균제상태의 특수한 경우에 해당한다.

(2) 솔로우모형에서 균제상태의 개념

균제상태란 1인당 자본량이 더이상 변화하지 않는 상태이다. 1인당 자본량이 k^*에 도달하면 더이상 변하지 않으므로 1인당 생산량(GDP)도 y^*에서 더이상 변하지 않는다. 이런 상태를 균제상태라 한다.

(3) 균제상태에서의 경제성장률

균제상태에서 1인당 GDP증가율은 0이고 1인당 GDP도 불변이나 인구가 매년 $n\%$ 증가하므로 GDP도 매년 $n\%$ 증가한다. 그러므로 GDP증가율(경제성장률)은 인구증가율과 일치한다.

〈그림 20-4〉 균제상태에서의 경제성장률

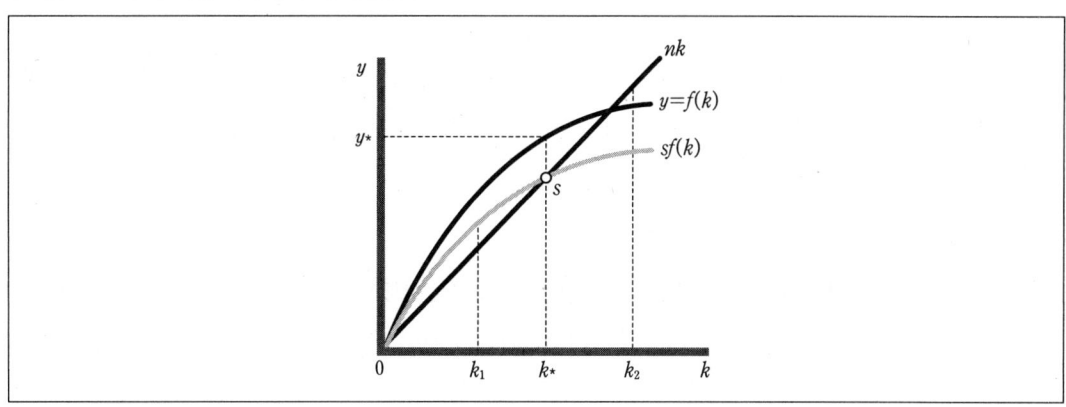

(4) 균제상태의 변동과 요인

균제상태의 변동과 이를 야기시키는 요인들은 다음과 같다.

〈그림 20-5〉 균제상태의 변동과 요인

요인	균형경제성장의 변동	
저축률(s)의 상승	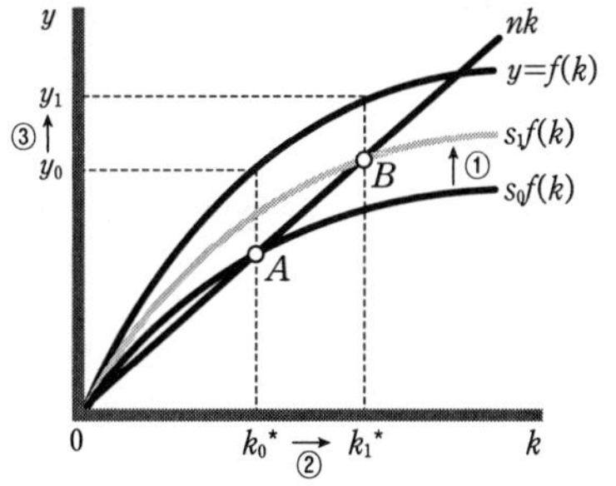 (그래프)	저축률 상승($s_0 \to s_1$) → ① 저축곡선 상방이동 　$s_0 f(k) \to s_1 f(k)$ → ② 1인당 자본량 증가 　($k_0^* \to k_1^*$) → ③ 1인당 국민소득증가($y_0 \to y_1$)
기술진보	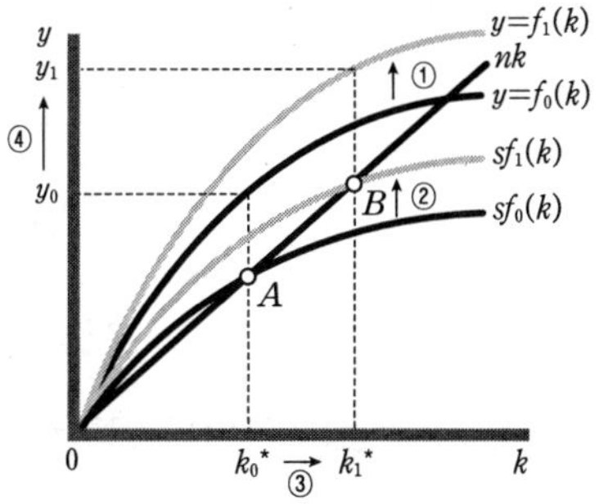 (그래프)	기술진보 → ① 생산곡선 상방이동 　$f_0(k) \to f_1(k)$ → ② 저축곡선 상방이동 　$sf_0(k) \to sf_1(k)$ → ③ 1인당 자본량 증가 　($k_0^* \to k_1^*$) → ④ 1인당 국민소득증가($y_0 \to y_1$)
노동증가율(n) 감소	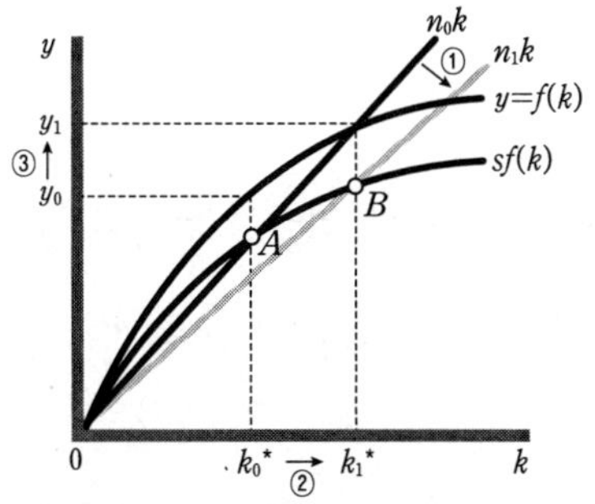 (그래프)	노동증가율 감소($n_0 \to n_1$) → ① nk선 이동($n_0 k \to n_1 k$) → ② 1인당 자본량 증가 　($k_0^* \to k_1^*$) → ③ 1인당 국민소득증가($y_0 \to y_1$)

6) 솔로우의 수렴가설

(1) 개념
솔로우의 경제성장이론에서 생산기술이나 인구증가율, 저축률 등 초기조건이 동일하면 장기에 있어서 모든 국가의 1인당 소득이 일정수준으로 수렴하는 현상을 보이는데, 이를 수렴가설(convergence hypothesis)이라 한다.

(2) 역사적 사실
수렴가설은 역사적으로 살펴볼 때 경제성장을 통해 선진국으로 진입한 국가들 사이에서는 일반적으로 나타나고 있다. 영국이나 미국 그리고 일본, 독일 등은 19세기나 20세기 초기에는 1인당 소득이 격차가 많이 나타났으나 오늘날에는 거의 비슷한 수준으로 수렴하고 있다.

(3) 따라잡기 효과
따라잡기 효과(catch-up effect)란 경제성장을 일찍 시작한 선진국은 시간이 경과함에 따라 경제성장률이 점차 둔화되나, 경제성장을 뒤늦게 시작한 후진국은 선진국에 비해 더 빠른 속도로 경제성장이 이루어져 선진국을 따라잡는 것을 말한다.

7) 솔로우의 성장회계 방정식

(1) 개념
경제성장과정에서 기술진보, 노동, 자본 등의 요소가 경제성장에 기여한 것을 분석하는 방정식을 말한다.

(2) 내용
총생산함수가 다음과 같이 주어져 있다고 하자.

$Y = AF(K,L) = AL^a K^{1-a}$

총생산함수를 증가율로 나타내면 다음과 같다.

$$\frac{\Delta Y}{Y} = \frac{\Delta A}{A} + a\frac{\Delta L}{L} + (1-a)\frac{\Delta K}{K}$$

여기서 $\frac{\Delta A}{A}$를 총요소생산성 증가율 또는 기술진보율이라 하며 솔로우 잔차(Solow residual)항이라고도 한다.

(3) 계산사례
경제성장률이 6%, 노동투입증가율이 3%, 자본투입증가율이 8%, a가 0.6이라면 총요소생산성은 1%이다.

$$\frac{\Delta A}{A} = \frac{\Delta Y}{Y} - \alpha\frac{\Delta L}{L} - (1-\alpha)\frac{\Delta K}{K}$$
$$= 6\% - (0.6 \times 3\%) - (0.4 \times 8\%)$$
$$= 6\% - 1.8\% - 3.2\%$$
$$= 1\%$$

8) 해로드 모형과 솔로우 모형의 비교

해로드 모형과 솔로우 모형을 비교하면 다음과 같다.

〈표 20-1〉 해로드 모형과 솔로우 모형의 비교

	해로드 모형	솔로우 모형
의의	① 케인즈의 균형국민소득결정이론을 동태적 경제성장이론으로 변화 ② 케인즈처럼 해로드는 불안정적인 경제성장모형 제시	① 안정적인 경제성장모형
가정	① 자본계수(v) 일정 ② 저축률(s) 일정 ③ 노동증가율(n) 일정 ④ 생산함수는 규모에 대한 보수불변 ⑤ 생산함수는 레온티에프 생산함수	① 자본-노동결합비율(k) 가변 ② 저축율(s) 일정 ③ 노동증가율(n) 일정 ④ 생산함수는 규모에 대한 보수불변 ⑤ 생산함수는 콥더글라스 생산함수
균형성장조건	$\frac{\Delta K}{K} = \frac{\Delta L}{L}$ 적정성장률 = 자연성장률 $\frac{s}{v} = n$	$\frac{\Delta K}{K} = \frac{\Delta L}{L}$ 적정성장률 = 자연성장률 $\frac{sf(k)}{k} = n$
특징	① 불완전고용하의 경제성장 ② 균형에서 멀어지면 다시 균형으로의 회귀가 곤란하다.	① 완전고용하의 경제성장 ② 균형에서 멀어지더라도 다시 균형으로의 회귀가 가능하다.

④ 최적성장이론과 턴파이크 경로

1) 개념

최적성장이론이란 사회후생을 극대화시키기 위해서 어떠한 성장을 하는 것이 가장 바람직한가에 대하여 연구하는 이론이다. 최적성장이론은 솔로우의 경제성장모형을 기반으로 소비자의 효용함수를 가미하여 효용을 극대화시키는 성장조건을 연구하였다.

2) 경제성장의 황금률(자본축적의 황금률)

(1) 개념

1인당 소비의 극대화를 가져오는 성장률을 말한다. 펠프스와 램지는 대표적 소비자의 소비가 극대화되는 조건을 도출하여 '자본축적의 황금률'이라 하였다.

(2) 도출

첫째, 1인당 소비

1인당 소비	=	1인당 소득	−	1인당 저축
c	=	$f(k)$	−	$sf(k)$

솔로우모형의 기본방정식이 $sf(k) = nk$ 이므로

| c | = | $f(k)$ | − | nk |

둘째, 1인당 소비의 극대화를 구하기 위해 위 식을 k로 미분하면

$$\frac{dc}{dk} = f'(k) - n = 0$$

$$f'(k) = n$$
자본의 한계생산물 = 인구증가율
(이자율)

셋째, 1인당 소비의 극대화가 달성되는 k는 그림에서 k_0이다.

〈그림 20-6〉 경제성장의 황금률

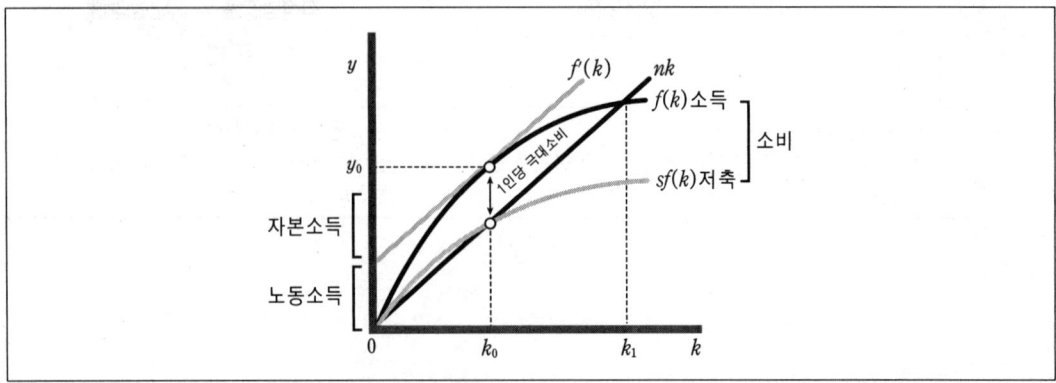

(3) 황금률의 상황

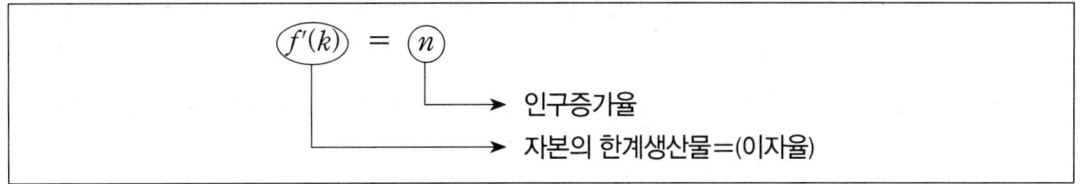

첫째, 이자율(이윤율)이 인구증가율과 같다. ($f'(k)=n$)

둘째, 자본소득과 동일액이 저축되고 투자되어 자본을 증가시킨다.

셋째, 저축률이 자본소득의 상대적 분배율과 같아져야만 장기적으로 1인당 소비의 극대가 실현될 수 있다.

넷째, 자본축적의 황금률에 따르면 극대소비액이란 총임금과 같다. 즉, 임금(노동소득)만큼 소비하고, 이윤(자본소득)만큼 저축한다.

다섯째, 위 모형에서 만약 기술진보가 발생한다면 자본축적의 황금률은 '자본의 한계생산물=인구증가율 + 기술진보율'이 된다.

3) 턴파이크 경로

샤뮤엘슨(P.A. Sanuel) 등은 1인당 소비의 극대화를 달성하는 경로를 동태적으로 제시하였다.

이러한 경로는 처음에는 경제성장률의 극대화를 위해 성장의 고속도로, 즉 턴파이크(turnpike) 경로를 따라 성장하다가 나중에는 1인당 소비의 극대화를 추구하는 것이 최적성장 경로라고 하였다.

❺ 내생적 성장이론

1) 등장배경

솔로우모형은 경제성장의 주요 요인인 기술진보율이 주어져 있다(외생적으로 결정된다)고 보았다. 이로 인해 솔로우모형은 경제기반이 비슷했던 국가 간에 경제성장률 격차가 발생하는 원인을 제대로 설명하지 못하고 있다. 즉, 100여 년 전 아르헨티나에 비해 훨씬 가난했던 독일이 현재 세계 최고수준으로 경제성장을 한 것은 기술진보율 차이 때문인데, 이를 제대로 설명하지 못하고 있다.

솔로우모형은 경제성장에 있어서 정부의 역할을 설명하지 못하고 있다. 예를 들어 한국은 정부의 선성장 후분배정책, 대기업중심의 성장정책으로 고도성장을 하였는데, 이러한 점을 솔로우모형은 잘 설명하지 못하고 있다.

2) 개념

내생적 성장이란 경제주체의 최적행위를 가정하는 미시적 기초하에 사회후생을 극대화시키는 경제성장률(최적성장률)이 어떠한 내생적 요인에 의해 결정되는지 설명하는 이론이다.

기술진보를 외생변수가 아니고 내생변수화하여 기술진보가 빠른 국가가 경제성장률이 높은 이유를 설명하는 이론이다.

3) 내용

첫째, 내생적 성장이론에서는 경제성장의 주요 원인인 기술진보를 내생변수화하는 데 역점을 두고 있다.

둘째, 내생적 성장이론은 기술진보가 물적자본의 축적, 인적자본에 대한 투자, 연구개발투자에 의해 영향을 받는 내생변수라고 보았다.

셋째, 내생적 성장이론에 의하면 자본축적의 차이, 교육수준의 차이 및 정부의 조세정책 등이 국가간 경제성장률 격차를 발생시키는 원인이라고 하였다.

넷째, 내생적 성장이론에 따르면 저축률이 높거나 연구개발투자, 인적자본축적을 위한 정부의 교육투자, 사회간접자본에 대한 투자가 활발히 일어나는 국가의 경제성장률은 그렇지 않은 나라보다 높게 나타난다.

다섯째, 내생적 성장이론에 따르면 지적자본과 인적자본의 축적은 외부경제효과를 가져오며, 따라서 사회전체의 생산량을 가속적으로 증가시키는 데 있어서 중요한 요인이다.

외부효과의 예 : 연구실 동료가 개발한 기술과 지식이 대화를 통해 무료로 전파되는 것

여섯째, 학습을 통해 경험이 축적된 사람들이 일을 하면 훨씬 생산성이 높아지고 이에 따라 생산도 규모에 대한 수익체증을 나타나게 되어 지속적인 경제성장이 가능하게 된다. 내생적 성장이론에서는 학습효과를 강조하였다.

> 교육투자 → 인적자본의 축적 → 지식의 파급(외부효과) → 기술진보
> → 생산성향상(규모에 대한 수익체증) → 지속적인 경제성장

일곱째, 내생적 성장이론은 자유무역, 경제통합 등의 개방정책이 장기적으로 높은 경제성장을 지속시킨다고 하였다. 왜냐하면 경제개방을 통해 인적·물적 교류가 활발해지면 지식과 기술을 쉽게 이전받을 수 있고(외부효과가 있고), 이 지식과 기술로 지속적인 경제성장이 가능하기 때문이다.

4) 성장유형

(1) 교육투자와 인적자본축적에 의한 경제성장

소득이 증가하면 교육투자가 많아지므로 인적자본축적이 가능하며, 이렇게 축적된 지식은 파급되어 생산성을 증대시킴으로써 경제성장이 이루어진다. 이러한 경제성장으로 또 다른 교육투자가 이루어져 인적자본을 축적시킨다.

이렇게 이루어진 인적자본의 축적정도에 따라 국가 간의 경제성장률이 달라지는 것이다.

> 소득증가 → 교육투자 → 인적자본의 축적 → 지식의 파급(외부효과)
> → 생산성향상(규모에 대한 수익체증)→ 경제성장 → 또 다른 교육투자 …

(2) 연구개발투자와 기술진보에 의한 경제성장

연구개발투자는 해당부문의 생산성을 증대시키고 신제품개발을 가능케 하며 이것이 타 부문의

생산성을 증대시켜 경제성장이 이루어지는 것이다. 이러한 경제성장으로 또 다른 연구개발투자가 이루어져 기술을 진보시킨다.

이렇게 내생적으로 이루어진 기술진보에 따라 국가 간의 경제성장률이 달라지는 것이다.

> 연구개발투자 → 생산성 향상(규모에 대한 수익체증), 신제품 개발
> → 경제성장(국민소득증가) → 또 다른 연구개발투자 …

(3) AK모형

총생산함수를 $Y=AK$로 나타내며, Y는 총생산, A는 상수, K는 물적자본과 인적자본을 포괄하는 광의의 자본을 의미한다. K가 축적이 되는 과정에서 외부경제효과를 발생시켜 수확체감현상을 극복한다. 이 경우 경제는 지속적으로 성장한다.

5) 시사점

첫째, 내생적성장이론은 저축률의 제고, 교육과 훈련, 사회간접자본의 건설, R&D 등을 위해 정부가 적극적으로 지원해 주어야한다고 주장하여 정부의 역할을 매우 강조하였다.

둘째, 교육투자와 연구개발을 위한 세제상의 유인, 인적자본축적을 위한 교육투자지원, 직업훈련지원, 저축과 투자증가를 위한 정부지출의 증가가 있어야 한다. 그리고 정부의 이러한 생산성향상정책은 다른 부문에도 긍정적인 영향(외부효과)을 미쳐 경제성장을 지속시킨다.

제21장 / 경제발전이론

제1절 / 경제발전의 개요

❶ 경제발전의 개념

경제발전은 경제성장의 개념과 같은 의미로 정의하기도 하고 구별되어 정의되기도 한다. 경제성장은 시간이 경과하면서 국민소득이 양적으로 증가하며 1인당 국민소득도 증대되는 것으로 정의하였다.

경제발전을 경제성장과 구별하여 그 개념을 규정하면 기존의 경제성장에 대한 개념에 구조적인 변화를 추가적으로 감안하여 정의한다. 구조적인 변화란 공업화로 인한 산업구조의 변화, 또는 인구가 농촌으로부터 도시로 이동함으로써 발생하는 도시화 등을 말한다.

❷ 경제성장과 경제발전의 관계

경제성장과 경제발전의 관계를 살펴보면 다음과 같다.

1) 개념상의 차이

경제성장이 국민소득의 양적 증대만을 다루었다면, 경제발전은 국민소득의 양적 증대 이외에 공업화, 도시화 등 구조적인 변화까지 감안하므로 연구범위가 훨씬 포괄적이다.

2) 해당 국가

경제성장이 이미 경제성장을 달성한 선진국 경제가 향후에도 지속적으로 경제성장을 할 것인가에 대해 분석을 한다면 경제발전은 지금 막 경제성장을 하기 시작한 개발도상국 경제를 위주로 분석을 한다. 따라서 경제발전은 개발도상국의 경제성장이라고 할 수 있다.

❸ 경제발전이론의 분석대상

경제발전이론의 분석대상은 개발도상국이 경제성장을 함에 있어 당면하는 경제문제와 경제현상이라고 할 수 있다.

정창영 교수는 경제발전이론의 분석대상은 경제발전의 정의에서 찾아야 한다고 하였다[1]. 이러한

---

1) 정창영(1987), 「경제발전론 제2판」, 법문사, p.14.

관점에서 경제발전론은 개발도상국들이 당면하는 1인당 국민소득의 증대 이외에 빈곤, 소득분배 및 고용문제 그리고 자립경제의 구축 등을 주로 분석하고 경제발전을 위해 필요한 경제정책을 강구하는 분야라고 하였다.

❹ 경제발전이론의 구분

경제발전이론을 정창영 교수는 개발도상국들의 후진성 또는 저개발의 원인을 설명하고 이를 극복할 수 있는 접근방법의 차이점으로 구분하였다.

1) 근대화론

근대화의 입장에서 개발도상국들의 저개발의 원인을 규명하고 나아가서 경제발전을 이룩할 수 있는 방법을 모색하는 것으로 '이중구조론'과 '경제발전단계설'이 있다.

2) 종속이론

남아메리카 여러 나라의 역사적인 경험을 기초로 하여 개발도상국들의 후진성 또는 저개발의 원인을 규명하려는 이론을 '종속이론'이라 한다.

종속이론은 1960년대에 제기되기 시작한 후 남미의 문화, 정치, 사회 및 경제적인 문제를 분석하기 위한 도구로 활용되고 있다.

제2절 이중구조론

❶ 이중구조의 개념

이중구조(dualism)란 한 국민경제 안에 현대적인 산업부문과 전통적인 생존부문이 동시에 존재하는 현상을 말한다. 현대적 산업부문이란 공업부문과 현대적인 서비스부문을 말하고 전통적 생존부문이란 농업부문과 영세한 서비스 부문을 의미한다.

1) 기술적인 이중구조

공업부문은 생산과정에서 노동과 자본의 기술적인 대체가능성이 낮고 주로 자본집약적인 생산방법을 사용하나, 농업부문은 생산과정에서 노동과 자본의 기술적인 대체가능성이 높고 주로 노동집약적인 생산방법을 사용한다.

이와 같이 양부문 사이에 생산방법과 생산기술이 크게 차이가 나는 것을 '기술적인 이중구조'(technological dualism)라 한다. 기술적인 이중구조현상은 개발도상국에서 구조적인 실업을 발생시키는 원인이 되기도 한다.

2) 금융적인 이중구조

금융시장에는 현대화된 금융회사들을 중심으로 형성되는 제도권 금융시장과, 제도권 금융시장의 밖에서 높은 이자율로 자금의 수급이 이루어지는 비제도권 금융시장이 있다.

개발도상국에는 제도권 금융시장과 비제도권 금융시장이 공존하거나 비제도권 금융에 의존하는 경향이 큰 데, 이를 '금융적인 이중구조'(financial dualism)라 한다.

❷ 루이스의 양부문 모형

1) 가정

첫째, 무제한적으로 노동이 공급된다. 노동공급이 무제한적이라는 것은 자본에 비해 인구가 너무 많아서 노동의 한계생산성이 거의 '0'에 가까운 경제부문이 존재한다는 의미이다.

둘째, 경제는 현대적인 자본가 부문과 전통적인 생존부문으로 나누어지는 이중구조를 가지고 있다. 생존부문에는 노동력 과잉으로 잠재실업이 존재한다.

셋째, 경제성장의 장애요인은 자본 및 자연자원의 부족에 기인한다.

2) 내용

루이스(W.A. Lewis)는 개발도상국에서는 자본가 부문과 생존부문으로 나누어지는 경제의 이중구조를 가지고 있다고 보았다.

루이스는 이러한 경제에서 경제성장이 일어남에 따라 자본가 부문은 확대되고 생존부문은 축소되며, 생존부문에 존재하는 과잉노동력이 자본가 부문으로 흡수되어 더이상 노동의 공급이 무한대로 일어나지 않을 때까지 경제성장이 발생한다고 하였다.

❸ 화이와 라니스의 전환점 모형

1) 가정

첫째, 경제는 공업부문과 농업부문의 이중구조를 가지고 있다.
둘째, 전통적인 농업부문에서는 노동력이 과잉되어 있다.

2) 내용

(1) 노동부문

토지의 양은 고정되어 있으며 노동력이 과잉되어 있다. 그리고 생산에 있어서 수확체감현상이 존재한다.

(2) 공업부문

공업부문에서는 농업부문의 과잉노동력을 흡수해 나가면서 생산을 증가시키나, 일정기간까지는 농업부문에서 흡수되는 노동자의 임금은 상승하지 않는다. 그 이유는 노동부문에 위장실업자가 많기 때문이다. 그러나 농업부문의 고용량이 L_3를 넘어서면, 노동부문의 잠재적 실업이 사라지며 임금이 상승하는데, 이는 그림의 A점에 해당하며, 이를 전환점이라 한다.

〈그림 21-1〉 전환점 모형

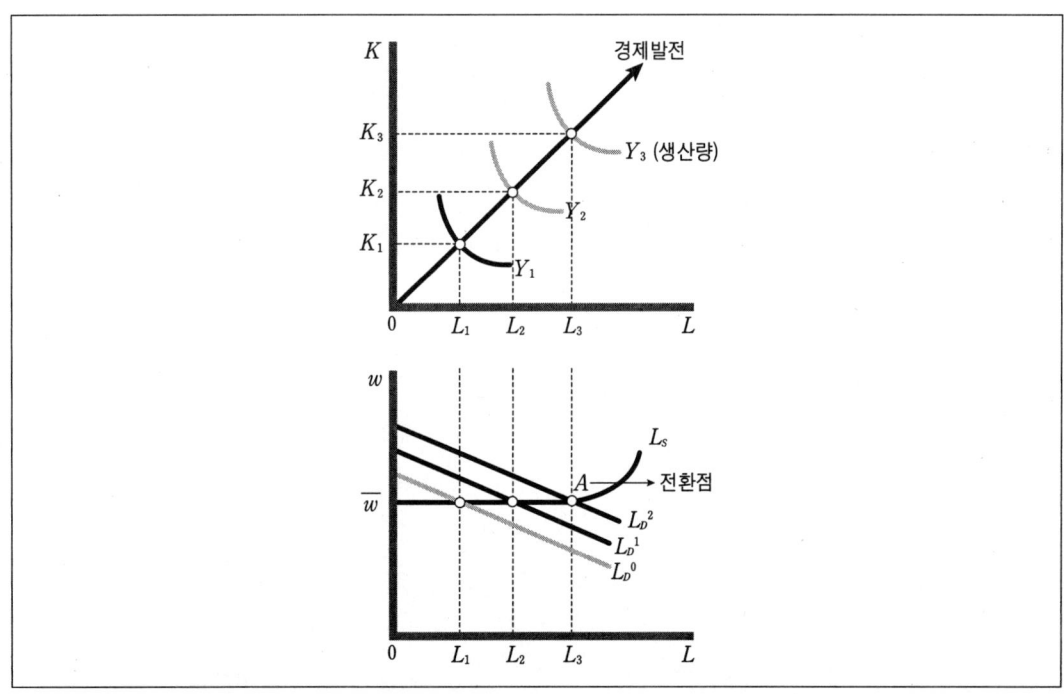

3) 비판

화이(J.C.H. Fei)와 라니스(G. Ranis)의 모형은 대만의 실제 성장경험을 비추어 볼 때 현실과 차이점이 있다.

대만의 비농업부문은 급속한 성장을 하였으나, 농업부문의 과잉노동을 흡수할 수 있을 정도로 충분한 고용기회를 창출하지 못하였다. 전환점 이전에 대만에서는 실질임금의 상승현상이 발생하였다.

제3절 경제발전단계설

❶ 경제발전단계설

1) 역사학파의 발전단계설

독일의 역사학파 경제학자인 리스트(F. List)는 경제발전의 단계를 5단계로 구분하였다.

> 수렵·어로단계 → 목축단계 → 농업단계 → 농공업단계 → 농공상업단계

4단계 농공업단계에 있는 유치산업을 보호하기 위하여 보호관세제도를 채택하는 것이 바람직하다고 주장하였다. 보호무역정책을 실시함에 있어 이론적 근거가 되었다. 리스트는 유치산업보호를 위해서 보호무역을 주장했지만 그도 가장 바람직한 무역형태는 자유무역이라고 했다.

2) 마르크스의 발전단계

마르크스는(K. Marx)는 다음과 같이 역사의 발전단계를 제시하였다.

> 원시공산사회 → 고대노예사회 → 중세봉건사회 → 자본주의사회 → 사회주의사회

3) 로스토우(Rostow)의 경제발전 5단계설

로스토우(W. Rostow)는 경제발전단계를 5단계로 나누어 제시하였다.

> 전통사회 → 도약준비단계 → 도약단계(이륙단계) → 성숙단계 → 고도대중소비단계

전통사회는 농업사회를 말한다. 2단계 도약준비단계는 농업사회에서 공업사회로 이행하는 과도기를 말한다. 3단계 도약단계는 빠르게 경제성장하는 단계로 근대화의 분수령이 되는 단계이다. 4단계 성숙단계는 대량생산단계를 말한다. 그리고 마지막 5단계 고도대중소비단계는 복지국가를 말한다.

제4절 종속이론

❶ 개요

정창영 교수는 종속이론이 여러 갈래가 있어 일치된 견해는 존재하지 않는다고 보고 대체로 3가지 분류로 나누어 살펴보고 있다.

첫째, 남미경제위원회(ECLA)의 구조적인 접근방법을 발전시킨 이론

둘째, 마르크스주의와 신마르크스주의적인 접근방법을 활용한 이론

셋째, 마르크스주의와 구조적인 접근방법을 절충한 이론 등으로 분류한다.

❷ 내용

1) 구조적인 접근방법

경제발전의 장애요인으로 외부적 요인 이외에 토지소유의 불평등과 같은 내부적인 요인도 중요하다고 강조하였다.

2) 마르크스적인 접근방법

후진국의 경제발전은 선진자본주의 국가에 도움이 되지 못하므로 선진국들은 후진국의 경제발전을 억압하려고 하며, 따라서 후진국에서의 경제성장을 제한된다고 하였다.

3) 절충이론

다국적기업과 연결되어 있는 후진국의 일부 경제부문에서는 종속적인 발전(dependent development)이 가능하다고 보고 있다.

❸ 비판

이론이 너무 여러 갈래로 나누어져 있어 일치된 견해가 존재하지 않는다. 그리고 종속된 경제의 주요한 속성이 선진자본주의 국가에도 다수 발견되고 있어, 종속된 경제와 비종속 경제를 식별하기가 곤란하다.

종속이론 후진국에서 경제발전을 억압한다는 주장의 실증적인 뒷받침이 부족하다.

제5절 경제발전전략

❶ 균형성장이론

1) 개념

넉시(R. Nurkse)는 후진국의 경제여건인 시장규모의 협소와 '빈곤의 악순환'을 타개하기 위해서는 모든 산업을 동시에 균형적으로 발전시켜야 한다고 하였다.

빈곤의 악순환은 가난이 계속해서 가난을 발생시키는 현실을 설명하는 것으로 수요와 공급의 양 측면에서 작용한다.

2) 경제발전전략

수요측면에서의 애로요인인 협소한 시장규모를 확대하기 위해서는 모든 산업을 동시에 성장시켜 기업 간의 수요를 증대시키는 것이 필요하다.

공급측면에서의 애로요인인 자본축적의 부족을 해소하기 위해서 조세부과에 의한 소비억제, 인플레이션 유발에 의한 강제저축을 통해 자본축적을 증대시켜야 한다. 그리고 농업부문의 위장실업자를 공업부문의 노동자로 취업시킴으로써 저축률을 높여야 한다.

❷ 불균형성장이론

1) 개념

허쉬만(A.O. Hirshman)은 넉시의 균형성장이론에 대응하여 불균형성장이론을 주장하였다. 후진국은 자본부족에 직면하고 있으므로 모든 산업에 골고루 균형있게 투자하는 것이 불가능하다. 그러므로 불균형성장이론에서는 부족한 자본을 전방연관효과와 후방연관효과가 큰 산업에 퍼져나가도록 함으로써 경제를 발전시켜야 한다고 하였다.

전후방연관효과가 큰 산업은 중간재 제조업으로서 중화학공업이나 기계공업 등이 있다.

2) 전후방 연관효과

(1) 전방연관효과

선도산업이 발전하면 선도산업의 제품을 중간투입물로 사용하는 최종재 산업이 발전하는 효과를 전방연관효과라 한다. 예를 들면 철강(중간재상품)산업의 발전이 자동차(최종수요상품)산업의 발전을 가져오는 경우이다.

$$전방연관비율 = \frac{중간수요액}{최종수요액}$$

(2) 후방연관효과

선도산업이 발전하면 이 선도산업에 중간재나 원재료를 공급하는 산업이 발전하는 효과를 후방연관효과라 한다. 예를 들면 철강산업이 발전하면 철을 채굴하는 광산업의 발전을 가져오는 경우이다.

$$후방연관비율 = \frac{중간투입액}{최종투입액}$$

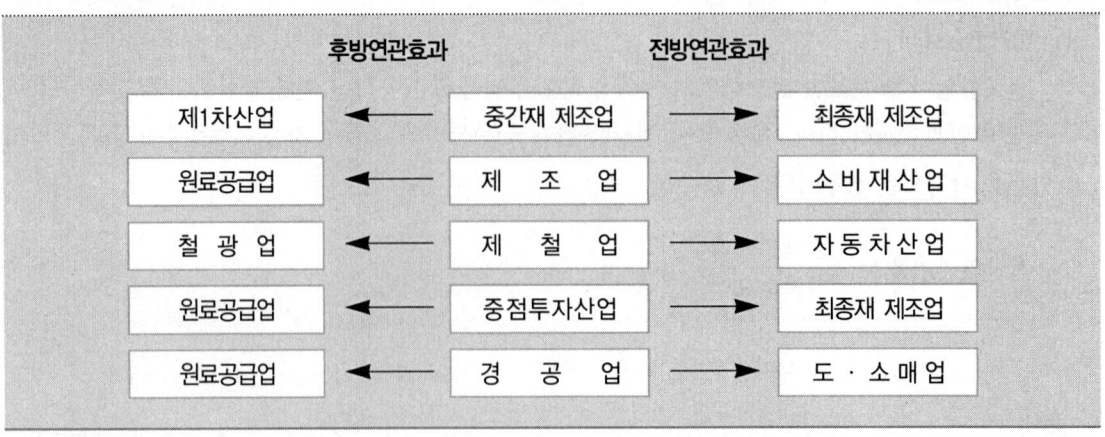

★ 연관 효과 ★

제6절 외자도입과 경제발전

❶ 외자도입의 의의

1) 개념

경제전체의 저축은 국내저축과 해외저축을 합해서 구성되는데 해외저축을 외자도입이라 한다. 즉, 외자도입이란 경제발전에 필요한 재원을 해외에서 조달하는 것을 말한다.

2) 형태

(1) 차관

차관(Loan)이란 채무의 액수가 정해져 있는 확정채무를 말하며 원리금의 상환의무가 주어진다. 차관의 공여자에 따라 공공차관과 상업차관으로 구분된다.

(2) 외국인투자

외국인투자는 기업의 경영상태에 따라 투자수익이나 배당금이 결정되며, 투자한 원금을 확정적으로 되돌려 받을 수 없다. 외국인투자는 간접투자와 직접투자로 구분된다.

(3) 기술도입

공업소유권이나 기술정보를 기술료(royalty)나 대가를 지불하고 도입하는 것을 말한다.

❷ 외자도입의 효과

1) 긍정적 효과

첫째, 외자도입은 후진국의 투자와 경제성장을 가속화시킨다.
둘째, 외자도입은 후진국의 생산구조와 무역구조 등 구조적인 변화를 일으키는 데 크게 기여한다.
셋째, 신기술의 도입은 후진국경제의생산성을 높인다.
넷째, 국제수지에서 자본수지를 개선시킨다.

2) 부정적 효과

첫째, 외자도입은 소비를 촉진시켜 단기적으로 국내저축을 감소시키는 경향이 있다.
둘째, 외자도입은 장기에 후진국의 외채에 대한 원리금 상환부담을 가중시킨다.
셋째, 경제의 대외의존도를 높여 외국자본에 의한 경제종속을 심화시킬 수가 있다.

참/고/문/헌

❶ 국내문헌

권기철, 이창석, 『부동산이용론』, 형설출판사, 2006.

권호근, 『기초경제학원론』, 도서출판배움, 2008.

권호근, 『경제학의 이해』, 도서출판배움, 2013.

권호근, 『부동산경제학』, 형설출판사, 2015

권호근, 『부동산투자론』, 형설출판사, 2018

권호근, 『부동산금융론』, 형설출판사, 2016

김경환 외, 『부동산경제학』, 건국대학교출판부, 2013

김영곤 외, 『부동산금융론』, 형설출판사, 1998.

김영진, 『부동산학총론』, 경영문화원, 1987.

김영진, 『부동산 경영·정책론』, 건설연구사, 1972.

김용민, 이창석 외, 『부동산감정평가론』, 형설출판사, 2007.

김범석, 유한수, 『부동산금융론』, 청목출판사, 2006.

노태욱, 『부동산개발론』, 부연사, 2002

박홍전, 『부동산학개론』, 도서출판랜드삼, 2008.

방갑수, 『최신보험학』, 박영사, 1989.

방경식, 『부동산학개론』, 범론사, 2000.

백영준 외, 『최신 감정평가론』, 부연사, 1999.

안정근, 『현대부동산학』, 법문사, 1997.

안정근, 『부동산평가이론 제3판』, 법문사, 2000.

안정근, 『현대부동산학 제3판』, 법문사, 2004.

이래영, 『부동산학개론』, 법문사, 2000.

이영방 외, 『부동산학개론』, 박문각, 2000.

이원준, 『부동산컨설팅업 경영과 실무』, 경록, 2002.

이원준, 『부동산학원론』, 박영사, 2000.

이창석, 『부동산복지의 논리』, 형설출판사, 2005.

이창석, 『부동산학개론』, 형설출판사, 2005.

이창석, 『부동산컨설팅』, 형설출판사, 2005.

이창석, 『부동산관리론』, 신광문화사, 2005.

이창석, 『부동산학원론, 전정판』, 형설출판사, 2008.

정상철 외, 『부동산경제론, 개정판』, 형설출판사, 2005.
정연중, 『경제학원론』, 법문사, 1999.
정영철 외, 『감정평가론』, 사법행정문화원, 1997.
조주현, 『부동산학원론』, 건국대학교출판부, 2003.
한국경제사학회, 『경제학사』, 대명출판사, 1990.
홍훈, 『경제학의 역사』, 박영사, 2007.
홍기용, 『지역경제론』, 박영사, 1985.

❷ 일본문헌

鑑定評價理論硏究會(編), 『要說 不動産鑑定評價基準』, 住宅新報社, 1999.
村田隱雄, 『不動産のマケチイング』, 住宅新報社, 1997.
黑全彰三, 『都市と經濟立地』, 大明堂, 1991.
玉塚締伍, 『不動産金融原論』, 東京 : 高陽書院, 1940.

❸ 서양문헌

Balchin, P.N. and Kieve. J.L., *Urban Land Economics*, New York: Macmilan, 1982.

Barlow, R., *Land Resource Economic: The Economic of Real Estate*, 3rd ed., Englewood, Cliffs: Prentice-Hall, 1978.

Berry, B.J.L., *Ribbon Developments in the Uran Business Pattern*, Ann. Amer. Assoc.. Geogr., 1959.

Burgess, E.W., *The Growth of the City. in the City*. by Park R.C., University of Chicago Press, 1925.

Hoyt, H., *The Structure and Growth of Neighborhoods in American Cities*, F.H.A (Washington)., 1939.

Kau, J.B. and Simans C.F., *Real Estate*, New York: McGraw-Hill, 1985.

Malthus, T.R., *The Principles of Political Economy*, 2nd ed., London, 1936 (1820).

Mill, J.S., *Principles of Political Economy*, London: Routledge & Kegan Paul, 1965 (1848).

Ricardo, D., *On the Principles of Political Economy and Taxation*, London, 1817.

Ring, Alfred A. and Dasso. J., *Real Estate Principles and Practice*, 9th ed., Englewood Cliffs: Prentice-Hall Inc., 1983.

Schoderbek, Peter P., *Management System*, 2nd ed., John Wiley & Sons., 1971.

Smith, A., *The Wealth of Nations*, E. Cannan, Modern Library, 1937 (1776).

Wofford, L., *Real Estate*, 3rd ed., New York: John Wiley & Sons., 1992 (1983).

권 호 근

저자 약력
- 연세대학교 상경대학 경제학과 졸업
- 동국대학교 대학원 무역학과 졸업(경제학 박사)
- 동우대학교 경영과 겸임교수 및 고려대학교 법무대학원 강사
- 현) 국제사이버대학교 부동산학과 학과장

주요 저서
- 경제학의 이해(도서출판 배움)
- 부동산경제학(형설출판사)
- 부동산투자론(형설출판사)
- 부동산금융론(형설출판사) 외 다수

거시경제와 부동산　　　　　　　　　　　　　　　　　ISBN : 979-11-90130-48-6

발행일 | 2019년 9월 6일 초판 1쇄

저　자 | 권호근
발행인 | 이용중
발행처 | 도서출판 배움
주소 | 서울시 영등포구 영등포로 400 신성빌딩 2층 (신길동)
주문 및 배본처 | Tel · 02) 813-5334 | Fax · 02) 814-5334

저자와의 협의하에 인지생략

본서의 無斷轉載 · 複製를 禁함. | 본서의 무단 전재 · 복제행위는 저작권법 제136조에 의거 5년 이하의 징역 또는 5,000만 원 이하의 벌금에 처하거나 이를 병과할 수 있습니다.
파본은 구입처에서 교환하시기 바랍니다.

정가 20,000원